EXAMPRESS®

2025年版

福祉
教科書

介護福祉士

完全合格 **過去&模擬問題集**

国際医療福祉大学
医療福祉学部
医療福祉・マネジメント学科 著

SE
SHOEISHA

【介護福祉士試験】
法制度改正のまとめ

ここでは，過去4年間に施行された介護分野に関連する法制度改正の中から主なものを抜粋してまとめました。知識の整理・振り返りに活用してください。

2021 年施行

■ 介護保険法，社会福祉法等（2020 年改正）

地域包括ケアシステムの推進

・地域包括支援センターの強化，「通いの場」の推奨など

介護人材の確保・介護現場の革新

・社会福祉連携推進法人の創設など

制度の安定化・持続可能性の確保

・高額介護サービス費，補足給付，要介護認定有効期間の見直しなど

重層的支援体制整備事業の創設

・包括的な支援体制の整備に向けて，①相談支援，②参加支援，③地域づくりに向けた支援を一体的に実施する重層的支援体制整備事業を創設（市町村の任意事業）

■ 高年齢者雇用安定法（2020 年改正）

70歳までの就業機会の確保

・①70歳までの定年引き上げ，②定年制の廃止，③70歳までの継続雇用制度（再雇用制度・勤務延長制度）の導入，④70歳まで継続的に業務委託契約を締結する制度の導入，⑤70歳まで事業主自ら実施するまたは委託，出資（資金提供）等する団体が行う社会貢献事業に従事する制度の導入のうち，いずれかの措置を講じることが努力義務として追加される

2022 年施行

■ 高齢者医療確保法（2021 年改正）

自己負担の2割導入

・自己負担割合が1割の後期高齢者のうち，一定以上の収入のある人が2割に引き上げられる（10月）

■ 育児・介護休業法（2021 年改正）

有期雇用労働者の育児・介護休業取得要件の緩和

・有期雇用労働者の育児休業及び介護休業の取得要件のうち「事業主に引き続き雇用された期間が1年以上である者」という要件が廃止される

2023 年改正

■ 育児・介護休業法 (2021 年改正)

男性の育児休業取得状況の公表の義務付け

・常時雇用労働者が 1,000 人を超える事業主は，**男性**の育児休業等の取得状況を年 1 回公表することが義務付けられる

■ 個人情報保護法 (2021 年改正)

個人情報保護法に統合・一本化，個人情報保護委員会が監視監督

・地方公共団体や地方独立行政法人においても改正個人情報保護法が適用される

■ 労働基準法 (2019 年改正)

中小企業の割増賃金率を引き上げ

・月 60 時間超の残業割増賃金率を大企業，中小企業ともに 50％に引き上げる

■ 子ども基本法 (2022 年制定)

法律の位置づけと概要

・日本国憲法及び子どもの権利条約などの国際法上認められる子どもの権利を，包括的に保障する基本法である
・こども政策推進会議の設置や子ども大綱の策定等を定めている

2024 年施行

■ 介護保険法 (2023 年改正)

介護情報基盤の整備　※公布後 4 年以内に施行

・利用者に関する介護情報等を自治体・利用者・介護事業所・医療機関等が**共有・活用**することを促進する事業を市町村の**地域支援事業**として位置づける

介護サービス事業者の財務状況等の見える化

・各事業所・施設に対して詳細な**財務状況**の報告を義務づける
・国が当該情報を収集・整理し、分析した情報を公表

介護サービス事業所等における生産性向上に資する取組に係る努力義務

・**都道府県**に対し、介護サービス事業所・施設の生産性向上に資する取組が促進されるよう努める旨の規定を新設

看護小規模多機能型居宅介護のサービス内容の明確化

・サービス拠点での「通い」「泊まり」における**看護サービス**（療養上の世話または必要な診療の補助）が含まれる旨を明確化

地域包括支援センターの体制整備等

・要支援者に行う介護予防支援について、**居宅介護支援事業所**も市町村からの指定を受けて実施可能とする

> 3 年ごとに改正される介護保険法に代表されるように，試験に問われる法律は毎年のように改正されています。
> 昔に覚えたからといって最新の法制度の確認を怠ると，思わぬところで足元をすくわれますので気をつけましょう。

【介護福祉士試験】
基礎知識のまとめ

ここでは，介護福祉士筆記試験の合格を目指すうえで知っておくと便利な基礎知識をまとめています。社会福祉と介護の歴史や，人口に関する統計データ，発達理論等の介護に関する基本的な情報をしっかり覚えておくことが筆記試験合格への近道です！

社会福祉と介護の歴史

1946（昭和21）年	・日本国憲法公布（憲法第25条に生存権を明記） ・（旧）生活保護法
1947（昭和22）年	・児童福祉法
1949（昭和24）年	・身体障害者福祉法
1950（昭和25）年	・新生活保護法 ・精神衛生法 ・社会保障制度審議会勧告（社会保障は，社会福祉，社会保険，公的扶助，公衆衛生で構成される）
1951（昭和26）年	・社会福祉事業法（社会福祉事業，社会福祉法人，福祉事務所，社会福祉主事，社協等を規定）
1958（昭和33）年	・国民健康保険法改正（国民皆保険を推進，1961年に皆保険実現）
1959（昭和34）年	・国民年金法（国民皆年金を推進，1961年に皆年金実現）
1960（昭和35）年	・精神薄弱者福祉法（1998年に「知的障害者福祉法」に改称）
1962（昭和37）年	・老人家庭奉仕員制度開始（生活保護世帯の老人のみ対象）
1963（昭和38）年	・老人福祉法（従来救貧対策の枠の中にあった老人対策を老人福祉法で独立させた）
1964（昭和39）年	・母子福祉法（2014年に「母子及び父子並びに寡婦福祉法」に改称）
1972（昭和47）年	・老人福祉法改正（1973年1月から老人医療費無料化）
1973（昭和48）年	・政府が「福祉元年」を宣言し，積極的に社会保障，社会福祉施策を整備
1981（昭和56）年	・国際障害者年（「完全参加と平等」がテーマ）
1982（昭和57）年	・老人保健法（1983年1月で老人医療費無料化を廃止し一部負担導入）
1986（昭和61）年	・老人保健法改正（老人保健施設の創設）
1987（昭和62）年	・精神保健法（精神衛生法を改正・改称し，人権擁護，社会復帰を目ざす）
1987（昭和62）年	・社会福祉士及び介護福祉士法（社会福祉士と介護福祉士の資格の法定化）
1989（平成元）年	・ゴールドプランの策定（在宅3本柱（ショート・デイ・ホームヘルプ）の計画的整備）
1990（平成2）年	・老人福祉法等福祉関係8法改正（在宅福祉サービスの法定化，老人保健福祉計画の策定義務化等）
1991（平成3）年	・老人保健法改正（老人訪問看護制度創設）
1992（平成4）年	・社会福祉事業法改正（社会福祉従事者確保のための福祉人材センター，福利厚生センター等整備）
1993（平成5）年	・障害者基本法（心身障害者対策基本法を改正・改称，精神障害者を対象に加える）

1995（平成7）年	・精神保健及び精神障害者福祉に関する法律（精神保健法を改正・改称し，福祉面の施策を強化）
1997（平成9）年	・精神保健福祉士法
	・介護保険法（2000年に全面施行。社会保険制度による介護施策）
1998（平成10）年	・特定非営利活動促進法（NPOに軽易な条件で法人格を付与）
1999（平成11）年	・ゴールドプラン21策定
2000（平成12）年	・社会福祉法（社会福祉事業法を改正・改称，地域福祉計画法定化，利用支援制度の創設他）
	・児童虐待防止法（児童虐待を定義，関係機関の通報の義務化）
	・改正民法施行（新（現行の）成年後見制度の創設。同時に「任意後見制度に関する法」も制定）
2002（平成14）年	・健康増進法（市町村による健康診査や健康増進事業，受動喫煙防止等を規定）
	・身体障害者補助犬法（種類を盲導犬，介助犬，聴導犬と定め，原則，施設利用を拒否できない）
	・障害者基本計画策定（平成15年度から10年間，その後平成25年度から5年間の計画）
2003（平成15）年	・次世代育成支援対策推進法（地方自治体や企業は次世代育成支援行動計画を策定）
2004（平成16）年	・発達障害者支援法（発達障害者を定義，早期の発見と支援，学校教育と就労時の支援等の明確化）
2005（平成17）年	・障害者自立支援法（障害の種類にかかわらず一元的に福祉サービスや公費負担医療を提供）
	・介護保険法改正（予防重視のシステム，地域包括支援センターと地域密着型サービスの新設）
	・高齢者虐待防止法（高齢者虐待の早期発見と対応，高齢者を養護（介護）する者の支援を明確化）
2006（平成18）年	・高齢者，障害者等の移動等の円滑化の促進に関する法（公共交通機関や一定規模以上の建築物，公共施設等のバリアフリー化の促進，市町村による地域の一体的バリアフリー化の促進）
2010（平成22）年	・子ども・子育てビジョン策定
2011（平成23）年	・介護保険法改正（24時間対応の巡回型サービス整備）
	・社会福祉士及び介護福祉士法（介護福祉士の業務に喀痰吸引等加える）
	・障害者虐待防止法（関係者の通報義務化，使用者による虐待も対象）
2012（平成24）年	・障害者総合支援法（障害者自立支援法を改正）
	・子ども・子育て支援法（市町村が計画を策定して子育て支援を強化）
2013（平成25）年	・生活保護法改正（就労の支援，不正対策の強化他）
	・生活困窮者自立支援法（自立相談支援事業，就労準備支援事業，一時生活支援事業）
	・障害者差別解消法
2014（平成26）年	・介護保険法改正（要支援向けサービスを市町村事業に移行，高額所得者の負担増他）
2016（平成28）年	・社会福祉法改正（社会福祉法人のガバナンス強化，地域貢献の法定化他）
	・介護保険法改正（共生型サービスの設置，介護医療院の創設など）
	・障害者総合支援法／児童福祉法改正（自立生活援助の創設，就労定着支援の創設など）
2017（平成29）年	・介護福祉士法改正（介護医療院の創設，高所得層を3割負担に）
	・介護分野の外国人技能実習制度開始
2019（令和元）年	・介護業種の「特定技能1号」技能評価試験開始
2020（令和2）年	・介護保険法改正（国及び地方公共団体の責務の見直し，介護保険事業計画の見直し，等）
	・社会福祉法改正（社会福祉連携推進法人制度の創設，重層的支援体制整備事業の創設）
2023（令和5）年	・介護保険法改正（市町村の包括的な支援体制の構築支援）

※上記のうち，法の名称はその法が制定された年を示す。

社会保険の概要

保険の種類		保険者	被保険者	主な給付
年金保険	国民年金	国	20歳以上60歳未満の者	・老齢基礎年金 ・障害基礎年金 ・遺族基礎年金
	厚生年金	国	会社員・公務員などの被用者	・老齢厚生年金 ・障害厚生年金 ・遺族厚生年金
医療保険	国民健康保険	都道府県 市町村 国民健康保険組合	自営業者や無職の者など	・療養の給付 ・高額療養費 ・訪問看護療養費
	健康保険	協会けんぽ 健康保険組合	会社員・公務員などの労働者と扶養されている者	
	共済保険	共済組合		
	後期高齢者医療制度	後期高齢者医療広域連合	75歳以上の人など	
介護保険		市町村 特別区	市町村に住所を有する40歳以上の者	・介護給付 ・予防給付 ・市町村特別給付
雇用保険		国	雇用されている労働者	・求職者給付 ・就職促進給付
労災保険		国	雇用されている労働者	・療養（補償）給付 ・障害（補償）給付

育児休業・介護休業などの期間会保険の概要

育児休業	育児休業期間は，原則として子が1歳に達するまでの期間であるが，期間中に子が保育所に入所できない場合には，最長で2歳になるまで延長できる。2回を上限として分割取得することができる
産後パパ育休	子の出生後8週間以内に4週間まで取得可能。2回を上限として分割取得することができる
子の看護休暇	小学校就学前の子について，1年度において5日（養育する小学校就学の始期に達するまでの子が2人以上の場合は10日）を限度に取得できる。時間単位での取得も可能
介護休業	2週間以上要介護状態が続いている家族を介護するためのもので，対象家族1人につき通算93日まで，3回を上限として分割取得することができる
介護休暇	対象家族の介護や世話をする場合に，1年度において5日（対象家族が2人以上の場合は10日）を限度に取得できる。時間単位での取得も可能

障害基礎年金と障害厚生年金

	障害基礎年金	障害厚生年金
受給要件	障害の原因となった傷病の初診日に，**国民年金**の被保険者であることなど	障害の原因となった傷病の初診日に，**厚生年金**の被保険者であることなど
支給額	障害等級（1・2級）により異なる	障害等級は1〜3級に分類される
特徴	・20歳未満で障害のある人は，20歳の時点で障害の等級に該当すれば，支給を受けられる（ただし，**所得制限あり**） ・18歳未満の子どもがいる場合，その人数に応じて加算	・障害厚生年金は障害基礎年金に上乗せして支給される ・初診日から5年以内に治り（症状が固定し），障害厚生年金が支給されるより軽い障害が残ったときには，治った日から5年以内に請求することで，障害手当金（一時金）が支給される

障害年金以外の制度

種類	対象	根拠法
特別障害給付金	国民年金が任意加入だった時期に障害者となり，**障害基礎年金**などを受給していない人	特定障害者に対する特別障害給付金の支給に関する法律
特別児童扶養手当	障害児（20歳未満であって，障害等級1級および2級に該当する程度の障害の状態にある者）の**父母**または**養育者**	特別児童扶養手当等の支給に関する法律
障害児福祉手当	常時の介護を必要とする在宅の**重度障害児**	特別児童扶養手当等の支給に関する法律
特別障害者手当	政令で定める程度の著しい重度の障害のため，**常時の介護を必要とする在宅の20歳以上の人**	特別児童扶養手当等の支給に関する法律

発達理論

■ エリクソンの発達理論（発達段階説）

エリクソンの発達理論は8段階ある。①0～1歳を**乳児期**，②1～3歳を**幼児期前期**，③3～6歳を**幼児期後期**，④7～11歳を**児童期**，⑤12～20歳を**青年期**，⑥20～30歳を**成年期初期**，⑦30～65歳を**成年期中期**，⑧65歳以上を**成年期後期**とした。それぞれの発達段階には課題がある。

発達の段階	発達課題	概要
① 乳児期	「信頼」対「不信」	信頼感を獲得していく時期（0～1歳）
② 幼児期前期	「自律」対「恥と疑惑」	自律性を身につける時期（1～3歳）
③ 幼児期後期	「積極性」対「罪悪感」	自発的に行動することを身につける時期（3～6歳）
④ 児童期	「勤勉性」対「劣等感」	社会における勤勉性を身につける時期（7～11歳）
⑤ 青年期	「同一性」対「同一性拡散」	アイデンティティ確立の時期（12～20歳）
⑥ 成年期初期	「親密性」対「孤立」	親密な人間関係を築いていく時期（20～30歳）
⑦ 成年期中期	「生殖性」対「停滞」	次世代を育てる時期（30～65歳）
⑧ 成年期後期	「統合」対「絶望」	自我の統合を目指す時期（65歳以上）

■ ピアジェの発達理論

ピアジェによる認知的発達段階は4段階ある。

発達の段階	概要
① 感覚運動期	対象の永続性を理解する時期（0～2歳）
② 前操作期	モノの見かけに左右される。自己中心性が強い時期（2～7歳）
③ 具体的操作期	具体的なモノを使い論理的な思考ができる時期（7～11歳）
④ 形式的操作期	抽象的な思考が可能となる時期（11歳以降）

介護の基本

■ 介護福祉士の義務規定

誠実義務 （第44条の2）	その担当する者が個人の尊厳を保持し，その有する能力及び適性に応じ自立した日常生活を営むことができるよう，常にその者の立場に立って，誠実にその業務を行わなければならない
信用失墜行為の禁止 （第45条）	介護福祉士は，その名称の信用を傷つけるような行為をしてはならない
秘密保持義務 （第46条）	介護福祉士は，正当な理由が無く，その業務に関して知り得た人の秘密を漏らしてはならない。介護福祉士でなくなった後においても同様とする

連携 （第47条）	その担当する者に，認知症であること等の心身の状況その他の状況に応じて，福祉サービス等が総合的かつ適切に提供されるよう，福祉サービス関係者等との連携を保たなければならない
資質向上の責務 （第47条の2）	社会福祉及び介護を取り巻く環境の変化による業務内容の変化に適応するため，介護等に関する知識及び技能の向上に努めなければならない
罰則 （第50条）	第46条に違反すると，1年以下の懲役または30万円以下の罰金が科せられる

■ 介護保険による給付内容

	予防給付におけるサービス	介護給付におけるサービス
都道府県が 指定・監督を 行うサービス	**介護予防サービス** 　介護予防訪問介護 　介護予防訪問入浴介護 　介護予防訪問看護 　介護予防訪問リハビリテーション 　介護予防居宅療養管理指導 　介護予防通所介護 　介護予防通所リハビリテーション 　介護予防短期入所生活介護 　介護予防短期入所療養介護 　介護予防特定施設入居者生活介護 　介護予防福祉用具貸与 　特定介護予防福祉用具販売	**居宅サービス** 　訪問介護 　訪問入浴介護 　訪問看護 　訪問リハビリテーション 　居宅療養管理指導 　通所介護 　通所リハビリテーション 　短期入所生活介護 　短期入所療養介護 　特定施設入居者生活介護 　福祉用具貸与 　特定介護福祉用具販売 **施設サービス** 　介護老人福祉施設 　介護老人保健施設 　介護医療院
市町村が 指定・監督を 行うサービス	**地域密着型介護予防サービス** 　介護予防小規模多機能型居宅介護 　介護予防認知症対応型通所介護 　介護予防認知症対応型共同生活介護 　介護予防支援	**地域密着型サービス** 　小規模多機能型居宅介護 　夜間対応型訪問介護 　定期巡回・随時対応型訪問介護看護 　地域密着型通所介護 　認知症対応型通所介護 　認知症対応型共同生活介護 　地域密着型特定施設入居者生活介護 　地域密着型介護老人福祉施設入所者生活介護 　看護小規模多機能型居宅介護 **居宅介護支援**
その他	住宅改修	住宅改修

（出典：厚生労働省資料による）

障害福祉サービス（自立支援給付）

■ 介護給付

サービス項目	障害種別	利用条件
居宅介護 （ホームヘルプサービス）	身・知・精・難	障害支援区分1以上
重度訪問介護	身・知・精・難	障害支援区分4以上
同行援護	身・難	視覚障害を有すること
行動援護	知・精	障害支援区分3以上かつ行動関連項目8点以上
療養介護	身・難	ALSは障害支援区分6，筋ジストロフィー等は障害支援区分5以上
生活介護	身・知・精・難	障害支援区分3以上（施設入所者は障害支援区分4以上）
短期入所	身・知・精・難	障害支援区分1以上
重度障害者等包括支援	身・知・難	障害支援区分6
施設入所支援	身・知・精・難	障害支援区分4以上，50歳以上は区分3以上

障害種別　身：身体障害　知：知的障害　精：精神障害　難：難病　※精神障害者に発達障害者を含む。

■ 訓練等給付

サービス項目	障害種別	目的または利用条件
自立訓練（機能訓練）	身・難	身体機能，生活能力の維持・向上のための訓練の支援を行う
自立訓練（生活訓練）	知・精・難	身体機能，生活能力の維持・向上のための訓練の支援を行う
宿泊型自立訓練	知・精・難	自立訓練（生活訓練）対象者のうち，日中に一般就労や外部の障害福祉サービスを利用している者で，地域移行に向けて一定期間，居住の場を提供して帰宅後における生活能力などの維持・向上のための訓練の支援を行う
自立生活援助	知・精・難	障害者支援施設などから一人暮らしへの移行を希望する知的障害者や精神障害者等について，定期的な巡回訪問や随時の対応により，円滑な地域生活に向けた相談・助言等を行う
就労移行支援	身・知・精・難	65歳未満の者で，企業などへの就労を希望する者，または技術を取得し就労を希望する者の支援を行う
就労継続支援A型	身・知・精・難	企業などに就労することが困難な者で，雇用契約に基づき継続的に就労することが可能な65歳未満の者（利用開始が65歳未満）の支援を行う
就労継続支援B型	身・知・精・難	一般企業などへの雇用に結びつかなかった者や50歳に達している者で，生産活動にかかる知識および能力の向上や維持が期待される者の支援を行う
就労定着支援	身・知・精・難	就労移行支援等を利用して一般就労へ移行した障害者であり，就労に伴う環境変化により生活面の課題が生じている者に対し，職場・家族等への連絡調整を行ったり，職場や自宅に訪問して生活リズムや体調などの指導や助言などを行ったりすることで，環境の変化に適応できるようサポートを行う
共同生活援助 （グループホーム）	身・知・精・難	地域において共同で日常生活を営む上で，主として夜間において相談，その他日常生活上の援助などの支援を行う

障害種別　身：身体障害　知：知的障害　精：精神障害　難：難病　※精神障害者に発達障害者を含む。

■ ICF（国際生活機能分類）モデル

国際障害分類（ICIDH）が，マイナス面を分類するという考え方中心だったのに対して，2001（平成13）年にWHOが採択した**国際生活機能分類（ICF）**では「〜したい，〜できる」というプラス面に焦点をあてるという考え方をしている。

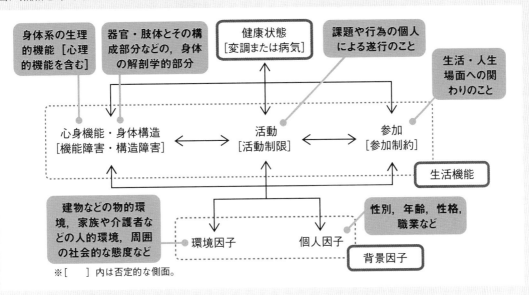

※［　　　］内は否定的な側面。

認知症の理解

■ 認知症の鑑別

	アルツハイマー型認知症	血管性認知症	レビー小体型認知症	前頭側頭型認知症（ピック病）
性別の傾向	**女性に多い**	男性に多い	男性に多い	男女比はほぼ均等
発症と経過	ゆるやかに発症，進行性	急性発症，階段状に悪化，症状に動揺性あり	ゆるやかに発症，症状に動揺性あり	ゆるやかに発症・進行
症状	全般性認知症，失語・失行・失認，徘徊，もの盗られ妄想	**まだら認知症**，運動麻痺・歩行障害，**感情失禁**，抑うつ	注意・覚醒レベルの変動を伴う認知機能の動揺,**幻視**（具体的,詳細），**パーキンソン症状**,転倒，失禁，精神症状（幻覚・妄想に基づく不安，興奮，異常行動）	**早期から人格の変化**,社会性の消失，精神症状（脱抑制,自発性の低下，感情の平板化，常同行動など）

移動に関する機能の低下・障害の主な原因

■ パーキンソン病の主な症状

寡動	固縮	振戦	姿勢反射障害

動作が遅くなる	筋肉がこわばる	安静時に手足がふるえる	姿勢を保てない，転びやすくなる

■ 関節リウマチの主な症状

朝のこわばり	関節破壊・変形	関節痛・腫脹	関節可動域（ROM）制限
		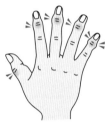	
朝起きたときに手足がこわばって，動きが悪くなる	手指の変形には，スワンネック（白鳥の首）変形，ボタン穴変形，尺側偏位，母指Z変形などがある。足指の変形には，外反母趾，槌指などがある	関節の炎症や破壊によって，強い関節痛や腫れが起こる	関節の腫れや関節変形などによって，関節の動く範囲が狭くなる

■ 変形性関節症でみられる移動に関する症状

1. 関節痛	・立ち上がるときや歩き始め，階段を上り下りするときなどに多くみられる ・関節痛が強いときには，跛行や歩行距離の短縮がみられる
2. 関節変形	・関節の隙間が狭くなることや骨破壊，骨棘などがみられる
3. 関節可動域（ROM）制限	・関節の動く範囲が狭くなり，ズボンの着脱など日常生活に支障をきたす ・関節を深く曲げて行う正座や和式便器の使用ができなくなる
4. 筋力低下	・主に大腿四頭筋や中殿筋などの下肢の筋力低下が起こる
5. 関節水腫	・関節内に滑液といわれる関節液が異常にたまり，関節の腫れが起こる

■ 脳血管障害（脳出血，脳梗塞）でみられる移動に関する症状

片麻痺	・麻痺は，下肢よりも上肢に強くみられる傾向がある ・麻痺側の肩関節は亜脱臼を起こしやすく，下肢ではつま先が下内側を向く内反尖足が多くみられる ・歩行障害では，下肢全体を大きく外側に回して歩く分回し歩行がみられる ・脳血管障害では，障害された脳とは反対側の上・下肢に運動麻痺が起こる

マズローの欲求5段階説

マズローの欲求5段階説は，下位の欲求を満たすと上位の欲求が現れてくるという理論である。

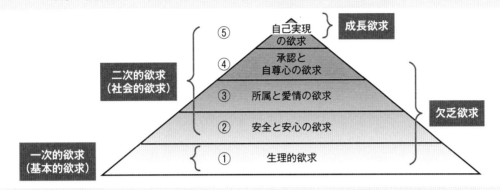

骨格の名称

■ 全身骨格

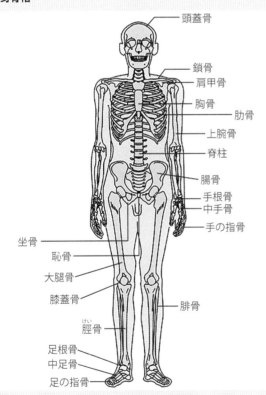

成人の骨の数は全身に約200個ある。高齢者は骨粗鬆症が多く，ちょっとした転倒でも骨折することがある

高齢者は特に大腿骨頸部（股のつけ根），撓骨遠位端（手首），脊椎（背骨），上腕骨近位端（肩）の部分の骨折が多い

医療的ケアの基礎知識

■ 異変時の報告・連絡・相談について

急変状態	急激に意識状態が悪くなる，呼吸が浅くなる，脈が弱くなる，今までにない強い痛みを訴える，苦痛の表情が強くなる，介護では対応しきれない状態で，救急車，医師や看護職に連絡するような状態
応急手当共通心得	1.落ち着くこと，2.自己判断で行動しないこと，3.複数の職員で対応すること，4.利用者(家族)の同意を得ること
カーラー救命曲線	心臓停止，呼吸停止，出血などの緊急事態における経過時間と死亡率の関係を示すグラフ
心臓停止	3分間放置で死亡率50%※
呼吸停止	10分間放置で死亡率50%

※心臓停止の場合は15秒以内で意識消失，3～4分以上放置で脳の回復は困難となる。

■ 救急蘇生法

胸骨圧迫	1分間に100～120回のテンポで，胸が5cm沈むように圧迫する
ハイムリック法(腹部突き上げ法)	意識のある傷病者に上腹部を斜め上方に圧迫し異物を除去する
AED（自動体外式除細動器）	心室細動を解析し，ショックを与え心臓の働きを戻す。AEDにより心肺蘇生を実施し心臓や脳に血液を送ることで，心拍再開の効果が高まる
救命の連鎖 （チェーン・オブ・サバイバル）	急変した人を救命し，社会復帰させるために必要となる一連の行いのこと

■ スタンダードプリコーション

すべての患者に適用する標準的な予防策で，手袋の着用，手洗い，マスクの着用等がある。

感染源	予防対策
血液・体液・分泌物・排泄物（便）などに触れるとき傷や創傷の皮膚に触れるとき	手袋を着用し，手袋を外したときは石鹸と流水で手洗いをする
血液・体液・分泌物・排泄物（便）などに触れたとき	石鹸と流水で手洗いをし，必ず手指消毒をする
血液・体液・分泌物・排泄物（便）などが飛び散り，目・鼻・口を汚染する恐れがあるとき	マスク，必要に応じてゴーグルやフェイスマスクを着用する（原則的に日常において必要ない）
血液・体液・分泌物・排泄物（便）などで衣服が汚れる恐れがあるとき	ビニールエプロンを着用する
針刺し事故の防止	注射針のリキャップは止め，感染性廃棄物容器へ破棄する

■ 消毒と滅菌の違い

消毒	病原性の微生物を殺滅させること，または弱くさせること
滅菌	全ての微生物を殺滅させる，または除去することで，高圧蒸気，酸化エチレンガス，放射線等を用いて行われる

喀痰吸引の基礎知識

■ 喀痰吸引とは

自力で痰（分泌物）を出すことが困難な場合に，口腔・鼻腔・気管に貯留している痰を吸引チューブを挿入し除去することで，口腔内・鼻腔内・気管カニューレ内の3種類の喀痰吸引の方法がある。実施する際には気道を確保することで窒息や誤嚥性肺炎を防止する必要がある。

■ 認定された介護福祉士が行える喀痰吸引

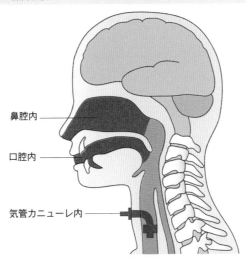

	挿入の深さ	注意点
口腔内	咽頭の手前までを限度とする	咳の誘発，嘔吐，吸引チューブによる出血
鼻腔内		
気管カニューレ内	吸引カテーテルが気管カニューレの先端を越えたり，直接気管粘膜に触れないようにする	気道粘膜損傷，出血，迷走神経反射の出現，嘔気・嘔吐誘発，吸引時間延長による低酸素症

■喀痰吸引を実施するときのポイント

● 医師の指示，看護職員からの吸引に関する指示，引き継ぎ事項を確認する

● 石鹸，流水・速乾式の手洗いによる手指消毒を行う

● 吸引器の作動状況を点検する

● 環境を整備し，吸引を受けやすい姿勢をとる

● 吸引チューブを適切な深さまで挿入し，適切な吸引時間で分泌物を吸引する

● 吸引チューブを静かに抜き，チューブの外側を清浄綿で拭き，洗浄水を吸引し内側の汚れを落とす

● 実施後に器具の清潔を保持する

● 痰の量・性状，顔色，呼吸状態，全身状態の観察をする

● 手指消毒後，報告，片付け，記録を行う

経管栄養の基礎知識

■ 経管栄養とは

口から食事を摂れない，あるいは摂取が不十分な人の消化管内にチューブを挿入して栄養剤を注入し，栄養状態の維持・改善を行う方法である。経管栄養には胃瘻，腸瘻，経鼻経管栄養の3種類がある。

■ 経管栄養の種類

胃ろう	腸ろう	経鼻経管栄養
栄養補給チューブの先端を胃に留置して栄養剤を注入する	栄養補給チューブの先端を十二指腸あるいは空腸に留置して栄養剤を注入する	鼻腔から入れた栄養補給チューブの先端を胃，十二指腸，空腸に留置し，これを介して栄養剤を注入する
【メリット】 ・経鼻経管栄養よりも利用者の負担が少ない ・チューブが抜けにくく，4，5か月の交換でよい	【メリット】 ・胃ろうに比べて，逆流の可能性が低い	【メリット】 ・穴を開けるための外科手術の必要がない
【デメリット】 ・腹部に穴を開ける手術が必要 ・逆流が起こりやすい	【デメリット】 ・腹部に穴を開ける手術が必要 ・下痢を起こしやすい	【デメリット】 ・装着時に不快感や違和感を感じることが多い ・装着時の見た目があまりよくない

■ 経管栄養を実施するときのポイント

● 医師の指示，看護職員からの吸引に関する指示，引き継ぎ事項を確認する

● 器具と栄養剤の準備・確認をする

● 利用者に対して説明を行う

● 栄養点滴チューブを接続する

● 注入開始から終了後30分程度は30 ～ 45度の座位を保つ

● クレンメ（点滴の滴下量・速度を調節する器具）の開閉で滴下数を調整する

● 注入直後，注入中，終了後に呼吸状態，むせこみ，嘔気・嘔吐，表情の変化，腹痛，腹部膨満，固定状態の観察をする

● 実施後に器具の清潔を保持する
・毎回の経管栄養注入後，イルリガートル，栄養点滴チューブ，カテーテル等の器具を食器洗剤で洗浄し，0.0125 ～ 0.02%の次亜塩素酸ナトリウム希釈液に1時間以上浸す
・消毒後に流水でよく洗浄し，乾燥させる

資格・試験について

● 介護福祉士について

■ 介護福祉士とは

　介護福祉士は，介護に関する専門的知識や技術をもとにして，身体上・精神上の障害がある人に対する介護を行ったり，介護者に対して介護に関する指導を行ったりする者をいい，「社会福祉士及び介護福祉士法」（昭和62年制定）で規定されている国家資格です。

　急速な高齢化に伴う要介護高齢者の増加や家族の介護力の低下などによって，専門職による介護サービスの確保が国民的課題になっている中で，介護福祉士に対する期待と現場のニーズはますます高まっています。

　2024年2月末現在，194万1,365人が介護福祉士として登録しています。

■ 介護福祉士の職場

　老人福祉施設や障害者福祉施設などの入所施設，デイサービスセンターやデイケアセンター等の通所施設，利用者の自宅で介護を行うホームヘルプサービスの事業所などが主な職場です。介護は，高齢者だけでなく，身体的・知的な障害を持つ人にも必要とされています。有料老人ホームやグループホームなどでも介護は必要とされており，介護福祉士の職場は多方面に渡ります。

　また，介護福祉士として5年以上の経験を積むと，介護保険法に基づいて配置される介護支援専門員（ケアマネジャー）の資格取得にチャレンジすることもできます。

● 介護福祉士になるには

■ 国家試験による資格取得

　介護福祉士になるためには，介護福祉士試験に合格する必要があります。試験は，厚生労働省の指定を受けた財団法人社会福祉振興・試験センターが実施しています。

■ 受験資格

　資格を取得するためには試験に合格する必要がありますが，主に（1）実務経験ルート，（2）養成施設ルートの2つがあります。

(1)　実務経験ルートは，介護の業務に3年以上かつ実働540日以上従事した人が「実務者研修」を修了することで受験できます。一次試験の筆記試験に合格すれば実技試験は免除されます。

(2)　養成施設ルートは，従来は卒業と同時に資格取得できましたが，第30回から試験が必須となりました。ただし，2026年度末までに卒業する者は，卒業後5年間は介護福祉士になることができ，この間に試験に合格するか，5年間続けて介護の業務に従事していれば，それ以降も介護福祉士の登録を継続できます。

　詳細については，厚生労働省の指定を受けて試験を実施している「公益財団法人社会福祉振興・試験センター」のホームページ https://www.sssc.or.jp/ で確認することができます。

● 試験の実施方法

■ 試験方法

　試験は，筆記試験と実技試験があり，筆記試験に合格した人だけが実技試験を受けることができます。実技試験に合格すると介護福祉士の資格を得ることができます。

■ 試験日

　第37回（2025年1月実施）試験の日程は本書刊行時には発表されていませんが，6月下旬に発表される予定です。例年筆記試験は1月末の日曜日，実技試験は3月初めの日曜日に実施されています。

■ 試験会場

　全国に会場が設けられますが，すべての都道府県というわけではありません。第36回試験は，次の会場で行われました。

＜筆記試験35か所＞

北海道，青森県，岩手県，宮城県，秋田県，福島県，群馬県，埼玉県，千葉県，東京都，神奈川県，新潟県，石川県，長野県，岐阜県，静岡県，愛知県，京都府，大阪府，兵庫県，和歌山県，鳥取県，島根県，岡山県，広島県，香川県，愛媛県，高知県，福岡県，長崎県，熊本県，大分県，宮崎県，鹿児島県，沖縄県

＜実技試験2か所＞

東京都，大阪府

■ 筆記試験の出題形式

① マークシート方式です。

② 5つの選択肢の中から正解を1つ選ぶ「5肢択一方式」です。第21回国家試験（平成21年1月実施）までは，「正しいもの（適切なもの）を1つ選ぶ」「誤っているもの（不適切なもの）を1つ選ぶ」という問いの他に，「正しいもの（誤っているもの）の組み合せを1つ選ぶ」という問題もありましたが，22回以降の試験では，「正しいもの（適切なもの）を1つ選ぶ」「誤っているもの（不適切なもの）を1つ選ぶ」の形式のみが出題され，組み合せを選ぶ問題はなくなりました。

　なお，第25回（平成25年1月実施）以降の社会福祉士国家試験では，「正しいものを2つ選ぶ」問題が出ています。一応，その可能性も頭に入れておいた方がよいでしょう。

■ 筆記試験の問題数と時間

　筆記試験の出題科目は，午前が3領域で63問，午後が1領域と総合問題で62問の出題が予定されています。

（午前）

各領域と科目
人間と社会 ・人間の尊厳と自立 ・人間関係とコミュニケーション ・社会の理解
こころとからだのしくみ ・こころとからだのしくみ ・発達と老化の理解 ・認知症の理解 ・障害の理解
医療的ケア ・医療的ケア

（午後）

各領域と科目
介護 ・介護の基本 ・コミュニケーション技術 ・生活支援技術 ・介護過程
総合問題

■ 合格基準

　以下の2つの条件の両方を満たした者が筆記試験（一次試験）の合格者になります。

（1）総得点の60％程度を基準として，問題の難易度で補正した得点以上の得点をした者。

（2）上記の（1）を満たした者のうち，以下の試験科目の11科目群すべてにおいて得点があった者。

　① 人間の尊厳と自立，介護の基本
　② 人間関係とコミュニケーション，コミュニケーション技術
　③ 社会の理解
　④ 生活支援技術
　⑤ 介護過程
　⑥ こころとからだのしくみ
　⑦ 発達と老化の理解
　⑧ 認知症の理解
　⑨ 障害の理解
　⑩ 医療的ケア
　⑪ 総合問題

■ 過去の受験数と合格者数

	第30回	第31回	第32回	第33回	第34回	第35回	第36回
受験者数	9万2,654名	9万4,610名	8万8,032名	8万,4483名	8万3,082名	7万9,151名	7万4,595名
合格者数	6万5,574名	6万9,736名	5万8,745名	5万9,975名	6万99名	6万6,711名	6万1,747名
合格率	70.8%	73.7%	69.9%	71.0%	72.3%	84.3%	82.8%

● 新出題基準について

2023（令和5）年1月に実施された第35回試験からは，新出題基準が適用となり，出題される内容が一部変更となりました。

ここでは，公益財団法人社会福祉振興・試験センターのホームページで公開されている介護福祉士国家試験科目別出題基準（https://www.sssc.or.jp/kaigo/kijun/pdf/pdf_kijun_k_no35.pdf）の内容をもとに，主な変更箇所を抜粋して紹介します。

第1章 人間の尊厳と自立

第34回試験まで，第4章介護の基本の内容であった「QOL」「ノーマライゼーション」が試験内容として記載されています。

第2章 人間関係とコミュニケーション

新たに「チームマネジメント」の項目が追加されました。本書では予想問題を作成し，対応しています。

第3章 社会の理解

大項目として「地域共生社会の実現に向けた制度や施策」が設けられました。第34回試験でも地域共生社会については出題されていましたが，扱いが大きくなったので注意が必要です。

第6章 生活支援技術

新たに「福祉用具の意義と活用」の項目が追加されました。本書では予想問題を作成し，対応しています。

● 学習方法について

各科目ごとの出題の傾向や対策については，それぞれの科目の中で具体的に記述しています。ここでは，全体を通じた学習方法や注意点についてご説明します。

(1) 理論や根拠に基づいて理解をする

レクリエーションや介護技術関連の科目などで述べられている方法や技術は，介護現場で働いている人であれば誰でも経験があるはずですが，本来，その一つひとつには何らかの理論的裏付けや根拠があります。現場にいると，日常的になぜそうするのかを意識しなくてもうまく行くことがありますが，試験勉強では，このような一つひとつの根拠や理由を考えることが大切です。それをすることは，実践の意味や理由を確かめることにもなります。「経験でわかっている」だけでなく，「理論でもわかる」ようにすることが受験学習には必要です。

(2) 学習は身近な事例を生きた教材にして行う

例えば，老人介護の現場に勤めていれば，目の前にAさん，Bさんという利用者がいます。Aさんはどういう種類の年金をもらっていて，Bさんはどういう病気でそれはどんな症状でどんな点に注意が必要で……というように，具体的な事例をもとに学習すると，本の中だけで抽象的に理解するよりもずっと頭に入ります。もちろん，個人情報の取り扱いには十分な注意が必要ですし，仕事の手を休めて勉強するということでは困りま

すが，それらに留意しつつ，実際の事例をもとにして学習することは記憶の手助けにもなります。自分自身や自分の家族を題材にすることでもかまいません。「○○さんは，現役時代△△の仕事をしていたから，年金は□□年金をもらっている」というように，顔や働いている姿を頭の中で描きながら理解すると記憶がより確かなものになります。

（3）制度は全国一律のものであることを理解する

制度に基づくサービスには，①国の制度の通り行われるサービス，②国の制度に基づきながら地方自治体が独自の加算や改善をして行うサービス，③地方自治体が単独で行うサービス，の3種類があります。試験は全国一律に行うので，制度に関わる問題は①の視点で作成されることになります。前述の（2）の学習方法は有効ですが，制度面については，それが国の制度に基づくものか否かを整理しながら学習する必要があります。

（4）関連する事項はまとめて表にして覚える

例えば，生活保護の4つの基本原理，4つの基本原則といったように，関連する事項，紛らわしい事項はまとめて覚えるようにするとよいでしょう。その場合，一覧表や関係図を作成するようにすると，作成作業の過程で理解が深まり，さらに，でき上がった表や図を見ることで，記憶を確かなものにすることができます。

本書内容に関するお問い合わせについて

このたびは翔泳社の書籍をお買い上げいただき、誠にありがとうございます。弊社では、読者の皆様からのお問い合わせに適切に対応させていただくため、以下のガイドラインへのご協力をお願い致しております。下記項目をお読みいただき、手順に従ってお問い合わせください。

●ご質問される前に

弊社Webサイトの「正誤表」をご参照ください。これまでに判明した正誤や追加情報を掲載しています。

正誤表　　　　　https://www.shoeisha.co.jp/book/errata/

●ご質問方法

弊社Webサイトの「書籍に関するお問い合わせ」をご利用ください。

書籍に関するお問い合わせ　　https://www.shoeisha.co.jp/book/qa/

インターネットをご利用でない場合は、FAXまたは郵便にて、下記"翔泳社 愛読者サービスセンター"までお問い合わせください。電話でのご質問は、お受けしておりません。

●回答について

回答は、ご質問いただいた手段によってご返事申し上げます。ご質問の内容によっては、回答に数日ないしはそれ以上の期間を要する場合があります。

●ご質問に際してのご注意

本書の対象を超えるもの、記述個所を特定されないもの、また読者固有の環境に起因するご質問等にはお答えできませんので、あらかじめご了承ください。

●郵便物送付先およびFAX番号

送付先住所　　〒160-0006　東京都新宿区舟町5
FAX番号　　　03-5362-3818
宛先　　　　　（株）翔泳社 愛読者サービスセンター

本書の使い方

介護福祉士試験の出題範囲をすべて網羅しています。試験範囲の4つの領域は「人間と社会」、「介護」、「こころとからだのしくみ」、「医療的ケア」で、それに加えて「総合問題」が出題されます。領域「人間と社会」は第1章〜3章、領域「介護」は第4章〜7章、領域「こころとからだのしくみ」は第8章〜11章、領域「医療的ケア」は第12章で、その後に「総合問題」を掲載しています。巻末には、模擬試験と直近の第36回の最新試験を掲載し、解説しています。

● 頻出度

過去問題を分析し、出題頻度の高い順に★★★、☆☆、☆の3段階で示しています。

● 出題回

出題された回・問題番号を示しています。

● 加点のポイント

正解を導き、得点を確実なものにするために、暗記しておきたい事項や覚えるコツなどを説明しています。

---

❺ 介護を必要とする人の理解

問題 17 頻出度 ★★★　　第33回 問題017　Check ☑ ☑ ☑

「2016年（平成28年）国民生活基礎調査」（厚生労働省）における、同居の主な介護者の悩みやストレスの原因として、最も多いものを1つ選びなさい。

1　家族の病気や介護
2　自分の病気や介護
3　家族との人間関係
4　収入・家計・借金等
5　自由にできる時間がない

問題 18 頻出度 ★★　　第32回 問題022　Check ☑ ☑ ☑

認知症対応型共同生活介護（グループホーム）での介護に関する次の記述のうち、最も適切なものを1つ選びなさい。

1　テレビのニュースを見て、新しい出来事を覚えてもらう。
2　利用者それぞれの要求には応えられないので、同じ日課で過ごしてもらう。
3　利用者の、現在よりも過去の身体的・精神的状態の把握が優先される。
4　利用者の、なじみのある人や店との関係は継続していく。
5　環境に慣れるまでは、車いすでの移動を勧める。

問題 19 頻出度 ★★　　第35回 問題067　Check ☑ ☑ ☑

Aさん（85歳、女性、要介護1）は夫と二人暮らしで、訪問介護（ホームヘルプサービス）を利用している。Aさんは認知症（dementia）の進行によって、理解力の低下がみられる。ある日、Aさんが訪問介護員（ホームヘルパー）に、「受けているサービスをほかのものに変更したい」「夫とは仲が悪いので話したくない」と、不安な様子で話した。
意思決定支援を意識した訪問介護員（ホームヘルパー）の対応として、最も適切なものを1つ選びなさい。

1　Aさんとの話し合いの場に初めから夫に同席してもらった。
2　Aさんにサービス変更の決断を急ぐように伝えた。
3　Aさんと話す前に相談内容を夫に話した。
4　サービスを変更したい理由についてAさんに確認した。
5　訪問介護員（ホームヘルパー）がサービス変更をすることを判断した。

> 🐾 加点のポイント⑪　障害者の年金、手当、扶助
>
> 障害者の年金、手当、扶助に関する問題は「社会の理解」でも出題されることも多く、横断的に勉強しておこう。

76

■科目別問題（第1章～第12章＋総合問題）

主に第28回（平成27年度）～第35回（令和4年度）の過去問題から，よく出る問題や重要問題を精選しています。総合問題は，12章の後に掲載しています。

■模擬試験問題

オリジナルの予想模擬試験と，その解説です。

■本試験問題

第35回（令和4年度）の試験問題を掲載し，解説しています。

問題 17 解説

1 ○ 家族の病気や介護は，男性73.6%，女性76.8%が原因として挙げており最も多い。
2 × 自分の病気や介護は，2番目に多い。
3 × 家族との人間関係は，4番目に多いが，女性に限ると3番目に多い。
4 × 収入・家計・借金等は，3番目に多い。
5 × 自由にできる時間がないことは，5番目に多い。

問題 18 解説

1 × 新しい出来事を覚えることは困難であり，それを求めることは不適切である。
2 × 一人一人の生活の過ごし方やこだわりがあるにもかかわらず，皆に同じ日課で過ごしてもらうことは不適切である。
3 × 利用者の過去のことを把握することで支援に役立つ場合もあるが，まずは現在の状態の把握が優先である。
4 ○ なじみのある人や店との関係は，利用者の生活の継続性や気持ちの安定に有効であり，継続することは最も適切である。
5 × 車いすで移動する理由はなく，安易に車いすを使用することは歩行の機会や能力を奪うことになり不適切である。

問題 19 解説

1 × 夫の同席をAさんが希望しているならば問題はないが，「仲が悪い」と話していることからまずは夫の同席は避け，Aさん自身の思いを確認すべきである。
2 × サービスを変更するのもその時期を決めるのも利用者であり，決断を急ぐようなことは避けるべきである。
3 × 家族とはいえ，相談内容を勝手に他者に伝えてはいけない。
4 ○ まずはAさんがどのような思いを持ってサービスの変更を希望しているのか，本人に確認しているので適切である。
5 × 訪問介護員に限ったことではないが，支援者が独断でサービスを変更することはできない。

正解 問題17……1　　問題18……4　　問題19……4

Note エコマップとジェノグラム

エコマップというのは，サービスを合理的・効率的に提供するために，利用者や家族のさまざまな人間関係や社会資源の状況を，一見して理解できるように，図式的・システム的に描き出した地図のようなもののことをいう。ジェノグラムは，家族に対するアセスメント（評価）をする際，家族の全体像を捉えるために，家族構成と家族関係を1つの図中に示したもの。ジェノグラムを描くときは，男性が四角で女性は丸，夫は左側で妻は右側に，当事者は二重線で囲い，同居している家族を線で囲むという約束事があり，基本的には三代前まで遡って作成する。

介護 4 介護の基本 ❶介護を必要とする人の理解

● **赤シート**
○×や要点を赤シートで隠しながら確認できます。

● **正解**
各問題の答えを示しています。

● **Note**
出題されたキーワードに対してさらに一歩進んだ解説や補足説明などを掲載しています。

「合格にもっと近づく」ための
おすすめの一冊

福祉教科書
介護福祉士
完全合格テキスト
2025年版

■A5判 ■2色刷 ■496ページ
■本体2,680円＋税

合格のために必要な知識が無駄なく身につく！
わかりやすさに徹底的にこだわったテキスト

【本書の特徴】

● 「これなら覚えられる！」理解しやすく覚えやすい紙面構成
- 読みやすく覚えやすい箇条書きスタイルで解説
- 覚えにくい項目は，わかりやすい図表で知識を整理
- 多くの受験生がつまずく箇所は，補足解説で徹底フォローアップ

● 「覚えた知識を試験の得点につなげる」ための工夫も満載
- 1つの見開きページに1題の過去問を一問一答形式で掲載
- 重要な過去問を，解き方のヒントとともにわかりやすく解説

こんな方に特におすすめ！

1）問題集を解いてみて，苦手科目がみつかった方

多くの受験生がつまづくポイントに重心をおいて解説しているから，問題集でわからなかった内容が理解でき，苦手科目を克服できます！

2）どんな問題にも対応できる応用力を身につけたい方

問題集の解説だけではなかなか理解しにくい概念や理念，周辺知識を掘り下げて紹介しているから，応用力が身につき万全の準備で試験を迎えられます！

3）スキマ時間を有効に使って学習したい方

付録の赤シートを使えば，解説部分が穴埋め形式の問題集に早変わり。問題集よりも一回り小さいA5サイズで持ち運びにも便利！

① 簡潔でわかりやすい解説

長文ではなく，読みやすい箇条書きスタイルで解説します。だから，合格に必要な知識がすっと頭に入ってきます。

② かゆいところに手が届く！補足解説

多くの人がつまずく箇所の補足や覚え方のコツなどを可愛らしいキャラクターが紹介します。

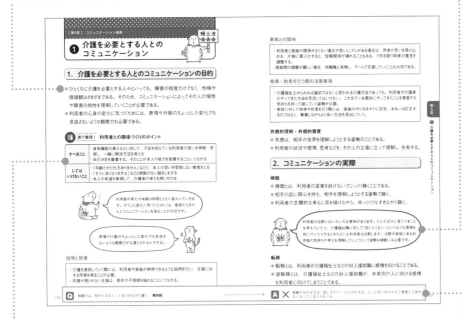

③ 知識が整理できる！図表

文章だけでは覚えにくい内容をイメージできるよう，わかりやすい図や表にしてまとめています。

④ 実際の出題内容がわかる一問一答

実際の過去問で理解度チェック！覚えた知識がどのように出題されているのかがわかります。

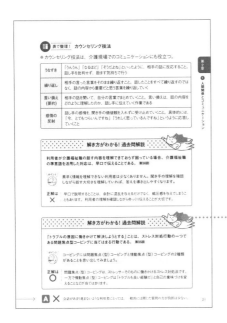

⑤ 解き方がわかる！過去問解説

重要過去問を解き方のヒントとともに解説。覚えた知識を使って，どのように正解を導けばいいのかよくわかります。

目次

第 1 領域　人間と社会

第❶章　人間の尊厳と自立　　1

第❷章　人間関係とコミュニケーション　　7

第❸章　社会の理解　　15

第 2 領域　介護

第❹章　介護の基本　　61

第 **1** 章

人間と社会

人間の尊厳と自立

Check ☑	1回目	月	日	／6問
Check ☑	2回目	月	日	／6問
Check ☑	3回目	月	日	／6問

❶ 人間の尊厳と人権・福祉理念

問題 01 頻出度 ★★★ 　第32回 問題002 ｜ Check ☑ ☑ ☑

利用者の意思を代弁することを表す用語として，最も適切なものを1つ選びなさい。

1　インフォームドコンセント（informed consent）
2　ストレングス（strength）
3　パターナリズム（paternalism）
4　エンパワメント（empowerment）
5　アドボカシー（advocacy）

問題 02 頻出度 ★★★ 　第34回 問題002 ｜ Check ☑ ☑ ☑

Aさん（80歳，女性，要介護1）は，筋力や理解力の低下がみられ，訪問介護（ホームヘルプサービス）を利用している。訪問介護員（ホームヘルパー）がいない時間帯は，同居している長男（53歳，無職）に頼って生活をしている。長男はAさんの年金で生計を立てていて，ほとんど外出しないで家にいる。

ある時，Aさんは訪問介護員（ホームヘルパー）に，「長男は暴力がひどくてね。この間も殴られて，とても怖かった。長男には言わないでね。あとで何をされるかわからないから」と話した。訪問介護員（ホームヘルパー）は，Aさんのからだに複数のあざがあることを確認した。

訪問介護員（ホームヘルパー）の対応に関する次の記述のうち，最も適切なものを1つ選びなさい。

1　長男の虐待を疑い，上司に報告し，市町村に通報する。
2　長男の仕事が見つかるようにハローワークを紹介する。
3　Aさんの気持ちを大切にして何もしない。
4　すぐに長男を別室に呼び，事実を確認する。
5　長男の暴力に気づいたかを近所の人に確認する。

問題 03 頻出度 ★★ 　第33回 問題001 ｜ Check ☑ ☑ ☑

人権や福祉の考え方に影響を与えた人物に関する次の記述のうち，正しいものを1つ選びなさい。

1　リッチモンド（Richmond, M.）は，『ソーシャル・ケース・ワークとは何か』をまとめ，現在の社会福祉，介護福祉に影響を及ぼした。
2　フロイト（Freud, S.）がまとめた『種の起源』の考え方が，後の「優生思想」につながった。
3　マルサス（Malthus, T.）は，人間の無意識の研究を行って，『精神分析学入門』をまとめた。
4　ヘレン・ケラー（Keller, H.）は，『看護覚え書』の中で「療養上の世話」を看護の役割として示した。
5　ダーウィン（Darwin, C.）は，『人口論』の中で貧困原因を個人の人格の問題とした。

問題 01 解説

1 × インフォームドコンセントとは，医療において患者が医師等から診療内容と選択肢について十分な説明を受け，選択することをいう。意思の代弁ではない。

2 × ストレングスとは「強さ」「能力」のことであり，支援にあたってはその人の持っているストレングスに着目することが重要とされている。意思の代弁ではない。

3 × パターナリズムは父権主義と訳され，支援者が，支援を受ける人（例えば障害者）に対し，あなたのためだからという意識のもと，本人の意思は問わず（確認せず）に介入したり支援することをいう。意思の代弁ではない。

4 × エンパワメントは，要支援者を保護や救済の対象とみるのではなく，要支援者自らが問題に気づき主体的に解決できるように，本人の力を引き出したり高められるように支援することをいう。意思の代弁ではない。

5 ○ アドボカシーは，社会的に弱い立場に置かれている人々の権利を擁護する活動であり，その主張や気持ちを代弁したり支持することで，政策や社会の中での意思決定，サービス利用等に何らかの影響力を行使することをいう。

問題 02 解説

1 ○ 複数のあざが確認されていることから，具体的対応が必要であり，訪問介護員としてはまず上司に報告して，必要な対応（通報など）をする。なお，高齢者虐待防止法第5条第1項では「高齢者の福祉に職務上関係のある者は，高齢者虐待を発見しやすい立場にあることを自覚し，高齢者虐待の早期発見に努めなければならない」と定められている。

2 × 長男の意向も聞かずに一方的にハローワークを紹介することは不適切である。

3 × 選択肢1の解説の通りであり，何もしないことは専門職としては不適切である。

4 × 「あとで何をされるかわからない」と言っているAさんを守る方法なども考えず，いきなり長男に事実確認をすることは不適切である。

5 × 虐待について調べる場合，近所の人に聞くこともあり得るが，それは訪問介護員の役割ではない。また，すぐに行うことでもない。

問題 03 解説

1 ○ リッチモンドは個別援助技術の理念を科学的に体系化した。「ケースワークの母」とも呼ばれる。

2 × 「種の起源」を著したのは，フロイトではなくダーウィンである。

3 × 「精神分析学入門」を著したのは，マルサスではなくフロイトである。

4 × 「看護覚え書」を著したのは，ナイチンゲール（Nightingale. F）である。

5 × 「人口論」を著したのは，ダーウィンではなくマルサスである。

正解　問題01……5　　問題02……1　　問題03……1

❷ 自立の概念

　Aさん（25歳,男性,障害支援区分3）は,網膜色素変性症（retinitis pigmentosa）で,移動と外出先での排泄時に介助が必要である。同行援護を利用しながら,自宅で母親と暮らしている。音楽が好きなAさんは合唱サークルに入会していて,月1回の練習に参加している。

　合唱コンクールが遠方で行われることになった。同行援護を担当する介護福祉職は,Aさんから,「コンクールに出演したいが,初めての場所に行くことが心配である」と相談を受けた。

　介護福祉職のAさんへの対応として,最も適切なものを1つ選びなさい。

1　合唱コンクールへの参加を諦めるように話す。
2　合唱サークルの仲間に移動の支援を依頼するように伝える。
3　一緒に交通経路や会場内の状況を確認する。
4　合唱コンクールに参加するかどうかは,母親に判断してもらうように促す。
5　日常生活自立支援事業の利用を勧める。

　1960年代後半からアメリカで展開した自立生活運動に関する次の記述のうち,適切なものを1つ選びなさい。

1　障害者自身の選択による自己決定の尊重を主張している。
2　障害者の自立生活は,施設や病院で実現されるとしている。
3　「ゆりかごから墓場まで」の実現に向けた制度設計を目指している。
4　障害者が機能回復を図ることを「自立」としている。
5　介護者を生活の主体者として捉えている。

加点のポイント❶　人権運動の歴史

アメリカ独立宣言	1776年	すべての人間は平等につくられているとし、生存・自由・幸福の追求の権利について言及した
フランス人権宣言	1789年	人は法の下に生まれながらにして自由であり平等であると記載されている。アメリカ独立宣言の影響を受けて制定された
ワイマール憲法	1919年	世界で初めて生存権を規定した現在のドイツで制定された憲法である
世界人権宣言	1948年	人権と自由を尊重し確保するために「すべての人民とすべての国とが達成すべき共通の基準」として国連総会で決議された

問題 04 解説

1 × 介護福祉職としては参加したいというAさんの意思を尊重すべきである。

2 × 外出についてすでに同行援護を利用しているので，その活用を基本として対応を検討すべきである。

3 ○ Aさんの希望を尊重し，「どうすれば安全に参加できるか」を検討することが望ましい。

4 × 家族からの助言が必要な場合もあるが，最終的な判断は本人が行うべきである。

5 × 日常生活自立支援事業は，福祉サービスの利用手続きや金銭管理などを通じて利用者の権利擁護を図ることを目的とした事業であり，このときのAさんに必要な支援ではない。

問題 05 解説

1 ○ 自立生活運動では，障害者のニーズとその満たし方を最も知っているのは障害者自身であると考え運動を展開したことから適切である。

2 × 自立生活運動では，障害者はできるだけ地域社会の中で他の人々と同様の暮らしを実現すべきであると考え運動を展開したことから不適切である。

3 × 「ゆりかごから墓場まで」は，第二次世界大戦後のイギリスにおける社会福祉政策のスローガンであり不適切である。

4 × 機能回復を図ることが自立と定義されているわけではなく，障害者が自立した生活を送れるように制度や社会の意識を変えていくことを目的としていることから不適切である。

5 × 生活の主体者は介護者でなく，障害者自身であると考えていることから不適切である。

正解　問題04……3　　問題05……1

加点のポイント❷　QOL（Quality of Life）の考え方

　クオリティ・オブ・ライフ（QOL）とは，「生命の質」「生活の質」「人生の質」などと訳され，人間らしく満足して生活しているかどうかを評価する概念である。1960年代のヨーロッパで，経済発展に伴う環境汚染や都市の生活条件の悪化がきっかけとなり生まれたもので，物質的な豊かさ，数量的に捉えられる幸福ではなく，生活や心の豊かさを目指すスローガンとして用いられた。

Aさん（78歳，女性，要介護3）は，訪問介護（ホームヘルプサービス）を利用している。72歳から人工透析を受けている。透析を始めた頃から死を意識するようになり，延命治療を選択する意思決定の計画書を作成していた。しかし，最近では，最期の時を自宅で静かに過ごしたいと思い，以前の計画のままでよいか気持ちに迷いが出てきたので，訪問介護（ホームヘルプサービス）のサービス提供責任者に相談した。

サービス提供責任者の対応として，最も適切なものを1つ選びなさい。

1 「この計画書は，医療職が作成するものですよ」

2 「一度作成した計画書は，個人の意向で変更するのは難しいですよ」

3 「意思確認のための話合いは，何度でもできますよ」

4 「そんなに心配なら，特別養護老人ホームに入所できますよ」

5 「この計画書は，在宅ではなく病院での治療を想定したものですよ」

問題 **06** 解説

1 × Aさん本人の希望に応えようとしていない対応であり不適切である。

2 × 計画書は個人の意向で変更することは可能であり，説明自体が誤りである。

3 ○ 話し合いができれば，Aさんの希望を反映することが可能になり適切である。

4 × 最期は自宅で過ごしたいという気持ちと反対の提案であり不適切である。

5 × Aさんの気持ちに応える説明ではなく不適切である。

正解 問題06……3

第 **2** 章

人間と社会

人間関係と
コミュニケーション

❶ 人間関係の形成とコミュニケーションの基礎

問題 01　頻出度 ★ ★ ★　｜第35回 問題003｜Check ☑ ☑ ☑

　ストレス対処行動の一つである問題焦点型コーピングに当てはまる行動として，適切なものを1つ選びなさい。

1　趣味の活動をして気分転換する。
2　トラブルの原因に働きかけて解決しようとする。
3　運動して身体を動かしストレスを発散する。
4　好きな音楽を聴いてリラックスする。
5　「トラブルも良い経験だ」と自己の意味づけを変える。

問題 02　頻出度 ★ ★ ★　｜第32回 問題004｜Check ☑ ☑ ☑

高齢者とのコミュニケーションにおける配慮として，最も適切なものを1つ選びなさい。

1　相手と視線が合わせられる位置で話す。
2　相手には座ってもらい，自分は立ったまま話す。
3　初対面のときから相手と密着した距離で話す。
4　相手の表情があまり見えない薄暗い場所で話す。
5　たくさんの人がいる，にぎやかな場所で話す。

問題 03　頻出度 ★ ★　｜第34回 問題004｜Check ☑ ☑ ☑

　利用者とのコミュニケーション場面で，介護福祉職が行う自己開示の目的として，最も適切なものを1つ選びなさい。

1　ジョハリの窓（Johari Window）の「開放された部分（open area）」を狭くするために行う。
2　利用者との信頼関係を形成するために行う。
3　利用者が自分自身の情報を開示するために行う。
4　利用者との信頼関係を評価するために行う。
5　自己を深く分析し，客観的に理解するために行う。

🐱 **加点のポイント❶　ジョハリの窓**

　自己開示に関する概念で，4つの「窓」で表されている。
　自己開示が大きい場合は，開放領域が大きくなる（自己開示が小さい場合は，隠蔽領域や未知領域の部分が大きくなる）。

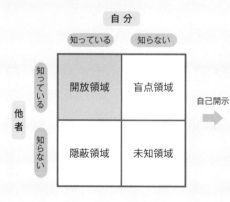
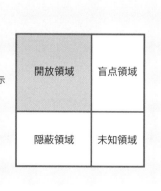

問題 **01** 解説

1 × 気分転換は情動焦点型コーピングである。情動焦点型コーピングとは問題解決ではなく気分転換をはかる解決法である。

2 ○ 問題焦点型コーピングは，ストレスの原因となる問題を直接解決していく方法のことである。

3 × 運動して気持ちをすっきりさせるのは気分転換なので情動焦点型コーピングである。

4 × 音楽を聴いてリラックスするのは気分転換であり，気持ちに焦点を当てているので情動焦点型コーピングである。

5 × トラブルの原因そのものに働きかけるのではなく，意味づけを変えて気持ちが変わるのであれば，情動焦点型コーピングになる。

問題 **02** 解説

1 ○ 可能な限りお互いの視線が水平になるような位置で話す。上から見下したり，逆に見上げたりするような位置はできるだけ避けた方がよい。

2 × 高齢者からは相手を見上げる形になり，威圧感を与えてしまう可能性がある。

3 × 心地よさを感じる距離には個人差がある。密着されると居心地が悪いと感じる人もいる。

4 × 表情からも相手の気持ちを理解するための情報を得ることができる。可能な範囲で，表情がわかるような明るい場所で話す。

5 × あまり人のいない静かな場所の方が話を聞き取りやすく，落ち着いて話すことができる。

問題 **03** 解説

1 × 自己開示はジョハリの窓の「開放された部分」を大きくするために役立つ。

2 ○ 自己開示によって，利用者に介護福祉職のことを知ってもらうことは，信頼関係の形成につながる。

3 × 介護福祉職が自分自身の情報を開示するために行う。

4 × 自己開示は信頼関係を形成するために行う。

5 × 利用者が介護福祉職のことをより理解するために行う。

正解　問題01……2　　問題02……1　　問題03……2

人間関係における役割葛藤の例として，適切なものを1つ選びなさい。

1 就労継続支援B型の利用者が，生活支援員の期待に応えようとして作業態度をまねる。

2 家族介護者が，仕事と介護の両立への期待に応えられるかどうか悩む。

3 通所介護（デイサービス）の利用者が，レクリエーションを楽しんでいる利用者の役を演じる。

4 就労移行支援の利用者が，採用面接の模擬訓練中にふざけて冗談を言ってしまう。

5 高齢者が，家事を行う家族に代わり，孫の遊び相手の役割を担う。

　Bさん（80歳，女性）は，介護老人保健施設に入所が決まった。今日はBさんが施設に入所する日であり，C介護福祉職が担当者になった。C介護福祉職は，初対面のBさんとの信頼関係の形成に向けて取り組んだ。

　C介護福祉職のBさんへの対応として，最も適切なものを1つ選びなさい。

1 自発的な関わりをもつことを控えた。

2 真正面に座って面談をした。

3 自分から進んで自己紹介をした。

4 終始，手を握りながら話をした。

5 孫のような口調で語りかけた。

　Bさん（90歳,男性）は,介護老人福祉施設に入所することになった。一人暮らしが長かったBさんは,入所当日,人と会話することに戸惑っている様子で,自分から話そうとはしなかった。介護福祉職は,Bさんとコミュニケーションをとるとき,一方的な働きかけにならないように,あいづちを打ちながらBさんの発話を引き出すように心がけた。

　このときの介護福祉職の対応の意図に当てはまるものとして，最も適切なものを1つ選びなさい。

1 双方向のやり取り

2 感覚機能低下への配慮

3 生活史の尊重

4 認知機能の改善

5 互いの自己開示

(問題) 04 解説

1 × 役割葛藤とは，矛盾するいくつかの役割を抱え，身動きが取れなくなる状態のことである。期待に応えようとしてまねるという行動は役割期待の説明である。

2 ○ 仕事上での役割と，介護者としての役割との間に葛藤があり悩んでいる状態は役割葛藤である。

3 × 通所介護の利用者が意図的に「楽しんでいる利用者」の役を演じているのであれば，役割演技である。

4 × 面接の模擬訓練中に冗談を言うという行動は，複数の役割を抱え悩んでいるわけではないので役割葛藤ではない。

5 × 「孫の遊び相手」という役割が，高齢者の意に沿うものであり，かつ高齢者自身の他の役割と矛盾しないのであれば役割葛藤ではない。

(問題) 05 解説

1 × Bさんの自発性を尊重することは大切だが，介護福祉職から自発的な関りを控えるのはよいことではない。

2 × 真正面に座って向き合うと，Bさんが緊張してしまう。落ち着いて会話をするためには少し斜めに座ることを意識する。

3 ○ 介護福祉職からの自己開示はBさんの緊張を和らげる効果がある。

4 × 手を握るという行為をBさんが希望しているのか確認する前に手を握るべきではない。

5 × 専門家として，相手を尊重することを忘れずにコミュニケーションをとることが必要である。

(問題) 06 解説

1 ○ 介護福祉職が一方的に話すことを控え，Bさんから話を引き出そうとしている。双方向（Bさんと介護福祉職）のやり取りを意図したコミュニケーションである。

2 × Bさんは一人暮らしを続けていたため，他者と話さなかった期間が長く，そのことが会話することへの戸惑いに繋がっていると考えられる。感覚機能の低下がコミュニケーションの障害になっているかを検討するのは，Bさんとの円滑なコミュニケーションが可能になってからである。

3 × Bさんの生活史を尊重することは大切であるが，入所当日のBさんは介護福祉職とまだ円滑なコミュニケーションが取れていない。まずは双方向のコミュニケーションを円滑にしていく必要がある。

4 × この問題文からはBさんに認知機能の低下があるのかは判断できない。仮に認知機能の改善を目指すとしても，Bさんとの信頼関係を深め，本人のニーズが明らかになった後である。

5 × お互いの自己開示は，双方向のやり取りがスムーズになってから行った方がよい。

正解　　問題04……2　　問題05……3　　問題06……1

❷ チームマネジメント

　介護老人福祉施設は，利用者とその家族，地域住民等との交流を目的とした夏祭りを開催した。夏祭りには，予想を超えた来客があり，「違法駐車が邪魔で困る」という苦情が近隣の住民から寄せられた。そこで，次の夏祭りの運営上の改善に向けて職員間で話し合い，対応案を作成した。

　次の対応案のうち，PDCAサイクルのアクション（Action）に当たるものとして，最も適切なものを1つ選びなさい。

1　近隣への騒音の影響について調べる。
2　苦情を寄せた住民に話を聞きに行く。
3　夏祭りの感想を利用者から聞く。
4　来客者用の駐車スペースを確保する。
5　周辺の交通量を調べる。

　D介護福祉職は，利用者に対して行っている移乗の介護がうまくできず，技術向上を目的としたOJTを希望している。

　次のうち，D介護福祉職に対して行うOJTとして，最も適切なものを1つ選びなさい。

1　専門書の購入を勧める。
2　外部研修の受講を提案する。
3　先輩職員が移乗の介護に同行して指導する。
4　職場外の専門家に相談するように助言する。
5　苦手な移乗の介護は控えるように指示する。

加点のポイント ❷　カウンセリング技法

　カウンセリング技法は，介護現場でのコミュニケーションにも役立つ。

うなずき	「うんうん」「なるほど」「そうですよね」といったように，相手の話に反応すること。話し手を批判せず，励ます気持ちで行う
繰り返し	相手の言った言葉をそのまま繰り返すこと。話したことをすべて繰り返すのではなく，話の内容から重要だと思う言葉を繰り返していく
言い換え（要約）	相手の話を聞いて，自分の言葉でまとめていくこと。言い換えは，話の内容をどのように理解したのか，話し手に伝えていく作業である
感情の反射	話し手の感情を理解し，その理解したことを言葉で伝え返すこと。具体的には，「今，とてもつらいんですね」「うれしく思っているんですね」というように応答していくこと

問題 07 解説

1 × 騒音の影響について調べることは，P（計画），D（実行），C（評価），A（改善）のCにあたる。

2 × 住民に話を聞くことは夏祭りで起こったとされる違法駐車の実態を調べることなので，C（評価）にあたる。

3 × 夏祭りの感想は，次回の夏祭りを改善するための評価にあたる。したがってPDCAサイクルのCである。

4 ○ 駐車スペースの確保は夏祭りの評価を踏まえた具体的な対策である。したがってPDCAサイクルのAである。

5 × 交通量を調べることはPDCAサイクルのCでありA（改善）や次のP（計画），D（実行）につながっていく。

問題 08 解説

1 × OJTとは職場内で先輩職員が実践を通して後輩職員を育てていく方法である。専門書の購入はこれに当てはまらない。

2 × 外部研修の受講はOff The Job Training（OFF-JT）にあたる。

3 ○ 先輩職員が現場で直接指導しているのでOJT（On The Job Training）である。

4 × OJTは職場の中で知識やスキルを直接伝えていく方法なので，職場外の専門家に相談することは当てはまらない。

5 × 苦手な仕事を控えるのではなく，実践を通して学んでいくことがOJTである。

正解　　問題07……4　　問題08……3

質問には，閉ざされた質問（閉じた質問）と開かれた質問がある。

閉じた質問は「はい」「いいえ」で答えられる質問のことだが，限定した答えを求める質問も閉じた質問になる。例えば「気分はよくなりましたか」「出身県を教えてください」などは閉じた質問となる。

開かれた質問は，話し手が自分の気持ちや考えを自由に説明できるような質問のことである。

	閉ざされた質問（閉じた質問）	開かれた質問
内容	・「はい」「いいえ」などで答えられる質問 ・話をすることが得意でない人にとっては，答えやすい質問で，事実の確認のときにも有効 ・閉ざされた質問ばかりが続くと，尋問を受けているように感じる人もいる	・自由に答えることのできる質問 ・話をすることが苦手な人にとっては，答えにくい場合もあるが，考えていることや感じていることを自由に話すことができるので，質問者は相手をより深く理解することができる
例	・お腹は空きましたか ・痛くないですか	・そのことについて詳しく教えてください ・福祉サービスを利用することについて，どう思われますか

第 **3** 章

人間と社会

社会の理解

Check ✓	1回目	月	日	／58問
Check ✓	2回目	月	日	／58問
Check ✓	3回目	月	日	／58問

❶ 社会と生活のしくみ

問題 01　頻出度 ★★★　　　　　　　第35回 問題008　Check ☑ ☑ ☑

近年，人と人，人と社会とがつながり，一人ひとりが生きがいや役割をもち，助け合いながら暮らしていくことのできる，包摂的なコミュニティ，地域や社会を創るという考え方が示されている。この考え方を表すものとして，最も適切なものを1つ選びなさい。

1　ナショナルミニマム（national minimum）
2　バリアフリー社会
3　介護の社会化
4　生涯現役社会
5　地域共生社会

問題 02　頻出度 ★★　　　　　　　　第33回 問題005　Check ☑ ☑ ☑

家族の変容に関する2015年（平成27年）以降の動向として，最も適切なものを1つ選びなさい。

1　1世帯当たりの人数は，全国平均で3.5人を超えている。
2　核家族の中で，「ひとり親と未婚の子」の世帯が増加している。
3　50歳時の未婚割合は，男性よりも女性のほうが高い。
4　65歳以上の人がいる世帯では，単独世帯が最も多い。
5　結婚して20年以上の夫婦の離婚は，減少している。

（注）「50歳時の未婚割合」とは，45〜49歳の未婚率と50〜54歳の未婚率の平均であり，「生涯未婚率」とも呼ばれる。

問題 03　頻出度 ★★★　　　　　　　第29回 問題005　Check ☑ ☑ ☑

健康長寿社会に関する次の記述のうち，最も適切なものを1つ選びなさい。

1　WHO（世界保健機関）は，健康とは病気や障害がないことであると定義している。
2　健康寿命を延ばすために，ロコモティブシンドローム（運動器症候群）対策が重要である。
3　2010年（平成22年）時点の日本における平均寿命と健康寿命の差が，男性が約5年，女性が約8年である。
4　2014年（平成26年）時点の日本におけるがん（cancer）の部位別にみた死亡者数は，男女ともに胃がん（gastric cancer）が最も多い。
5　「健康日本21（第2次）」における飲酒に関する目標には，未成年者の飲酒防止は含まれていない。

（注）「健康日本21（第2次）」とは，「21世紀における第2次国民健康づくり運動」のことである。

問題 01 解説

1 × ナショナルミニマムとは，国が国民に保障する最低限の生活水準のことである。日本では日本国憲法第25条に「健康で文化的な最低限度の生活」と規定されている。

2 × バリアフリー社会とは，多様な人が社会に参加する上での障壁（バリア）をなくした社会のことである。

3 × 介護の社会化とは，家庭内・家族が担ってきた介護を社会共通の課題として捉え，社会全体が担っていくという考え方である。

4 × 生涯現役社会とは，企業における高年齢者雇用の拡大や地域における就業機会の確保，社会参加の場の拡大などを通じて，高年齢者が生き生きと暮らしている社会のことである。

5 ○ 地域共生社会とは，地域住民や地域の多様な主体が参画し，人と人，人と資源が世代や分野を超えてつながることで，住民一人ひとりの暮らしと生きがい，地域をともに創っていく社会である。

問題 02 解説

1 × 2020（令和2）年国勢調査によると，1世帯当たりの平均人数は2.33人でその後も減少傾向にある。

2 ○ 「ひとり親と未婚の子」の世帯は，年々増加傾向にある。

3 × 生涯未婚率は，2015年においては女性14.1％に対し男性23.4％と男性の方が高く，その後も同じ傾向が続いている。

4 × 65歳以上の人がいる世帯では，夫婦のみの世帯が最も多く，次に単独世帯が多い。この順位は2015（平成27）年以降変わらない。

5 × 厚生労働省の人口動態統計によると，婚姻期間20年以上の夫婦の離婚は増加している。

問題 03 解説

1 × 世界保健機関憲章には，physical（肉体的），mental（精神的）の他に，social well-beingという言葉が入っている。これは一般に社会福祉と訳すが，この言葉があることで，身体的な視点だけでなく社会的にも満たされた状態であることが健康という状態であるため適切ではない。

2 ○ ロコモティブシンドロームは，骨や関節，筋肉など運動器の衰えが原因で起こることから，その対策をすることは健康寿命を延ばすことにつながり適切である。

3 × 2010（平成22）年の平均寿命と健康寿命の差は，男性が約9.13年，女性が約12.68年なので，適切ではない。

4 × 2014（平成26）年のがんの部位別にみた死亡者数は，男性では肺がん，女性では大腸がんが一番多いので適切ではない。

5 × 「健康日本21（第2次）」では，未成年者の飲酒を2022（令和4）年に0％にする目標を掲げていることから適切ではない。

正解 　問題01……5 　　問題02……2 　　問題03……2

　2019年（平成31年，令和元年）の日本の世帯に関する次の記述のうち，正しいものを1つ選びなさい。

1 　平均世帯人員は，3人を超えている。

2 　世帯数で最も多いのは，2人世帯である。

3 　単独世帯で最も多いのは，高齢者の単独世帯である。

4 　母子世帯数と父子世帯数を合算すると，高齢者世帯数を超える。

5 　全国の世帯総数は，7千万を超えている。

　社会福祉法に基づく，都道府県や市町村において地域福祉の推進を図ることを目的とする団体として，正しいものを1つ選びなさい。

1 　特定非営利活動法人（NPO法人）

2 　隣保館

3 　地域包括支援センター

4 　基幹相談支援センター

5 　社会福祉協議会

　現在の日本の雇用に関する次の記述のうち，適切なものを1つ選びなさい。

1 　終身雇用型の正規雇用はなくなった。

2 　正規雇用も非正規雇用も，雇用保険の加入率に差はない。

3 　65歳以上の者の就業率は2011（平成23）年以降減少している。

4 　非正規雇用の割合は，全雇用者数の3分の1を上回っている。

5 　パート・アルバイトの割合は，非正規雇用労働者数の30％を下回っている。

（問題）**04** 解説

1 × 平均世帯人員は2.39人である（厚生労働省「2019年国民生活基礎調査」。以下同じ）。

2 ○ 2人世帯が1,657万9千世帯で最も多い。次に多いのが単独世帯の1,490万7千世帯である。

3 × 単独世帯の総数1,490万7千世帯のうち，高齢者の単独世帯は736万9千世帯，高齢者以外の単独世帯は753万8千世帯であり，高齢者以外の単独世帯の方が少し多い。

4 × 母子世帯数と父子世帯数の合計は72万世帯であり，高齢者世帯数1,487万8千世帯より少ない。

5 × 2019年の全国の世帯総数は5,178万5千世帯である。

（問題）**05** 解説

1 × 特定非営利活動法人は，特定非営利活動促進法によりボランティア活動などの市民が行う自由な社会貢献活動を目的とする団体に与えられる法人の形態である。

2 × 隣保館は，社会福祉法に基づく第二種社会福祉事業である「隣保事業」を行うための施設として設置されている。

3 × 地域包括支援センターは，介護保険法第115条の46に基づき，地域住民の心身の健康の保持及び生活の安定のために必要な援助を行うことにより，その保健医療の向上及び福祉の増進を包括的に支援することを目的として設置されている。

4 × 基幹相談支援センターは，障害者総合支援法第77条の2第2項に基づき，障害者に対する相談支援の中核的な役割を担う機関として市町村が設置する。

5 ○ 社会福祉協議会は，社会福祉法第109条（市町村）及び第110条（都道府県）に基づき，地域福祉の推進を図ることを目的とする団体として市町村及び都道府県単位に設置される。

（問題）**06** 解説

1 × 終身雇用型の正規雇用は以前に比べ減少傾向にはあるが，なくなったわけではない。

2 × 非正規雇用の雇用保険加入率は上昇傾向にあるものの，正規雇用と比べると依然低い状態である。

3 × 総務省が行っている労働力調査によると，65歳以上の者の就業率は2011（平成23）年の19.2％から2022（令和4）年の25.2％まで，出題年度以降も毎年増加し続けている。

4 ○ 総務省が行っている労働力調査によると，2022（令和4）年の全雇用者数のうちの非正規雇用者の割合は36.9％と3分の1を上回っている。

5 × 総務省が行っている労働力調査によると，2022年（令和4）年の非正規雇用労働者2,101万人のうちパートは1,021万人，アルバイトは453万人で，合計すると1,474万人（70.2％）となり，3分の2を上回っている。

正解　　問題04……**2**　　問題05……**5**　　問題06……**4**

加点のポイント❶　　高齢者世帯に関する概要

　国民生活基礎調査の結果は厚生労働省から毎年公表され，ホームページでみることができる。問題文では細かい数値までは問われないので，概要を把握しておけば，データが新しく更新された内容であっても対応できることが多い。

❷ 地域共生社会の実現に向けた制度や施策

問題 **07**　頻出度 ★ ★ ★　　　　　　　　第34回 問題005 | Check ☑ ☑ ☑

　2016年（平成28年）に閣議決定された，「ニッポン一億総活躍プラン」にある「地域共生社会の実現」に関する記述として，最も適切なものを1つ選びなさい。

1　日本型福祉社会の創造
2　我が事・丸ごとの地域づくり
3　健康で文化的な最低限度の生活の保障
4　社会保障と税の一体改革
5　皆保険・皆年金体制の実現

問題 **08**　頻出度 ★ ★ ★　　　　　　　　第32回 問題005 | Check ☑ ☑ ☑

　地域包括ケアシステムでの自助・互助・共助・公助に関する次の記述のうち，最も適切なものを1つ選びなさい。

1　自助は，公的扶助を利用して，自ら生活を維持することをいう。
2　互助は，社会保険のように制度化された相互扶助をいう。
3　共助は，社会保障制度に含まれない。
4　共助は，近隣住民同士の支え合いをいう。
5　公助は，自助・互助・共助では対応できない生活困窮等に対応する。

加点のポイント❷　地域共生社会

　地域共生社会とは，誰もが地域の福祉課題を「我が事」として受け止め，人と資源が世代や分野を超えてつながることで包括的支援が可能となるような社会像である。地域共生社会の理念においては，社会の中のあらゆる人々を排除しないソーシャル・インクルージョン（社会的包摂）が目指される。

問題 **07** 解説

1 × 日本型福祉社会は1970年代に提唱された言葉で，高齢社会を見据えて家族の老親扶養の機能を含み資産として評価し，福祉サービスはその維持や援助を図るべきだとする考え方である。

2 ○ 誰もが福祉の問題を「我が事」として受け止め，従来の縦割りの公的支援から分野や制度を越えた「丸ごと」の支援を行い，地域全体で共生していく社会をめざしている。

3 × 健康で文化的な最低限度の生活の保障は，日本国憲法第25条が国民の権利として謳（うた）っている「生存権」の内容を説明する言葉である。

4 × 社会保障と税の一体改革は，社会構造の変化を踏まえ，税制と社会保障制度を一体的に改革することで社会保障制度の安定化と財政の健全化を図る方策である。ニッポン一億総活躍プラン以前の2012（平成24）年に社会保障・税一体改革大綱が閣議決定されている。

5 × 皆保険・皆年金の体制は，全面的に改正された国民健康保険法と新設された国民年金法がスタートした1961（昭和36）年に実現した。

問題 **08** 解説

1 × 公的扶助を利用して，自らの生活を維持するのは自助ではなく公助である。

2 × 社会保険などの制度化された相互扶助は互助ではなく共助である。

3 × 医療保険，年金保険，介護保険などの共助は社会保障に含まれる。

4 × 近隣住民同士の個人的な支え合いは共助ではなく互助である。

5 ○ 公助は行政が主に税を財源にして行うものであり，生活保護や虐待対応など自助・互助・共助での対応が難しい場合やふさわしくない場合などに行われる。

正解　　問題07……2　　　問題08……5

加点のポイント❸　自助，互助，共助，公助の特性

自助	自ら働いて，または自らの不労所得などにより，自らの生活を支え，自らの健康を自ら維持すること	例）セルフケア
互助	インフォーマルな相互扶助	例）ボランティア・近隣の助け合い
共助	社会保険のような制度化された相互扶助	例）年金，介護保険
公助	自助・互助・共助では対応できない困窮などの状況に対し，所得や生活水準・家庭状況などの受給要件を定めたうえで必要な生活保障を行うこと	例）生活保護，人権擁護対策，虐待防止策

❸ 社会保障制度

問題 **09** 頻出度 ★ ★ | 第27回 問題005 | Check ☑ ☑ ☑

民生委員の委嘱に関する次の記述のうち，正しいものを1つ選びなさい。

1 都道府県知事の推薦によって厚生労働大臣が委嘱する。

2 更生援護に熱意と識見を持っている者の中から都道府県知事が委嘱する。

3 地域の自治会または町内会の役員から市町村長が委嘱する。

4 市町村社会福祉協議会の推薦によって都道府県社会福祉協議会会長が委嘱する。

5 児童福祉法による児童委員に委嘱することは禁じられている。

問題 **10** 頻出度 ★ ★ | 第32回 問題008 | Check ☑ ☑ ☑

2015年度（平成27年度）以降の社会保障の財政に関する次の記述のうち，最も適切なものを1つ選びなさい。

1 後期高齢者医療制度の財源で最も割合が大きいものは，後期高齢者の保険料である。

2 社会保障給付費の財源では，税の占める割合が最も大きい。

3 生活保護費の財源内訳は，社会保険料と税である。

4 国の一般会計予算に占める社会保障関係費の割合は，30％を超えている。

5 社会保障給付費の給付額では，医療費の構成割合が最も大きい。

加点のポイント❹ 海外の社会福祉の歴史

エリザベス救貧法	1601年にイギリスで制定された，貧民救済，就労の強制並びに浮浪者の排除を目的として全国的に統一された法律
慈善組織協会	1869年にイギリスのロンドンで慈善団体の連絡・調整，協力，貧民の救済を目的に設立された
セツルメント	1880年代のイギリスで始まった，大学教員や学生などが，地域の貧困地域に住み込み，住民の生活改善を支援する運動。その後，1886年にスタントン・コイトがニューヨークにネイバーフッド・ギルドを創設した。その後，シカゴにJ.アダムズによってハル・ハウスが開設された
ベヴァリッジ報告	1942年，イギリスの社会保障制度の設計図となった，ベヴァリッジが作成した報告書。社会生活を脅かす5つの巨人悪として「無知，貧困，怠惰，疾病，不潔」を挙げ，その対策を体系的に提案した
シーボーム報告	1968年，イギリスで社会福祉サービスを管轄する行政機能再編のために発表された。コミュニティを中心に家族単位のサービスを強調し，対人援助サービスを重要視した

ⓘ題 09 解説

1 ○ 民生委員の委嘱の方法については「民生委員は，都道府県知事の推薦によって，厚生労働大臣がこれを委嘱する」（民生委員法第5条）と規定されている。

2 × 民生委員は「人格識見高く，広く社会の実情に通じ，且つ，社会福祉の増進に熱意のある者であって児童福祉法の児童委員としても，適当である者」（民生委員法第6条第1項）の中から推薦された者に対して委嘱される。「更生援護に熱意と識見を持っている者」ではない。

3 × 地域の自治会または町内会の役員が委嘱を受けることもあるが，「役員の中から選ぶ」というような規定はなく，また，選択肢1の通り，委嘱をするのは厚生労働大臣である。

4 × 選択肢1のとおりである。都道府県知事が推薦し，厚生労働大臣が委嘱する。社会福祉協議会が直接関与することはない。

5 × 児童福祉法第16条第2項で，「民生委員は，児童委員に充てられたものとする」と規定しており，民生委員は全員が児童委員でもある。

ⓘ題 10 解説

1 × 後期高齢者医療制度の財源で最も割合が大きいのは公費（5割）であり，次いで現役世代の負担（4割）となっている。

2 × 社会保障給付費の財源では，毎年，社会保険料が最も大きく，この傾向は変わっていない。

3 × 生活保護費の財源は全て税であり，国と自治体が負担している。社会保険料は財源ではない。

4 ○ 2023（令和5）年度予算では社会保障関係費が一般会計予算の32.3％を占めている。

5 × 2023（令和5）年度では，社会保障給付費で最も構成割合が大きいのは年金（44.8％）であり，次いで医療費（31.0％）である。この順位はその後も同じである。

正解　　問題09……1　　問題10……4

🐱 **加点のポイント❺　社会福祉の理念**

① 国民が自らの生活を自らの責任で営むことが基本
② 自らの努力だけでは自立した生活を維持できない場合に社会連帯の考え方に立った支援を行う
③ 個人が人として尊厳を持って，家庭や地域の中で，その人らしい自立した生活が送れるように支える

社会福祉の発展に関する歴史上の人物の業績や著作等は，自分で一覧表を作るなどして確実に覚えよう。

日本の社会保険制度に関する次の記述のうち，適切なものを1つ選びなさい。

1 加入は，個人が選択できる。

2 保険料だけで運営され，公費負担は行われない。

3 医療保険，年金保険，雇用保険，労災保険，介護保険の5つである。

4 給付の形態は，現金給付に限られる。

5 保険料は，加入者個人のリスクに見合った額になる。

我が国の社会保障制度の基本となる，1950年（昭和25年）の社会保障制度審議会による「社会保障制度に関する勧告」の内容として，最も適切なものを1つ選びなさい。

1 生活困窮者自立支援法の制定の提言

2 社会保障制度を，社会保険，国家扶助，公衆衛生及び医療，社会福祉で構成

3 介護保険制度の創設の提言

4 保育所の待機児童ゼロ作戦の提言

5 介護分野におけるICT等の活用とビッグデータの整備

加点のポイント ❻ 国民年金と厚生年金

　日本の年金制度には，すべての国民に共通する基礎年金として国民年金があり，また，基礎年金に上乗せする報酬比例の年金として，厚生年金など被用者年金があり，2階建ての年金給付となっている。

国民年金	自営業者，厚生年金，共済年金などの被用者保険加入者とその配偶者
厚生年金	民間企業の会社員といった労働者など

問題 11 解説

1 × 社会保険は，一定の要件に該当する場合には加入が義務づけられる強制保険である。個人が選択できないことから適切ではない。

2 × 保険料だけで運営されるわけではなく，公費負担もあることから適切ではない。

3 ○ 日本の社会保険制度は，医療保険，年金保険，雇用保険，労災保険，介護保険の5つであり適切である。

4 × 給付形態には，現金給付だけでなく現物給付（医療や介護等の専門的なサービスの提供，介護機器等の物品提供，住居の提供等）もあることから適切ではない。

5 × 例えば，医療保険は病気がちかどうかなどのリスクによって保険料が決まるわけではなく，この考え方は他の保険でも同じである。よって適切ではない。

問題 12 解説

1 × 生活困窮者自立支援法は，2013（平成25）年1月の社会保障審議会「生活困窮者の生活支援の在り方に関する特別部会」の提言から始まっている。同法は2013（平成25）年成立，2015（平成27）年施行された。

2 ○ 1950（昭和25）年の勧告では日本国憲法第25条に基づき，社会保障の範囲，方法，定義及び公的責任等を規定した。

3 × 介護保険制度の創設は，1994（平成6）年の「高齢社会福祉ビジョン懇談会」の報告で「21世紀に向けた介護システムの構築」が提言されたことから始まる。介護保険法は1997（平成9）年成立，2000（平成12）年に施行された。

4 × 保育所の待機児童ゼロ作戦は，2001（平成13）年小泉内閣によって掲げられた。

5 × 2016（平成28）年「保健医療分野におけるICT活用推進懇談会」によって，介護分野におけるICT等の活用とビッグデータの整備が提言された。

正解　　問題11……3　　　問題12……2

加点のポイント❼　社会福祉関連法の条文をおさえておこう

　社会福祉法や，その他社会福祉関連法の条文は，必ず一度は目を通しておくことが必要。条文の穴埋め問題も多数出題されている。社会福祉法人，社会福祉協議会，共同募金，地域福祉計画，人材確保指針などの主要事項を確認しておこう。

　社会福祉士及び介護福祉士法の内容についても数多く出題されている。特に同法の第4章の介護福祉士の義務等は必須であり，信用失墜行為の禁止，秘密保持義務，連携，資質向上の責務，名称の使用制限などについて確認しておこう。また日本介護福祉会の倫理綱領にも目を通しておいた方がよい。

地域包括ケアシステムを支える互助の説明として，最も適切なものを1つ選びなさい。

1 所得保障を中心としたナショナルミニマム（national minimum）の確保

2 地域福祉向上のための住民の支え合い

3 市場サービスの購入

4 介護保険制度における介護サービスの利用

5 「高齢者虐待防止法」に基づく虐待への対応

（注）「高齢者虐待防止法」とは，「高齢者虐待の防止，高齢者の養護者に対する支援等に関する法律」のことである。

社会保障に関する次の記述のうち，最も適切なものを1つ選びなさい。

1 ナショナルミニマム（national minimum）の理念は，デンマークで生まれた。

2 社会保険制度は，保険料を支払った人に受給権を保障する仕組みである。

3 生活保護制度は，現物給付を行わない。

4 社会福祉制度は，生活困窮者の貨幣的ニーズの充足を目的としている。

5 社会手当制度は，サービスの現物給付を行う。

加点のポイント❽ 共同募金について

　共同募金は，第一種社会福祉事業に位置づけられる。各都道府県に共同募金会が組織され，全国組織として中央共同募金会がある。毎年10月から12月に募金が行われ180億円程度の寄付が集められる。共同募金は原則として都道府県内の地域福祉団体などに配分され，高齢者や障害者などを対象とする支援活動や各種福祉研修など，地域福祉の推進のために利用されている。

(問題)**13** 解説

1 × 地域包括ケアシステムでは費用負担の形態によって公助・共助・互助・自助の四つに分類される。国民の最低生活を保障する生活保護などのナショナルミニマムの確保は，国民の税負担により国の責任で行っており，公助に分類される。

2 ○ 地域住民による支え合いは，地域包括ケアシステムにおける互助の代表的なものである。

3 × 市場サービスの購入は本人や家族の負担であり，自助に分類される。

4 × 介護保険などの社会保険は，将来のリスクに備えるため，それぞれが保険料を納付して支え合うリスクを共有する被保険者同士の共助と考えられる。

5 × 高齢者虐待への対応において，通報などで国民が協力することはあるが，基本的な対応の責任は国や自治体などの行政が担っており，公助に分類される。

(問題)**14** 解説

1 × ナショナルミニマムの理念は，19世紀後半，イギリスのフェビアン協会で活躍したウェッブ夫妻の提唱による。その後「ゆりかごから墓場まで」といわれるイギリスのベヴァリッジ報告に継承され，すべての国民に対する最低限の生活保障を国家の義務とすることとした。なお，デンマークで生まれた理念としてはバンク・ミケルセンが提唱したノーマライゼーションがある。

2 ○ 保険料を納付した人同士が支え合う共助を基本とした仕組みであり正しい。

3 × 生活保護制度は，金銭給付だけでなく現物給付（医療扶助，介護扶助）もある。

4 × 社会福祉制度は，生活困窮者に対する貨幣的ニーズの充足も一つの目的となってはいる。しかし，非貨幣的ニーズの充足も含めて，各種の介護福祉サービスなどに代表されるように自立した日常生活を営むことができるように支援するという目的がある。

5 × 社会手当制度は，金銭によって給付を行う。

正解 問題13……2　　問題14……2

加点のポイント❾　生活保護の４つの基本原則

申請保護の原則	急迫な状況を除き，保護は要保護者などの申請によって開始する
基準及び程度の原則	保護基準は厚生労働大臣が定め，要保護者の年齢，世帯構成や地域などに応じた最低限度の生活の需要を満たすものとし，保護はその不足分を給付する
必要即応の原則	保護の給付は画一的に行うのではなく，要保護者やその世帯の実際の必要の相違を考慮して，有効かつ適切に行う
世帯単位の原則	保護は，原則として世帯を単位として実施する

次のうち，2020年（令和2年）の社会福祉法等の改正に関する記述として，最も適切なものを1つ選びなさい。

1　市町村による地域福祉計画の策定

2　入所施設の重点的な拡充

3　医療・介護のデータ基盤の整備の推進

4　市町村直営の介護サービス事業の整備拡充

5　ロボット等の機械の活用から人によるケアへの転換

（注）　2020年（令和2年）の社会福祉法等の改正とは，「地域共生社会の実現のための社会福祉法等の一部を改正する法律（令和2年法律第52号）」をいう。

2021（令和3）年度の社会保障給付費に関する次の記述のうち，正しいものを1つ選びなさい。

1　国の一般会計当初予算は，社会保障給付費を上回っている。

2　介護対策の給付費は，全体の30％を超えている。

3　年金関係の給付費は，全体の40％を超えている。

4　医療関係の給付費は，前年度より減少している。

5　福祉その他の給付費は，前年度より減少している。

労働者災害補償保険制度に関する次の記述のうち，正しいものを1つ選びなさい。

1　パートやアルバイトは，保険給付の対象である。

2　保険料は，雇用主と労働者がそれぞれ負担する。

3　通勤途上の事故は，保険給付の対象外である。

4　業務上の心理的負荷による精神障害は，保険給付の対象外である。

5　従業員がいない自営業者は，保険給付の対象である。

加点のポイント⑩　職域保険と地域保険の区別

職域保険	健康保険，厚生年金保険，労災保険，雇用保険，船員保険，各種共済組合
地域保険	国民健康保険，国民年金

問題 15 解説

1 × 地域福祉計画の策定は，2000（平成12）年に社会福祉事業法が社会福祉法に改正・改称された際に新たに規定された。当初策定は任意だったが，2018（平成30）年の改正で策定が努力義務となった。

2 × 現在の福祉施策は在宅福祉サービスの整備や在宅生活への移行など在宅生活支援を基調としている。入所施設の整備も行われてはいるが，その拡充を法律で規定しているわけではない。

3 ○ 社会福祉法等の改正により，従来のデータベースやレセプト情報の精度向上や履歴の活用のための取り組みなどが規定された。

4 × 現在国では民間の活力を生かした介護サービスの整備を進めており，政策の方向性とは逆の記述である。

5 × 現在国は介護ロボット等の開発，普及を推進しており，政策の方向性とは逆の記述である。

問題 16 解説

1 × 社会保障給付費は129兆6千億円で，一般会計当初予算の106兆6千億円を大きく上回っている。

2 × 介護対策の給付費は，全体の9.8％である。

3 ○ 年金関係の給付費は，全体の45.1％である。

4 × 医療関係の給付費は，前年度40兆6千億円，2021（令和3）年度40兆7千億円で増加している。

5 × 福祉その他の給付費は，前年度28兆5千億円，2021（令和3）年度30兆5千億円で増加している。

問題 17 解説

1 ○ 労働者災害補償（労災）保険の適用範囲は，正規職員だけでなく非正規職員も含まれるため正しい。

2 × 保険料は事業主が全額負担する。

3 × 通勤中の事故も通勤災害として保険の適用範囲に含まれる。

4 × 2011（平成23）年に「心理的負荷による精神障害の認定基準」が定められた。

5 × 基本的に，自営業者や個人事業主，家族従業者などは労災保険の加入対象にならない。ただし業務の実情や災害の発生状況などにより特別に加入が認められる場合がある。

正解　　問題15……3　　　問題16……3　　　問題17……1

加点のポイント ⑪　労働者に関わる保険制度

　雇用保険制度と労働者災害補償保険制度とがある。それぞれの目的や適用条件，保険料を誰が負担するかなどを，両者を対比しながら覚えると理解しやすい。

Eさん（64歳，男性）は，4年前に企業を定年退職して無職であり，専業主婦の妻と二人で年金生活をしている。他の家族の医療保険の被扶養者ではない。ある日，Eさんは，自宅の庭掃除をしている時に転倒して，大腿骨を骨折（fracture）した。そのため病院で手術をすることになった。

次の制度のうち，医療費の支払いに適用できるものとして，正しいものを1つ選びなさい。

1 国民健康保険

2 介護保険

3 労働者災害補償保険

4 健康保険

5 後期高齢者医療

市町村における社会福祉に関する計画として，正しいものを1つ選びなさい。

1 老人福祉計画は，その市町村内に老人福祉施設がなければ，策定しなくてもよい。

2 障害者計画は，18歳以上の障害者を対象としていて，障害児を含まない。

3 介護保険事業計画は，第1号被保険者の保険料の設定に関連している。

4 地域福祉計画は，市町村社会福祉協議会に策定が義務づけられている。

5 障害福祉計画は，具体的なサービスの量を設定しない。

保健所に関する次の記述のうち，正しいものを1つ選びなさい。

1 保健所の設置は，医療法によって定められている。

2 保健所は，全ての市町村に設置が義務づけられている。

3 保健所は，医療法人によって運営されている。

4 保健所の所長は，保健師でなければならない。

5 保健所は，結核（tuberculosis）などの感染症の予防や対策を行う。

問題 18 解説

1 ○ Eさんは無職であり，後期高齢者医療の対象になる75歳以上でもない。したがって国民健康保険の被保険者となるので正しい。

2 × Eさんは64歳なので介護保険の第2号被保険者であるが，第2号被保険者の場合，特定疾病が原因で要介護認定を受けた場合にのみ介護（予防）サービスに関する給付が受けられる。また，そもそも医療費は介護保険の給付対象ではない。

3 × 労働者災害補償保険は労働者の業務災害及び通勤災害に対する保険制度なので，労働者でないEさんは加入していない。

4 × Eさんは無職で，他の働いている家族の医療保険の被扶養者でもないため，健康保険には加入していない。

5 × 後期高齢者医療は75歳以上の高齢者が対象となるので，64歳のEさんは加入していない。

問題 19 解説

1 × 老人福祉法第20条の8によれば，「市町村は，老人居宅生活支援事業及び老人福祉施設による事業の供給体制の確保に関する計画を定めるものとする」と規定されており，老人福祉施設の有無にかかわらず策定する義務がある。

2 × 都道府県障害者計画および市町村障害者計画の根拠法となっている障害者基本法は，障害者を年齢によって区分していない。

3 ○ 介護保険事業計画によってサービスの量を増やすと，そのための費用も増大し，第1号被保険者の保険料アップにつながる。

4 × 地域福祉計画は，社会福祉法に基づき市町村が作成することになっている。

5 × 都道府県障害福祉計画及び市町村障害福祉計画は，障害者の日常生活及び社会生活を総合的に支援するための法律に基づき，障害福祉サービスなどの提供体制や目標量などを内容とする。

問題 20 解説

1 × 保健所は地域保健法に基づいて設置されている。

2 × 保健所は都道府県，政令指定都市，中核市，その他政令で定められた市（保健所政令市），特別区（東京23区）に設置が義務づけられている（地域保健法第5条第1項）。

3 × 保健所は地方公共団体が設置する機関であり，医療法人が運営することはない。

4 × 保健所長は原則として医師でなければならないが，確保が難しい場合は一定条件のもとで例外が認められる（地域保健法施行令第4条）。保健師であることは求められていない。

5 ○ 保健所の業務は地域保健法第6条に定められており，第12項において，エイズ，結核，性病，伝染病その他の疾病の予防に関する事項を行うこととされている。

正解　問題18……1　　問題19……3　　問題20……5

市町村国民健康保険の被保険者に関する次の記述のうち，適切なものを1つ選びなさい。

1 日本国籍があれば，住所がなくても被保険者になる。

2 被保険者証の返還を求められた世帯主は，民生委員に当該被保険者証を返還しなければならない。

3 世帯主は，世帯主以外の世帯員の被保険者証の交付を求めることはできない。

4 健康保険法の被保険者であった者が被保険者になることはない。

5 生活保護の受給者（停止中の者を除く）は，被保険者になることはない。

社会福祉法人に関する次の記述のうち，適切なものを1つ選びなさい。

1 設立にあたっては，所在地の都道府県知事が厚生労働大臣に届出を行う。

2 収益事業は実施することができない。

3 事業運営の透明性を高めるために，財務諸表を公表することとされている。

4 評議員会の設置は任意である。

5 福祉人材確保に関する指針を策定する責務がある。

加点のポイント⑫ **社会福祉協議会**

社会福祉協議会は，社会福祉法で「地域福祉の推進を図ることを目的とする団体」と位置づけられ，地域福祉の中心的な存在である。社会福祉協議会は次の3つがある。

市区町村社会福祉協議会	身近な地域で活動し，地域福祉活動の中核をなす。地域住民の福祉活動の推進，関係者との連携およびホームヘルプサービス，食事サービス，外出支援サービスなどの在宅福祉サービスを行う。生活福祉資金貸付制度の窓口となる
都道府県・指定都市社会福祉協議会	都道府県域での地域福祉の充実を図る。市区町村社会福祉協議会の支援や連絡調整，福祉専門職の養成や研修，福祉事業者の指導や助言など
全国社会福祉協議会	都道府県社会福祉協議会の連合会として，全国的に福祉関係者の連絡調整等を行う。また，福祉にかかわる人材の養成・研修，出版事業などを実施

問題 **21** 解説

1 × 国民健康保険法は「都道府県の区域内に住所を有する者は，当該都道府県が当該都道府県内の市町村とともに行う国民健康保険の被保険者とする」（第5条）と定めている。これは，実際に市町村に住所がなければ被保険者にはならないことを意味している。

2 × 被保険者証は市町村の担当課（窓口）に返還する。民生委員ではない。

3 × 国民健康保険法は，「世帯主は，市町村に対し，その世帯に属するすべての被保険者に係る被保険者証の交付を求めることができる」（第9条第2項）と定めている。

4 × 例えば会社で働いていた人が退職すると健康保険法の被保険者ではなくなることから，国民健康保険に加入する（被保険者になる）こととなる。

5 ○ 生活保護を受給している間は国民健康保険制度の対象外になる。ただし，医療が受けられなくなるわけではなく，生活保護制度の仕組みの中で医療を受けることとなる。

問題 **22** 解説

1 × 設立の届け出は，法人を設立しようとする者が所轄庁である都道府県知事または市長に対して行う。ただし，2か所以上の厚生労働省の地方厚生局の管轄区域で事業を行う場合は，厚生労働省が所轄庁となる。

2 × 社会福祉法第26条第1項により，社会福祉事業に支障がない限り，公益事業または収益事業を行うことができる。

3 ○ 賃借対照表，収支計算書，事業活動計算書等の財務諸表を公表することとされている。

4 × 2016（平成28）年の社会福祉法改正により，評議員会は必置の議決機関となった。

5 × 福祉人材確保に関する指針は厚生労働大臣が策定，告示している。

正解　　問題21……5　　問題22……3

加点のポイント⓭　**社会福祉事業（社会福祉法第2条で定義）**

第一種社会福祉事業	利用者への影響が大きく，安定した経営が求められ，利用者保護の必要性が高い事業（入所施設サービスなど），共同募金
第二種社会福祉事業	第一種社会福祉事業以外の社会福祉事業で，比較的利用者への影響が小さく，公的な規制の必要性が低い事業（在宅サービスなど）

日本国憲法第25条で定められている権利として，正しいものを1つ選びなさい。

1 幸福追求権

2 新しい人権

3 思想の自由

4 財産権

5 生存権

次のうち，福祉三法に続いて制定され，福祉六法に含まれるようになった法律として，正しいものを1つ選びなさい。

1 社会福祉法

2 地域保健法

3 介護保険法

4 老人福祉法

5 障害者基本法

2015年（平成27年）以降の日本の社会福祉を取り巻く環境に関する次の記述のうち，適切なものを1つ選びなさい。

1 人口は，増加傾向にある。

2 共働き世帯数は，減少傾向にある。

3 非正規雇用労働者数は，減少傾向にある。

4 高齢世代を支える現役世代（生産年齢人口）は，減少傾向にある。

5 日本の国民負担率は，OECD加盟国の中では上位にある。

（注）OECDとは，経済協力開発機構（Organisation for Economic Co-operation and Development）のことで，2020年（令和2年）現在38か国が加盟している。

加点のポイント⑭ 福祉三法，福祉六法

　福祉三法とは，生活保護法，児童福祉法，身体障害者福祉法であり，福祉六法とは，福祉三法に精神薄弱者福祉法(現・知的障害者福祉法)，老人福祉法，母子福祉法(現・母子及び父子並びに寡婦福祉法)を加えたものである。福祉六法はいずれも1960年代までに制定されていることに注目するとよい。

問題 23 解説

1 × 幸福追求権について書かれているのは，日本国憲法第13条「すべて国民は，個人として尊重される。生命，自由及び幸福追求に対する国民の権利については，公共の福祉に反しない限り，立法その他の国政の上で，最大の尊重を必要とする。」である。

2 × 新しい人権とは，一般的に環境権やプライバシー権などの現在の日本国憲法に明記されていない人権のことを指すため適切ではない。

3 × 思想の自由について書かれているのは，第19条「思想及び良心の自由は，これを侵してはならない。」である。

4 × 財産権について書かれているのは，第29条「財産権は，これを侵してはならない。」である。

5 ○ 第25条では「すべて国民は，健康で文化的な最低限度の生活を営む権利を有する。」として，すべての国民の生存権を保障している。

問題 24 解説

1 × 社会福祉法は，1951（昭和26）年に公布された社会福祉事業法が2000（平成12）年に改正されたものである。

2 × 地域保健法は，1937（昭和12）年に制定された（旧）保健所法を新憲法下で全面改定して1947（昭和22）年にできた保健所法が，市町村の機能強化等を目的に1994（平成6）年の改正で地域保健法となったものである。

3 × 介護保険法は，1997（平成9）年に公布された。要介護者等について，介護保険制度を設け，保険給付等に関して必要な事項を定めることを目的とする法律である

4 ○ 老人福祉法は1963（昭和38）年に公布され，福祉六法に含まれている。

5 × 障害者基本法は，1970（昭和45）年に制定された心身障害者対策基本法が1993（平成5）年に現在の名称に改正された。障害者基本計画など障害者施策全般を幅広く規定した法律である。

問題 25 解説

1 × 人口推計（2022年（令和4年）10月1日現在）によると総人口は1億2,494万7千人で，12年連続で減少している。増加傾向にはない。

2 × 労働力調査（総務省）によると，共働き世帯数は2015（平成27）年から2019（令和元）年までに約131万世帯増加し，2020（令和2）年は微減した。全体として減少傾向とはいえない。

3 × 労働力調査（総務省）によると，非正規雇用労働者数は2015（平成27）年から2019（令和元）年までに約184万人増加し，その後，新型コロナウイルスの影響により一時的に減少していたものの，現在は増加に転じている。

4 ○ 国勢調査によると生産年齢人口（15〜64歳）は2015（平成27）年に総人口の60.7%であったが，2021年，2022年ともに59.4%であり，減少傾向にある。

5 × 国民負担率は，「（租税負担額＋社会保障負担額）÷国民所得」で算出する。財務省によると2020（令和2）年の日本の国民負担率47.9%は，OECD加盟36か国（2国は統計不能）中22位である。上位とはいえない。

正解　問題23……5　　問題24……4　　問題25……4

④ 高齢者福祉と介護保険制度

問題 26　頻出度 ★ ★ ★　　　　　第35回 問題010 | Check ☑ ☑ ☑

　Eさん（75歳, 女性, 要介護2）は, 訪問介護（ホームヘルプサービス）を利用している。最近, Eさんの認知症（dementia）が進行して, 家での介護が困難になり, 介護老人福祉施設の申込みをすることにした。家族が訪問介護員（ホームヘルパー）に相談したところ, まだ要介護認定の有効期間が残っていたが, 要介護状態区分の変更の申請ができることがわかった。

　家族が区分変更するときの申請先として, 正しいものを1つ選びなさい。

1　介護保険の保険者
2　後期高齢者医療広域連合
3　介護保険審査会
4　国民健康保険団体連合会
5　運営適正化委員会

問題 27　頻出度 ★ ★　　　　　第31回 問題011 | Check ☑ ☑ ☑

　2018年（平成30年）に施行された介護保険制度の改正内容として, 正しいものを1つ選びなさい。

1　介護医療院の創設
2　定期巡回・随時対応型訪問介護看護の創設
3　在宅医療・介護連携推進事業の地域支援事業への位置づけ
4　地域包括支援センターへの認知症連携担当者の配置
5　法令遵守等の業務管理体制整備の義務づけ

加点のポイント⑮　2005（平成17）年の介護保険法改正のポイント

2005（平成17）年に行われた介護保険法の改正のポイントは以下の通りである。
(1)要介護度の軽い人を対象に, 状態の悪化を防ぐ「介護予防サービス（新予防給付）」と介護保険対象外の高齢者向けに「地域支援事業」を設ける。
(2)「地域包括支援センター」を新設し介護予防のケアマネジメントを行う。
(3)施設の「居住費」や「食費」は介護保険の給付の対象から外して自己負担にする。
(4)近くでサービスが受けられるように「地域密着型サービス」として小規模多機能型居宅介護や夜間対応型訪問介護などを創設する。
(5)事業者指定およびケアマネジャーの資格を更新制にする。
(6)6ランクであった要介護区分を7ランクに変更する。

(問題)26 解説

1 ○ 要介護状態区分の変更は，介護保険の保険者である市町村または特別区に対して申請する。

2 × 後期高齢者医療広域連合は，75歳（寝たきり等の場合は65歳）以上が加入する医療保険の保険者であり，本問のケースにおける申請先ではない。

3 × 介護保険審査会は，保険給付や要介護認定に対する不服申立の審理・裁決を行う第三者機関として各都道府県に設置されている。本問のケースにおける申請先ではない。なお，要介護認定を行う介護認定審査会と混同しやすいので注意すること。

4 × 国民健康保険団体連合会は会員である保険者（都道府県・市町村・国民健康保険組合）が共同で国民健康保険事業を健全に運営するために都道府県ごとに設置されている。本問のケースにおける申請先ではない。

5 × 運営適正化委員会は，福祉サービス利用援助事業の適正な運営を確保するとともに，福祉サービスに関する利用者からの苦情を適切に解決することを目的として，都道府県社会福祉協議会に設置されている。本問のケースにおける申請先ではない。

(問題)27 解説

1 ○ 長期にわたって療養が必要な要介護者に対し，医療や看護・介護・生活上の世話を行うことを目的として介護医療院が創設された。

2 × 定期巡回・随時対応型訪問介護看護が創設されたのは2011（平成23）年の改正である。

3 × 地域支援事業に在宅医療・介護連携推進事業が位置づけられたのは2014（平成26）年の改正である。

4 × 地域包括支援センターに認知症連携担当者を配置するとしたのは2014（平成26）年の改正である。

5 × 法令遵守等の業務管理体制整備が義務づけられたのは2008（平成20）年の改正である。

正解　　問題26……1　　問題27……1

加点のポイント⓰　2012（平成24）年の介護保険法改正のポイント

2011（平成23)年に行われた介護保険法の改正のポイントは以下の通りである。
(1)医療と介護の連携を強化する（24時間対応の定期巡回・随時対応サービス，複合型サービスの創設など）。
(2)介護人材の確保とサービスの質を向上させる(介護職員等によるたん吸引などの実施など)。
(3)高齢者の住まいを整備する(サービス付き高齢者向け住宅の整備)。
(4)認知症対策を推進する(市民後見人の育成および活用など)。
(5)保険者による主体的取り組みを推進する。
(6)保険料上昇を緩和する。

介護保険法の保険者として，正しいものを1つ選びなさい。

1 社会保険診療報酬支払基金
2 市町村及び特別区
3 国民健康保険団体連合会
4 厚生労働省
5 日本年金機構

介護保険制度の被保険者に関する次の記述のうち，正しいものを1つ選びなさい。

1 加入は任意である。
2 第一号被保険者は，65歳以上の者である。
3 第二号被保険者は，20歳以上65歳未満の医療保険加入者である。
4 第一号被保険者の保険料は，都道府県が徴収する。
5 第二号被保険者の保険料は，国が徴収する。

介護予防・日常生活支援総合事業に含まれる事業として，適切なものを1つ選びなさい。

1 家族介護支援事業
2 予防給付
3 介護給付
4 権利擁護事業
5 第一号訪問事業（訪問型サービス）

加点のポイント⑰ **2014（平成26）年の介護保険法改正のポイント**

2014（平成26）年に「医療介護総合確保推進法」と呼ばれる，地域における医療と介護に関する一体的改革が行われ「地域包括ケアシステムの構築」がより一層推進されることになった。介護保険法の改正のポイントは以下の通りである。

(1)在宅医療・介護連携を推進する。
(2)認知症施策を推進する。
(3)地域ケア会議の推進。
(4)生活支援サービスを充実・強化する。
(5)全国一律の予防給付における「通所介護」と「訪問介護」を市町村の「地域支援事業」に移行し多様化を図る。
(6)特別養護老人ホームの新規入所者を「要介護3」以上に重点化。
(7)低所得者の保険料負担を軽減する。
(8)一定以上の所得のある利用者の自己負担を2割負担に引き上げる。

問題 28 解説

1 × 社会保険診療報酬支払基金は医療保険に関わる報酬の支払いや請求をする機関である。

2 ○ 介護保険の保険者は市町村及び特別区である。

3 × 国民健康保険団体連合会は，介護報酬の審査や支払い義務などを行うが保険者ではない。

4 × 厚生労働省は，介護給付費の状況把握や介護報酬の改定などを行うが，保険者ではない。

5 × 日本年金機構が保険者となっているのは，国民年金や厚生年金保険である。

問題 29 解説

1 × 介護保険は社会保険であり，40歳以上の国民の加入が義務づけ（強制適用）られている。

2 ○ 第一号被保険者の年齢要件は，65歳以上である。

3 × 第二号被保険者とは，40歳以上65歳未満の医療保険加入者である。

4 × 第一号被保険者の保険料を徴収するのは，市区町村（保険者）である。

5 × 医療保険の保険者が徴収し，社会保険診療報酬支払基金を通して市区町村（保険者）に送られる。

問題 30 解説

介護予防・日常生活支援総合事業は介護予防等を目的に市町村が行う地域支援事業の1つである。地域支援事業には，この他に包括的支援事業，任意事業がある。

1 × 家族介護支援事業は，地域支援事業の中の任意事業に含まれる。

2 × 予防給付は，要支援・要介護認定で要支援1及び要支援2と判定された人に給付される介護保険の保険給付である。

3 × 介護給付は，要支援・要介護認定で要介護1〜要介護5と判定された人に給付される介護保険の保険給付である。

4 × 権利擁護事業は，地域包括支援センターが行う事業の1つであり，包括的支援事業に含まれる。

5 ○ 第一号訪問事業（訪問型サービス）は掃除，洗濯等の日常生活上の支援をするサービスであり，介護予防・日常生活支援総合事業に含まれる。

正解　　問題28……2　　問題29……2　　問題30……5

加点のポイント⓱　2017（平成29）年の介護保険改正のポイント

　2017（平成29）年には「地域包括ケアシステムの強化のための介護保険法等の一部を改正する法律」として地域包括ケアシステムの深化・推進と制度の持続可能性の確保が取り組まれた。その改正のポイントは以下の通りである。

　(1)自立支援・重度化防止に向けた保険者機能の強化(財政的インセンティブの付与など)。

　(2)医療・介護の連携の推進(介護医療院の創設など)。

　(3)地域共生社会の実現に向けた取り組みの推進(共生型サービスの創設など)。

　(4)所得の高い高齢者の負担割合を３割とする。

　(5)第２号被保険者の保険料に「総報酬制」を導入する。

　2018年（平成30年）に施行された介護保険制度の利用者負担に関する次の記述のうち，正しいものを1つ選びなさい。

1　施設の食費は，材料費等の実費を新たに全額自己負担することになった。

2　補足給付の支給要件から資産が除かれた。

3　居宅介護サービス計画費について自己負担が導入された。

4　施設の居住費は，新たに保険給付の対象外とされた。

5　一定以上の所得のある利用者に対して3割負担が導入された。

　介護保険制度の利用に関する次の記述のうち，最も適切なものを1つ選びなさい。

1　要介護認定は，介護保険被保険者証の交付の前に行う。

2　要介護認定には，主治医の意見書は不要である。

3　要介護認定の審査・判定は，市町村の委託を受けた医療機関が行う。

4　居宅サービス計画の作成は，原則として要介護認定の後に行う。

5　要介護者の施設サービス計画の作成は，地域包括支援センターが行う。

　Cさん（78歳，男性，要支援1）は，公的年金（月額19万円）で公営住宅の3階で一人暮らしをしている。妻と死別後も通所型サービスを利用し，自炊を楽しみながら生活している。最近，膝の具合がよくないこともあり，階段の上り下りが負担になってきた。そこで，転居について，通所型サービスのD介護福祉士に相談をした。

　次のうち，D介護福祉士がCさんに紹介する住まいの場として，最も適切なものを1つ選びなさい。

1　認知症対応型共同生活介護（認知症高齢者グループホーム）

2　介護付有料老人ホーム

3　軽費老人ホームA型

4　サービス付き高齢者向け住宅

5　養護老人ホーム

(問題) 31 解説

1 × 施設の食費は，2005（平成17）年に介護報酬の対象から外されている。

2 × 2014（平成26）年の介護保険法の改正時に，資産も支給要件に含むようになった。

3 × 居宅介護サービス計画費は全額が介護保険から事業者に支払われるため，自己負担は発生しない。

4 × 施設の居住費は，2005（平成17）年に介護報酬の対象から外されている。

5 ○ 特に所得の多い利用者については，2018（平成30）年8月から3割負担が導入された。

(問題) 32 解説

1 × 介護保険の被保険者でなければ要介護認定は申請できない。したがって介護保険の被保険者であることを証明する介護保険被保険者証が交付された後に要介護認定の申請が行える。

2 × 要介護認定を受ける際には，主治医の意見書が必要である。

3 × 認定調査は市区町村の職員や，市区町村から委託されたケアマネジャーなどが行い，コンピューターによる一次判定と介護認定審査会による二次判定が行われる。

4 ○ 認定された要介護度等に応じて，ケアマネジャーが居宅サービス計画を作成する。

5 × 施設サービス計画の作成は，施設職員である介護支援専門員（ケアマネジャー）が行う。

(問題) 33 解説

1 × 認知症対応型共同生活介護は，認知症のある要介護者を対象としたサービスであり，Cさんには適していない。また介護度も要支援2または要介護1以上が対象となるので対象外である。

2 × 有料老人ホームは介護度による入居条件はないが，介護付きの場合主に身体介護や生活支援を必要とする人が対象でその分費用も高いことが多い。Cさんの自立度や経済状況を考えると適切とはいえない。

3 × 軽費老人ホームA型は，食事提供や生活サービスのある施設である。Cさんは自炊を楽しみにしているため，適していない。

4 ○ サービス付き高齢者向け住宅は，安否確認や様々な生活支援サービスを受けられる高齢者向け賃貸住宅である。生活の自由度が高く，比較的自立度の高い高齢者に向いている。一般住宅と違いバリアフリー対応のため，Cさんの状態を考えると最も適しているといえる。

5 × 養護老人ホームは，収入がなかったり，自力で生活を組み立てたりすることが難しいなどの生活困難を抱えている高齢者を支援する施設である。食事の提供や健康管理などの自立支援サービス，社会的活動への参加支援などを行う。Cさんは年金があり，自力で生活ができることから該当しない。

正解 問題31……5 問題32……4 問題33……4

加点のポイント⓳ 2020（令和2）年の介護保険改正のポイント

2020（令和2）年には，「地域共生社会の実現のための社会福祉法等の一部を改正する法律」と関連して，介護保険制度についても改正が取り組まれた。その改正ポイントは，以下の通りである。

(1)地域包括ケアシステムの推進（地域包括支援センターの強化，「通いの場」の推奨など）。

(2)自立支援・重度化防止の推進（介護事業所におけるICTの導入など）。

(3)介護人材の確保・介護現場の革新（社会福祉連携推進法人の創設など）。

(4)制度の安定化・持続可能性の確保（高額介護サービス費，補足給付，要介護認定有効期間の見直しなど）。

(5)感染症や災害への対応力強化（介護職員の業務負担を軽減するためのICT導入補助など）。

介護保険制度における訪問介護（ホームヘルプサービス）のサービスに含まれるものとして，適切なものを1つ選びなさい。

1 理美容サービス

2 通帳と印鑑の預かり

3 生活等に関する相談・助言

4 庭の草むしり

5 訪問日以外の安否確認

介護保険制度の保険給付の財源構成として，適切なものを1つ選びなさい。

1 保険料

2 公費

3 公費，保険料，現役世代からの支援金

4 公費，第一号保険料

5 公費，第一号保険料，第二号保険料

加点のポイント⑳　生活援助の行為とは

　訪問介護では，身体介護以外の訪問介護で，掃除，洗濯，調理などの日常生活の援助を生活援助といい，利用者が単身であったり，家族が障害・疾病などのため本人や家族が家事を行うことが困難な場合に行われるものをいう。利用者の支援に直接必要のないこと(例えば家族に対する支援やペットの世話，利用者の生活と関係のない家事など)は行うことができない。

加点のポイント㉑　介護保険のサービスの種類（介護給付）をおさえておこう

施設サービス	介護老人福祉施設，介護老人保健施設，介護医療院（介護療養型医療施設は2024（令和6）年に廃止予定）
居宅介護 （訪問サービス）	訪問介護，訪問入浴介護，訪問看護，訪問リハビリテーション 居宅療養管理指導
（通所サービス）	通所介護，通所リハビリテーション
（短期入所サービス）	短期入所生活介護，短期入所療養介護
（その他）	特定施設入居者生活介護，福祉用具貸与，特定福祉用具販売 住宅改修
地域密着型サービス	定期巡回・随時対応型訪問介護看護 看護小規模多機能型居宅介護（複合型サービス） 夜間対応型訪問介護・地域密着型通所介護，認知症対応型通所介護，小規模多機能型居宅介護，認知症対応型共同生活介護，地域密着型特定施設入居者生活介護，地域密着型介護老人福祉施設入所者生活介護

問題 34 解説

1 × 理美容サービスは訪問介護のサービスには含まれない。そもそも理美容については，理容師や美容師の免許のない者が事業として行うことが法律で禁止されている。したがって，例えば娘が高齢の母親の髪の毛をカットすることは禁止されていないが，訪問介護はそれ自体が事業として行われていることから，その中で理美容サービスはできない。

2 × 通帳と印鑑の預かりは，訪問介護の目的である介護や日常生活上の世話の範囲を逸脱していることからサービスには含まれない。必要があれば，社会福祉協議会が実施している日常生活自立支援事業等のサービスを紹介する。

3 ○ 「生活等に関する相談・助言」は介護保険法施行規則において訪問介護の業務として規定されている。

4 × 「指定訪問介護事業所の事業運営の取扱」に関する通知の中で，サービスに含まれないものの例として「庭の草むしり」が例示されている。

5 × 例えば，ホームヘルパーが利用者の近所に住んでいて，訪問日以外に個人的な善意で安否確認を無償で行うことが禁止されるわけではないが，そもそも訪問日以外は業務ではないので，そのような行為は制度に基づく訪問介護のサービスには含まれない。

問題 35 解説

1 × 保険料の他，国，都道府県，市町村が支出する公費によって成り立っている。

2 × 選択肢1の通り，財源は公費だけではない。

3 × 現役世代からの直接的な支援金は財源構成に入っていない。なお，現役世代は税金の負担という形で間接的に介護保険の財政を支えている。

4 × 介護保険制度の保険給付の財源は，国，都道府県，市町村が負担する公費と，40歳から64歳の第2号被保険者及び65歳以上の第1号被保険者が収める保険料が財源になっている。

5 ○ 選択肢1や選択肢4と同様であり，公費と保険料によって成り立っている。

正解　　問題34……3　　　問題35……5

加点のポイント㉒　介護保険サービスの種類（予防給付）をおさえておこう

介護予防 （訪問サービス）	介護予防訪問入浴介護・介護予防訪問看護・介護予防訪問リハビリテーション・介護予防居宅療養管理指導
（通所サービス）	介護予防通所リハビリテーション
（短期入所サービス）	介護予防短期入所生活介護（ショートステイ）・介護予防短期入所療養介護
（その他）	介護予防特定施設入居者生活介護・介護予防福祉用具購入費・介護予防福祉用具貸与
地域密着型サービス	介護予防認知症対応型通所介護・介護予防小規模多機能型居宅介護・介護予防認知症対応型共同生活介護（グループホーム）

介護保険制度における地域ケア会議の目的として,適切なものを1つ選びなさい。

1 居宅サービス計画の作成

2 事業所の事業運営の推進

3 市町村介護保険事業計画の策定

4 個別ケースの課題分析等を行うことによる地域課題の把握

5 介護認定の審査判定

Cさん(75歳,男性,要支援2)は,訪問介護(ホームヘルプサービス)を利用して一人暮らしをしていた。最近,脳梗塞(cerebral infarction)を起こして入院した。入院中に認知症(dementia)と診断された。退院時の要介護度は2で,自宅での生活継続に不安があったため,Uグループホームに入居することになった。

Uグループホームの介護支援専門員(ケアマネジャー)が行うこととして,最も適切なものを1つ選びなさい。

1 訪問介護(ホームヘルプサービス)を継続して受けるために,Cさんを担当していた地域包括支援センターに連絡する。

2 Uグループホームに入居するときに,認知症対応型共同生活介護計画を作成する。

3 地域の居宅介護支援事業所に,Cさんのケアプランを作成するように依頼する。

4 認知症対応型共同生活介護計画の作成をするときに,認知症(dementia)があるCさんへの説明と同意を省略する。

5 日中の活動を充実するために地域の通所介護(デイサービス)の利用をケアプランに入れる。

(注) ここでいう「グループホーム」とは,「認知症対応型共同生活介護事業所」のことである。

指定介護老人福祉施設に配置が義務づけられている専門職として,正しいものを1つ選びなさい。

1 介護支援専門員(ケアマネジャー)

2 主任介護支援専門員

3 訪問介護員(ホームヘルパー)

4 サービス提供責任者

5 福祉用具専門相談員

問題 36 解説

1 × 居宅サービス計画の作成は，ケアマネジャーが中心となってサービス担当者会議で行われる。

2 × 地域ケア会議では，各事業所の事業運営の推進は目的として設定されていない。

3 × 地域ケア会議で把握された地域のニーズや社会資源は，市町村介護保険事業計画の策定時にも生かされていくべきものではあるが，策定について議論することが目的になっているわけではない。

4 ○ 地域ケア会議の目的は介護保険法第115条の48第2項において「要介護被保険者その他の厚生労働省令で定める被保険者（以下この項において「支援対象被保険者」という。）への適切な支援を図るために必要な検討を行うとともに，支援対象被保険者が地域において自立した日常生活を営むために必要な支援体制に関する検討を行うものとする」と定められている。

5 × 介護認定の審査判定は，市町村に設置される介護認定審査会で行われる。

問題 37 解説

1 × グループホームに入居する場合は，訪問介護を受ける必要がなくなるため適切ではない。

2 ○ グループホーム入居にあたりどのようなサービスが必要かを検討し，計画を作成する必要がある。

3 × 居宅サービスを利用するわけではないので，適切ではない。

4 × 認知症のあるなしにかかわらず，本人の意向を丁寧に聞き，できるだけその意向を計画に反映させることが必要なので適切ではない。

5 × デイサービスを利用するかどうかはCさんの意向による。退院時に最初からケアプランに入れることは適切とはいえない。

問題 38 解説

1 ○ 介護支援専門員は，常に入所者（利用者）からの相談に応じられるように常勤での配置が義務づけられている。

2 × 主任介護支援専門員は，地域包括支援センターに配置が義務づけられている。

3 × 訪問介護員（ホームヘルパー）は訪問介護事業所に配置が義務づけられている。

4 × サービス提供責任者は，訪問介護事業所に配置が義務づけられている。

5 × 福祉用具専門相談員は，福祉用具貸与・販売を行う事業所に配置が義務づけられている。

正解　　問題36……4　　問題37……2　　問題38……1

加点のポイント㉓　「指定介護老人福祉施設の人員，設備及び運営に関する基準」

「指定介護老人福祉施設の人員，設備及び運営に関する基準」をよく読み覚えることが必要である。平成30年度介護報酬改定が行われ，介護福祉士の配置基準などが改善された。介護福祉士のキャリア形成を考える上でもおさえておこう。

❺ 障害者福祉と障害者保健福祉制度

障害福祉計画に関する次の記述のうち，正しいものを1つ選びなさい。

1 厚生労働大臣は基本的な指針を定めなければならない。
2 都道府県による策定は努力義務である。
3 市町村による策定は努力義務である。
4 障害児福祉計画とは計画期間が異なっている。
5 文化芸術活動・スポーツの振興についての目標設定をしなければならない。

　Fさん（19歳，女性，身体障害者手帳2級）は，先天性の聴覚障害がある。Fさんは大学生で，授業のときは手話通訳者が配置されている。Fさんは筆記による定期試験を受けることになり，試験実施に関する配慮を大学に申し出た。

　次の記述のうち，Fさんの申し出を踏まえた合理的配慮として，最も適切なものを1つ選びなさい。

1 受験時間を延長する。
2 試験問題の文字を拡大する。
3 テキストの持ち込みを許可する。
4 試験監督者が口頭で説明する内容を書面で渡す。
5 問題を読み上げる。

重度訪問介護に関する次の記述のうち，適切なものを1つ選びなさい。

1 外出時における移動中の介護も含まれる。
2 知的障害者は対象にならない。
3 利用者が医療機関に入院した場合，医療機関で支援することはできない。
4 訪問看護の利用者は対象にならない。
5 障害が視覚障害のみの場合でも利用できる。

問題 39 解説

1 ○ 障害者の日常生活及び社会生活を総合的に支援するための法律（以下「障害者総合支援法」）第87条第1項に規定されている。

2 × 都道府県による策定は義務である。障害者総合支援法第89条に規定されている。

3 × 市町村による策定は義務である。障害者総合支援法第88条に規定されている。

4 × 障害福祉計画と障害児福祉計画はどちらも計画期間は3年で同じである。

5 × 文化芸術活動・スポーツの振興について目標設定を行っているのは，障害者基本法であり，障害福祉計画の目標設定には含まれていない。

問題 40 解説

1 × 受験時間の延長は，視覚障害，肢体不自由及び発達障害などに対する合理的配慮である。

2 × 文字の拡大は，視覚障害や発達障害に対する合理的配慮である。

3 × テキストの持ち込みは他の受験者との公平性を欠くことになり，合理的配慮とはいえない。

4 ○ Fさんは聴覚障害があるため，口頭で説明する内容を書面で渡すことで他者と同条件で試験を受けることができ，合理的配慮に該当する。

5 × 聴覚障害があるFさんに対して問題を読み上げても，合理的配慮とはいえない。

問題 41 解説

1 ○ 居宅における身体介護や家事援助の他，外出時における移動中の介護も含まれる。

2 × 重度訪問介護の対象者は，「重度の肢体不自由者または重度の知的障害もしくは精神障害により行動上著しい困難を有する者であって，常時介護を要する障害者」とされている。

3 × 2018（平成30）年4月の報酬改定により，障害支援区分6に該当し，入院前から重度訪問介護を利用している者の場合，病院との連携のもと，利用者が病院の職員と意思疎通を図る上で必要な支援等を基本に提供することが可能になった。

4 × 訪問看護の利用者も重度訪問介護を利用することができる。また同一時間帯でも必要に応じて併用することができる。

5 × 選択肢2の解説の通りであり，視覚障害のみの場合は対象とならない。

正解　　問題39……1　　　問題40……4　　　問題41……1

加点のポイント㉔　障害者総合支援法の給付

障害者総合支援法の自立支援給付体系には次のようなものがある。

介護給付	居宅介護，重度訪問介護，同行援護，行動援護，療養介護，生活介護，短期入所，重度障害者等包括支援，施設入所支援
訓練等給付	自立訓練，就労移行支援，就労継続支援，就労定着支援，自立生活援助，共同生活援助

　2018年度（平成30年度）に創設された共生型サービスの対象となるサービスとして，正しいものを1つ選びなさい。

1 訪問看護

2 共同生活援助（グループホーム）

3 同行援護

4 通所介護（デイサービス）

5 通所リハビリテーション

　「2016年（平成28年）生活のしづらさなどに関する調査（全国在宅障害児・者等実態調査）」（厚生労働省）における身体障害，知的障害，精神障害の近年の状況に関する次の記述のうち，正しいものを1つ選びなさい。

1 最も人数の多い障害は，知的障害である。

2 施設入所者の割合が最も高い障害は，身体障害である。

3 在宅の身体障害者のうち，65歳以上の割合は7割を超えている。

4 在宅の知的障害者の数は，減少傾向にある。

5 精神障害者の8割は，精神障害者保健福祉手帳を所持している。

　次のうち，「障害者総合支援法」の介護給付を利用するときに，利用者が最初に市町村に行う手続きとして，適切なものを1つ選びなさい。

1 支給申請

2 認定調査

3 審査会の開催

4 障害支援区分の認定

5 サービス等利用計画の作成

（注）「障害者総合支援法」とは，「障害者の日常生活及び社会生活を総合的に支援するための法律」のことである。

(問題)42 解説

1 × 訪問介護は対象となるが，訪問看護は対象になっていない。

2 × グループホームは対象になっていない。

3 × 視覚障害者を対象とした同行援護は対象になっていない。

4 ○ 共生型サービスでは介護保険または障害福祉のいずれかの指定を受けている事業所が，もう一方の制度の指定も受けやすくなるようにするもので，通所介護の他に訪問介護，短期入所，小規模多機能型居宅介護などが対象となっている。

5 × 通所リハビリテーションは対象になっていない。

(問題)43 解説

1 × 最も人数が多いのは身体障害の428万7千人である（身体障害者手帳所持者の人数）。

2 × 施設入所者の割合は知的障害11.1％，身体障害1.7％，精神障害（入院）8.0％で，施設入所者の割合が一番高いのは知的障害である。

3 ○ 身体障害者のうち74％が65歳以上の高齢者である。

4 × 在宅の知的障害者（療育手帳の所持者）は約96万2千人であり，5年前の調査よりも約34万人増加している。

5 × この調査に基づく推計では精神障害者の総数は約392万4千人であるが，精神障害者保健福祉手帳を所持している者は約84万1千人であり8割よりはるかに少ない割合である。

(問題)44 解説

1 ○ 介護給付を利用するためには，最初に市町村の障害サービスの担当課に，サービス利用の支給申請をする必要がある。

2 × 認定調査は調査員が訪問して，基本調査や勘案事項調査を行うものであるが，最初に行う手続きではない。

3 × 市町村は，障害支援区分の判定のためコンピューターによる一次判定の後，二次判定として審査会を開催する。最初に行う手続きではない。

4 × 判定の結果として，障害支援区分が認定され市町村から申請者に通知される。最初に行う手続きではない。

5 × 特定相談支援事業者が，支給決定の内容からサービス事業者の調整などを行い，利用計画を作成する。最初に行う手続きではない。

(正)(解)　問題42……4　　問題43……3　　問題44……1

　Dさん（64歳，女性，障害支援区分4，身体障害者手帳2級）は，「障害者総合支援法」の居宅介護を利用して生活している。この居宅介護事業所は共生型サービスの対象となっている。

　Dさんは65歳になった後のサービスについて心配になり，担当の居宅介護職員に，「65歳になっても今利用しているサービスは使えるのか」と尋ねてきた。

　居宅介護事業所の対応として，最も適切なものを1つ選びなさい。

1 Dさんは障害者なので介護保険サービスを利用することはないと伝える。

2 障害者の場合は75歳になると介護保険サービスに移行すると伝える。

3 現在利用しているサービスを継続して利用することができると伝える。

4 継続して利用できるかどうか65歳になった後で検討すると伝える。

5 介護予防のための通所介護（デイサービス）を利用することになると伝える。

（注）「障害者総合支援法」とは，「障害者の日常生活及び社会生活を総合的に支援するための法律」のことである。

　「障害者総合支援法」の障害者の定義に関する次の記述のうち，適切なものを1つ選びなさい。

1 18歳以上の者である。

2 65歳未満の者である。

3 難病患者は除外されている。

4 発達障害者は除外されている。

5 精神作用物質による依存症の者は除外されている。

（注）「障害者総合支援法」とは，「障害者の日常生活及び社会生活を総合的に支援するための法律」のことである。

　「障害者総合支援法」の居宅介護を利用したときの利用者負担の考え方として，最も適切なものを1つ選びなさい。

1 利用したサービスの種類や量に応じて負担する。

2 利用者の負担能力に応じて負担する。

3 利用したサービス費用の一定の割合を負担する。

4 利用したサービス費用の全額を負担する。

5 利用者は負担しない。

（注）「障害者総合支援法」とは，「障害者の日常生活及び社会生活を総合的に支援するための法律」のことである。

(問題)45 解説

1 × 障害福祉サービスを利用している人の場合，65歳になった際に介護保険サービスとどちらを利用するか選択することができる。

2 × 75歳になったからといって，介護保険のサービスに移行するというルールはない。

3 ○ 現在利用している事業所は共生型サービスの対象になっているので，継続して利用することができる。

4 × 継続利用が可能なことは現時点でも伝えられるので，適切ではない。

5 × 介護保険サービスに強制的に移行されることはない。

(問題)46 解説

1 ○ 障害者総合支援法における障害者の定義は第4条第1項にあるが，そこでは，身体，知的，精神，発達障害を持つ者及び難病患者のうち「18歳以上であるものをいう」となっている。なお，18歳未満の障害児については，児童福祉法で定義されている。

2 × 定義の中に対象年齢の上限はない。

3 × 条文には「治療方法が確立していない疾病その他の特殊の疾病であって政令で定めるものによる障害の程度が厚生労働大臣が定める程度である者」を含むことが規定されているが，これが難病患者のことである。

4 × 発達障害者支援法第2条第2項に規定する発達障害者も対象であると規定されている。

5 × 精神保健及び精神障害者福祉に関する法律にある「精神作用物質による急性中毒又はその依存症」の人も対象となっている。

(問題)47 解説

1 × サービスの種類や量に応じていったん利用料が算出されるが，負担軽減のため上限月額が設定されている。

2 ○ 居宅介護の利用者負担は，負担能力に応じて負担するという考え方に基づき，世帯の収入状況に応じた負担上限月額が設定されている。

3 × 原則としてサービス利用料の1割が利用者負担であるが，負担軽減のため上限月額が設定されている。

4 × 上限月額を超える部分については，国や自治体が負担する。

5 × 負担上限月額の範囲内で利用者負担があり，結果的に負担しない人もいるが，負担する人もいる。

正解　　問題45……3　　問題46……1　　問題47……2

❻ 介護実践に関連する諸制度

問題 48　頻出度 ★ ★　｜第32回 問題015 改題｜ Check ☑ ☑ ☑

成年後見制度に関する次の記述のうち，適切なものを1つ選びなさい。

1　「2022年（令和4年）の全国統計」によれば，補助，保佐，後見のうち，最も多い申立ては後見である。

2　「2022年（令和4年）の全国統計」によれば，親族後見人が7割を占めている。

3　成年後見人は，施設入所の契約だけでなく介護も行う。

4　任意後見制度では，候補者の中から家庭裁判所が成年後見人を選任する。

5　成年後見制度利用支援事業では，成年後見人への報酬は支払えない。

(注)　「2021年（令和3年）の全国統計」とは，「成年後見関係事件の概況―令和3年1月～12月―」（令和4年3月最高裁判所事務総局家庭局）のことである。

問題 49　頻出度 ★ ★　｜第35回 問題018｜ Check ☑ ☑ ☑

生活困窮者自立支援法に関する次の記述のうち，適切なものを1つ選びなさい。

1　最低限度の生活が維持できなくなるおそれのある者が対象になる。

2　自立を図るために，就労自立給付金が支給される。

3　疾病がある者には，医療費が支給される。

4　子どもへの学習支援は，必須事業とされている。

5　最終的な，「第3のセーフティーネット」と位置づけられている。

問題 50　頻出度 ★ ★　｜第33回 問題016｜ Check ☑ ☑ ☑

「高齢者虐待防止法」に関する次の記述のうち，適切なものを1つ選びなさい。

1　養護者及び養介護施設従事者等が行う行為が対象である。

2　虐待の類型は，身体的虐待，心理的虐待，経済的虐待の三つである。

3　虐待を発見した場合は，施設長に通報しなければならない。

4　立ち入り調査を行うときは，警察官の同行が義務づけられている。

5　通報には，虐待の事実確認が必要である。

(注)　「高齢者虐待防止法」とは，「高齢者虐待の防止，高齢者の養護者に対する支援等に関する法律」のことである。

🐱 **加点のポイント㉕**　**権利擁護関連制度の法的な枠組みの違い**

日常生活自立支援事業と成年後見制度の法的な根拠の違いを比較して覚えよう。

問題 **48** 解説

1 ○ 申し立て総数の70.5%が後見の申し立てである。

2 × 親族以外が後見人になるケースの方が多く，80.9%を占めている。

3 × 施設入所の契約を行うことは成年後見人の本来の役割に含まれるが，介護は本来の役割には含まれない。

4 × 任意後見制度では家庭裁判所が後見人を選任するのではなく，利用者本人が契約の締結に必要な判断能力を有している間に，自ら契約によって決めておく。

5 × 成年後見制度利用支援事業では，成年後見制度の申し立てに要する経費や後見人等の報酬の全部または一部が助成されることから，成年後見人への報酬を支払うことも可能である。

問題 **49** 解説

1 ○ 生活困窮者自立支援法第3条において，「生活困窮者」とは「就労の状況，心身の状況，地域社会との関係性その他の事情により，現に経済的に困窮し，最低限度の生活を維持することができなくなるおそれのある者」と定義されている。

2 × 就労自立給付金は，生活保護世帯のうち安定した職業に就いたこと等により保護を必要としなくなった者に対して現金を給付する制度である。

3 × 生活困窮者自立支援法では，医療費の支給は規定されていない。

4 × 子どもへの学習支援の事業の実施は任意であり，必須事業ではない。

5 × 生活困窮者自立支援制度は，第2のセーフティーネットとして位置付けられている。なお第3のセーフティーネットとは，生活保護制度のことである。

問題 **50** 解説

1 ○ 法律の対象は，養護者及び養介護施設従事者等が行う行為である。

2 × 身体的，心理的，経済的の他に介護・世話の放棄・放任（ネグレクト），性的虐待も含み，5つの類型がある。

3 × 虐待を受けたと思われる高齢者を発見した場合は，速やかに市町村に通報するよう努力する義務が課されている。通報先は市町村や地域包括支援センターであり施設長ではない。

4 × 第11条において「市町村長は，養護者による高齢者虐待により高齢者の生命又は身体に重大な危険が生じているおそれがあると認めるときは（中略）地域包括支援センターの職員その他の高齢者の福祉に関する事務に従事する職員をして，当該高齢者の住所又は居所に立入り，必要な調査又は質問をさせることができる」とされているが，警察官の同行に関する規定はない。

5 × 通報する際には，事実確認や証拠などは必要ない。虐待を受けたと思われる高齢者を発見した時点で速やかに通報を行う。

正解　問題48……1　　問題49……1　　問題50……1

加点のポイント㉖　老人福祉法：その目的と施設や機関の役割・基準

　老人福祉法に関する問題は，「法律の目的」に関すること，そして，老人福祉法に規定されている「施設や機関の役割や基準」に関することが出題される傾向にある。全文ではなく，これらに焦点を当てて覚えるとよい。また，老人福祉法は，介護保険法と併せて学習することが必要である。

生活保護制度に関する次の記述のうち，最も適切なものを1つ選びなさい。

1 生活保護の給付方法には，金銭給付と現物給付がある。

2 生活保護の申請は，民生委員が行う。

3 生活保護法は，日本国憲法第13条にある幸福追求権の実現を目的としている。

4 生活保護を担当する職員は，社会福祉士の資格が必要である。

5 生活保護の費用は，国が全額を負担する。

「精神保健福祉法」に規定された精神障害者の入院形態として，正しいものを1つ選びなさい。

1 緊急措置入院とは，急速を要し，措置入院に係る手続きをとることができない場合に行う入院である。

2 措置入院とは，精神保健指定医の判断によって，本人，家族等の同意を得て72時間に限り行う入院である。

3 医療保護入院とは，本人自らの意思に基づく入院である。

4 任意入院とは，精神保健指定医から入院が必要と判断された場合に，家族等の同意に基づいて行う入院である。

5 応急入院とは，本人，保護者の同意がなくても，都道府県知事が認めた場合に行う入院である。

(注)「精神保健福祉法」とは，「精神保健及び精神障害者福祉に関する法律」のことである。

加点のポイント㉗ **健康日本21と健康増進法**

　21世紀における国民健康づくり運動(健康日本21)については目的や主な内容を問う問題が出題されることもある。平成25年～令和2年度の健康日本21(第二次)が進められており，生活習慣病の予防やこころの問題など5分野53項目が目標として設定されている。健康日本21の目的は，「21世紀のわが国を，すべての国民が健やかで心豊かに生活できる活力ある社会とするため，壮年期死亡の減少，健康寿命の延伸及び生活の質の向上を実現すること」である。健康日本21を中核とする国民の健康づくり・疾病予防をさらに積極的に推進するため，医療制度改革の一環として2002(平成14)年8月2日に健康増進法が公布された。

問題 51 解説

1 ○ 生活保護は8つの扶助があり，このうち生活扶助，住宅扶助などは金銭給付，医療扶助や介護扶助などは現物給付（サービスの提供）によって行われる。

2 × 生活保護申請は受給を希望する本人が行う。民生委員は生活上の相談や訪問などの側面的支援を行うことはあるが，申請はできない。

3 × 生活保護法は，日本国憲法25条が保障する「健康で文化的な最低限度の生活」を権利として具体化したものである。

4 × 福祉事務所の生活保護を担当する職員は，社会福祉主事任用資格が必要である。

5 × 保護費の4分の3が国の負担，残り4分の1が地方自治体の負担であり，国が全額負担するわけではない。

問題 52 解説

1 ○ 緊急措置入院とは，入院させなければ自傷他害のおそれのある精神障害者であって，急速な入院の必要性がある場合，都道府県知事が国または都道府県立の精神科病院または指定病院に入院させることをいう。ただし精神保健指定医の診察は1名で足りるが，入院期間は72時間以内に制限される。本人や家族等の同意は必要ない。

2 × 措置入院とは，2人以上の精神保健指定医が診察した結果，精神障害者でありかつ入院させなければ自傷他害のおそれがあると一致した場合，都道府県知事が国または都道府県立の精神科病院または指定病院に入院させることをいう。本人や家族等の同意は必要ではない。

3 × 医療保護入院とは，精神保健医の診察の結果，精神障害者でありかつ入院の必要が認められた者で，家族等の同意がある場合に，精神科病院の管理者が精神科病院に本人の同意がなくても入院させることをいう。

4 × 任意入院とは，精神障害者自身の同意に基づいて入院するものである。

5 × 応急入院とは，入院を必要とする障害者で，任意入院を行う状態になく，急速を要し，家族等の同意が得られない場合，精神保健指定医（または特定医師）の診察により入院させることをいう。ただし入院期間は72時間以内に制限される（特定医師による診察の場合は12時間までとなっている）。

正解 　問題51……1　　問題52……1

 加点のポイント㉘ 　**精神障害者の入院制度**

「任意・措置・医療保護・応急」の各入院形態，入院患者の処遇などについては熟知が求められる。

問題 **53**　頻出度 ★ ★ ★ 　　　　　　　　第35回 問題016 | Check ✓ ✓ ✓

「高齢者虐待防止法」に関する次の記述のうち，最も適切なものを1つ選びなさい。

1 虐待が起こる場として，家庭，施設，病院の3つが規定されている。

2 対象は，介護保険制度の施設サービス利用者とされている。

3 徘徊しないように車いすに固定することは，身体拘束には当たらない。

4 虐待を発見した養介護施設従事者には，通報する義務がある。

5 虐待の認定は，警察署長が行う。

（注）「高齢者虐待防止法」とは，「高齢者虐待の防止，高齢者の養護者に対する支援等に関する法律」のことである

問題 **54**　頻出度 ★ ★ 　　　　　　　　　第29回 問題015 | Check ✓ ✓ ✓

Eさん（88歳，女性）は，一人暮らしで親族はいない。収入は年金と所有するアパートの家賃である。介護保険の訪問介護（ホームヘルプサービス）を利用している。最近，認知症（dementia）が進んで，家賃の管理ができなくなった。

家賃の管理に関する訪問介護事業所の対応として，最も適切なものを1つ選びなさい。

1 アパートの管理を不動産屋に委託するように，Eさんに助言する。

2 日常生活自立支援事業の活用を，Eさんに助言する。

3 訪問介護事業所が家賃の集金等を行う。

4 成年後見制度の活用を，担当の介護支援専門員（ケアマネジャー）に提案する。

5 隣の人に見守りを依頼する。

問題 **55**　頻出度 ★ ★ ★ 　　　　　　　　第35回 問題015 | Check ✓ ✓ ✓

「個人情報保護法」に基づくプライバシー保護に関する次の記述のうち，最も適切なものを1つ選びなさい。

1 電磁的記録は，個人情報には含まれない。

2 マイナンバーなどの個人識別符号は，個人情報ではない。

3 施設職員は，実習生に利用者の生活歴などを教えることは一切できない。

4 個人情報を第三者に提供するときは，原則として本人の同意が必要である。

5 自治会長は，本人の同意がなくても個人情報を入手できる。

（注）「個人情報保護法」とは，「個人情報の保護に関する法律」のことである。

問題 53 解説

1 × 高齢者虐待防止法において，虐待の起こる場は規定されていない。家族や施設職員など，行為の主体で定義している。

2 × 同法の対象は65歳以上の者とされている。

3 × 徘徊しないように車いすに固定することは，身体拘束にあたり身体的虐待である。

4 ○ 同法第21条第1項によって，速やかに市町村へ通報することが義務づけられている。

5 × 虐待の認定は，市町村が行う。

問題 54 解説

この事例では，「Eさんの認知症が進んで家賃の管理ができない」「家賃の適切な管理が必要」ということがポイントとなる。

1 × 一般的にアパートの管理を不動産屋に委託する例は多いが，Eさんはすでに認知症が進んでいることから，不動産屋に委託する契約自体の締結が困難だと考えられる。よって適切ではない。

2 × 社会福祉協議会が行っている日常生活自立支援事業は，日常的な預貯金の出し入れや支払いなどの支援は行うが，家賃の管理は行わない。また，Eさん自身が事業内容をある程度理解した上で利用契約を結ぶ必要があることから，その点でも利用は困難である。よって適切ではない。

3 × 訪問介護事業所の業務ではないことから，適切ではない。

4 ○ 成年後見制度を利用すれば，成年後見人が契約の代理や，金銭の管理もできることから適切である。

5 × 本人の了解が得られ，かつ，隣の人が信用できる人だということがわかっていれば，見守りを依頼すること自体間違っていないが，ここでは「家賃の適切な管理」が必要とされていることから，適切ではない。

問題 55 解説

1 × 電磁的記録とは，パソコンやビデオなど電子化されたデータなどのことであり，これらの情報は個人情報保護法でいう個人情報に含まれる。

2 × マイナンバーなど個人に割り当てられた文字，番号，記号等の符号も個人情報である。

3 × 実習生は職員に準じる扱いとなり利用者の情報を得ることができるので，教えることは可能である。ただし，実習後も含めて守秘義務を遵守することが求められる。

4 ○ 個人情報を第三者に提供する場合，原則としてあらかじめ本人の同意が必要である。ただし，緊急時などは例外的に本人の同意を得なくても個人情報を第三者に提供できる場合がある。

5 × 自治会長には，本人の同意なしで個人情報を得る権限はない。

正解 問題53……4　　問題54……4　　問題55……4

加点のポイント㉙　精神保健福祉法の条文にもあたっておこう

　精神保健福祉法の目的，国等の責務については，十分理解しておく必要がある。この法律の目的は，精神障害者の福祉の増進および国民の精神保健の向上を図ることにある。

　特に精神保健福祉法の重要な諸点は，正確に記憶しておこう。

　Fさん（75歳，女性，要介護3）は訪問介護（ホームヘルプサービス）を利用して，自宅（持ち家）で一人暮らしをしている。年金と貯金で生活してきたが，貯金もなくなって利用者負担額の支払いができないので，来月から訪問介護（ホームヘルプサービス）を断りたいとG訪問介護員（ホームヘルパー）に相談した。

　G訪問介護員（ホームヘルパー）の対応として，最も適切なものを1つ選びなさい。

1　所属する事業所に，来月から訪問介護（ホームヘルプサービス）の利用がなくなると伝える。

2　扶養義務者がいたら，援助をしてもらうように勧める。

3　生活保護制度の申請を勧める。

4　金融機関から借入れをするように勧める。

5　担当の介護支援専門員（ケアマネジャー）に検討を依頼する。

サービス付き高齢者向け住宅に関する次の記述のうち，適切なものを1つ選びなさい。

1　各居住部分には，台所，水洗便所，収納設備，洗面設備及び浴室の設置が義務づけられている。

2　居室の面積基準は，15m²である。

3　食事の提供が義務づけられている。

4　入居者は必要に応じて，介護保険サービスの利用ができる。

5　対象者は，単身高齢者に限られている。

「育児・介護休業法」に関する次の記述のうち，適切なものを1つ選びなさい。

1　契約社員は，育児休業を取得できない。

2　介護休業は，対象家族一人につき連続して取得しなければならない。

3　介護休業は，育児休業よりも先に制度化された。

4　雇用主には，育児休業中の給与支給が義務づけられている。

5　配偶者，父母，子，配偶者の父母は，介護休業の対象家族である。

（注）「育児・介護休業法」とは，「育児休業，介護休業等育児又は家族介護を行う労働者の福祉に関する法律」のことである。

問題 56 解説

1 × 事業所への状況の報告は必要だが，まだ今後の利用がなくなると決定したわけではない。

2 × 援助を受けて訪問介護の利用を継続するかどうかはFさん自身が決めるべきことであり，それを勧めるのは適切ではない。

3 × Fさんは介護サービスの利用料の支払いに困っているのであって，生活保護の申請が必要かどうかまではわからない。

4 × 利用者に金銭の借入れを勧めるのは訪問介護員の行動として適切ではない。

5 ○ 担当の介護支援専門員に今後の対応について検討を依頼するのが最も適切である。

問題 57 解説

1 × 水洗便所と洗面設備は各戸に備えなければならないが，台所，収納設備，浴室は共用部分に設置可とされている。

2 × 居室の面積基準は原則として25m²以上である。ただし，居間・食堂・台所等の共同利用設備が，高齢者が共同して利用するために十分な面積を有する場合は，18m²以上でよいとされている。

3 × 「状況把握（安否確認）サービス」と「生活相談サービス」が義務づけられているが，食事の提供は義務づけられていない。

4 ○ 要介護認定を受けていれば介護保険サービスの利用が可能である。

5 × 60歳以上または要介護認定や要支援認定を受けている配偶者や親族も同居可能である。

問題 58 解説

1 × 契約社員も条件付きではあるが育児・介護休業法の対象となっている。なお日々雇用労働者は対象外である。

2 × 介護休業は，通算93日を最大3回に分けて取得することができる。

3 × 育児休業法が1991（平成3）年に成立し，その後1995（平成7）年に介護休業が制度化されたため不適切である。

4 × 雇用主には，育児休業中の労働者に対する法律上の給与支給は義務づけられていない。

5 ○ 育児・介護休業法第2条第4号によって対象家族がこの通り定義されている。

正解 　問題56……5　　問題57……4　　問題58……5

加点のポイント㉚　医療職と医療法

　さまざまな医療職があり，それぞれを規定する法律が制定されている。特に，福祉，介護，医療の関係について理解を深めることが重要である。

　病院と診療所はベッド数で，明確に区分されている。医療法及び病院と診療所に関する問題であるが，病院と診療所のベッド数の区分に関する知識があれば解答可能である。

　医療法は，病院，診療所，助産所の開設や管理に関して必要な事項，これらの施設の整備，医療提供施設相互間の機能の分担，業務の連携を推進するために必要な事項を定めている。すなわち，主に施設に関する規定であり，各職業の規定ではない。

MEMO

第 **4** 章

介護

介護の基本

Check ☑	1回目	月	日	／53問
Check ☑	2回目	月	日	／53問
Check ☑	3回目	月	日	／53問

❶ 介護福祉の基本となる理念

問題 01　頻出度 ★ ★　　　　第34回 問題017　Check ☑ ☑ ☑

Fさん（66歳，戸籍上の性別は男性，要介護3）は，性同一性障害であることを理由に施設利用を避けてきた。最近，数年前の脳卒中（stroke）の後遺症がひどくなり，一人暮らしが難しくなってきた。Fさんは，担当の訪問介護員（ホームヘルパー）に施設入所について，「性同一性障害でも施設に受け入れてもらえるでしょうか」と相談した。

訪問介護員（ホームヘルパー）の応答として，最も適切なものを1つ選びなさい。

1　「居室の表札は，通称名ではなく戸籍上の名前になります」
2　「多床室になる場合がありますよ」
3　「施設での生活で心配なことは何ですか」
4　「トイレや入浴については問題がありますね」
5　「同性による介護が原則です」

問題 02　頻出度 ★ ★　　　　第33回 問題018　Check ☑ ☑ ☑

「価値のある社会的役割の獲得」を目指すソーシャルロール・バロリゼーション（Social Role Valorization）を提唱した人物として，正しいものを1つ選びなさい。

1　バンク–ミケルセン（Bank-Mikkelsen, N.）
2　ヴォルフェンスベルガー（Wolfensberger, W.）
3　メイヤロフ（Mayeroff, M.）
4　キットウッド（Kitwood, T.）
5　ニィリエ（Nirje, B.）

問題 03　頻出度 ★ ★　　　　第34回 問題018　Check ☑ ☑ ☑

利用者主体の考えに基づいた介護福祉職の対応に関する次の記述のうち，最も適切なものを1つ選びなさい。

1　1人で衣服を選ぶことが難しい利用者には，毎日の衣服を自分で選べるような声かけをする。
2　食べこぼしが多い利用者には，こぼさないように全介助する。
3　認知症（dementia）の利用者には，排泄の感覚があっても，定時に排泄の介護を行う。
4　転倒しやすい利用者には，事故防止のため立ち上がらないように声をかける。
5　入浴が自立している利用者も，危険を避けるため個別浴ではなく集団での入浴とする。

問題 01 解説

1 × 施設利用に際して，Fさんが何を心配しているのかを傾聴することが必要である。

2 × 施設利用について不安を煽るような言動は不適切である。

3 ○ 今まで施設利用を避けてきたFさんが，施設入所について相談してきた。まずは今まで何を心配していたのか少しずつ聞き出し，一つずつ解決していくことが必要である。

4 × 具体的な問題については実際に体験や利用に結びついてから検討すべきである。先回りして話を進めることは，今のFさんの思いとかけ離れてしまう恐れがある。

5 × 現時点で訪問介護のサービスを受けており，同性介護が原則であることはある程度受け入れていると考えられる。この時点で改めて伝えるべき内容ではない。

問題 02 解説

1 × バンク-ミケルセンが提唱したのは，ノーマライゼーションの理念である。

2 ○ ヴォルフェンスベルガーはノーマライゼーションの考え方を中核として，障害者等の社会的な役割を高めるため，本人の適用力向上や社会的イメージの変容を起こすことを理念として掲げた。

3 × メイヤロフはケアリング論を研究した。

4 × キットウッドはパーソン・センタード・ケアを提唱した。

5 × ニィリエはノーマライゼーション運動を牽引し，8つの原則にまとめた。

問題 03 解説

1 ○ 好きな衣服を選ぶことは利用者の自由であり権利である。自力で選ぶことが難しい場合でも声かけや選択肢を示すことによってその権利を擁護することができる。

2 × 食事の全介助は，好きなように食べる自由を奪うことにつながる。食べこぼしが多い場合は食器や自助具を工夫してなるべく自力で食べることが継続できるようにすることが望ましい。

3 × 排泄の介助は非常にデリケートで，どこまで介助や声かけを行うかは慎重に判断する必要がある。排泄の感覚がある場合は，その都度のトイレ誘導などで対応すべきである。

4 × 転倒のリスクがある利用者であっても，移動の自由は保障されるべき権利である。立ち上がりや歩行の介助，手すりの取り付けや歩行器の利用などを検討すべきである。

5 × 自立している利用者であれば，個別浴か集団浴かを自分で選んでもらうことが望ましい。

正解　　問題01……3　　問題02……2　　問題03……1

❷ 介護福祉士の役割と機能

「求められる介護福祉士像」で示された内容に関する次の記述のうち，最も適切なものを1つ選びなさい。

1　地域や社会のニーズにかかわらず，利用者を導く。

2　利用者の身体的な支援よりも，心理的・社会的支援を重視する。

3　施設か在宅かに関係なく，家族が望む生活を支える。

4　専門職として他律的に介護過程を展開する。

5　介護職の中で中核的な役割を担う。

（注）「求められる介護福祉士像」とは，社会保障審議会福祉部会福祉人材確保専門委員会「介護人材に求められる機能の明確化とキャリアパスの実現に向けて」（2017年（平成29年）10月4日）の中で示されたものを指す。

社会福祉士及び介護福祉士法に規定されている介護福祉士の責務として，最も適切なものを1つ選びなさい。

1　地域生活支援事業その他の支援を総合的に行う。

2　介護等に関する知識及び技能の向上に努める。

3　肢体の不自由な利用者に対して必要な訓練を行う。

4　介護保険事業に要する費用を公平に負担する。

5　常に心身の健康を保持して，社会的活動に参加するように努める。

加点のポイント❶　介護福祉士の義務をおさえておこう

誠実義務 （第44条の2）	その担当する者が個人の尊厳を保持し，その有する能力及び適正に応じ自立した日常生活を営むことができるよう，常にその者の立場に立って，誠実にその業務を行わなければならない
信用失墜行為の禁止（第32条，第42条，第45条）	介護福祉士は，その名称の信用を傷つけるような行為をしてはならない。違反すると，登録の取消しまたは一定期間名称の使用停止が科される
秘密保持義務（第46条，第50条）	介護福祉士は，正当な理由が無く，その業務に関して知り得た人の秘密を漏らしてはならない。介護福祉士でなくなった後においても同様とする。違反すると，1年以下の懲役または30万円以下の罰金が科される
連携（第47条）	その担当する者に，認知症であること等の心身の状況その他の状況に応じて，福祉サービス等が総合的かつ適切に提供されるよう，福祉サービス関係者等との連携を保たなければならない
資質向上の責務（第47条の2）	社会福祉及び介護を取り巻く環境の変化による業務内容の変化に適応するため，介護等に関する知識及び技能の向上に努めなければならない

問題 **04** 解説

1 ✕ 「制度を理解しつつ，地域や社会のニーズに対応できる」ことが求められている。

2 ✕ 「身体的な支援だけでなく，心理的・社会的支援も展開できる」ことが求められている。

3 ✕ 「地域の中で，施設・在宅にかかわらず，本人が望む生活を支えることができる」ことが求められている。

4 ✕ 「専門職として自律的に介護過程の展開ができる」ことが求められている。

5 〇 正しい。「介護職の中で中核的な役割を担う」ことが求められている。

問題 **05** 解説

1 ✕ これは，障害者総合支援法第1条の目的の規定の一部である。

2 〇 社会福祉士及び介護福祉士法第47条の2に規定されている。

3 ✕ 肢体の不自由な利用者に対して必要な訓練を行うことは，主に理学療法士や作業療法士の業務である。

4 ✕ これは介護保険法第4条第2項に規定されている国民の義務である。

5 ✕ これは老人福祉法第3条第1項の一部である。

正解　　問題04……5　　問題05……2

🐱 **加点のポイント❷**　　**介護福祉士の業務内容を定めた法律**

介護福祉士は国家資格であるため，社会福祉及び介護福祉士法をはじめ介護保険法や老人福祉法等によって，その業務内容が定められたり，影響を受けている。特に過去問で出題されたことのある法律の条文については丸暗記するぐらいの勉強が有効である。

❸ 介護福祉士の倫理

問題 **06**　頻出度 ★★★　　　　　　　　　　　　第32回 問題025 ┃ Check ✓ ✓ ✓

介護福祉職の倫理に関する次の記述のうち，最も適切なものを1つ選びなさい。

1　介護の技術が伴わなくても，利用者の要望を最優先に実施した。

2　利用者が求めた医行為は，実施が可能である。

3　個人情報の取扱いについて，利用者に説明して同意を得た。

4　暴力をふるう利用者を自室から出られないようにした。

5　業務が忙しかったので，施設の廊下で職員同士の打合せを行った。

問題 **07**　頻出度 ★★★　　　　　　　　　　　　第33回 問題025 ┃ Check ✓ ✓ ✓

介護施設におけるプライバシーの保護として，最も適切なものを1つ選びなさい。

1　ユニット型施設は個室化が推進されているため，各居室で食事をしてもらった。

2　個々の利用者の生活歴の情報を，ルールに従って介護職員間で共有した。

3　個人情報記録のファイルを閲覧しやすいように机の上に置いたままにした。

4　着衣失行があるため，トイレのドアを開けたままで排泄の介護を行った。

5　家庭内の出来事や会話の内容は，情報に含まれないため記録しなかった。

 **加点のポイント❸　社会福祉援助技術の体系**

社会福祉援助技術の概略は必ず覚えておこう。

直接援助技術	個別援助技術（ケースワーク），集団援助技術（グループワーク）
間接援助技術	地域援助技術（コミュニティワーク），社会福祉調査法（ソーシャルワーク・リサーチ），社会福祉運営管理（ソーシャル・アドミニストレーション），社会活動法（ソーシャル・アクション），社会福祉計画法（ソーシャル・プランニング）
関連援助技術	ケアマネジメント，スーパービジョン，カウンセリング，コンサルテーション，ネットワーキングなど

問題 06 解説

1 × 技術が伴わない行為をすれば利用者に危険を及ぼし，最悪の事態も想定されることから不適切である。

2 × 介護福祉職は医行為はできず，一部の要件を満たした者のみ喀痰の吸引等の特定の行為をすることが認められる。利用者が求めたからといって医行為をすることは誤りである。

3 ○ 利用者に説明して同意を得ており適切である。

4 × 自室から出られないようにすることは身体拘束となり，違法であるとともに，問題の解決につながらない。

5 × 緊急時を除き，廊下等で打ち合わせをすることは，守秘義務の観点から不適切である。

問題 07 解説

1 × ユニット型施設には共用（リビング）スペースがあり，通常食事はそこでとり，他の利用者との会話や交流もそこで生まれる。食事を個室で取ることはプライバシーの保護とは直接関係なく，孤立化につながるため不適切である。

2 ○ 職員間でルールに従って情報を共有することは適切である。

3 × 机の上にあれば誰がみるかわからない。その都度鍵のかかる保管場所に置くべきである。

4 × トイレのドアを開けたままで排泄の介護を行うことはいうまでもなく不適切である。

5 × 家庭内の出来事や会話の内容が，本人の心身状態の変化の原因となったり，支援のヒントを得たりすることができる場合もある。したがって，原則としてこれらの内容は記録すべきである。

正解　　問題06……3　　問題07……2

 加点のポイント❹　日本介護福祉士会倫理綱領の条文①

日本介護福祉士会倫理綱領の条文を次に示す（1995年11月17日宣言）。

前文
私たち介護福祉士は，介護福祉ニーズを有するすべての人々が，住み慣れた地域において安心して老いることができ，そして暮らし続けていくことのできる社会の実現を願っています。
そのため，私たち日本介護福祉士会は，一人ひとりの心豊かな暮らしを支える介護福祉の専門職として，ここに倫理綱領を定め，自らの専門的知識・技術及び倫理的自覚をもって最善の介護福祉サービスの提供に努めます。

（利用者本位，自立支援）
介護福祉士はすべての人々の基本的人権を擁護し，一人ひとりの住民が心豊かな暮らしと老後が送れるよう利用者本位の立場から自己決定を最大限尊重し，自立に向けた介護福祉サービスを提供していきます。

（専門的サービスの提供）
介護福祉士は，常に専門的知識・技術の研鑽に励むとともに，豊かな感性と的確な判断力を培い，深い洞察力をもって専門的サービスの提供に努めます。
また，介護福祉士は，介護福祉サービスの質的向上に努め，自己の実施した介護福祉サービスについては，常に専門職としての責任を負います。

介護福祉士の職業倫理に関する次の記述のうち，最も適切なものを1つ選びなさい。

1　介護が必要な人を対象にしているため，地域住民との連携は不要である。

2　全ての人々が質の高い介護を受けることができるように，後継者を育成する。

3　利用者のためによいと考えた介護を画一的に実践する。

4　利用者に関する情報は，業務以外では公表してよい。

5　利用者の価値観よりも，介護福祉士の価値観を優先する。

施設利用者の多様な生活に配慮した介護福祉職の対応として，最も適切なものを1つ選びなさい。

1　夜型の生活習慣がある人に施設の就寝時刻に合わせてもらった。

2　化粧を毎日していた人に，シーツが汚れるため，化粧をやめてもらった。

3　本に囲まれた生活をしてきた人に，散乱している本を捨ててもらった。

4　自宅で畳に布団を敷いて寝ていた人に，ベッドで寝てもらった。

5　自宅で夜間に入浴をしていた人に，夕食後に入浴してもらった。

問題 08 解説

1 × 介護が必要な人は地域住民の一員でもあり，安心して生活するためには周囲の理解や協力が重要である。介護福祉士にとっても地域住民との連携が必要であることはいうまでもない。

2 ○ 日本介護福祉士会の倫理綱領でも後継者の育成を掲げている。

3 × 画一的ではなく，それぞれの利用者の希望や状態に合わせた介護を行う。

4 × 秘密保持義務は社会福祉士及び介護福祉士法第46条で定められており，正当な理由がない限り利用者の情報は業務でも業務以外でも漏らしてはならない。

5 × 利用者の価値感が優先されることはいうまでもない。

問題 09 解説

1 × 本人の生活習慣を無視しており不適切である。

2 × 本人の生活習慣を無視しており不適切である。

3 × 散乱している本が不要なもの，捨ててかまわないものとは限らない。本の保管・整理方法を一緒に考えればよく，捨ててもらう必要はない。

4 × 本人の睡眠習慣を無視しており不適切である。特に睡眠の環境変化は体調にも影響することから，慎重，かつ丁寧に対応すべきである。

5 ○ 施設で夕食後に入浴することは自宅での夜間の入浴を継続することになり適切である。

正解　　問題08……2　　問題09……5

加点のポイント❺　日本介護福祉士会倫理綱領の条文②

（プライバシーの保護）
介護福祉士は，プライバシーを保護するため，職務上知り得た個人の情報を守ります。

（総合的サービスの提供と積極的な連携，協力）
介護福祉士は，利用者に最適なサービスを総合的に提供していくため，福祉，医療，保健その他関連する業務に従事する者と積極的な連携を図り，協力して行動します。

（利用者ニーズの代弁）
介護福祉士は，暮らしを支える視点から利用者の真のニーズを受けとめ，それを代弁していくことも重要な役割であると確認したうえで，考え，行動します。

（地域福祉の推進）
介護福祉士は，地域において生じる介護問題を解決していくために，専門職として常に積極的な態度で住民と接し，介護問題に対する深い理解が得られるよう努めるとともに，その介護力の強化に協力していきます。

（後継者の育成）
介護福祉士は，すべての人々が将来にわたり安心して質の高い介護を受ける権利を享受できるよう，介護福祉士に関する教育水準の向上と後継者の育成に力を注ぎます。

❹ 自立に向けた介護

問題 **10**　頻出度 ★ ★ ★　　　第33回 問題020　Check ☑ ☑ ☑

　利用者の自立生活支援・重度化防止のための見守り的援助に関する次の記述のうち，最も適切なものを1つ選びなさい。

1　ごみの分別がわからない利用者だったので，その場でごみを分別した。

2　利用者の自宅の冷蔵庫の中が片づいていないので，整理整頓した。

3　トイレ誘導した利用者の尿パッドを，本人に配慮して無言で取り替えた。

4　服薬時に，薬を飲むように促して，そばで確認した。

5　利用者が居間でテレビを見ているそばで，洗濯物を畳んだ。

問題 **11**　頻出度 ★ ★ ★　　　第30回 問題019　Check ☑ ☑ ☑

　介護における自立に向けた支援に関する記述として，最も適切なものを1つ選びなさい。

1　機能回復訓練を中心に介護計画を作成すること

2　他者の支援を受けずに，自らの力で生活できる状態にすること

3　本人の意思よりも，介護者からみた自立を優先すること

4　介護を受けていても社会参加できるように支援すること

5　自分で着衣し終わるまで，何時間でも介護者が見守ること

加点のポイント❻　日常生活動作（ADL）と生活関連動作（APDL）

	日常生活動作 （Activities of Daily Living：ADL）	生活関連動作 （Activities Parallel to Daily Living：APDL）
定義	日常生活を営むうえで不可欠な動作	日常生活動作（ADL）よりも広い生活圏での動作のこと。手段的日常生活動作（IADL）ともいわれる
内容	各人が共通して毎日繰り返して行う，食事，更衣，整容，入浴，排泄など	家事（調理，掃除，洗濯など），交通機関の利用，薬の管理，社会参加など

加点のポイント❼　高齢者と老化

　老化による機能低下と高齢者のリハビリテーションについてはよく問われるテーマ。寝たきりや安静状態が続くことによって起こる廃用症候群についてはしっかり覚えよう。高齢者の生活機能の低下を予防するための介護予防についてもまとめておこう。

問題 10 解説

1 × 問題文に「自立生活支援・重度化防止のための見守り的援助」とあることから，できることはなるべく自分でできるように条件を整えたり，行為のきっかけを提供したり，必要最低限のみの範囲で手伝ったりすべきである。したがって，支援者がそのままごみを分別することは不適切であり，利用者に説明したり一部は一緒にしたりするなど利用者の参加を考えるべきである。

2 × 選択肢1と同様，支援者が整理整頓することだけでは不適切である。

3 × 無言で取り替えるのではなく，丁寧に説明したうえで自分でできる部分は自分でやってもらいながら取り替えるべきである。

4 ○ 「促して」とあり，これは行為をするきっかけを提供していることから適切である。

5 × 洗濯物を本人が畳めるように声かけをしたり，一部必要な範囲で手伝ったりすることは考えられるが，支援者が一人で畳むことは不適切である。

問題 11 解説

1 × 介護の対象者は，必ずしも機能回復が見込まれる人ばかりではなく，画一的にそれを中心にした介護計画を立てることは適切とはいえない。

2 × 全ての生活を自らの力で行うことが自立支援の最終目標ではない。本人の持つ力を活用しながら補完的に必要な支援を活用することが望ましい。

3 × 介護者の視点ではなく，本人の意思に基づいて自立につながるよう支援を行うことが重要である。

4 ○ 介護を受けることと自立することは相反するものではない。その人自身の判断に基づく社会参加を支援したり，そこで生きがいを見つけ，役割を果たすことができるように支援したりすることは自立に向けた介護といえる。

5 × 例えば，よりスムーズに着衣できるよう助言や一部介助を行うことが自立に向けた支援であり，何時間も見守ることが自立につながるとは考えにくい。

正解　　問題10……4　　問題11……4

加点のポイント❽　個別的な対応について理解しよう

　介護保険のもとでは，利用者によるサービスの選択や決定などの利用者の主体性が尊重されることが大きな特徴となっている。しかし，理念としては理解できるものの，実際の人間関係の場では利用者と援助者の間で多くの誤解や不満が生じてくる。

　効率よく仕事を進めようとすると，自分のペースや判断のみに頼った援助をして利用者が置き去りにされてしまい，援助者と利用者の関係は強制的・指示的な関係となることから適切な援助を行うことができなくなる。

　利用者はそれぞれ固有の価値観や考え方を持っているので，それらに沿って援助を行っていくことが重要であり，個別性を考えなければ主体性の尊重は成り立たず，利用者の満足度も低くなってしまう。

ICF（International Classification of Functioning, Disability and Health：国際生活機能分類）の視点に基づく環境因子と心身機能の関連を表す記述として，最も適切なものを1つ選びなさい。

1 電気スタンドをつけて，読書を楽しむ。

2 車いすを使用して，美術館に行く。

3 聴力が低下すると，コミュニケーションがうまくとれない。

4 ストレスが溜まると，活力が低下する。

5 床面の性状が柔らかいと，バランスを崩す。

利用者の自立支援に関する次の記述のうち，最も適切なものを1つ選びなさい。

1 利用者の最期の迎え方を決めるのは，家族である。

2 利用者が話しやすいように，愛称で呼ぶ。

3 利用者が自分でできないことは，できるまで見守る。

4 利用者の生活のスケジュールを決めるのは，介護福祉職である。

5 利用者の意見や希望を取り入れて介護を提供する。

Gさん（70歳，男性，要介護2）は，パーキンソン病（Parkinson disease）と診断されていて，外出するときは車いすを使用している。歩行が不安定なため，週2回通所リハビリテーションを利用している。Gさんは，1年前に妻が亡くなり，息子と二人暮らしである。Gさんは社交的な性格で地域住民との交流を望んでいるが，自宅周辺は坂道や段差が多くて移動が難しく，交流ができていない。

Gさんの状況をICF（International Classification of Functioning, Disability and Health:国際生活機能分類）で考えた場合，参加制約の原因になっている環境因子として，最も適切なものを1つ選びなさい。

1 パーキンソン病（Parkinson disease）

2 不安定な歩行

3 息子と二人暮らし

4 自宅周辺の坂道や段差

5 車いす

（問題）12 解説

1 × 電気スタンドをつけることは明るさの面から環境因子にあたり，読書を楽しむという活動（余暇活動）に関連する。

2 × 車いすを使用することは環境因子（屋内外を移動するために用いる福祉用具）にあたり，美術館に行くという活動（余暇活動）に関連する。

3 × 聴力の低下は心身機能の否定的側面である機能障害にあたり，コミュニケーションがうまくとれないという活動制限に関連する。

4 × ストレスは健康状態に含まれ，活力の低下という心身機能（精神機能）に関連する。

5 ○ 床面の性状が柔らかいことは環境因子（建物などの物的環境）にあたり，これによってバランスを崩すことは心身機能の否定的側面である機能障害に関連するため正しい。

（問題）13 解説

1 × どのような最期を迎えるかは利用者本人の意向が最優先される。本人が望む迎え方をあらかじめ聞いておくことが望ましい。

2 × 利用者と支援者は対等であり，お互いに「〇〇さん」と呼ぶことが原則である。認知症等により愛称で呼ぶ方が本人にも良い影響が出る場合もあり，愛称が全て認められないということではないが，そのような場合はケアプランやサービス等利用計画書に明記する必要がある。

3 × 残存機能の活用は重要であるが，できないことをできるまでやらせることは虐待につながりかねない。声かけや一部介助など必要な支援を見極めながら関わることが重要である。

4 × 利用者にはそれぞれの生活リズムやスケジュールがある。支援者側の都合で動くことは間違いであり，最終的な決定権は利用者にある。

5 ○ 利用者の意見や希望を取り入れ，個別性や自己決定を尊重しながら介護することが自立支援の基本である。

（問題）14 解説

1 × パーキンソン病（Parkinson disease）は「健康状態（変調または病気）」であり，「環境因子」ではない。

2 × 不安定な歩行は「活動制限」につながり，「環境因子」ではない。

3 × 息子と二人暮らしは「環境因子」であるが，参加制約の原因とはならない。

4 ○ 自宅周辺の坂道や段差は「環境因子」であり，このことが外出の阻害となり，「参加制約」の原因となっている。

5 × 車いすは移動を容易にする特別な用具であり，車いす自体が「参加」を直接制約するものではない。

正解 問題12……5　　問題13……5　　問題14……4

　すべての人が暮らしやすい社会の実現に向けて，どこでも，だれでも，自由に，使いやすくという考え方を表す用語として，適切なものを1つ選びなさい。

1　ユニバーサルデザイン（universal design）

2　インフォームドコンセント（informed consent）

3　アドバンス・ケア・プランニング（advance care planning）

4　リビングウィル（living will）

5　エンパワメント（empowerment）

リハビリテーションに関する次の記述のうち，最も適切なものを1つ選びなさい。

1　障害が固定してから開始する訓練のことである。

2　福祉用具を使用せずに，身体的自立を目指すことである。

3　リハビリテーションには，名誉の回復の意味がある。

4　レクリエーションとリハビリテーションは，対極の概念である。

5　施設サービスに限定されている。

加点のポイント❾　国際生活機能分類（ICF）モデル

　国際障害分類(ICIDH)と国際生活機能分類(ICF)の特徴や考え方はよく問われるテーマである。国際生活機能分類については，モデル図が描けるようにしっかり覚える。特に，生活機能と背景因子についてはまとめておこう。

■ 国際生活機能分類（ICF）モデル

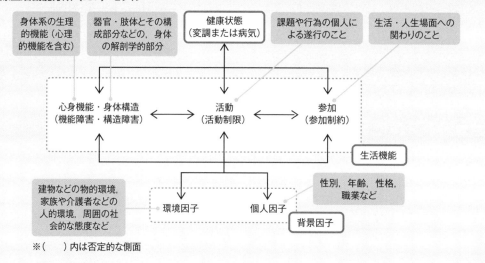

※（　）内は否定的な側面

問題 **15** 解説

1 〇 universalは「普遍的な，全ての」を意味しており，できるだけ多くの人が使いやすいようにデザインするという考え方である。

2 × インフォームドコンセントは「医療行為について，患者本人が必要な情報を説明され，理解した上で，選択・同意・拒否をすること」である。

3 × アドバンス・ケア・プランニングとは，将来の医療及びケアについて，患者を主体に，家族や近しい人，医療・ケアチームが，繰り返し話し合いを行い，患者の意思決定を支援するプロセスのことである。

4 × リビングウィルとは，人生の最終段階における医療・ケアを自ら選択することを目的とし，事前にその内容に関する指示を本人が記録しておく書類のことである。

5 × エンパワメントとは，個人や集団が本来持っている潜在能力を引き出すことを意味する。

問題 **16** 解説

1 × 医学的リハビリテーションでは，障害が発生したのち，できるだけ早い時期にリハビリテーションを行う。次に，社会復帰に向けて機能回復などのリハビリテーションを集中的に行うことが重要である。さらに，維持期（生活期ともいわれる）では集中的なリハビリテーションの成果を生活に結びつけることや，身体機能の悪化を予防する。

2 × 社会的リハビリテーションは，住宅や地域の環境整備，各種介護サービス，福祉用具などの支援を行い，社会参加をできるだけ可能にする。必要に応じて福祉用具を使用し，社会的バリアを減少させることも重要である。

3 〇 リハビリテーションとは，疾患やけがによって失ったものを再び元の状態に戻すことである。さらに，人として本来あるべき姿に回復することであり，全人間的復権を意味している。それに加えて，古くは「更生」，「名誉回復」などの復権という意味が含まれている。

4 × レクリエーションは，身体機能の向上を促すだけではなく，生きがいのある生活やよりよい人間関係の構築などの効果がある。つまり，リハビリテーションと対極の概念ではない。

5 × リハビリテーションは，病院・施設（急性期，回復期，維持期），在宅（訪問リハビリテーション，通所リハビリテーション，通所介護，短期入所療養介護）などで行われる。

正解 問題15……1　　問題16……3

加点のポイント❿　リハビリテーションの４領域と専門職

リハビリテーションの理念はよく問われるテーマ。リハビリテーションには医学的・社会的・教育的・職業的の４つの領域がある。専門職としては，医師をはじめ，看護師，理学療法士，作業療法士，言語聴覚士，義肢装具士，視能訓練士などがある。各専門職がどのようなことを業としているのかについてもしっかりまとめておこう。

❺ 介護を必要とする人の理解

「2016年（平成28年）国民生活基礎調査」（厚生労働省）における，同居の主な介護者の悩みやストレスの原因として，最も多いものを1つ選びなさい。

1　家族の病気や介護
2　自分の病気や介護
3　家族との人間関係
4　収入・家計・借金等
5　自由にできる時間がない

認知症対応型共同生活介護（グループホーム）での介護に関する次の記述のうち，最も適切なものを1つ選びなさい。

1　テレビのニュースを見て，新しい出来事を覚えてもらう。
2　利用者それぞれの要求には応えられないので，同じ日課で過ごしてもらう。
3　利用者の，現在よりも過去の身体的・精神的状態の把握が優先される。
4　利用者の，なじみのある人や店との関係は継続していく。
5　環境に慣れるまでは，車いすでの移動を勧める。

Aさん（85歳，女性，要介護1）は夫と二人暮らしで，訪問介護（ホームヘルプサービス）を利用している。Aさんは認知症（dementia）の進行によって，理解力の低下がみられる。ある日，Aさんが訪問介護員（ホームヘルパー）に，「受けているサービスをほかのものに変更したい」「夫とは仲が悪いので話したくない」と，不安な様子で話した。

意思決定支援を意識した訪問介護員（ホームヘルパー）の対応として，最も適切なものを1つ選びなさい。

1　Aさんとの話し合いの場に初めから夫に同席してもらった。
2　Aさんにサービス変更の決断を急ぐように伝えた。
3　Aさんと話す前に相談内容を夫に話した。
4　サービスを変更したい理由についてAさんに確認した。
5　訪問介護員（ホームヘルパー）がサービス変更をすることを判断した。

加点のポイント⓫　障害者の年金，手当，扶助

障害者の年金，手当，扶助に関する問題は「社会の理解」でも出題されることも多く，横断的に勉強しておこう。

問題 17 解説

1 ○ 家族の病気や介護は，男性73.6％，女性76.8％が原因として挙げており最も多い。

2 × 自分の病気や介護は，2番目に多い。

3 × 家族との人間関係は，4番目に多いが，女性に限ると3番目に多い。

4 × 収入・家計・借金等は，3番目に多い。

5 × 自由にできる時間がないことは，5番目に多い。

問題 18 解説

1 × 新しい出来事を覚えることは困難であり，それを求めることは不適切である。

2 × 一人一人の生活の過ごし方やこだわりがあるにもかかわらず，皆に同じ日課で過ごしてもらうことは不適切である。

3 × 利用者の過去のことを把握することで支援に役立つ場合もあるが，まずは現在の状態の把握が優先である。

4 ○ なじみのある人や店との関係は，利用者の生活の継続性や気持ちの安定に有効であり，継続することは最も適切である。

5 × 車いすで移動する理由はなく，安易に車いすを使用することは歩行の機会や能力を奪うことになり不適切である。

問題 19 解説

1 × 夫の同席をAさんが希望しているならば問題はないが，「仲が悪い」と話していることからまずは夫の同席は避け，Aさん自身の思いを確認すべきである。

2 × サービスを変更するのもその時期を決めるのも利用者であり，決断を急ぐようなことは避けるべきである。

3 × 家族とはいえ，相談内容を勝手に他者に伝えてはいけない。

4 ○ まずはAさんがどのような思いを持ってサービスの変更を希望しているのか，本人に確認しているので適切である。

5 × 訪問介護員に限ったことではないが，支援者が独断でサービスを変更することはできない。

正解　　問題17……1　　問題18……4　　問題19……4

Note　エコマップとジェノグラム

　エコマップというのは，サービスを合理的・効率的に提供するために，利用者や家族のさまざまな人間関係や社会資源の状況を，一見して理解できるように，図式的・システム的に描き出した地図のようなもののことをいう。ジェノグラムとは，家族に対するアセスメント（評価）をする際，家族の全体像を捉えるために，家族構成と家族関係を1つの図中に示したもの。ジェノグラムを描くときは，男性が四角で女性は丸，夫は左側で妻は右側に，当事者は二重線で囲い，同居している家族員を線で囲むという約束事があり，基本的には三代前まで遡って作成する。

❻ 介護を必要とする人の生活を支えるしくみ

問題 20　頻出度 ★　第30回 問題021　Check ☑ ☑ ☑

看護小規模多機能型居宅介護に関する次の記述のうち，適切なものを1つ選びなさい。

1　居宅サービスに位置づけられている。
2　長期間の宿泊を目的としている。
3　管理者は医師とされている。
4　都道府県域でのサービス提供を行う。
5　看護と介護を一体的に提供する。

問題 21　頻出度 ★ ★　第33回 問題023　Check ☑ ☑ ☑

介護医療院に関する次の記述のうち，最も適切なものを1つ選びなさい。

1　入所できるのは要介護3以上である。
2　介護医療院の開設は市町村から許可を受けなければならない。
3　入所者のためのレクリエーション行事を行うように努める。
4　入所者一人当たりの床面積は，介護老人福祉施設と同じ基準である。
5　サービス管理責任者を1名以上置かなければならない。

問題 22　頻出度 ★ ★　第32回 問題023　Check ☑ ☑ ☑

訪問介護事業所のサービス提供責任者の役割に関する次の記述のうち，最も適切なものを1つ選びなさい。

1　利用者の生活課題に沿って，居宅サービス計画書を作成する。
2　具体的な援助目標及び援助内容を記載した訪問介護計画書を作成する。
3　利用者の要望に応じて，他の事業所との利用調整を行う。
4　判断能力が十分でない人に対して，日常的な金銭管理を行う。
5　居宅サービス事業者を招集して，サービス担当者会議を開催する。

問題 20 解説

1 × 地域密着型サービスに位置づけられている。

2 × 通所・ショートステイ・訪問介護及び訪問看護といったサービスを一体的に行うことが目的であり，長期間の宿泊を目的としたものではない。

3 × 管理者については「指定地域密着型サービスの事業の人員，設備及び運営に関する基準」第172条第3項において「特別養護老人ホーム，老人デイサービスセンター，介護老人保健施設，介護医療院，指定小規模多機能型居宅介護事業所，指定認知症対応型共同生活介護事業所，指定複合型サービス事業所等の従業員若しくは訪問介護員等として3年以上認知症である者の介護に従事した経験を有するものであって，別に厚生労働大臣が定める研修を修了しているもの，又は保健師若しくは看護師」と規定されており，医師に限られない。なお，別に厚生労働大臣が定める研修とは「認知症対応型サービス事業管理者研修」をいう。

4 × 地域密着型サービスであり市町村域でのサービス提供を行う。

5 ○ 1つの事業所が看護と介護を一体的に提供することが特徴である。

問題 21 解説

1 × 要介護1から入所可能である。

2 × 開設にあたっては都道府県知事の許可を受けなければならない。

3 ○ 「日常的な医学管理」や「看取り・ターミナル」等の機能と，「生活施設」としての機能とを兼ね備えた施設であり，その通り規定されている。

4 × 入所者一人当たりの床面積の基準は介護老人福祉施設よりも狭い。

5 × サービス管理責任者は障害福祉サービスの分野で事業所に配置が義務付けられている。介護医療院の場合，管理者は医師であることが定められているがその他にサービス管理責任者の配置が義務付けられているとは記載されていない。

問題 22 解説

1 × 居宅サービス計画書の作成はケアマネジャーの役割である。

2 ○ 訪問介護計画書の作成は訪問介護事業所のサービス提供責任者の役割である。

3 × 他の事業所との利用調整を行うのはケアマネジャーの役割である。

4 × 日常的な金銭管理を行うのは，日常生活自立支援事業に従事する社会福祉協議会の職員の役割である。

5 × サービス担当者会議を開催するのはケアマネジャーの役割である。

正解 　問題20……5　　問題21……3　　問題22……2

加点のポイント⑫　家族介護者への支援

　日本では「同居する家族が介護すべきだ」という意識がいまだに根強く残っている。介護による家族のストレスも大きいので，家族介護者への支援は利用者への支援同様に重要である。今後はさらなる出題も予想される。

ユニット型指定地域密着型介護老人福祉施設に関する次の記述のうち，最も適切なものを1つ選びなさい。

1 家族や友人などが，気軽に宿泊できるように配慮する。

2 昼間は，2ユニットごとに常勤1名の介護職員を配置する。

3 食事は，施設が決めた時間内に食べ終わるように介護する。

4 利用者数は，災害などの事情があっても，定員数以内とする。

5 多様な娯楽設備を備えて，外出しなくても施設内で生活を完結できるようにする。

指定認知症対応型通所介護のサービスに関する次の記述のうち，最も適切なものを1つ選びなさい。

1 利用者は，65歳以上で認知症（dementia）のあるものに限られる。

2 家族が送迎を行うことが原則である。

3 認知症対応型通所介護計画は，精神科医が作成する。

4 利用者は，原則として事業所のある市町村の住民である。

5 サービス提供時間は，8時間を上限とする。

社会資源に関する次の記述のうち，フォーマルサービスに該当するものとして，適切なものを1つ選びなさい。

1 一人暮らしの高齢者への見守りを行う地域住民

2 買物を手伝ってくれる家族

3 ゴミ拾いのボランティア活動を行う学生サークル

4 友人や知人と行う相互扶助の活動

5 介護の相談を受ける地域包括支援センター

加点のポイント⓭ 共生型サービスの種類

高齢者と障害者がともに利用できるサービスで，障害者が65歳以上になっても，引き続き同じ事業所でサービスを受けることができる。

種類	介護保険サービス	障害福祉サービス等
ホームヘルプサービス	訪問介護	居宅介護，重度訪問介護
デイサービス	通所介護	生活介護，自立訓練（機能訓練・生活訓練），児童発達支援，放課後等デイサービス
ショートステイ	短期入所生活介護	短期入所

問題 23 解説

1 ○ 在宅復帰の支援も事業目的の1つになっていることから，家族や友人との関係を維持することが重要である。

2 × 昼間は1ユニットごとに常勤1名の介護職員または看護職員の配置が必要であり，適切ではない。

3 × 自立を支援する観点からの介護が必要なことから，本人のペースに合わせることを基本とすべきであり，適切ではない。

4 × 災害などのやむを得ない事情があれば定員数を超えて利用させてもよいこととなっていることから，適切ではない。

5 × 地域密着型サービスの意義は，施設内で生活が完結するのではなく，施設の外に出て地域社会と密接にかかわりながら暮らすことにある。したがって，施設内で生活を完結することは逆であり適切ではない。

問題 24 解説

1 × 第2号被保険者（40歳以上65歳未満）でも，特定疾病が原因で要介護になった場合には介護保険サービスを利用できる。「初老期における認知症」が特定疾病に該当しており，65歳未満でも利用者になる可能性があることから，適切ではない。

2 × 送迎は，家族ではなく施設が行うことが原則であることから，適切ではない。なお，施設が送迎を行わない場合には介護報酬が減算される。

3 × 認知症対応型通所介護計画は管理者が作成することから，適切ではない。

4 ○ 指定認知症対応型通所介護は地域密着型サービスの1つであることから，利用者は原則として事業所のある市町村の住民であり，適切である。

5 × 介護報酬の算定基準には，「8時間以上9時間未満」の区分があり，また延長加算も算定できることになっていることから，適切ではない。

問題 25 解説

フォーマルサービスとは，制度に基づく事業やサービスをいう。これに対し，住民や当事者などが制度に基づかずに自主的に行う活動をインフォーマルサービスという。

1 × 地域住民の活動でありフォーマルサービスではない。

2 × 家族が行っておりフォーマルサービスではない。

3 × ボランティア活動でありフォーマルサービスではない。

4 × 相互扶助の活動でありフォーマルサービスではない。

5 ○ 地域包括支援センターは介護保険法に基づいて設置されており，そこで行う相談はフォーマルサービスである。

正解 問題23……1 問題24……4 問題25……5

❼ 協働する多職種の役割と機能

問題 26 頻出度 ★ | 第35回 問題071 | Check ☑ ☑ ☑

　介護保険施設における専門職の役割に関する次の記述のうち，最も適切なものを1つ選びなさい。

1 利用者の栄養ケア・マネジメントは，薬剤師が行う。

2 認知症（dementia）の診断と治療は，作業療法士が行う。

3 利用者の療養上の世話又は診療の補助は，社会福祉士が行う。

4 日常生活を営むのに必要な身体機能改善や機能訓練は，歯科衛生士が行う。

5 施設サービス計画の作成は，介護支援専門員が行う。

問題 27 頻出度 ★ ★ | 第35回 問題072 | Check ☑ ☑ ☑

　介護の現場におけるチームアプローチ（team approach）に関する次の記述のうち，最も適切なものを1つ選びなさい。

1 チームメンバーが得た情報は，メンバー間であっても秘密にする。

2 チームメンバーの役割分担を明確にする。

3 利用者を外してチームを構成する。

4 医師がチームの方針を決定する。

5 チームメンバーを家族が指名する。

🐱 **加点のポイント⓮** スーパービジョンの機能と役割

スーパービジョンには，「教育的機能」，「管理的機能」，「援助的機能」の3つの機能がある。

教育的機能	経験の少ない援助者に対して，①理論と実践を結びつける，②対人援助に必要な知識・技術・価値を伝える
管理的機能	組織内でその援助者が力を出し，組織の一員として仕事をしていくことができるように，①能力を発揮できる職場環境を整える，②組織の一員として職務を遂行できるように援助する
援助的機能	スーパーバイジーが抱える問題や課題に対して支援を行うことである。例えば，①バーンアウト（燃え尽き症候群）を防止する，②自己覚知を促し，それに伴う痛みを軽減する，③自己実現を支え，それに伴う葛藤を軽減するなどが挙げられる

問題 26 解説

1 × 利用者の栄養ケア・マネジメントを行うのは，管理栄養士である。

2 × 認知症の診断と治療を行うのは，医師である。

3 × 利用者の療養上の世話又は診療の補助を行うのは，看護師である。

4 × 日常生活を営むのに必要な身体機能改善や機能訓練を行うのは，作業療法士である。

5 ○ 施設サービス計画の作成を行うのは，介護支援専門員である。

問題 27 解説

1 × 情報の共有はチームアプローチにおいて重要なポイントの一つであり，メンバー間で秘密にする必要はない。同じ情報でも多角的な捉え方をすることによって，より良いアプローチを見いだせる可能性が高まる。

2 ○ チームメンバーの役割分担は，明確化することが必要である。これによって互いの立場を尊重し，課題に対して誰がどのように支援するかを分担することができ，支援の隙間が生まれることを防げる。

3 × チームアプローチを行う上では，利用者の意思表示や自己決定が必要となる。したがって，利用者を外さずにチームを構成する。

4 × 医療の立場から医師がチームに加わることは欠かせないが，医師がチームの方針を決定するということはない。

5 × チームを組む上で家族の希望も参考とはされるが，あくまで利用者本人に決定権がある。

正解　　問題26……5　　　問題27……2

😺 **加点のポイント⓯** 　**ケアマネジメントの援助過程**

① 入口	入口の段階では，要援護者の発見，スクリーニング，インテークが行われる
② アセスメント	要援護者の社会生活上の観点から，ニーズを査定・評価する
③ ケアプランの作成	ケース目標を設定し，ケアプランを作成する
④ ケアプランの実施	要援護者がサービスを円滑に利用できるようにケアプランを実施する
⑤ モニタリング	ケアプランをもとに各種サービスや支援が円滑に行われているか点検・確認する
⑥ 再アセスメント	モニタリングで新たな問題が明らかになった場合，再アセスメントを行う
⑦ 終結	要援護者の生活問題などが解決されケアマネジメントを利用しない場合は終結となる

地域包括支援センターに関する記述のうち，正しいものを1つ選びなさい。

1 高齢者にかかわるボランティアや民生委員などと連携する。

2 介護福祉士が配置されることになっている。

3 各種介護保険サービスを包括的に提供する。

4 要介護高齢者にかかわるケアマネジメント業務を行う。

5 小学校区ごとに配置されることになっている。

介護の実践における多職種連携に関する次の記述のうち，最も適切なものを1つ選びなさい。

1 医師が多職種連携の中心となる介護実践のことである。

2 民生委員やボランティアは，多職種連携のチームから除かれる。

3 医療と介護の連携とは，利用者の体調不良時に医療機関を受診させることを指す。

4 要介護度の改善を優先して，多職種連携によるケアプランを作成する。

5 利用者のケアの方向性に関する情報を共有して，課題の解決に取り組む。

介護保険制度のサービス担当者会議に関する次の記述のうち，最も適切なものを1つ選びなさい。

1 会議の招集は介護支援専門員（ケアマネジャー）の職務である。

2 利用者の自宅で開催することが義務づけられている。

3 月1回以上の頻度で開催することが義務づけられている。

4 サービス提供者の実践力の向上を目的とする。

5 利用者の氏名は匿名化される。

加点のポイント⑯ フォーマルサービスとインフォーマルサービスの違い

●フォーマルサービス

　介護などが必要な人に対して，援助や支援をするための「公的」なサービス，「制度化されているサービス」をいう。サービスの主体としては，行政や公的な指定や認可を受けた社会福祉法人や医療法人，NPO 法人，企業などがある。

●インフォーマルサービス

　フォーマルサービスとは違い，制度化されていないサービスや活動のことを指す。医療や福祉の専門家以外の人による援助やサービスのことで，家族や知人，地域ボランティアの方々や民生委員がこれにあたる。

　このインフォーマルサービスが充実していると，在宅での生活がより良いものになる。個人を家族や地域住民で支えることで，独居老人の人でも充実した生活が営むことができる。

問題 28 解説

1 ○ 地域包括支援センターは，包括的・継続的ケアマネジメント支援業務として，地域包括ケアシステム構築のため，さまざまな専門職や地域資源との連携を図る。

2 × 地域包括支援センターに配置すべき職員は，社会福祉士，保健師，主任介護支援専門員とされている。

3 × 地域包括支援センターの業務は次の4つ，①総合相談支援業務，②権利擁護業務，③介護予防ケアマネジメント業務，④包括的・継続的マネジメント支援業務であり，介護保険サービスを包括的に提供する機関ではない。

4 × 地域包括支援センターは，指定介護予防支援事業者の指定を受け，要支援者に対してケアマネジメント業務を行うが，要介護者に対するケアマネジメント業務は指定居宅介護支援事業者が行う。

5 × 地域包括支援センターの設置基準は，おおむね人口2〜3万人に1か所となっている。「小学校区」ではない。

問題 29 解説

1 × 最初から特定の職種が中心になることはない。

2 × 実際に加わっている例は多くはないが，民生委員やボランティアもチームの一員と位置づけられる。

3 × 体調不良時に受診させることは当然必要なことであり，それは多職種連携以前の当然の義務を果たしているに過ぎない。

4 × ケアプランの具体的な目標は一人一人異なるものであり，要介護度の改善を優先するという原則や共通の価値観は前提となっていない。

5 ○ 多職種連携により，チームによるケアを提供するためには，利用者の情報やケアの方向性の共有が重要である。

問題 30 解説

1 ○ サービス担当者会議の招集は介護支援専門員が職務として行う。

2 × サービス担当者会議を利用者の自宅で開催する場合もあるが，義務ではない。利用者や家族の負担，広さなどを勘案して適切な場所で開催する。

3 × サービス担当者会議はサービスの利用を開始する時や問題が発生した時に開催するものであり，月1回以上という頻度は定められていない。

4 × サービス担当者会議の目的は，その利用者に対し多職種が同じ情報や目標を共有してより良い支援をすることである。実践力の向上は直接の目的ではない。

5 × サービス担当者会議では利用者の実名を出すことによって，情報を共有することができる。

正解　　問題28……1　　問題29……5　　問題30……1

一人暮らしの認知症高齢者のJさんが，一昨日，訪問販売で高価な寝具を購入して，家族が困惑している。この家族への介護福祉職の対応として，最も適切なものを1つ選びなさい。

1 Jさんが他者と関わらないように助言する。

2 国民生活センターで，契約を解除してもらうように伝える。

3 施設入所を勧めて，消費者被害を繰り返さないようにする。

4 クーリング・オフ制度を利用して，契約を解除できることを伝える。

5 自己破産制度を活用して，自己破産を勧める。

介護保険施設の駐車場で，下記のマークを付けた車の運転手が困った様子で手助けを求めていた。介護福祉職の対応として，最も適切なものを1つ選びなさい。

1 手話や筆談を用いて話しかける。

2 杖を用意する。

3 拡大読書器を使用する。

4 移動用リフトを用意する。

5 携帯用点字器を用意する。

Eさん（女性，82歳，要介護1）は，夫（80歳）と二人暮らしである。膝の痛みがあるが，夫の介助があれば外出は可能である。最近Eさん宅は，玄関，トイレ，浴室に手すりを設置している。Eさんは料理が趣味で，近所のスーパーで食材を自分で選び，購入し，食事の用意をしたいと思っている。こうした中，Eさん宅で介護支援専門員（ケアマネジャー）が関係職種を招集してサービス担当者会議を開くことになった。

Eさんの思いに添ったサービスの提案として，最も適切なものを1つ選びなさい。

1 訪問介護員（ホームヘルパー）による調理の生活援助の利用

2 介護支援専門員（ケアマネジャー）の手配による配食サービスの利用

3 社会福祉協議会の生活支援員による日常生活自立支援事業の活用

4 福祉用具専門相談員の助言による四輪歩行車の利用

5 通所介護（デイサービス）の職員による入浴サービスの利用

問題 31 解説

1 × 他者との関わりを断つことは今回購入したことに対する解決にならないばかりか，Jさん自身にも社会との接点が持てなくなるため不適切である。

2 × 売買契約の解除に関する相談先としては市町村や都道府県が設置している消費生活センターが適当である。国民生活センターは全国を対象にして研究や情報提供,啓発事業などを行っている。

3 × 消費者被害を防ぐためだけに施設に入所することは適切ではない。他の手段を検討すべきである。

4 ○ 購入したのが一昨日であるため，クーリング・オフ制度の利用が可能である。困惑した家族だけでの解決が難しい場合，利用できる制度があることを助言するのは適切な対応といえる。

5 × Jさんの資産状況や，その後の影響がわからない状態で自己破産を勧めるのは適切ではない。

問題 32 解説

1 ○ 図のマークは聴覚障害者標識である。そのためコミュニケーション手段として，手話や筆談を用いることは適切である。なお，聴覚障害であることを理由に免許に条件を付されている人が運転する車には表示する義務があり，他の運転手が幅寄せ等をした場合は罰せられる。

2 × 杖は，歩行を補助するもので，主に高齢者や身体障害者が使用する。

3 × 拡大読書器は，低視力や弱視の人向けに作られた読み書きや手作業を補助する機器である。

4 × 移動用リフトは，自力で移動できない人の身体をつり上げ，ベッドから車いす，トイレ，浴室等との移動を補助するものである。

5 × 携帯用点字器は，ロール状の用紙を用いることで点字器を携帯用に小型化したものである。

問題 33 解説

1 × Eさんは自分で食事の用意をしたいと思っており，訪問介護の生活援助の必要性は認められない。

2 × 選択肢1と同様の理由により，配食サービスの必要性は認められない。

3 × 日常生活自立支援事業は日常的な金銭管理の支援などを行うが，その必要性は認められない。

4 ○ 四輪歩行車があれば膝への負担が軽くなり，買物にも行きやすくなることから適切である。

5 × 浴室に手すりも設置しており，現時点で入浴サービスの必要性は認められない。

正解 　問題31……4　　問題32……1　　問題33……4

❽ 介護における安全の確保とリスクマネジメント

施設における利用者の個人情報の安全管理対策として，最も適切なものを1つ選びなさい。

1　介護福祉職が個人所有するスマートフォンの居室への持込みは制限しない。

2　不要な個人情報を破棄する場合は，万が一に備えて復元できるようにしておく。

3　利用者からの照会に速やかに応じるために，整理用のインデックス（index）は使用しない。

4　個人情報に関する苦情対応体制について，施設の掲示板等で利用者に周知徹底する。

5　個人情報の盗難を防ぐために，職員の休憩室に監視カメラを設置する。

ハインリッヒ（Heinrich, H.）の法則に関する記述として，最も適切なものを1つ選びなさい。

1　機能障害，能力障害，社会的不利という障害をとらえるための分類である。

2　人間の自己実現に向けた欲求を5つの階層で示したものである。

3　一つの重大事故の背景には，多くの軽微な事故とヒヤリハットが存在する。

4　患者が余命を知らされてから死を受容するまでの心理的プロセスである。

5　生活課題を抱えた人の支援をする上で必要な7つの原則である。

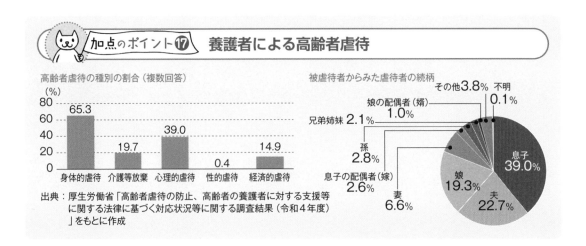

加点のポイント⑰　養護者による高齢者虐待

高齢者虐待の種別の割合（複数回答）
（％）
80　65.3
60
40　　　　　39.0
20　　19.7　　　　　　　14.9
0　　　　　　　0.4
　身体的虐待　介護等放棄　心理的虐待　性的虐待　経済的虐待

出典：厚生労働省「高齢者虐待の防止，高齢者の養護者に対する支援等に関する法律に基づく対応状況等に関する調査結果（令和4年度）」をもとに作成

被虐待者からみた虐待者の続柄
その他 3.8%　不明 0.1%
娘の配偶者（婿）1.0%
兄弟姉妹 2.1%
孫 2.8%
息子の配偶者（嫁）2.6%
妻 6.6%
夫 22.7%
娘 19.3%
息子 39.0%

問題 34 解説

1 × 個人所有のスマートフォンの持ち込みは制限する。スマートフォンを使用する場合は業務用のものを使う。

2 × 不要な個人情報であれば復元は不要のはずである。復元できるようにしておくことはリスクを高めることになる。

3 × 選択肢にある「整理用のインデックス」が具体的にどのようなものを指しているか不明であるが，一般的には整理用のインデックスを使用した方が整理や管理がしやすくなり，安全管理対策にはプラスになる。

4 ○ 社会福祉法第82条で施設等の事業者に苦情解決の責務が課され，苦情解決体制の利用者への掲示板等による周知が求められている。なお，個人情報保護法でも個人情報保護のための体制整備が求められている。

5 × 休憩室にはそもそも個人情報が置かれていないはずであり，そこに監視カメラを設置する必要はない。必要のない所に監視カメラを設置すると，設置者が違法性を問われる可能性がある。

問題 35 解説

1 × 選択肢の文章は，1980年にWHOが示した国際障害分類（ICIDH）の内容である。

2 × 選択肢の文章は，マズローの欲求5段階説の説明である。

3 ○ ハインリッヒの法則とは，1件の重大な事故に至る背景には29件の軽微な事故があり，さらにその背景には300件の事故には至らないヒヤリハットするできごとや体験が存在するという法則である。したがって，重大事故の防止にはヒヤリハットしたできごとを的確に把握しその段階で対策をとることが有効であるということになる。

4 × 選択肢の文章は，患者が余命を知らされてから死を受容するまでを5段階で説明したキューブラー・ロスのプロセスモデルの説明である。

5 × 選択肢の文章は，バイスティックが唱えた相談援助の7つの基本原則の説明である。

正解　　問題34……4　　　問題35……3

加点のポイント⓭　介護従事者としての基本姿勢をおさえておこう

さまざまな介護場面における介護従事者の基本姿勢に関する問題が出題されるので，「社会福祉士及び介護福祉士法」や日本介護福祉会の「倫理綱領」を読み，職業倫理や個人情報保護，情報の共有化について学習しておこう。

　利用者の危険を回避するための介護福祉職の対応として，最も適切なものを1つ選びなさい。

1　スプーンを拾おうとして前傾姿勢になった車いすの利用者を，目視で確認した。

2　廊下をふらつきながら歩いていた利用者の横を，黙って通り過ぎた。

3　食事介助をしていた利用者の姿勢が傾いてきたので，姿勢を直した。

4　下肢筋力が低下している利用者が，靴下で歩いていたので，スリッパを履いてもらった。

5　車いすの利用者が，フットサポートを下げたまま立ち上がろうとしたので，またいでもらった。

　「**身体拘束ゼロへの手引き**」（2001年（平成13年）厚生労働省）の身体拘束の内容に関する次の記述のうち，適切なものを1つ選びなさい。

1　自分で降りられないように，ベッドの四方を柵で囲むことは，禁止行為とされている。

2　切迫性と非代替性と永続性の3つの要件を満たせば，身体拘束は認められる。

3　本人の同意なく，やむを得ずおむつを着用させることは，禁止行為とされている。

4　事前に利用者や家族に説明があれば，実際に身体拘束を行うときの説明手続きは省略できる。

5　やむを得ず身体拘束をした場合は，そのたびに保険者に報告する義務がある。

(問題) 36 解説

1 × 車いすから前方に転倒する危険性が高く，目視しても防げない。すぐに近づいて支えるなどの介助をすべきである。

2 × ふらつきがある場合は近づきながら声かけをし，必要に応じて介助を行う。

3 ○ 食事時は誤嚥等のリスクが高い場面であるため，姿勢や表情に注意しながら介助を行う。

4 × 下肢筋力の低下など転倒のリスクが高い場合，スリッパでは安定しない。かかとが覆われる靴などの着用を促すべきである。

5 × 車いすから立ち上がる際は，フットサポートをしっかりと上げる必要がある。またいだ場合，重心が不安定になり，転倒・転落のリスクがより高くなる。

(問題) 37 解説

1 ○ ベッドの四方を柵で囲むことは禁止されていることから，適切である。

2 × 身体拘束が認められるのは，「切迫性」「非代替性」「一時性」の三要件を満たした場合である。選択肢は「永続性」ではなく「一時性」であることから，適切ではない。

3 × やむを得ず本人の同意なしにおむつを着用させることは禁止されていないことから，適切ではない。

4 × 実際に身体拘束を行う場合は，改めて説明をしなければならないことから，適切ではない。

5 × やむを得ず身体拘束をした場合，記録をする義務が事業者に課せられているが，そのたびに保険者に報告する義務は課せられていないことから，適切ではない。

(正)(解)　　問題36……3　　　問題37……1

施設の介護における安全の確保に関する次の記述のうち，最も適切なものを1つ選びなさい。

1 職員に対して安全に関する研修を定期的に行う。

2 施設管理者の安全を第一に考える。

3 利用者の社会的な活動を制限する。

4 利用者に画一的なサービスを提供する。

5 安全対策は事故後に行う。

災害時，避難所での高齢者への介護福祉職の対応として，最も適切なものを1つ選びなさい。

1 疲労防止のために，日中も臥床（がしょう）して過ごすように勧める。

2 避難所内の調和を乱さないように，「個」よりも「全体」に配慮する。

3 杖（つえ）で歩行している人も，避難所内では車いすを使ってもらう。

4 トイレの数が確保できないので，水分を控えるように助言する。

5 深部静脈血栓症（deep vein thrombosis）（いわゆるエコノミークラス症候群）の予防のために，運動をすることを勧める。

介護老人福祉施設における防災対策に関する次の記述のうち，最も適切なものを1つ選びなさい。

1 消防法において，年1回以上の消火・避難訓練が義務づけられている。

2 大規模災害時には，災害派遣医療チーム（DMAT）の活動拠点本部になることが義務づけられている。

3 災害対策基本法に基づき，避難行動要支援者名簿の作成が，施設長に義務づけられている。

4 避難訓練は，混乱が想定される夜間は避ける。

5 施設が作成する非常災害対策計画の内容は，職員間で十分に共有する。

加点のポイント⑲　**高齢者の病気の特徴**

1. 若い人のように，はっきりした症状を示さないので，本人も周囲の者も気付かないうちに病気が進んでいることが多い。
2. 病気の原因が複雑で，手遅れになりやすい場合がある。そして，病状が急に進むことがある。
3. 経過が長引くことが多い。
4. 治っても体力がなかなか戻りにくい。

問題 **38** 解説

1 ○ 介護職だけでなく事務職や調理員など全職員が研修の対象になる。

2 × 施設は利用者の安全を第一に考えなければならない。

3 × 社会的な活動を制限することは介護の目的に反しており間違っている。また，そもそも社会的な活動を制限しても安全が確保できるとは限らない。

4 × 画一的なサービスを提供することは個別性を無視した間違った行為である。また，そもそも画一的なサービスを提供しても安全が確保できるとは限らない。

5 × 安全対策は事故を起こさないため，あるいは事故が起きた場合に被害を最小限にするために行うものである。なお，事故後に，その事故の検証結果を以降の安全対策に生かすことは重要である。

問題 **39** 解説

1 × 日中も臥床して過ごせば，機能が低下し寝たきりなどの原因となり適切ではない。

2 × 高齢者の場合は，病気を抱えていたり心身の不調を起こしたりしやすいことから，避難所の中であっても「個」に配慮する必要があり適切ではない。

3 × 杖で歩ける人に車いすを使ってもらうことは，わざわざ「できることをさせない」ことである。避難所だからといってそのような必要はなく適切ではない。

4 × 水分を控えることは脱水症状等の体の変調を起こしやすくなり適切ではない。

5 ○ 意識的に運動をするように勧めることが大切である。適切である。

問題 **40** 解説

1 × 消防法において，年2回以上の消火・避難訓練が義務づけられている。

2 × 災害派遣医療チームの活動拠点本部は，被災地の災害拠点病院に設置されることになっている。

3 × 避難行動要支援者名簿の作成が義務づけられているのは市町村である。

4 × 実際に人員の少ない夜間に災害が発生した場合，日中以上に混乱されることが予想されるため，あらかじめその状態を想定した避難訓練が必要である。

5 ○ 非常災害対策計画の内容を職員間で十分共有するとともに，関係機関と避難場所や災害時の連絡体制等必要な事項について認識を共有することが大切である。さらに，避難訓練を実施し，非常災害対策計画の内容を検証し，見直しを行うことも必要である。

正解 　　問題38……1　　　問題39……5　　　問題40……5

介護

4

介護の基本

❽ 介護における安全の確保とリスクマネジメント

93

「平成30年版高齢社会白書」（内閣府）で示された65歳以上の者の家庭内事故の発生割合が最も高い場所（屋内）として，正しいものを1つ選びなさい。

1　階段
2　台所・食堂
3　風呂場
4　トイレ
5　居室

疥癬（かいせん）（scabies）とその対策に関する次の記述のうち，適切なものを1つ選びなさい。

1　マダニが皮膚に寄生することで発生する皮膚病である。
2　感染した皮膚には変化が見られない。
3　感染した利用者は他の利用者と同室でよい。
4　感染した利用者の衣類や寝具の洗濯は他の利用者のものと一緒でよい。
5　感染した利用者の入浴は，順番を最後にする。

ノロウイルス（Norovirus）による感染症に関する次の記述のうち，適切なものを1つ選びなさい。

1　冬より夏に多い。
2　集団感染になることは少ない。
3　感染経路は，主に接触感染である。
4　消毒には，エタノール消毒液が有効である。
5　嘔吐物（おうとぶつ）・便の処理には，マスクを着用する。

加点のポイント⑳　**寝たきり予防のポイントをおさえておこう**

　寝たきりは必然的になるのではなく，多くの場合，そうならないように事前に予防ができるといわれている。

　寝たきりになる原因は，歩くための体力や日中に起きているだけの体力がなくなってしまうことにある。また，老化によって代謝が悪くなり，使わない筋肉細胞が減少してくることも要因になる。

　さらに，年を取ってくると生活のリズムも作りにくく，余計に体を動かさなくなってしまう。けがや，病気で体を動かさなくなってしまうことも，大きな原因の1つになる。

　しかし，生活にリズムを作り，必要に応じて適切なリハビリを行えば寝たきりにならずに，自力で生活を継続することも十分可能である。寝ている時と起きている時は，服装を替える，また，ベッドでは排泄をしない，させないといった簡単なことから，少しずつ始めることで徐々に可能になってくる。

問題 41 解説

1 × 階段での事故発生割合は18.7%である。

2 × 台所・食堂での事故発生割合は17.0%である。

3 × 風呂場での事故発生割合は2.5%である。

4 × トイレでの事故発生割合は1.5%である。

5 〇 居室での事故発生割合は45.0%であり，最も割合が高い。

問題 42 解説

1 × 疥癬は，ヒゼンダニの寄生による皮膚感染症である。マダニは山や林などに生息している大型の吸血生物である。

2 × 湿疹，虫さされ，じんましんなどと似た病状がみられる。

3 × 高齢者福祉施設などにおいて，しばしば集団発生を起こし，大きな問題となっているので，可能な限り別室とする。

4 × 感染の可能性を考慮し分けて洗濯する。

5 〇 入浴の順番を原則として最後にすることにより，感染のリスクがより少なくなる。

問題 43 解説

1 × ノロウイルスは冬に多い感染症である。ウイルスが乾燥に強いことも1つの要因である。また，冬場にノロウイルスによる食中毒が多く発生する原因には，日本では冬季に食用の生牡蠣が感染源の1つとなっていることも影響している。

2 × ノロウイルスは非常に感染力が強く，飛散して空気感染するため，集団感染しやすくなる。

3 × ノロウイルスは，第1次感染として，ノロウイルスが付着している食物を食べることによって起こる（経口感染）。よくいわれるのが牡蠣などの「二枚貝」である。二枚貝には，他にあさりやしじみなどがある。第2次感染には，風邪のように飛沫・空気感染でうつる場合と，ノロウイルスにかかっている人の吐物や便などが手などについて接触感染する場合がある。ノロウイルスの人の嘔吐物や便の始末や掃除をする場合は，部屋を十分に換気し，素手で行わず，手袋，マスクを用いる。

4 × 逆性石鹸やエタノール消毒液は効果がない。塩素系消毒薬で消毒することが最も有効である。

5 〇 ノロウイルスの感染経路は，基本的に経口感染だが，主に以下の3つに区分するとわかりやすい。①食品媒介感染（ウイルスに汚染された食品を，生や十分に加熱しないで食べた場合），②接触感染（感染した人の糞便や嘔吐物に触れ，手指などを介してウイルスが口に入った場合），③飛沫感染（患者の下痢便や嘔吐物が飛び散り，その飛沫が，口から入った場合など）がある。

正解　問題41……5　　問題42……5　　問題43……5

問題 44 頻出度 ★★★ 　　　　第31回 問題025　Check ☑ ☑ ☑

介護老人福祉施設の感染対策に関する次の記述のうち，適切なものを1つ選びなさい。

1　感染対策のための委員会を開催することは任意である。

2　手洗いは，消毒液に手を浸して行う。

3　洗面所のタオルは共用にする。

4　入所者の健康状態の異常を発見したら，すぐに生活相談員に報告する。

5　おむつ交換は，使い捨て手袋を着用して行うことが基本である。

問題 45 頻出度 ★★★ 　　　　第32回 問題026　Check ☑ ☑ ☑

高齢者介護施設で，MRSA（メチシリン耐性黄色ブドウ球菌）の保菌者が確認されたときの対応に関する次の記述のうち，最も適切なものを1つ選びなさい。

1　入所者全員の保菌の有無を調べる。

2　接触感染予防策を実施する。

3　保菌者のレクリエーションへの参加を制限する。

4　保菌者は最初に入浴する。

5　通常用いられる消毒薬は無効である。

問題 46 頻出度 ★★★ 　　　　第28回 問題029　Check ☑ ☑ ☑

リスクマネジメントに関する次の記述のうち，最も適切なものを1つ選びなさい。

1　細心の準備をすれば，事故は起こらない。

2　小さな介護事故は，個人で対応する。

3　介護事故の報告を済ませたら，その後の対応は組織の代表者に一任すればよい。

4　介護業務に慣れると事故は起こらない。

5　ヒヤリ・ハット事例の収集・分析が，事故を防ぐことにつながる。

問題 47 頻出度 ★★★ 　　　　第28回 問題030　Check ☑ ☑ ☑

感染対策に関する次の記述のうち，最も適切なものを1つ選びなさい。

1　下痢・嘔吐が続く介護福祉職は，マスクをして業務を行う。

2　汚れが目に見える場所を消毒することが，感染症予防に有効である。

3　モップを使う床掃除の場合は，乾いたモップで汚れを拭き取る。

4　手袋を着用していれば，排泄物や嘔吐物を触った後の手洗いを省略してもよい。

5　固形石鹸よりも液体石鹸の方が望ましい。

(問題) **44** 解説

1 × 「指定介護老人福祉施設の人員，設備及び運営に関する基準」（厚生労働省令）第27条で，「感染症及び食中毒の予防及びまん延の防止のための対策を検討する委員会をおおむね三月に一回以上開催する」ことが義務づけられている。

2 × 消毒液であっても浸すだけでは効果はなく，手指をこするなどして流水でウイルス等を洗い流す必要がある。

3 × 感染経路が接触感染の場合，タオルを共用すれば手指を介して感染する可能性があることから，タオルを共用してはならない。

4 × すぐに報告する相手は生活相談員ではなく看護師である。

5 ○ 尿や便には様々な細菌が含まれていることから，使い捨て手袋の着用が基本となる。

(問題) **45** 解説

1 × MRSAは接触感染であることから入所者全員の保菌の有無を調べる必要はない。

2 ○ MRSAは接触感染であることから接触感染予防策の実施は適切である。

3 × 手をつなぐなどの行為を避ければレクリエーションへの参加を制限する必要はない。

4 × 後から入浴したものがMRSAに感染する可能性は低いとされているが，保菌者に傷や褥瘡などがあると感染のリスクがゼロとは言い切れないことから，保菌者は最初に入浴しない方がよい。

5 × 通常用いられている消毒薬は有効である。

(問題) **46** 解説

1 × 細心の注意を払っても事故は起こる。事故を起こさないためには事前の防止策を考えておく必要がある。

2 × 事故の大小に限らず，対応は職員で全体対応することが重要である。

3 × 報告を済ませた後は，代表者に一任するのではなく，原因や防止策を職員全員で考えていく必要がある。

4 × 介護業務に慣れれば慣れるほど注意が散漫になり，事故が起きる可能性がある。

5 ○ 事故の背後には，多数のヒヤリ・ハットの事例が潜んでいる。ヒヤリ・ハット事例を収集して分析することにより，再発防止の手立ての情報を共有することができ，それらが重大事故の防止につながっていく。

(問題) **47** 解説

1 × 下痢・嘔吐が続く介護福祉職は，業務を極力避けることが望ましい。

2 × 目に見える場所だけではなく，目に見えない場所の汚れもきれいにすることが重要である。

3 × 濡れたモップの方が乾いたモップより拭き取りが容易である。

4 × たとえ手袋を着用していても，排泄処理後は手洗いをする。

5 ○ 使用中に汚染される頻度が高いのは固形石鹸なので，感染対策には液体石鹸の方が望ましい。

正解　問題44……5　　問題45……2　　問題46……5　　問題47……5

❾ 介護従事者の安全

介護福祉職の腰痛予防に関する次の記述のうち，最も適切なものを1つ選びなさい。

1 介護中の姿勢は中腰を基本とする。

2 1年ごとに定期健診を受ける。

3 勤務時間内は，全員が一律にコルセットを着用する。

4 静的ストレッチングが効果的である。

5 移乗や移動の支援は，利用者を抱えて行う。

労働安全衛生法に定められている内容に関する次の記述のうち，正しいものを1つ選びなさい。

1 労働災害の防止に関する措置への労働者の協力

2 労働者の介護休業

3 女性労働者の婚姻，妊娠，出産等を理由とする不利益取扱いの禁止

4 常時20名以上の労働者を使用する事業場の衛生委員会の設置

5 労働者の1日の法定労働時間

訪問介護員（ホームヘルパー）が，利用者や家族からハラスメント（harassment）を受けたときの対応に関する次の記述のうち，最も適切なものを1つ選びなさい。

1 利用者に後ろから急に抱きつかれたが，黙って耐えた。

2 利用者から暴力を受けたので，「やめてください」と伝え，上司に相談した。

3 利用者が繰り返す性的な話を，苦痛だが笑顔で聞いた。

4 家族から暴言を受けたが，担当なのでそのまま利用者宅に通った。

5 家族からサービス外のことを頼まれて，断ったら怒鳴られたので実施した。

問題 48 解説

1 × 中腰は腰に負担がかかり避ける必要があることから，適切ではない。

2 × 介護職は腰痛健康診断を年に2回以上受けるよう求められていることから，適切ではない。

3 × 一律にコルセットをする必要はないことから，適切ではない。

4 ○ 静的ストレッチングは，筋肉への負担が少なく，安全に筋疲労の回復を図ることができ，腰痛予防として適切である。

5 × 利用者を抱えれば腰に対する負荷が増えることから，適切ではない。

問題 49 解説

1 ○ 労働安全衛生法第4条に「労働者は，労働災害を防止するため必要な事項を守るほか，事業者その他の関係者が実施する労働災害の防止に関する措置に協力するように努めなければならない」と記されている。

2 × 介護休業に関しては「育児・介護休業法」に規定されている。

3 × 女性労働者の不利益取り扱いの禁止は，労働安全衛生法ではなく「男女雇用機会均等法」や「育児・介護休業法」などに規定されている。

4 × 衛生委員会の設置は，常時使用労働者数が50人以上の事業場となっている。

5 × 労働者の1日の法定労働時間は「労働安全衛生法」ではなく，「労働基準法」で1週間の労働時間や1日の労働時間が定められている。

問題 50 解説

利用者や家族からハラスメントを受けた場合，不適切な行為であればその場で明確に拒否の意思を示し，上司に相談する必要がある。我慢したり，適当にやり過ごしたりすることは問題の解決にならないので，そのような対応はしない。

1 × 黙って耐える必要はなく，明確に拒否の意思を伝え，上司に相談する。

2 ○ 利用者や家族でもハラスメントを受けた場合は拒否の意思を示し，上司に相談する。

3 × 笑顔で聞く必要はなく，そのような話は聞きたくない旨を伝え，上司に相談する。

4 × そのまま利用者宅に通うのではなく，上司に相談する。

5 × 怒鳴られてもサービス外のことはせず，上司に相談する。

正解　問題48……4　　問題49……1　　問題50……2

「育児・介護休業法」に基づく，休業や休暇などの取得に関する次の記述のうち，適切なものを1つ選びなさい。

1 育児休業期間は，子が満3歳になるまでである。
2 子の小学校就学前まで短時間勤務制度を活用できる。
3 子が病気等をしたときは，3歳まで年に10日間の看護休暇を取得できる。
4 要介護状態にある家族の通院の付添いをするときは，介護休暇を取得できる。
5 介護休業とは，2か月以上要介護状態が続いている家族を介護するためのものである。

（注）「育児・介護休業法」とは，「育児休業，介護休業等育児又は家族介護を行う労働者の福祉に関する法律」のことである。

「ストレスチェック制度」に関する次の記述のうち，適切なものを1つ選びなさい。

1 ストレスチェックは会社の上司が実施する。
2 ストレスチェックは，労働者数30人以上の事業者に義務づけられている。
3 労働者のメンタルヘルス不調の未然防止が主な目的である。
4 実施した結果は，事業者から労働者に対して通知することが義務づけられている。
5 各事業所で2年に一度実施することが規定されている。

（注）「ストレスチェック制度」とは，労働安全衛生法で定める「労働者に対して行う心理的な負担の程度を把握するための検査及びその結果に基づく面接指導の実施等を事業者に義務づける制度」のことである。

燃え尽き症候群（バーンアウト（burnout））の特徴として，最も適切なものを1つ選びなさい。

1 首から肩，腕にかけて凝りや痛みが生じる。
2 人格・行動変化や失語がみられる。
3 無気力感，疲労感や無感動がみられる。
4 身体機能の低下がみられる。
5 日中に耐え難い眠気が生じる。

問題 51 解説

1 × 育児休業期間は子が満1歳になるまでで，申し出により満2歳まで延長することができる。

2 × 短時間勤務制度を活用することができるのは子が満3歳になるまでの期間である。

3 × 小学校就学前までの子を養育する労働者は，年に5日間の看護休暇を取得することができる。

4 ○ 介護休暇は対象家族の介護や通院の付添いの他に，対象家族が介護サービスの提供を受けるために必要な手続きの代行，その他の対象家族に必要な世話を行う際に取得することができる。

5 × 介護休業の対象となるのは，2週間以上要介護状態が続いている家族を介護する場合である。なお「要介護状態」とは，負傷，疾病または身体上もしくは精神上の障害により，常時介護を必要とする状態のことであり，要介護認定を受けていなくても介護休業の対象となり得る。

問題 52 解説

1 × ストレスチェックの実施者は，医師，保健師または厚生労働大臣が定める研修を修了し，検査のための知識を得ている歯科医師，看護師，精神保健福祉士または公認心理師とされている。

2 × ストレスチェックは常時50人以上の労働者を使用する事業者に実施義務があり，それ以外の事業者については当面の間実施は努力義務とされている。

3 ○ ストレスチェックは，労働者自身のストレスへの気づき及び対処の支援並びに職場環境の改善を通じて，メンタルヘルス不調となることを未然に防止する「一次予防」を主な目的としている。

4 × ストレスチェックの結果は，事業者からではなく検査を行った医師等から，労働者に直接通知しなければならない。

5 × ストレスチェックを義務づけられている事業所では，毎年検査を実施することが規定されている。

問題 53 解説

1 × 人によってはこのような症状が出ることもあるが選択肢3ほど多くはみられない。

2 × 人格や行動変化がみられることはあるが失語がみられることはない。

3 ○ これが本問の選択肢の中では最も特徴を適切に表している。

4 × 通常，身体機能の低下はみられない。

5 × 人によっては不眠が原因で日中に耐えがたい眠気が生じることはあるが，選択肢3ほど多くはみられない。

正解 問題51……4　　問題52……3　　問題53……3

　感染予防の基本である手洗いや健康管理については介護の場面を考えながら基本事項を整理しておくこと。また，介護従事者の健康管理(腰痛予防・ストレスの対処法・感染予防など)と労働安全衛生法についての基本的事項はおさえておこう。

　労働安全衛生法の概略的内容は次の通りである。

① 事業主に対し，統括安全衛生管理者，安全管理者，衛生管理者，産業医，作業主任者などの選任義務を課し，安全衛生管理組織の設置と所定の義務を規定している。

② 事業主に対し，安全保護義務と危害防止措置義務を課している。

③ 労働者に対する健康管理義務(健康診断義務，適正労働配置義務，作業時間の制限，保健指導，病者の就業禁止など)，親企業の危害防止措置義務，安全・衛生委員会(労働組合の安全・衛生問題への直接参加)の設置，機械・有毒物の規制，製造等禁止物質の監督などを定めている。

第 **5** 章

介護
コミュニケーション技術

Check ☑	1回目	月	日	／16問
Check ☑	2回目	月	日	／16問
Check ☑	3回目	月	日	／16問

❶ 介護を必要とする人とのコミュニケーション

問題 **01**　頻出度 ★ ★ ★ ｜ 第31回 問題028 ｜ Check ☑ ☑ ☑

介護福祉職が行う傾聴に関する次の記述のうち，最も適切なものを1つ選びなさい。

1　利用者が抱いている感情を推察する。
2　利用者が話す内容を介護福祉職の価値観で判断する。
3　対話の話題を介護福祉職の関心で展開する。
4　利用者が体験した客観的事実の把握を目的とする。
5　利用者が沈黙しないように対話する。

問題 **02**　頻出度 ★ ★ ★ ｜ 第34回 問題027 ｜ Check ☑ ☑ ☑

介護福祉職が利用者とコミュニケーションをとるときの基本的な態度として，最も適切なものを1つ選びなさい。

1　上半身を少し利用者のほうへ傾けた姿勢で話を聞く。
2　利用者の正面に立って話し続ける。
3　腕を組んで話を聞く。
4　利用者の目を見つめ続ける。
5　緊張感が伝わるように，背筋を伸ばす。

問題 **03**　頻出度 ★ ★ ｜ 第35回 問題074 ｜ Check ☑ ☑ ☑

次のうち，閉じられた質問として，適切なものを1つ選びなさい。

1　「この本は好きですか」
2　「午後はどのように過ごしますか」
3　「困っていることは何ですか」
4　「どのような歌が好きですか」
5　「なぜそう思いますか」

加点のポイント❶　アサーティブコミュニケーション

　相手を尊重しながらお互いの意見を伝え合うコミュニケーションのことである。利用者の意向を聞かずに介護職側の主張を押し付けたり，介護職の意見を飲み込んで利用者の要望を一方的に聞くことは，アサーティブコミュニケーションとはいえない。

問題 01 解説

1 ○　傾聴は相手の気持ちを受容し，共感的に話を聞いていくカウンセリング技法である。利用者の話を聞きながら感情を推察することは，共感的な話の聞き方である。ただし，相手の感情を断定してしまうと傾聴していることにはならない。

2 ×　介護福祉職の価値観で判断するのではなく，利用者の価値観を理解しようと耳を傾けることが傾聴である。

3 ×　会話の主導権は利用者にあるという姿勢が傾聴には求められる。

4 ×　利用者が体験した客観的事実の把握も大切だが，体験したことを利用者自身がどのように理解し，感じているかを耳を傾け把握していくことを目的としていく。

5 ×　利用者の沈黙にはいろいろな意味がある。例えば次に言うべきことを考えていたり，介護福祉職に対して「話したくない」というような感情を抱いていたりするときなどにも利用者は沈黙する。沈黙の背後にある利用者の気持ちや考えを理解していこうという姿勢も傾聴には必要である。

問題 02 解説

1 ○　傾聴していることを示す姿勢である。

2 ×　正面に立つと利用者は威圧感を感じてしまうこともあるので注意が必要である。

3 ×　腕や足は組まないで話を聞く。

4 ×　目を見て話すことが苦手な利用者にとっては緊張が増してしまう。

5 ×　緊張感を和らげるような，リラックスした姿勢でコミュニケーションをとる。

問題 03 解説

1 ○　閉じられた質問とは，「はい」や「いいえ」で答えられる質問のことである。

2 ×　「はい」や「いいえ」で答えられない質問なので，開かれた質問である。

3 ×　困っていることを具体的に訪ねており「はい」や「いいえ」で答えられないので開かれた質問になる。

4 ×　好きな歌は「はい」や「いいえ」で答えられないので開かれた質問である。

5 ×　理由を尋ねる質問は開かれた質問である。

正解　　問題01……1　　　問題02……1　　　問題03……1

❷ 介護場面における家族とのコミュニケーション

利用者の家族から苦情があったときの上司への報告に関する次の記述のうち，最も適切なものを1つ選びなさい。

1　苦情の内容について，時間をかけて詳しく口頭で報告した。

2　すぐに口頭で概要を報告してから，文書を作成して報告した。

3　結論を伝えることを重視して，「いつもの苦情です」とすぐに報告した。

4　上司が忙しそうだったので，同僚に伝えた。

5　自分の気持ちが落ち着いてから，翌日に報告した。

利用者の家族と信頼関係を形成するための留意点として，最も適切なものを1つ選びなさい。

1　家族の希望を優先する。

2　話し合いの機会を丁寧にもつ。

3　一度形成した信頼関係は，変わらずに継続すると考える。

4　家族に対して，「こうすれば良い」と指示を出す。

5　介護は全面的に介護福祉職に任せてもらう。

利用者と家族の意向が対立する場面で，介護福祉職が両者の意向を調整するときの留意点として，最も適切なものを1つ選びなさい。

1　両者が話し合いを始めるまで発言しない。

2　利用者に従うように家族を説得する。

3　利用者と家族のそれぞれの意見を聞く。

4　家族の介護負担の軽減を目的にして調整する。

5　他職種には相談せずに解決する。

(問題)04 解説

1 × 後から確認するためにも文書での報告が必要である。口頭では時間をかけずに概要を報告する。

2 ○ 緊急性があれば対応を急ぐ必要があり，まず口頭で概要を報告し，その後文書を作成する。

3 × 「いつもの」と言っても何のことかわからず，また，本来全く同じ苦情はないことから，このような報告は不適切である。具体的内容を報告する必要がある。

4 × 忙しそうであっても，苦情への対応は重要度，優先度の高い報告事項であり，正確を期すためにも自分で直接伝えるべきである。

5 × できるだけ早く上司に報告すべきであり，翌日では遅すぎる。

(問題)05 解説

1 × 家族の話を傾聴し理解することは信頼関係の形成につながるが，家族の希望を優先することは依存心を高めてしまう。また，利用者の意志を無視することにつながるので適切とはいえない。

2 ○ 話し合いの機会を丁寧にもつことは，家族にとっては「受け入れられている」と感じることにつながる。

3 × 一度形成した信頼関係でも，聞き手のちょっとした言動で崩れてしまうことがあるので注意が必要である。

4 × 指示をするのではなく，家族の思いを傾聴し，理解していくことが必要である。

5 × できることは家族に任せるということが，家族の問題解決力を高めていくことにつながる。

(問題)06 解説

1 × 両者の緊張を緩和するために，介護福祉職は双方に話しかけるようにする。

2 × 利用者と家族が対立する場面では，説得された側が反発し信頼関係が損なわれてしまうことがある。目的が意見の調整の場合，まずは双方の話を傾聴し理解に努める。

3 ○ それぞれの意見を傾聴し，双方と信頼関係を深めていくことが必要である。

4 × 家族の負担軽減について，利用者の意向の優先順位が低い場合，利用者からは，「家族側の味方をしている」と思われてしまう対応である。

5 × 介護福祉職が一人で抱え込むのではなく，必要があれば他職種にも相談し一緒に対応してもらう。

(正)(解)　問題04……2　　問題05……2　　問題06……3

加点のポイント❷　視覚・聴覚言語障害について理解しておこう

　視覚・言語機能と脳との関係，神経経路，耳の構造や音声器官の機能を理解し，その上で疾患別にそれぞれの違いについて学習しよう。障害の特性に応じたコミュニケーション方法に関しても出題されているので，聴覚障害者や言語障害者とのコミュニケーションについても学習し理解を深めよう。また，福祉用具の種類や特性についても学習しておくとよいだろう。

❸ 障害の特性に応じたコミュニケーション

問題 **07** 頻出度 ★ 　　　第32回 問題030 ｜ Check ☑ ☑ ☑

視覚障害者とのコミュニケーションに関する次の記述のうち，最も適切なものを1つ選びなさい。

1 挨拶するときは後ろから声をかける。
2 話しかけることは最小限にとどめる。
3 聴覚，触覚，嗅覚を活用する。
4 声の強弱などの準言語の活用は控える。
5 方向を示すときは「あちら」「そちら」と表現する。

問題 **08** 頻出度 ★ 　　　第29回 問題030 ｜ Check ☑ ☑ ☑

中程度の老人性難聴（presbycusis）のある人とのコミュニケーションに関する次の記述のうち，最も適切なものを1つ選びなさい。

1 補聴器には短期間で慣れると説明する。
2 認知症（dementia）がある場合は，補聴器の使用を避ける。
3 話し手の口元に注目するように促す。
4 耳元で，できるだけ大きな声で話す。
5 後ろから近づいて，静かに話しかける。

問題 **09** 頻出度 ★ ★ 　　　第35回 問題077 ｜ Check ☑ ☑ ☑

Dさん（90歳，女性，要介護5）は，重度のアルツハイマー型認知症（dementia of the Alzheimer's type）である。介護福祉職は，Dさんに声かけをして会話をしているが，最近，自発的な発語が少なくなり，会話中に視線が合わないことも増えてきたことが気になっている。

Dさんとのコミュニケーションをとるための介護福祉職の対応として，最も適切なものを1つ選びなさい。

1 引き続き，言語を中心にコミュニケーションをとる。
2 Dさんが緊張しているので，からだに触れないようにする。
3 表情やしぐさを確認しながら，感情の理解に努める。
4 視線が合わないときは，会話を控える。
5 自発的な発語がないため，会話の機会を減らしていく。

問題 **10** 頻出度 ★ ★ 　　　第33回 問題032 ｜ Check ☑ ☑ ☑

運動性失語症（motor aphasia）のある人とコミュニケーションを図るときの留意点として，最も適切なものを1つ選びなさい。

1 絵や写真を使って反応を引き出す。
2 大きな声で1音ずつ区切って話す。
3 手話を使うようにする。
4 五十音表でひらがなを指してもらう。
5 閉ざされた質問は控える。

問題 07 解説

1 × 視覚障害者を驚かさないためには，後ろからではなく前から声をかけるようにする。

2 × 本人の理解力に応じて情報を伝えていくことが大切であり，話しかけることを控える必要はない。

3 ○ 本人の力を最大限活用していくようにする。わかりやすいものに例えて説明することも有効な方法である。

4 × 本人が理解しやすくなるのであれば，声の強弱などの準言語も利用していく。

5 × 「あちら」「そちら」というようなあいまいな言葉ではなく，「前」「後ろ」「左」「右」というような具体的な言葉を使うようにする。

問題 08 解説

1 × 補聴器に慣れるまでの期間には個人差がある。短期間で慣れるとは限らない。

2 × 認知症（dementia）であっても補聴器の使用は可能である。ただし，補聴器の管理などは家族や介護者が行った方がよい場合もある。

3 ○ 話し手に注目してもらうことで，音声に加えて口の動きや表情などもコミュニケーション手段とすることができる。

4 × 声を大きくするだけでは，高齢者が理解できないこともある。声を大きくする必要があっても，相手に合わせた大きさで話す。

5 × 気づいてもらえない可能性や，高齢者を驚かせてしまう可能性がある。

問題 09 解説

1 × 本人が好きな歌を歌ったり，可能であればからだに触れるなど言語以外の方法も取り入れていく。

2 × 本人が好むのであれば，手や肩に触れることも緊張をほぐす効果がある。

3 ○ 発語が少なくなっても，表情やしぐさを観察し，そこにあらわれる感情を理解していくようにする。

4 × 視線が合わないときも話しかけることでDさんがコミュニケーションに注意を向けていくようにする。

5 × 会話を続けることがDさんの自発的な発語を引き出していくことにつながる可能性がある。

問題 10 解説

1 ○ 運動性失語は会話や文章の意味は理解できるが，発話が困難になる失語である。そのため話すことにためらいを持っている人もいるので絵や写真で話すきっかけをつくる。

2 × 聞く力が低下しているわけではないので1音ずつ区切る必要はない。

3 × できるだけ話してもらうことがリハビリテーションにもなるので，手話を使わず，会話でコミュニケーションを図る。

4 × 話すことに対して消極的になっている人もいるが，話さないでいるとますます発話が困難になってしまうので，本人の理解を得たうえで，直接話してもらうようにする。

5 × 閉ざされた質問は「はい」や「いいえ」で答えることができ，本人にとっては負担が少ないので必要であれば用いることはできるが，最も適切な選択肢とはいえない。

正解 問題07……3　　問題08……3　　問題09……3　　問題10……1

❹ 介護におけるチームのコミュニケーション

介護記録を書くときの留意点として，最も適切なものを1つ選びなさい。

1　数日後に書く。

2　客観的事実と主観的情報は区別せずに書く。

3　ほかから得た情報は情報源も書く。

4　利用者の気持ちだけを推測して書く。

5　介護福祉職の意見を中心に書く。

利用者の自宅で行うケアカンファレンス（care conference）に関する次の記述のうち，最も適切なものを1つ選びなさい。

1　検討する内容は，インフォーマルなサポートに限定する。

2　介護福祉職の行った介護に対する批判を中心に進める。

3　利用者本人の参加を促し，利用者の意向をケア方針に反映させる。

4　意見が分かれたときは，多数決で決定する。

5　対立を避けるために，他の専門職の意見には反論しない。

介護実践の場で行われる，勤務交代時の申し送りの目的に関する次の記述のうち，最も適切なものを1つ選びなさい。

1　翌月の介護福祉職の勤務表を検討する。

2　利用者のレクリエーション活動を計画する。

3　利用者の問題解決に向けた事例検討を行う。

4　利用者へのケアの継続性を保つ。

5　利用者とケアの方針を共有する。

問題 **11** 解説

1 × 介護記録は他の職員との情報共有にも使われているので，その日のうちに書く。

2 × 介護記録は客観的事実を簡潔に，主観を交えずに記入することが原則である。もし，主観的な情報を残す必要がある場合は，客観的事実との区別ができるように書く。

3 ○ 他から得た情報は，主観的情報に間違えられやすいので，情報源をきちんと示すことが必要である。

4 × 推測した利用者の気持ちは，記録者の主観的情報であり，客観的事実ではない。利用者の言動を客観的に記述していく。

5 × 客観的事実を中心に書く。そのうえで求められた場合は自分の意見を伝える。

問題 **12** 解説

1 × 検討する内容は，インフォーマルなサポートだけでなく，フォーマルなサポートも含まれる。

2 × 介護に問題があればその改善をテーマにすることは考えられるが，「批判を中心に進める」ということはケアカンファレンスの目的ではない。

3 ○ 利用者の参加や意向の反映は重要である。

4 × 多数決で決めるような性質のものではなく，本人の意向を前提に，丁寧に話しあって決める必要がある。

5 × 単なる感情的対立は全く意味がないが，利用者の最善の利益のためであれば，意見が対立することを避けるべきではない。

問題 **13** 解説

1 × 勤務交代時の申し送りは，利用者に対するケアや支援を継続していくために行うものである。

2 × レクリエーションの活動計画は，職員が業務を引き継ぐための時間とは別の時間で行う。

3 × 申し送りは問題を抱えている利用者に対して，支援の方法を引き継いでいくことを目的とする。

4 ○ 利用者の状態を職員同士が共有し，業務を引き継ぐ職員がケアを継続できるように必要なことを申し送る。

5 × 申し送りの時間は限られているので，利用者とではなく職員同士が必要な情報を簡潔に伝えていく。

正 解　　問題11……3　　　問題12……3　　　問題13……4

加点のポイント❸　　職場での報告や記録の書き方を覚えておこう

　報告の仕方や記録の書き方に関する問題は出題頻度が高い。報告や記録は客観的かつ簡潔に行う，主観を交えないなどの基本的なルールはおさえておこう。また，多職種が参加するカンファレンスに関する問題も出題されている。カンファレンスに関しても，議題内容はあらかじめ把握しておく，司会者は参加メンバーからふさわしい人を選出する，自分の専門性を自覚し積極的に発言していくなどのルールを確認しておこう。

　Eさん（87歳，女性，要介護3）は，介護老人福祉施設に入所していて，認知症（dementia）がある。ある日，担当のF介護福祉職がEさんの居室を訪問すると，Eさんは，イライラした様子で，「私の財布が盗まれた」と言ってベッドの周りをうろうろしていた。一緒に探すと，タンスの引き出しの奥から財布が見つかった。

　F介護福祉職は，Eさんのケアカンファレンス（care conference）に出席して，この出来事について情報共有することにした。

　Eさんの状況に関する報告として，最も適切なものを1つ選びなさい。

1　「Eさんの認知機能が低下しました」

2　「Eさんは，誰かに怒っていました」

3　「Eさんには，もの盗られ妄想があります」

4　「Eさんは，財布が見つかって，安心していると思います」

5　「Eさんは，財布が盗まれたと言って，ベッドの周りをうろうろしていました」

　ブレインストーミング（brainstorming）の原則に関する次の記述のうち，最も適切なものを1つ選びなさい。

1　奇抜な意見を除いて，自由に意見を出す。

2　他人の意見が正しいかどうかをその場で判断する。

3　意見の質よりも，数多くの意見を出すことに価値を置く。

4　他人の意見を参考にしてはいけない。

5　他人の意見を自由に批判する。

　介護福祉職が行う報告の留意点に関する次の記述のうち，最も適切なものを1つ選びなさい。

1　報告するときは，自分の意見を最初に述べる。

2　予定より時間がかかる業務であっても，完了後に報告する。

3　起こった事実は，抽象的な言葉で報告する。

4　指示を受けた業務の報告は，指示者に行う。

5　自分の推測を，事実であるとみなして伝える。

(問題)14 解説

1 × ケアカンファレンスでの情報共有では，介護福祉職の思いや判断ではなく出来事や具体的な行動を客観的に伝えていく。

2 × 怒っていたというのは介護福祉職の理解であり，客観的な情報ではない。

3 × もの盗られ妄想だという伝え方だとEさんの具体的な行動が理解できない。

4 × 安心しているという推測ではなく，介護福祉職の対応や，対応後のEさんの行動を具体的に伝えていく。

5 ○ ケアカンファレンスでの情報共有は，客観的な情報をわかりやすく伝えていくことが大切である。

(問題)15 解説

1 × ブレインストーミング（brainstorming）とは，集団で新しいアイディアを生み出していくための方法である。会議などでも活用されている。ブレインストーミングでは，①出てきたアイディアを批判しない，②自由にアイディアを出し合う，③質より量，などが奨励されている。奇抜な意見も排除しないで出していくことが求められている。

2 × 出された意見について正しいかどうかを判断せず，いろいろな意見を出していくことが奨励されている。

3 ○ 意見の質よりも，数多くの意見を出すことで新しいアイディアを生み出していくことがブレインストーミングの目的である。

4 × 他人の意見を参考にして自分の意見を発展させていくことは奨励されている。

5 × 他人の意見を批判せずに，自由に意見を出していくことが求められている。

(問題)16 解説

1 × 報告するときは事実を先に述べる。そのうえで時間の余裕や相手からの要望がある場合は，報告者の意見を述べるようにする。

2 × 予定より時間がかかる場合は，途中経過や時間がかかるということを報告する。そして業務完了後にあらためて報告を行う。

3 × 抽象的な言葉で報告をすると誤解を招く場合があるので，具体的かつ簡潔に報告するようにする。

4 ○ 指示を受けた業務の報告は，指示者に行うのが原則である。

5 × 報告は事実を簡潔に述べる。相手からの要望がある場合や，許可を得て報告者の意見を伝えることもあるが，その場合でも事実と報告者の意見を混同しないようにする。

正解 問題14……5　　問題15……3　　問題16……4

加点のポイント❹ スーパービジョンについて理解を深めていこう

　スーパービジョンは新人職員の教育でも使われている。管理的立場にある職員(スーパーバイザー)は，新人職員(スーパーバイジー)が一人前になれるよう，①管理的，②教育的，③支持的にかかわっていく。スーパーバイザーは，単にアドバイスをしたり方法を教示したりするのではなく，スーパーバイジーが自分で考えて行動できる力を見につけていけるように支援していく。

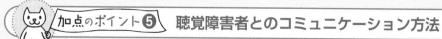 **加点のポイント❺ 聴覚障害者とのコミュニケーション方法**

方法	特徴
補聴器	・箱型補聴器は，比較的聞こえる側の耳にイヤホンを装着する ・補聴器に慣れるまでの期間には個人差があり，始めから1日中装着すると利用者の負担が大きくなる
手話	聴覚障害者が使用する視覚的な言語
読話	相手の表情や口の動きから話の内容を理解するコミュニケーション方法
指文字	手の形で文字をつくる視覚言語
筆談	中途障害者になったばかりの人は，手話や読話をマスターしていないので，筆談が適している
空書	空間に人差し指で文字を書く
触手話	盲聾者（視覚と聴覚の両方に障害がある人）に対するコミュニケーション方法

 加点のポイント❻ 言語障害の種類とコミュニケーション方法

種類	障害の特徴	コミュニケーション方法
運動性失語 （ブローカ失語症）	聞いたことは理解できるが，話すことや復唱が困難	絵や写真など，視覚化された情報を用いて，二者択一の答えやすい問いかけをするとよい
感覚性失語 （ウェルニッケ失語症）	流暢に話せるが，話の内容が支離滅裂になることがある。聞いたことが理解できない	ジェスチャーなどが有効
構音障害	発音が不正確，あるいは不明瞭。筋ジストロフィーなどで発音をするための機能が低下する疾患などでみられる	相手の言うことが聞き取りにくい場合は，聞き取れた通りに繰り返すなどして，確認するとよい

 加点のポイント❼ 精神障害の種類とコミュニケーション方法

精神障害の種類	コミュニケーション方法
うつ病や抑うつ状態	・励ますのではなく受容的態度で接する ・自殺企図などには十分に気をつけ，些細な変化も見逃さないよう，様子観察を続ける
躁状態	冷静に対応し，客観的に状況を伝える
統合失調症	妄想を話しているときは，基本的には否定も肯定もせずに関わる

第 **6** 章

介護
生活支援技術

Check ☑	1回目	月	日	／77問
Check ☑	2回目	月	日	／77問
Check ☑	3回目	月	日	／77問

❶ 生活支援の理解

問題 **01** 頻出度 ★★★ | 第30回 問題046 | Check ☑ ☑ ☑

施設における介護福祉職と他職種との連携として，最も適切なものを1つ選びなさい。

1 食事時に咳込む利用者の嚥下機能の評価を，作業療法士に相談する。

2 寝たきりの利用者の仙骨部に発赤を見つけたときは，看護師に相談する。

3 体重減少が続いている利用者に気づいたときは，社会福祉士に相談する。

4 車いすでの食事時に姿勢が崩れてしまう利用者に気づいたときは，言語聴覚士に相談する。

5 嚥下困難のある利用者に提供する食事内容を，歯科衛生士に相談する。

問題 **02** 頻出度 ★★★ | 第35回 問題085 | Check ☑ ☑ ☑

　Hさん（82歳，男性，要介護2）は，一人暮らしで，週1回，訪問介護（ホームヘルプサービス）を利用している。訪問時に，「足の爪が伸びているので，切ってほしい」と依頼された。爪を切ろうとしたところ，両足とも親指の爪が伸びて両端が皮膚に食い込んで赤くなっていて，触ると熱感があった。

　親指の状態を確認した訪問介護員（ホームヘルパー）の対応として，最も適切なものを1つ選びなさい。

1 親指に絆創膏を巻く。

2 Hさんの家にある軟膏を親指に塗る。

3 蒸しタオルで爪を軟らかくしてから切る。

4 爪が伸びている部分に爪やすりをかける。

5 爪は切らずに，親指の状態をサービス提供責任者に報告する。

問題 **03** 頻出度 ★★★ | 第29回 問題035 | Check ☑ ☑ ☑

自立支援の説明として，最も適切なものを1つ選びなさい。

1 対象者は，介護保険の要介護3以上の人に限られること

2 対象者は，意思表示のできる人に限られること

3 ADL（Activities of Daily Living：日常生活動作）を回復すること

4 経済的自立を目指すこと

5 自己選択・自己決定を支援すること

加点のポイント❶　福祉用具の名称と適応をおさえておこう

　福祉用具の中でも，装具と日常生活用具はよく問われるテーマ。装具では，脳血管障害（脳卒中）片麻痺者に対する短下肢装具の役割，日常生活用具では，歩行補助杖や歩行器の役割が問われることがある。T字杖のような先端が1点のものより，4点杖のような多脚杖の方が安定性に優れていることも理解しよう。

問題 01 解説

1 ✕ 嚥下機能の評価について相談する場合は，言語聴覚士が適切である。

2 ◯ 仙骨部は褥瘡のできやすい部位であり，発赤等の異常が見られる場合は，直ちに看護師に相談することが適切である。

3 ✕ 体重減少が続く利用者について相談する場合は，医師か看護師が適切である。

4 ✕ 食事時の姿勢について相談する場合は，作業療法士が適切である。

5 ✕ 嚥下困難な利用者の食事内容について相談する場合は，医師や歯科医師，管理栄養士などが適切である。

問題 02 解説

1 ✕ 爪に発赤，熱感があるので，まずはサービス提供責任者や医療職への報告，連絡を行うのが適切である。

2 ✕ 本人や家族からの依頼があっても，ケアプランにおける記載や，医師の処方や看護師からの指示がないのであれば，軟膏塗布は適切ではない。

3 ✕ 爪に異常がある場合，爪切りを行うことは適切ではない。

4 ✕ 爪に異常がある場合，爪やすりをかけることは適切ではない。

5 ◯ まずは親指の状態の把握と，それの報告が適切である。

問題 03 解説

1 ✕ 介護福祉士は，要介護にかかわらず，すべての利用者に対して，自立支援の考え方で介護をするべきである。

2 ✕ 介護福祉士は，意思表示の有無にかかわらず，すべての利用者に対して，自立支援の考え方で介護をするべきである。

3 ✕ 自立支援は身体的な自立に限ったことではないため，自立支援の説明としては不適切である。

4 ✕ 自立支援は経済的な自立に限ったことではないため，自立支援の説明としては不適切である。

5 ◯ 利用者の自立を支援する際は，まず利用者の自己選択・自己決定が支援されるべきである。利用者の自己選択・自己決定がなければ，利用者の自立支援は成り立たないことから，自立支援の説明としては適切である。

正解　問題01……2　　問題02……5　　問題03……5

Gさん（79歳，女性，要介護3）は，介護老人福祉施設に入所して，3週間が経過した。施設での生活には慣れてきているが，居室でテレビを見て過ごす時間が長くなった。ある時，Gさんが，「気分転換に台所を借りて，自分でおやつを作ってみたい」と介護福祉職に話した。

Gさんのレクリエーション活動の計画作成にあたり，介護福祉職が留意すべきこととして，最も適切なものを1つ選びなさい。

1　Gさんの居室で行うようにする。
2　おやつのメニューは，介護福祉職が選ぶ。
3　施設のレクリエーション財を優先する。
4　集団で行うことを優先する。
5　おやつ作りをきっかけに，施設生活に楽しみがもてるようにする。

生活支援に関する次の記述のうち，最も適切なものを1つ選びなさい。

1　支援者の価値観を優先して支援する。
2　生活全体よりも，生活動作を中心にした視点で支援する。
3　その人らしい生活よりも，安静を重視した生活を送れるように支援する。
4　利用者の生活習慣よりも，支援者側の規則を大切にして支援する。
5　信頼関係に基づいて支援する。

下記のマークが表しているものとして，正しいものを1つ選びなさい。

1　肢体不自由のある人が運転する自動車
2　障害者が利用できる建物，施設
3　義肢や義足などで援助や配慮を必要としている人
4　オストメイトであること，オストメイトのための設備があるトイレ
5　障害者の就労支援に取り組んでいる企業

問題 04 解説

1 × 台所を借りたいというGさんの意向を，できるだけ尊重する必要がある。また，居室でテレビを見て過ごす時間が長くなっているため，さらに居室で過ごす時間を延ばすようなレクリエーションを積極的に考える理由が見当たらない。

2 × 介護福祉職ではなく，Gさんの意向を尊重する必要がある。

3 × 施設のレクリエーション財の活用の前に，まず，Gさんの意向を尊重する必要がある。

4 × 集団で行うことを考える前に，まず，Gさんの意向を尊重する必要がある。

5 ○ おやつ作りをきっかけに，施設生活の充実化，すなわち，QOLの向上を目指すのは適切である。

問題 05 解説

1 × 生活支援の原則は"利用者主体"の実践であり，支援者の価値観を優先した支援は不適切である。

2 × 生活動作だけではなく，生活全体を意識した上で，総合的に生活支援を実施する必要がある。

3 × 生活支援は障害や疾病があってもその人らしい生活が実現できるように支援することであり，必ずしも安静を重視した生活を目指すとは限らない。

4 × 前述したように生活支援の原則は"支援者主体"ではなく，"利用者主体"の支援であり，不適切な選択肢である。

5 ○ 利用者と支援者の信頼関係は，支援の基本となる。

問題 06 解説

1 × 肢体不自由のある人が運転する自動車につけるマーク（標識）は，四つ葉のクローバーをモチーフとしており，「四つ葉マーク」と呼ばれている。

2 × 一定基準を満たした建築物は，車いす型をモチーフにしたシンボルマークを掲示できることになっている。

3 × 義肢や義足に特化したマークはない。内部障害や難病などを含め援助が必要であることを示すマークとして，最初に東京都がはじめ，現在は全国的に広がっているヘルプマークがある。

4 ○ オストメイトのための設備があるトイレなどを示すマークとして使用されている。

5 × このような企業に対し，手を組んだ図柄をモチーフにしたマークを民間団体が交付している。

正解　　問題04……5　　問題05……5　　問題06……4

❷ 自立に向けた居住環境の整備

　介護保険の給付対象となる住宅改修を利用してトイレを改修するとき，介護福祉職が助言する内容として，正しいものを1つ選びなさい。

1　開き戸は，自動ドアに変更できる。

2　和式便器の上に，腰掛け便座を設置できる。

3　滑りにくい床材に変更できる。

4　取り外しが可能な手すりを設置できる。

5　現在使用している洋式便器に，洗浄機能を付加できる。

　介護老人福祉施設における居室の環境整備で留意すべき点として，最も適切なものを1つ選びなさい。

1　利用者が使い慣れた家具を置く。

2　居室のドアは開けたままにしておく。

3　時計は天井に近い壁に掛ける。

4　居室の温度は，介護福祉職の感覚に基づいて調整する。

5　多床室は，入口から室内が見通せるように家具を配置する。

　次の記述のうち，古い住宅で暮らす高齢者が，ヒートショックを防ぐために必要な環境整備の方法として，最も適切なものを1つ選びなさい。

1　居室の室温を低くする。

2　脱衣室の照明を明るくする。

3　トイレに床置き式の小型のパネルヒーターを置く。

4　入浴直前に浴槽の湯温を60℃にし，蒸気を立てる。

5　24時間換気システムを導入する。

問題 07 解説

1 × 自動ドアへの変更は介護保険の給付対象外である。

2 × 和式便器の上に腰掛け便座を設置するのは住宅改修ではなく，腰掛け便座が特定福祉用具購入の給付対象となる(指定を受けた事業者から購入した場合，保険給付を受けることができる)。

3 ○ 滑りにくい床材への変更は住宅改修の給付対象である。

4 × 取り外し可能な手すりは，住宅改修ではなく福祉用具貸与の給付対象である。

5 × 現在使用している洋式便器に洗浄機能を付加する工事は介護保険の給付対象にならない。

問題 08 解説

1 ○ 利用者の希望に応じて自宅などで使い慣れた家具や思い出の品を置くことで，本人にとって過ごしやすい環境になり，精神的にも自分の家と近い感じで安心して落ち着いた生活を送ることが期待できる。

2 × 居室は利用者個人のプライベートな空間であり，必要のない時は閉めておくべきである。

3 × 時計は利用者の見やすい高さに掛けたり，置いたりすることが必要である。

4 × 居室の温度は，利用者の感覚に合わせた調節をすべきである。ただし極端に暑さや寒さの訴えがある場合は体調の確認も必要となる。

5 × 多床室であっても各利用者のプライバシーに最大限配慮すべきであり，入り口からの見通しを優先して家具を配置することは適切ではない。

問題 09 解説

1 × 古い住宅では気密性が低いので，室温を低くするのではなくヒートショックを防ぐために居室の室温を一定に保つように注意する。

2 × 脱衣室の照明を明るくすると，部屋の様子がよくわかり高齢者にとっては望ましいことであるが，ヒートショックを防ぐためには浴室との温度差を少なくすることが大切である。

3 ○ トイレは，肌を出すのでヒートショックを受けやすい。パネルヒーターを設置することでトイレ内で寒さを感じないような環境整備は望ましい。動線に関係のない位置に設置したい。

4 × 入浴前に湯温を上げて蒸気を立てると浴室内の温度が一層上がり，脱衣室から浴室に入った時の温度差でヒートショックを起こす原因になり適切でない。

5 × 24時間換気システムは換気に有効であるが，ヒートショックを防ぐ環境整備は各部屋の温度差をなくすことが必要であるので適切ではない。

正解　　問題07……3　　　問題08……1　　　問題09……3

加点のポイント❷　　**居住環境の整備，福祉用具，福祉用具選択時の注意点**

・高齢者の居住環境に関する出題が増加している。自立した生活を送るための工夫，福祉用具の種類や使用方法だけでなく，選択方法や選択時のポイントについても理解を深めよう。

・要支援・要介護認定を受けた高齢者が介護保険を利用して福祉用具の貸与が受けられる品目と購入対象の品目の違いと購入費の支給について理解しておこう。

歩行が可能な脊髄小脳変性症（spinocerebellar degeneration）の高齢者の転倒予防に留意した環境整備に関する次の記述のうち，最も適切なものを1つ選びなさい。

1　弾力性が高い床材を使用する。

2　洋式トイレの予備のトイレットペーパーは足元に置く。

3　頻繁に移動する場所には手すりを取りつける。

4　調理用具は，頭上のつり棚に収納する。

5　いすにキャスターをつける。

Lさん（25歳，男性）は，第7胸髄節（Th7）を損傷したが，現在，状態は安定していて，車いすを利用すれば1人で日常生活ができるようになった。図はLさんの自宅の浴室であり，必要な手すりは既に設置されている。

Lさんが1人で浴槽に入るための福祉用具として，最も適切なものを1つ選びなさい。

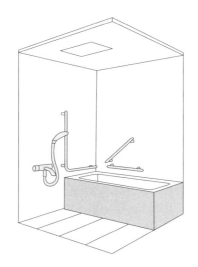

1　段差解消機

2　ストレッチャー

3　すべり止めマット

4　四点歩行器

5　移乗台

加点のポイント❸　家庭で使う洗剤の種類を液性で理解しよう

　家庭で使用される合成洗剤の主成分は界面活性剤であるが，液性により用途が分かれる。

　酸性の洗剤は，尿石・石鹸カス・水垢を落とす等の目的，アルカリ性の洗剤は油汚れに効果的である。弱酸性・中性・弱アルカリ性の洗剤は，衣類の洗濯や風呂の洗剤・住まいの汚れ落とし・台所洗剤として使用される。

　衣類用の酸化漂白剤には塩素系と酸素系があり，衣類の種類により使い分ける。塩素系の漂白剤と酸性系の洗剤を同時に使用すると有毒な「塩素ガス」が発生して危険である。

問題 10 解説

脊髄小脳変性症とは，小脳や脊髄が障害を受けることで，歩行時のふらつき，手の震えなどの症状が出ることが多いので転倒予防に配慮した環境整備が大切となる。

1 ✕ 弾力性の高い床材は騒音を軽減する目的で使用されることが多いが，歩行時にふらつきがある場合は硬い床材が適する。

2 ✕ 床には物を置かない工夫が大切で，トイレのような狭い場所ではつまずきの原因にもなる。

3 ◯ 高齢者の住環境に手すりの取りつけは重要であるが，特に脊髄小脳変性症を患う場合には手すりの設置がふらつきによる転倒の危険を軽減する役割を果たす。

4 ✕ 頭上のつり棚から物を下ろす，収納するという行為は上を向いて手を伸ばす動作が必要となるので転倒の危険がある。

5 ✕ いすにキャスターをつけると，自身の意思に反していすが動くことがあり危険である。

問題 11 解説

1 ✕ 段差解消機は車に乗る時等に，車いすごと昇降して移動をアシストする機械であり，浴槽に入る際に使用することはない。

2 ✕ ストレッチャーは寝たままの状態で移動する時に使うもので浴槽に入る際に使うものではない。

3 ✕ すべり止めマットは必要であるが，浴槽に入るための福祉用具ではない。床材を滑らないようにする必要はある。

4 ✕ Lさんは，車いす利用の生活をしているので歩行器は適さない。四点歩行器は，歩行を助ける福祉用具であり入浴に役立つものではない。

5 ◯ 移乗台を浴槽の縁に取り付けると，移乗台に腰を下ろすことができるので，さらに手すりを利用して浴槽に入ることが可能になる。

正解 　　問題10……3　　問題11……5

加点のポイント❹　住宅改修についておさえておこう

　住宅改修を行う際は，人が健康な状態から寝たきりの生活へと変化した場合の営みを考えながら，それぞれの段階に応じて改造や生活補助具の取り付けができる可変性を備えておく必要がある。

　また，介護保険を利用した住宅改修は要支援1，2または要介護1〜5の認定を受けている人が対象で，20万円を限度に住宅改修費が支給される。そのうち1〜3割は自己負担となり，給付を受ける方法は受領委任方式と償還払いがある。

　介護保険の住宅改修費支給の対象となる改修は，①手すりの取り付け，②段差の解消，③滑り防止及び移動の円滑化等のための床または通路面の材料の変更，④引き戸等への扉の取り替え⑤洋式便器等への便器の取り替え，⑥その他（①〜⑤の改修に付帯して必要となる改修）など。

高齢者にとって安全で使いやすい扉の工夫として，最も適切なものを1つ選びなさい。

1 トイレの扉は内開きにする。

2 開き戸は杖(つえ)の使用者が移動しやすい。

3 引き戸は開閉の速度が速くなる。

4 アコーディオンドアは気密性が高い。

5 引き戸の取っ手は棒型にする。

高齢者の安全な移動に配慮した階段の要件として，最も適切なものを1つ選びなさい。

1 手すりを設置している。

2 階段の一段の高さは，25cm以上である。

3 階段の足をのせる板の奥行は，15cm未満である。

4 階段の照明は，足元の間接照明にする。

5 毛の長いじゅうたんを敷く。

ユニットケアを行う入居施設の「プライベート空間」に関する次の記述のうち，適切なものを1つ選びなさい。

1 集団レクリエーションを行う空間である。

2 地域の人も利用できる喫茶コーナーを設ける空間である。

3 複数の利用者が集うことができる空間である。

4 利用者の居室を示す空間である。

5 面会者用の空間である。

🐱 **加点のポイント⑤ 高齢者が自立して自宅で暮らすための環境整備**

玄関	車いす利用時に使いやすい広さが必要。上がり框（かまち）の段差がある場合は手すりや踏み台の設置，靴の着脱時に椅子等を用意してふらつきを防ぐ。
廊下	足元灯や手すりの設置。車いす利用時には廊下を往復できるだけの幅員が必要となる。
階段	降りる時に聞き手になる側に手すりを取り付ける。手すりの直径は32〜36㎝。
浴室	滑りにくい床材を使用。浴槽の高さは40㎝位（膝の高さ）。浴槽の深さは50〜55㎝くらいがよい。
トイレ	引き戸が望ましいがドアの場合は外開きにする。トイレ内の手すりの直径は28〜32㎝。
脱衣室	ヒートショックを防ぐために暖房設備があると望ましい。
台所	作業同線を短くする工夫と，シンクは浅くして車いす利用時に作業しやすい高さを工夫する。
寝室	トイレと近い位置が望ましい。枕元で照明の操作ができるリモコン等を置くと良い。

問題12 解説

1 × トイレで具合が悪くなった場合に，内開きの扉の場合はスペースが狭くなり，介助者が入って高齢者を助けることが難しくなる。また，高齢者が倒れた場合に，ドアが開かない可能性もあるのでトイレの扉は外開きとする。

2 × 開き戸は，扉を開ける時と閉める時に使用者が前後に移動してドアノブをつかむ必要があり，細かい動作が必要になる。

3 × 引き戸の利点は，開口部が広く，前後に開閉のスペースが不要であるので車いすでも通りやすいことである。特別に開閉の速度が速くなることはない。

4 × 一般的にアコーディオンドアは上吊りのタイプが多く，ドアの下の部分は床に密着しないように隙間がある。したがって気密性は低い。

5 ○ 引き戸の取っ手は握りやすい太さの棒型にすると，握力が小さい高齢者でも，少しの力で扉を開けることができるので適している。扉の中にある引き手に指を掛けるタイプは高齢者には開けづらい。

問題13 解説

1 ○ 手すりは，高齢者の安全な移動を配慮した階段の要件の1つである。

2 × 高齢者にも使いやすい階段として，一段の高さは16cm以下とされる。

3 × 高齢者にも使いやすい階段として，足を乗せる板の奥行は30cm以上とされる。

4 × 足元の間接照明も大事ではあるが，階段には最上部と最下部に照明器具を設置し，最初の一段目がはっきりとわかるようにしておくことが安全性への配慮となる。

5 × 毛の長い絨毯を敷くと，足がとられやすくなって転倒の危険性が増す。

問題14 解説

1 × ユニットを越えた利用者が集まり，サークル活動をしたりする場は，セミパブリックスペースである。

2 × 外部に開かれ，地域住民と交流できる空間は，パブリックスペースである。

3 × 利用者が互いに社会的な関係を築くことができる場としてのリビングは，セミプライベートスペースにあたる。

4 ○ プライベート空間は，個室部分で自分が好きに暮らせる場のことである。

5 × 面会者用の談話室のような空間は，セミパブリックスペースである。

正解　問題12……5　　問題13……1　　問題14……4

❸ 自立に向けた移動の介護

スライディングボードを用いた，ベッドから車いすへの移乗の介護に関する次の記述のうち，最も適切なものを1つ選びなさい。

1 アームサポートが固定された車いすを準備する。

2 ベッドから車いすへの移乗時には，ベッドを車いすの座面より少し高くする。

3 ベッドと車いすの間を大きくあけ，スライディングボードを設置する。

4 スライディングボード上では，臀部(でんぶ)を素早く移動させる。

5 車いすに座位を安定させ，からだを傾けずにスライディングボードを抜く。

Bさん（84歳，男性）は，生活全般に介護を必要としている。ベッド上に仰臥位(ぎょうがい)でいるBさんは，喘息(ぜんそく)があり，咳込(せきこ)みが続き呼吸が苦しくなり，「楽な姿勢にしてほしい」と訴えた。介護福祉職の対応として，最も適切なものを1つ選びなさい。

1 枕を外して，顔を横に向けて腹臥位(ふくがい)にする。

2 枕を重ねて，頭を高くする。

3 左側臥位(ひだりそくがい)にして，背中にクッションを当てる。

4 半座位（ファーラー位）にする。

5 オーバーベッドテーブルの上に枕を置いて，上半身を伏せる。

立位をとり静止している利用者の重心線が，点Xから点Yに移動したときに考えられるふらつきとして，適切なものを1つ選びなさい。

1 左前方へのふらつき

2 右前方へのふらつき

3 左後方へのふらつき

4 後方へのふらつき

5 右後方へのふらつき

問題 15 解説

1 × ベッドから車いすへ移乗する際，車いすのアームサポートが障害物となる可能性がある。

2 ○ ベッドから車いすに移乗するため，移動先の車いすの座面がベッドより少し低い方が移乗しやすくなる。

3 × ベッドと車いすの間が小さいほど，安全性が向上しやすい。

4 × 素早さより安全性を重視すべきである。

5 × からだを傾けると接地面における圧力が減り，スライディングボードが抜きやすくなる。

問題 16 解説

1 × うつぶせの姿勢のため支持面が広く安定した体位であるが，胸部が圧迫され，呼吸がしにくくなることがある。

2 × 枕が高すぎると頸椎が圧迫され気道が狭くなるため，呼吸が楽な姿勢とはいえない。

3 × 腹臥位よりも呼吸は楽になるが，支持面が狭いため不安定である。

4 × 臥位よりも呼吸は楽になるが，最も適切とはいえない。

5 ○ 横隔膜を下げ肺が拡張しやすくなるため，喘息等で呼吸が苦しい場合に適しており，最も安楽な姿勢である。

問題 17 解説

1 × 重心が支持基底面の内側に入っていないと，重心が移動した方向に身体が倒れる。左前方へふらつくのは，左前方に重心が移動したときである。

2 ○ 適切である。

3 × 左後方へふらつくのは，左後方に重心が移動したときである。

4 × 後方へふらつくのは，後方に重心が移動したときである。

5 × 右後方へふらつくのは，右後方に重心が移動したときである。

正解　　問題15……2　　　問題16……5　　　問題17……2

標準型車いすを用いた移動の介護に関する次の記述のうち，最も適切なものを1つ選びなさい。

1 急な上り坂は，すばやく進む。

2 急な下り坂は，前向きで進む。

3 踏切を渡るときは，前輪を上げて駆動輪でレールを越えて進む。

4 段差を上がるときは，前輪を上げて進み駆動輪が段差に接する前に前輪を下ろす。

5 砂利道では，駆動輪を持ち上げて進む。

視覚障害のある利用者の外出に同行するときの支援に関する次の記述のうち，最も適切なものを1つ選びなさい。

1 トイレを使用するときは，トイレ内の情報を提供する。

2 階段を上るときは，利用者の手首を握って誘導する。

3 狭い場所を歩くときは，利用者の後ろに立って誘導する。

4 タクシーに乗るときは，支援者が先に乗って誘導する。

5 駅ではエレベーターよりエスカレーターの使用を勧める。

介護予防教室で介護福祉職が行う安定した歩行に関する助言として，最も適切なものを1つ選びなさい。

1 「歩幅を狭くしましょう」

2 「腕の振りを小さくしましょう」

3 「足元を見ながら歩きましょう」

4 「後ろ足のつま先で地面を蹴って踏み出しましょう」

5 「つま先から足をつきましょう」

問題 18 解説

1 ✕ 車いすが後ろに下がらないように，介護者はしっかり脇を締めて，両足を前後に大きく開き，急な坂道では特にゆっくり進む。

2 ✕ 前向きで進むと，利用者が前のめりになり不安定となるため，急な下り坂では必ず後ろ向きで進むようにする。

3 〇 踏切を渡る時は，レールに前輪がはまらないように前輪を上げ，駆動輪でレールを越えて進む。

4 ✕ 段差を上がる時は，前輪を上げて進み駆動輪を段差に接するまで傾けたまま前進する。

5 ✕ 砂利道では前輪が砂利に埋まって進みにくいため，前輪を持ち上げて進む。

問題 19 解説

1 〇 トイレ内の情報を提供することで，視覚障害の利用者が使いやすくなる。

2 ✕ 手首を握っての誘導は手の自由を奪い，逆に危険である。

3 ✕ 狭い場所を誘導する際には，利用者の前に立って誘導する方が安全を確保しやすい。

4 ✕ 利用者が先で，支援者は後から乗車する方が適切である。

5 ✕ エスカレーターよりエレベーターの方が安全を確保しやすい。

問題 20 解説

1 ✕ 歩幅を狭くするのではなく広くする。

2 ✕ 腕の振りを小さくするのではなく大きくする。

3 ✕ 足元を見るのではなく歩く方向である前を見る。

4 〇 後ろ足のつま先で地面を蹴るように歩くと歩行が安定しやすい。

5 ✕ つま先からではなく踵から足をつく。

正解　　問題18……3　　問題19……1　　問題20……4

加点のポイント❻　外出・移動の介護

　出題範囲は広いが，日常の介護で行うことがほとんどである。日々の介護を丁寧に，基本を思い出しながら行い，理解を深めよう。

　移動の介護については，片麻痺の人の立ち上がり，移乗動作，歩行，階段昇降，車いす走行，その他の福祉用具等，しっかりと基本的な原則を理解し，応用問題が出題されても答えられるようにしておこう。

T字杖を用いて歩行する左片麻痺の利用者が，20cm幅の溝をまたぐときの介護方法として，最も適切なものを1つ選びなさい。

1 杖は，左手に持ちかえてもらう。

2 杖は，溝の手前に突いてもらう。

3 溝は，右足からまたいでもらう。

4 遠い方向を見てもらう。

5 またいだ後は，両足をそろえてもらう。

右片麻痺の利用者が，手すりを利用して階段を昇降するときの介護に関する次の記述のうち，適切なものを1つ選びなさい。

1 手すりが利用者の右側になるように声をかける。

2 階段を昇るとき，利用者の左後方に立つ。

3 階段を昇るとき，右足から出すように声をかける。

4 階段を降りるとき，利用者の右前方に立つ。

5 階段を降りるとき，左足から出すように声をかける。

手首に変形や痛みがみられる関節リウマチ（rheumatoid arthritis）の利用者が，歩行時に使用する杖として，最も適切なものを1つ選びなさい。

1 前腕固定型杖（ロフストランドクラッチ（Lofstrand crutch））

2 前腕支持型杖（プラットホームクラッチ（Platform crutch））

3 松葉杖

4 多点杖

5 歩行器型杖

問題 **21** 解説

1 × 左片麻痺であるため，左手ではなく右手で杖を持つ。

2 × 溝の手前ではなく溝の向こう側に突く。

3 × 先にまたぐ足は，麻痺のある左足である。

4 × 遠い方向ではなく，溝の位置を確認することが適切である。

5 ○ またいだ後，両足をそろえるとよい。

問題 **22** 解説

1 × 右片麻痺の利用者であるため，手すりが健側である左側になるように声をかける。

2 × 階段を昇るときは，利用者の患側である右後方に立つようにする。

3 × 階段を昇るときは，利用者の健側である左足から出すように声をかける。

4 ○ 階段を降りるときは，利用者の患側前方に立つ。

5 × 階段を降りるときは，患側の足である右足から出すように声をかける。

問題 **23** 解説

1 × 前腕固定型杖は，握力の弱い人が手と前腕の2点で体重を支えることができる杖である。下半身麻痺，骨折，捻挫，股関節症，下肢切断や筋力低下などの人に適している。しかし，手首に変形や痛みがある場合は，杖のグリップを握れない可能性もあり，前腕支持型杖の方が適している。

2 ○ 前腕支持型杖は，手指，手関節に強い負荷がかけられない人が，腕全体で体重を支えることができる杖である。手首に変形や痛みがみられる関節リウマチの人に，最も適している。

3 × 通常は2本1組で使用し，腋の下と握りで支えるため前腕固定型杖より安定する。片下半身麻痺，骨折，捻挫，股関節症，下肢切断などの人に適している。

4 × 多点杖は，脚が4本（または3本）に分かれているため1本脚のものより安定している。片麻痺や変形性股関節症や関節リウマチなどの人に適しているが，グリップを握る必要があるため，最も適切なものとはいえない。

5 × 歩行器型杖は，支持基底面が広く安定性が高いので，立位や歩行時のバランスが悪い場合に用いられる。片麻痺，変形性関節症や関節リウマチなどの人に適しているが，グリップを握る必要があるため，最も適切なものとはいえない。

正解 問題21……5　　問題22……4　　問題23……2

❹ 自立に向けた身じたくの介護

問題 24 頻出度 ★ ★　　　　　第32回 問題038　Check ☑ ☑ ☑

　次の記述のうち，高次脳機能障害（higher brain dysfunction）による着衣失行のある人に対する着衣の介護として，最も適切なものを1つ選びなさい。

1　着替えができない理由を本人に確認する。
2　左右がわかるように衣類に印をつける。
3　着衣の前に全ての手順を口頭で指示する。
4　衣服を畳んで渡す。
5　着衣の方法を毎回変えるように勧める。

問題 25 頻出度 ★ ★　　　　　第31回 問題038　Check ☑ ☑ ☑

　介護福祉職が行う身じたく・整容の支援と使用する道具の組合せとして，最も適切なものを1つ選びなさい。

1　ベッド上での口腔ケア ――――― ガーグルベースン
2　浴室での洗髪 ――――――――― ドライシャンプー
3　総義歯の洗浄 ――――――――― 歯磨剤
4　耳垢（耳あか）の除去 ―――――― ピンセット
5　ベッド上での洗顔 ――――――― 冷水で絞ったタオル

問題 26 頻出度 ★ ★ ★　　　　　第34回 問題039　Check ☑ ☑ ☑

　Mさん（84歳,男性）は,10年前に脳梗塞（cerebral infarction）で右片麻痺になり,右上肢の屈曲拘縮がある。今までは自分で洋服を着ていたが，1週間ほど前から左肩関節の周囲に軽い痛みを感じるようになり，上着の着脱の介護が必要になった。

　Mさんへの上着の着脱の介護に関する次の記述のうち,最も適切なものを1つ選びなさい。

1　服を脱ぐときは，右上肢から脱ぐ。
2　右手首に袖を通すときは，介護福祉職の指先に力を入れて手首をつかむ。
3　右肘関節を伸展するときは，素早く動かす。
4　右肘に袖を通すときは，前腕を下から支える。
5　衣類を準備するときは，かぶり式のものを選択する。

🐱 **加点のポイント❼　身じたくの介護**

　身じたくの介護では，更衣や洗面，口腔ケア，爪切りの介護について幅広く問われる。他の科目と連動して学習し，根拠を明確にして学びを深めよう。

問題 24 解説

1 × 高次脳機能障害による着衣失行がある人に接する時には，一人で着衣ができるようにサポートすることが重要で，本人が意欲を持って努力できるような声かけも必要である。

2 ○ 衣服の前後，左右が判断でき，着方の順番が理解できると自らの力で着衣が可能になる場合もある。左右がわかるように印をつける行為は正しい。

3 × 高次脳機能障害では，記憶障害を起こす場合もあり，着衣の前に全ての手順を指示して覚えてもらう行為は適さない。

4 × 衣服を畳んだ状態で渡された場合，どのように着衣するかを自分で考えて行動しなくてはならず，高次脳機能障害による着衣失行のある人に適した行為ではない。

5 × 高次脳機能障害による着衣失行がある人は，繰り返し同様の方法で着衣の練習をすることが有効である。方法を毎回変えることは混乱を招く。

問題 25 解説

1 ○ ベッドから洗面所までの移動が困難な利用者のうがいした水を受ける容器としてガーグルベースンを使用する。

2 × ドライシャンプーは，入浴ができずベッド上で洗髪する場合に適している。

3 × 歯磨剤には研磨剤が入っており，使用すると義歯が傷ついてしまう。使用する場合は，義歯専用の歯磨剤や専用の歯ブラシを用いる。

4 × ピンセットの先端で耳の粘膜を傷つける危険性があるため，ピンセットの使用は避ける。

5 × ベッド上で洗顔を行う場合は，熱めの湯（50℃～55℃）で濡らして，固く絞ったタオルを使用する。

問題 26 解説

1 × この場合，通常は健側の左上肢から脱ぐことが適切となる。

2 × 力を入れて手首をつかむと，着脱介護の過程で，麻痺のある右手側を傷める恐れがある。

3 × 右片麻痺があるため，素早さより安全性を重視すべきである。

4 ○ 右片麻痺があるため，右肘に袖を通すときは前腕を支える介護が重要となる。

5 × ボタン留めがないかぶり式のメリットも大きいが，前開きのものであっても特段の問題はない。

正解　　問題24……2　　　問題25……1　　　問題26……4

加点のポイント❽　衣類の着脱

　着脱介護を行う中で，基本を確認しよう。衣類の選択から着脱の介護，衣類の後始末まで，日常生活の流れに沿って学習するとよいだろう。

保温効果を高めるための着衣に関する次の助言のうち，最も適切なものを1つ選びなさい。

1　衣類の間に薄手の衣類を重ねて着るように勧める。

2　一番上に通気性の高い衣類を着るように勧める。

3　一回り小さいサイズの衣類を着るように勧める。

4　肌に接する衣類は，防水性の高いものを着るように勧める。

5　袖幅の大きい衣類を着るように勧める。

介護福祉職が行う爪切りに関する次の記述のうち，最も適切なものを1つ選びなさい。

1　爪は十分に乾燥させてから切る。

2　周囲の皮膚に腫れや傷がある場合は，少しずつ切る。

3　手の爪は，手首を持って動かないようにして切る。

4　爪の先端の白い部分を1mmぐらい残して切る。

5　爪やすりは，中央から端に向かってかける。

介護が必要な利用者の口腔ケアに関する次の記述のうち，最も適切なものを1つ選びなさい。

1　うがいができる場合には，ブラッシング前にうがいをする。

2　歯磨きは，頭部を後屈させて行う。

3　部分床義歯のクラスプ部分は，流水で軽く洗う。

4　全部の歯がない利用者には，硬い毛の歯ブラシを使用する。

5　舌の清拭は，手前から奥に向かって行う。

加点のポイント❾　義歯（入れ歯）の取り扱い

着脱のポイント	小さな義歯の場合，口の中に落としてしまうと誤嚥する可能性があるため，下を向いて着脱する
全部床義歯 （総入れ歯）	下顎から外し，上顎から入れる。装着の際，口角に引っかからないように注意する
全部床義歯 （総入れ歯）	クラスプで口腔内を傷つけないよう注意する
手入れ	・毎食後に取り外して流水下でブラシ（歯ブラシ）を使い洗浄する ・義歯の変形・摩耗の原因となるので歯磨き剤や熱湯は使用しない。また，水を張った洗面器の上で洗うことで，落下による破損や紛失を防止することができる ・乾燥による変形を防ぐため，ケースに水を入れた中で保存する

問題 **27** 解説

1 ○ 保温効果のある着方としては，衣類と衣類との間に空気の層を作る重ね着が良い。空気は熱伝導率が低く，熱を伝えにくいため体温を逃がしにくい。

2 × 一番上には，セーターなどの通気性の高い衣類は避けて，体温が逃げないように気密性の高いコート類を着装して熱の発散を防ぐ工夫をする。

3 × 暖かい着方は，流動しない程度の空気の層を何層も作るような重ね着が効果的である。サイズの小さい衣類を着るのは，体を締め付けて血流を悪くするため暖かい着方ではない。

4 × 肌に接する衣類は，皮膚の表面にフィットして余分な空気を入れず，肌触りや伸縮性が良いことが大切であり，防水性は求められていない。

5 × 袖幅が大きい衣類の着用は，袖内部の暖かい空気層が流動するため，暖かい着方とはいえない。袖幅が大きくなく，袖口が閉まっている方が暖かい。

問題 **28** 解説

1 × 爪切りは爪が乾燥しているときより，入浴後などに爪が柔らかくなっているときに切るのがよい。

2 × 介護福祉士は，爪や爪の周囲の皮膚に異常がなく，かつ糖尿病などの疾患に伴う専門的な管理が必要ではない場合に限り，爪切りを行うことができる。爪の周囲の皮膚に腫れや傷がある場合は，医療職に連絡する必要がある。

3 × 手の爪を切る際，手首を持っても，指先が動いたりするため，適切な方法とはいえない。

4 ○ 深爪は巻き爪の原因になるため，注意が必要である。

5 × 爪やすりは，爪の端から中央に向かってかける。

問題 **29** 解説

1 ○ ブラッシング前にうがいをすることで，口腔内の汚れを取ることができる。また，口腔内を湿らせることができるためブラッシングがしやすくなる。

2 × 食事の姿勢同様，口腔ケアの際も誤嚥（ごえん）防止のため，頭部を前屈させ顎を引くようにする。

3 × クラスプ部分は細菌が繁殖しやすいため，専用の歯ブラシや植毛部の小さなブラシを使用して汚れを取るようにする。

4 × 硬い毛の歯ブラシでは口腔内を傷つけてしまうことがある。粘膜用ブラシなどを使用するようにする。

5 × 舌の清拭は，誤嚥を予防するために奥から手前に向かって行う。

正解 　問題27……1 　　問題28……4 　　問題29……1

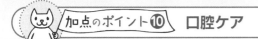 **加点のポイント⓾** 　口腔ケア

　口腔ケアの問題はよく出題されるので，しっかりと覚えておこう。義歯のつけ方，洗い方，保管の仕方，使用方法，注意点などを理解しておきたい。

問題 30 頻出度 ★★★ | 第33回 問題039 | Check ☑ ☑ ☑

口腔内が乾燥している人への助言に関する次の記述のうち，最も適切なものを1つ選びな
さい。

1　苦味の強い食べ物を勧める。
2　臥床時は仰臥位（背臥位）で枕を使用しないように勧める。
3　水分は控えるように勧める。
4　唾液腺マッサージをするように勧める。
5　ジェルタイプの保湿剤は，前回塗った上に重ねて塗るように勧める。

問題 31 頻出度 ★★★ | 第33回 問題043 | Check ☑ ☑ ☑

Jさん（80歳，女性，要介護3）は，介護老人福祉施設に入所している。食事の後，J
さんから，「最近，飲み込みにくくなって時間がかかる」と相談された。受診の結果，加齢
による機能低下が疑われると診断された。

次の記述のうち，Jさんが食事をするときの介護福祉職の対応として，最も適切なものを
1つ選びなさい。

1　リクライニングのいすを用意する。
2　栄養価の高い食事を準備する。
3　食前に嚥下体操を勧める。
4　自力で全量を摂取できるように促す。
5　細かく刻んだ食事を提供する。

問題 32 頻出度 ★★★ | 第35回 問題087 | Check ☑ ☑ ☑

利用者が食事中にむせ込んだときの介護として，最も適切なものを1つ選びなさい。

1　上を向いてもらう。
2　お茶を飲んでもらう。
3　深呼吸をしてもらう。
4　口の中のものを飲み込んでもらう。
5　しっかりと咳を続けてもらう。

問題 33 頻出度 ★★★ | 第34回 問題045 | Check ☑ ☑ ☑

慢性腎不全（chronic renal failure）の利用者の食材や調理方法として，最も適切
なものを1つ選びなさい。

1　エネルギーの高い植物油を控える。
2　レモンや香辛料を利用し，塩分を控えた味付けにする。
3　肉や魚を多めにする。
4　砂糖を控えた味付けにする。
5　野菜は生でサラダにする。

問題 30 解説

1 × 口腔内が乾燥していると自浄作用が低下し舌の表面に舌苔がつきやすく，味が感じにくくなることがある。苦みの強い食べ物を勧めることは，口腔内の乾燥の改善にはつながらない。

2 × 枕を使用しないと頭が下がり口が開いた状態になるため，口呼吸になりやすく，口腔内が乾燥しやすくなる。

3 × 水分を摂り，口腔内を湿らせるようにする。

4 ○ 唾液腺を刺激することで，唾液の分泌を促進することができる。

5 × 前回塗った保湿剤を取り除いてから，新たに保湿剤を塗るようにする。

問題 31 解説

1 × Jさんの発言から，嚥下機能が低下していることが疑われる。座位姿勢の保持が難しい場合は，リクライニングの車いすを使用することもあるが，設問文の内容だけでは，使用が必要かは判断できない。

2 × 食事量が減り，低栄養状態の場合は栄養価の高い食事を検討する必要があるが，設問文の内容だけでは，それが必要かは判断できない。

3 ○ 食事前に嚥下体操を勧めることは，嚥下機能の向上に有効であるため，最も適切である。

4 × Jさんからは食事に時間がかかることの相談があったが，食事動作や食事量に関する相談はないため，適切な対応とはいえない。

5 × 細かく刻んだ食事は口の中でまとまりにくいため食塊をつくりにくく，誤嚥につながる可能性がある。なお，咀嚼機能が低下している場合は，細かく刻んだ食事を提供することがある。

問題 32 解説

1 × 上を向くと，かえって飲食物が気管に入り込んでしまう可能性がある。

2 × むせ込んだ直後にお茶を飲んでもらうと，さらにむせ込んだり，誤嚥する可能性がある。

3 × 深呼吸をすると，かえって飲食物が気管に入り込んでしまう可能性がある。

4 × むせ込んだ直後に口の中にあるものを飲み込むと，さらにむせ込んだり，誤嚥する可能性がある。

5 ○ 咳を続けてもらうことで，口の中に溜まったものがあれば吐き出させる。

問題 33 解説

1 × 慢性腎不全では，たんぱく質制限をするのでエネルギー不足にならないように気を付ける。特別に植物油を控える必要はない。

2 ○ 慢性腎不全では塩分摂取制限をするので正しい。腎機能の低下により塩分排泄機能が落ちて体内にたまるのを避けるために制限する。

3 × 肉や魚には，たんぱく質が多く含まれるので控えなければならない。たんぱく質は構成要素の窒素が老廃物の一種である窒素代謝物を作り出すので，摂取制限をする。

4 × 慢性腎不全の食事で摂取制限をするのは，たんぱく質・塩分・カリウム・リンである。砂糖の摂取を特別に控える必要はない。

5 × 脂溶性ビタミンを多く含む野菜では，熱を加える調理が必要な場合もあり，生のサラダに限らず摂取を工夫する。

正解　問題30……4　　問題31……3　　問題32……5　　問題33……2

逆流性食道炎（reflux esophagitis）の症状がある利用者への助言として，最も適切なものを1つ選びなさい。

1　脂肪を多く含む食品を食べるように勧める。

2　酸味の強い果物を食べるように勧める。

3　1日の食事は回数を分けて少量ずつ食べるように勧める。

4　食事のときは，腹圧をかけるような前かがみの姿勢をとるように勧める。

5　食後すぐに仰臥位（背臥位）をとるように勧める。

慢性閉塞性肺疾患（chronic obstructive pulmonary disease）のある利用者の食事に関する次の記述のうち，最も適切なものを1つ選びなさい。

1　繊維質の多い芋類を食事に取り入れる。

2　炭酸飲料で水分補給をする。

3　たんぱく質の多い食事は控える。

4　高カロリーの食事は控える。

5　1回の食事量を減らし，回数を増やす。

Aさん（78歳，男性，要介護2）は，脳梗塞（cerebral infarction）の後遺症で嚥下障害がある。自宅で妻と二人暮らしで，訪問介護（ホームヘルプサービス）を週1回利用している。訪問時，妻から，「飲み込みの難しいときがある。上手に食べさせるにはどうしたらよいか」と相談があった。

訪問介護員（ホームヘルパー）の助言として，最も適切なものを1つ選びなさい。

1　食事のときは，いすに浅く座るように勧める。

2　会話をしながら食事をするように勧める。

3　食事の後に嚥下体操をするように勧める。

4　肉，野菜，魚などは軟らかく調理するように勧める。

5　おかずを細かく刻むように勧める。

問題 34 解説

1 × 脂肪を多く含む食品を摂取することが多い人は，逆流性食道炎になりやすいと考えられている。

2 × 逆流性食道炎の症状のある人は，香辛料，消化の悪い食べ物，そして酸味の強い果物は控えた方がよいと考えられている。

3 ○ 一度にたくさん食べると腹圧が上がるので，少しずつ何回かに分けて食べるのは適切である。

4 × 胃の圧迫や腹圧を上昇させるような状況が繰り返されると，逆流性食道炎になりやすいと考えられている。

5 × 食べてすぐ寝る習慣がある人は，逆流性食道炎になりやすいと考えられている。

問題 35 解説

1 × 慢性閉塞性肺疾患のある利用者の食事では，胃が膨れるような繊維質の多いものや，ガスを発生させやすいものは避けるようにする。

2 × 炭酸飲料はガスが含まれているため避けるようにする。

3 × 呼吸器機能障害のある人は痰が出るため，痰に含まれているタンパク質や水分を補う必要がある。

4 × 排痰のため咳をするが，咳は体力を使うため，カロリーの高い食事を意識するようにする。

5 ○ 食事をすると横隔膜が圧迫され呼吸がしにくくなるため，1回の食事量を少なくし，回数を増やして摂取するようにする。

問題 36 解説

1 × いすに浅く座ることよって，飲み込みが円滑になるとは限らない。

2 × 会話をしながらの食事によって，飲み込みが円滑になるとは限らない。

3 × 誤嚥は食べ始めの一口目に起こりやすいので，食事前の嚥下体操が望ましい。

4 ○ 特定の固形物を軟らかくすることによって，飲み込みが容易になる。

5 × 刻み食は，かむ力が弱い人には有用であるが，嚥下能力が低下している人にとっては，食塊がまとまりにくく，誤嚥のリスクを増すことにもつながる。よって，すべてのおかずではなく，その内容によって細かく刻むなどの対応が望ましい。

正解 問題34……3　問題35……5　問題36……4

❻ 自立に向けた入浴・清潔保持の介護

問題 **37** 頻出度 ★★★ 第32回 問題049 Check ☑☑☑

利用者の状態に応じた入浴の介護として，最も適切なものを1つ選びなさい。

1 血液透析を受けている人は，透析直後に入浴する。
2 胃ろうを造設している人は，入浴を控える。
3 心臓機能障害がある人は，半身浴にする。
4 酸素療法を行っている人は，鼻カニューレを外して入浴する。
5 回腸ストーマを造設している人は，食後1時間以内に入浴する。

問題 **38** 頻出度 ★★★ 第33回 問題047 Check ☑☑☑

利用者の状態に応じた清潔の介護に関する次の記述のうち，最も適切なものを1つ選びなさい。

1 乾燥性皮膚疾患がある場合，弱アルカリ性の石鹸で洗う。
2 人工透析をしている場合，柔らかいタオルでからだを洗う。
3 褥瘡がある場合，石鹸をつけた指で褥瘡部をこすって洗う。
4 糖尿病性神経障害（diabetic neuropathy）がある場合，足の指の間はナイロンたわしで洗う。
5 浮腫のある部位は，タオルを強く押し当てて洗う。

問題 **39** 頻出度 ★★★ 第34回 問題048 Check ☑☑☑

シャワー浴の介護に関する次の記述のうち，最も適切なものを1つ選びなさい。

1 シャワーの湯温は，介護福祉職よりも先に利用者が確認する。
2 からだ全体にシャワーをかけるときは，上肢から先に行う。
3 利用者が寒さを訴えたときは，熱いシャワーをかける。
4 利用者が陰部を洗うときは，介護福祉職は背部に立って見守る。
5 脱衣室に移動してから，からだの水分を拭きとる。

加点のポイント⓫　食事の介護

　毎日の食事介護の中で，復習をしておこう。また，誤嚥しやすい食品や誤嚥しやすい姿勢，誤嚥の予防方法や脱水の徴候，脱水の予防方法についてもしっかりと理解しよう。

(問題) 37 解説

1 × 血液透析直後の入浴は，原則として禁止されている。透析後は血圧が低い傾向にあり，入浴によってさらに血圧が低下する可能性があるからである。また，入浴によってシャント穿刺部の出血と感染の危険性も考えられる。

2 × 胃ろう造設しても，ビニールなどで造設部位を覆う必要もなく入浴できる。そのため，入浴を控える理由にはならない。

3 ○ 肩までつかる全身浴と異なり，半身浴では水圧による体の負担が少ないので，心臓機能障害を持つ人にとって適切である。

4 × 鼻カニューレは酸素を供給するために使用される。入浴は酸素の必要量を増加させるため，酸素吸入をしながらの入浴が適切である。

5 × 食後2時間以降に入るのが望ましいとされている。

(問題) 38 解説

1 × 乾燥性皮膚疾患がある場合，低刺激洗浄剤での洗浄が望ましい。弱アルカリ性石鹸ではなく，合成界面活性剤を使用した低刺激性弱酸性洗剤などが望ましい。

2 ○ 人工透析をしている場合，皮膚が乾燥しやすくなる。そのため，皮膚を保護するために柔らかいタオルで洗うのが望ましい。

3 × 褥瘡部の洗浄は，石鹸や洗浄剤を泡立てて，摩擦により褥瘡部位を傷つけないようにグローブを付けて皮膚をこすらないように愛護的に行うのが原則である。

4 × 利用者が糖尿病であるのならば，普段から傷をつくらないように注意を払う必要がある。ナイロンのたわしではなく，石鹸をよく泡立てた柔らかいタオルやスポンジでやさしく洗うのが望ましい。

5 × タオルを強く押しあてるのではなく，泡立てた洗浄剤で汚れを包み込むようにやさしく洗浄するのが望ましい。

(問題) 39 解説

1 × やけどの防止のため，利用者ではなく介護福祉職がシャワーの湯温を先に確認する。

2 × からだ全体にシャワーをかけるときは，下肢から先に行う。

3 × いくら利用者が寒がっていても，いきなり熱いシャワーにするとやけどの可能性が生じる。

4 ○ 利用者自身の陰部洗浄の際，介護福祉職は距離をおいて見守るのが適切である。

5 × ヒートショックや転倒の防止のため，からだの水分は，脱衣室に移動する前に拭きとる。

(正解)　問題37……3　　問題38……2　　問題39……4

加点のポイント⓬　清潔の介護

　清潔の介護では，広範囲から出題されている。入浴の介護だけでなく，全身清拭や部分浴，洗髪など１つひとつのケアについて，基本的なことと手順，留意点を理解しよう。

入浴の身体への作用を踏まえた介護福祉職の対応として，最も適切なものを1つ選びなさい。

1　浮力作用があるため，食後すぐの入浴は避ける。

2　浮力作用があるため，入浴中に関節運動を促す。

3　静水圧作用があるため，入浴後に水分補給をする。

4　静水圧作用があるため，入浴前にトイレに誘導する。

5　温熱作用があるため，お湯につかる時間を短くする。

ベッド上で臥床（がしょう）している利用者の洗髪の基本に関する次の記述のうち，最も適切なものを1つ選びなさい。

1　利用者のからだ全体をベッドの端に移動する。

2　利用者の両下肢は，まっすぐに伸ばした状態にする。

3　洗うときは，頭頂部から生え際に向かって洗う。

4　シャンプー後は，タオルで泡を拭き取ってからすすぐ。

5　ドライヤーの温風は，頭皮に直接当たるようにする。

Jさん（85歳，女性，要介護2）は，アルツハイマー型認知症（dementia of the Alzheimer's type）である。時間をかければ一人で洗身，洗髪もできるが，ズボンの上に下着を着る行為がみられたため，訪問介護（ホームヘルプサービス）を利用することになった。

Jさんの入浴時における訪問介護員（ホームヘルパー）の対応として，最も適切なものを1つ選びなさい。

1　脱いだ衣服は，着る衣服の隣に並べて置く。

2　洗身と洗髪は訪問介護員（ホームヘルパー）が行う。

3　入浴中の利用者に声をかけることは控える。

4　衣服の着る順番に応じて声をかける。

5　ズボンの着脱は訪問介護員（ホームヘルパー）が行う。

問題 40 解説

1 ✕ 浮力作用があるためではなく，消化機能が低下するため，食後すぐの入浴は避ける。

2 ◯ 浮力効果のため，腰や膝への負担が小さくなって動きやすくなる。お湯につかって関節運動をすることは，全身機能向上の機会となる。

3 ✕ 静水圧作用があるためではなく，入浴中の水分喪失による脱水に備えて，入浴の前後に水分摂取をするようにする。

4 ✕ 静水圧作用ではなく，温熱作用により腎臓のはたらきが活発になって，利尿作用がはたらく。

5 ✕ 温熱作用により，新陳代謝が高まり，疲れを取ることができる。お湯につかる時間は5分以内を目安とする。

問題 41 解説

1 ✕ 利用者のからだ全体ではなく，頭をベッドの手前に寄せるのが適切である。

2 ✕ 両下肢はまっすぐではなく，膝や足の下などにクッションを入れ，安楽な姿勢をとることが適切である。

3 ✕ 頭頂部から生え際に向かって洗うのではなく，前頭部から側頭部へ，そして側頭部から頭頂部へ，そして最後に後頭部から頭頂部にかけて洗うのが適切である。

4 ◯ シャンプーの後，タオルで泡を拭き取ってからお湯ですすぎ，髪を軽くしぼるのが適切である。

5 ✕ ドライヤーの温風が頭皮に直接あたるとやけどの危険性が増すので適切ではない。

問題 42 解説

1 ✕ 脱いだ衣服を着る衣服の隣に並べる必要性が見当たらない。むしろ，新たに着る際にまた同じ衣服を着てしまうかもしれない。

2 ✕ ある程度時間はかかっても洗身と洗髪は自立している。したがって訪問介護員（ホームヘルパー）が行う必要はない。

3 ✕ 洗身，洗髪が自立しているとはいえ，時間がかかるようである。したがって，声かけは重要な対応になる。

4 ◯ 着衣の順番を誤ることがあるようなので，衣服を着る際の声かけは適切な対応である。

5 ✕ 着衣動作自体は自立しているため，訪問介護員（ホームヘルパー）が行う必要はない。

正解 問題40……2　　問題41……4　　問題42……4

加点のポイント⓭　片麻痺のある人の介助の留意点

①介護者は利用者の患側につき，腕と腰を支え，一緒に浴室へ移動する

↓

②シャワーチェアを利用し，いったん座ってもらう。入浴の際は，健側から入るとよい

↓

③湯から出るときは，いったん浴槽の縁やバスボードに座ってもらう

❼ 自立に向けた排泄の介護

　右片麻痺のある利用者が，ベッドサイドでポータブルトイレを使用するときの設置場所として，最も適切なものを1つ選びなさい。

1　A
2　B
3　C
4　D
5　E

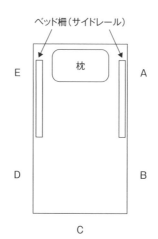

　膀胱留置カテーテルを使用している利用者への介護福祉職の対応として，最も適切なものを1つ選びなさい。

1　水分摂取を控えてもらう。
2　カテーテルが折れていないことを確認する。
3　採尿バッグは膀胱と同じ高さに置く。
4　尿漏れが見られたらカテーテルを抜去する。
5　尿量の確認は看護師に依頼する。

　胃・結腸反射を利用して，生理的排便を促すための介護福祉職の支援として，最も適切なものを1つ選びなさい。

1　歩行を促す。
2　起床後に冷水を飲んでもらう。
3　腹部のマッサージをする。
4　便座に誘導する。
5　離床する時間を増やす。

問題 43 解説

利用者の健側であり，比較的広いスペースを確保できる場所が望ましい。

1 × Aは，サイドレールがあるため，利用しにくい。

2 ○ 右片麻痺のある利用者であれば，健側にあり，サイドレールが邪魔しないBが適当である。

3 × Cは，フットボードの向こう側となるため，利用しにくい。

4 × Dは，患側になるため，利用しにくい。

5 × Eは，患側になり，また，サイドレールがあるため利用しにくい。

問題 44 解説

1 × 特別に医師から水分を控えるように指示されていない限り，十分な水分摂取を心がけるべきである。水分が不足すると尿量が減り，尿の混濁やカテーテルの閉塞などを起こしやすくなるためである。

2 ○ 利用者の移動時やベッドの高さを調節する時などは，カテーテルのねじれ，折れ曲がり，引っ張りが起こりやすいので十分に気をつける必要がある。

3 × 採尿バッグは，尿の逆流を防ぐためにも，膀胱より低い位置に置く。

4 × 詰まり，カテーテルの折れなどによって尿漏れが起きたのならば，カテーテルの交換が必要な場合も考えられる。しかし，カテーテルの抜去は医療行為であり，介護福祉職がカテーテルを抜去するのは適切ではない。

5 × 介護福祉職であっても，尿量の確認は行える。

問題 45 解説

1 × 歩行が蠕動運動を刺激し，排便を促しやすくなるが，胃・結腸反射を利用するわけではない。

2 ○ 起床後の飲水は，胃・結腸反射に基づいて生理的排便を促しやすいので適切である。

3 × 腹部へのマッサージは蠕動運動を刺激し，排便を促しやすくなるが，胃・結腸反射を利用するわけではない。

4 × 便座への誘導は，胃・結腸反射を直接利用する支援ではない。

5 × 離床時間を増やし，活動量も増えれば，結果的に蠕動運動を刺激し，排便を促しやすくなるが，胃・結腸反射を利用するわけではない。

正解　問題43……2　問題44……2　問題45……2

 加点のポイント⑭　排泄の介護

排泄介護の基本や手順だけでなく，失禁の4つのタイプと原因，失禁時の対応，便秘・下痢の予防方法や対応について問われるので，幅広く学習しておこう。

自己導尿を行っている利用者に対する介護福祉職の対応として，最も適切なものを1つ選びなさい。

1 座位が不安定な場合は，体を支える。

2 利用者が自己導尿を行っている間は，そばで見守る。

3 利用者と一緒にカテーテルを持ち，挿入する。

4 再利用のカテーテルは水道水で洗い，乾燥させる。

5 尿の観察は利用者自身で行うように伝える。

便秘の傾向がある高齢者に自然排便を促すための介護として，最も適切なものを1つ選びなさい。

1 朝食を抜くように勧める。

2 油を控えるように勧める。

3 散歩をするように勧める。

4 腰部を冷やすように勧める。

5 就寝前にトイレに座るように勧める。

利用者の便失禁を改善するための介護福祉職の対応として，最も適切なものを1つ選びなさい。

1 トイレの場所がわからない認知症（dementia）の人には，ポータブルトイレを設置する。

2 移動に時間がかかる人には，おむつを使用する。

3 便意がはっきりしない人には，朝食後に時間を決めてトイレへ誘導する。

4 下剤を内服している人には，下剤の内服を中止する。

5 便失禁の回数が多い人には，食事の提供量を減らす。

🐱 **加点のポイント⑮　便秘予防のための留意点**

生活リズム	生活リズムを整え，毎日決まった時間に排便する習慣をつける
食事・水分	・偏りのない食事と適切な食事量，十分な水分を摂取する。水分摂取制限がなければ1日に1〜1.5L以上の水分摂取を心がける。起床時にコップ1杯の水，または牛乳を飲むのも効果的である ・食物繊維の多い野菜や果物を意識的に摂取する，腸の蠕動運動を促す食品を食事に取り入れるなどの工夫をする
運動など	・適度な運動や腸の走行に沿った「の」の字マッサージを行う ・体操や散歩を日常生活に組み込んだり，寝たきりの場合は，四肢の自動運動，他動運動を行うなどする

問題 46 解説

1 〇 自己導尿の際，座位が不安定な場合，体を支える必要がある。

2 × 利用者の自己導尿実施の際の介護者によるそばでの見守りは，プライバシーの配慮上，適切とはいえない。

3 × 利用者自身で問題なくカテーテルを挿入できるのならば（自己導尿操作），介護福祉職がそれを担う必要はない。

4 × カテーテルには使い捨て用と反復使用用がある。後者の場合，使用毎に消毒液が入った容器内に満たしておく必要がある。消毒液は1〜3日ごとに入れ替える。

5 × 血尿，急性膀胱炎，急性腎盂腎炎，尿路感染症などのリスクなども考慮し，本人のみならず，介護福祉職も観察することが望ましい。

問題 47 解説

1 × 朝食は腸の活動を活発化させ，自然排便にむすびつきやすくなるので摂取するべきである。

2 × 油を控えすぎると逆に便秘が悪化しやすくなる。

3 〇 散歩などの軽運動には，自然排便を促す効果がある。

4 × 冷やすのではなく温めることによって，腸の蠕動運動が促進され，便秘が解消されやすくなる。

5 × 就寝前ではなく起床後の方が適切である。

問題 48 解説

1 × ポータブルトイレの設置の前に，トイレの表示板をわかりやすいところに設置するなど，トイレの場所が容易にわかるように工夫することを検討する必要がある。

2 × おむつを使用する前に，トイレまでの移動時間が長くならないようにする工夫を検討する必要がある。

3 〇 朝食後の決まった時間にトイレ誘導をして，定期的な排便習慣の確立を目指すのは適切である。

4 × 便失禁改善を理由に下剤の内服を中止するのは不適切である。

5 × 便失禁改善を理由に食事の提供量を減らすのは不適切である。

正解 問題46……1　　問題47……3　　問題48……3

加点のポイント⓰　排泄介護の注意点

　排泄介護の注意点は，①言葉や態度に気をつける，②誰にも気兼ねなく排泄できる環境を作る，③手すりを設置する，④プライバシーを守る，⑤器具を使用するときは排泄障害に合わせる，⑥排泄物を観察し，異常がある場合は医療関係者に連絡する，の6つである。

Kさん（72歳,女性,要介護2）は,脳梗塞（cerebral infarction）で入院したが回復し,自宅への退院に向けてリハビリテーションに取り組んでいる。トイレへは手すりを使って移動し,トイレ動作は自立している。退院後も自宅のトイレでの排泄を希望している。

Kさんが自宅のトイレで排泄を実現するために必要な情報として,最も優先されるものを1つ選びなさい。

1　便意・尿意の有無
2　飲食の状況
3　衣服の着脱の様子
4　家族介護者の有無
5　トイレまでの通路の状況

認知機能の低下による機能性尿失禁で,夜間,トイレではない場所で排尿してしまう利用者への対応として,最も適切なものを1つ選びなさい。

1　日中,足上げ運動をする。
2　ズボンのゴムひもを緩いものに変える。
3　膀胱訓練を行う。
4　排泄してしまう場所に入れないようにする。
5　トイレの照明をつけて,ドアを開けておく。

女性利用者のおむつ交換をするときに行う陰部洗浄の基本に関する次の記述のうち,最も適切なものを1つ選びなさい。

1　湯温は,介護福祉職の手のひらで確認する。
2　おむつを交換するたびに,石鹸を使って洗う。
3　タオルで汚れをこすり取るように洗う。
4　尿道口から洗い,最後に肛門部を洗う。
5　洗浄後は,蒸しタオルで水分を拭き取る。

問題 49 解説

1 × 現在，Kさんは手すりを使ってトイレに移動し，自立したトイレ動作を行っている。よって，便意・尿意の有無が最優先される情報になるとは考えにくい。

2 × Kさんは，退院後にも自宅のトイレでの排泄を希望している。それを実現するための最優先情報として，飲食の状況は考えにくい。

3 × 現在，Kさんは手すりを使ってトイレに移動し，自立したトイレ動作を行っている。衣服の着脱の様子が最優先される情報になるとは考えにくい。

4 × 現在，Kさんは手すりを使ってトイレに移動し，自立したトイレ動作を行っている。家族介護者の有無が最優先される情報になるとは考えにくい。

5 ○ 現在，病院内でのトイレ動作においてKさんは自立している。そして，Kさんは退院に向けたリハビリテーションに取り組んでいる。病院と自宅にどのような環境の違いがあるか，確認することが求められる。

問題 50 解説

1 × 足上げ運動をしても，直接的には，夜間における当該排尿行動を防ぐことにはつながらない。

2 × ズボンのゴムひもを緩めても，直接的には，夜間における当該排尿行動を防ぐことにはつながらない。

3 × 膀胱訓練を行っても，直接的には，夜間における当該排尿行動を防ぐことにはつながらない。

4 × このような対応は，トイレではなくまた他の場所での排尿を導くおそれがある。

5 ○ トイレの照明をつけてドアを開けておくことで，トイレでの排尿を誘導しやすくなる。

問題 51 解説

1 × 湯温が人肌程度になっているかどうかは，利用者自身の腕で確認するのが適切である。

2 × 高齢者は皮脂の分泌量が低下し，乾皮症を起こしやすいので，石鹸の多用は適切ではない。

3 × 陰部の皮膚や粘膜は傷つきやすいので，こすらないようにするのが適切である。泡でなでるように洗うのが適切である。

4 ○ 陰部洗浄に際しては，肛門部の前に尿道口を洗う。

5 × 洗浄後は，乾いたタオルで肌の水分を拭き取るのが適切である。

正解　　問題49……5　　問題50……5　　問題51……4

❽ 自立に向けた家事の介護

問題 **52**　頻出度 ★ ★　　　　　　　第33回 問題052 | Check ☑ ☑ ☑

　衣服についたバターのしみを取るための処理方法に関する次の記述のうち，適切なものを1つ選びなさい。

1　水で洗い流す。

2　しみに洗剤を浸み込ませて，布の上に置いて叩く。

3　乾かした後，ブラッシングする。

4　氷で冷やしてもむ。

5　歯磨き粉をつけてもむ。

問題 **53**　頻出度 ★ ★ ★　　　　　　　第35回 問題099 | Check ☑ ☑ ☑

　次の記述のうち，関節リウマチ（rheumatoid arthritis）のある人が，少ない負担で家事をするための介護福祉職の助言として，最も適切なものを1つ選びなさい。

1　部屋の掃除をするときは，早朝に行うように勧める。

2　食器を洗うときは，水を使うように勧める。

3　テーブルを拭くときは，手掌基部を使うように勧める。

4　瓶のふたを開けるときは，指先を使うように勧める。

5　洗濯かごを運ぶときは，片手で持つように勧める。

問題 **54**　頻出度 ★ ★　　　　　　　第33回 問題051 | Check ☑ ☑ ☑

図の洗濯表示の記号の意味として，正しいものを1つ選びなさい。

1　液温は30℃以上とし，洗濯機で洗濯ができる。

2　液温は30℃以上とし，洗濯機で弱い洗濯ができる。

3　液温は30℃以上とし，洗濯機で非常に弱い洗濯ができる。

4　液温は30℃を上限とし，洗濯機で弱い洗濯ができる。

5　液温は30℃を上限とし，洗濯機で非常に弱い洗濯ができる。

問題 52 解説

1 × 油性のしみとなるため，水で洗い流しても，十分に落とすことは難しい。

2 ○ 油性のしみを取る際には，布を下に敷き，該当箇所に洗剤を浸みこませて，叩くように落とすとよい。

3 × 油性のしみとなるため，乾燥させてブラッシングしても，十分に落とすのは難しい。

4 × 油性のしみとなるため，氷で冷やしてもんでも，十分に落とすことは難しい。なお，ガムが衣類に付いた時には，氷で冷やしてもむと効果的である。

5 × 油性のしみとなるため，歯磨き粉を付けてもんでも，十分に落とすのは難しい。なお，研磨剤入りの歯磨き粉は，墨汁などのしみが付いた時に使用される。

問題 53 解説

1 × 関節リウマチは朝と夕方に痛みの症状が強くなる傾向がある。したがって早朝は避けるべきである。

2 × 水を使用することは手を冷やすことにつながり痛みを誘発する可能性があることから，微温湯が望ましい。

3 ○ 手掌基部を使うことで，一定の力が入る。また指先を使わないことから痛みや動きにくさに配慮することも可能である。

4 × 関節リウマチの場合,指の第一関節が変形していることが多い。したがって指先の動作について，難しいことがあるため，不適切である。

5 × 手指の変形や痛みがあることから，片手ではなく両手で持つように勧める必要がある。

問題 54 解説

1 × 家庭洗濯を示しているが弱い洗濯を意味しており，また，液温は30℃以上ではなく30℃が限度である。

2 × 家庭洗濯で，弱い洗濯を意味しているが，液温は30℃以上ではなく，30℃が限度である。

3 × 家庭洗濯を示しているが非常に弱い洗濯ではなく，さらに，液温は30℃以上ではなく30℃が限度である。

4 ○ 表示の数字は温度の上限を，下線は弱い洗濯を表している。

5 × 家庭洗濯を示しており，液温は30℃が限度で正しいが，非常に弱い洗濯ではない。

正解 問題52……2 問題53……3 問題54……4

加点のポイント⑰ 洗濯表示の一例

洗濯表示の例	⎵30⎵	⎵30⎵	⎵30⎵	手洗い	✕
洗濯の強さ	洗濯機で通常の洗濯ができる	洗濯機で弱い洗濯ができる	洗濯機で非常に弱い洗濯ができる	手洗いによる洗濯ができる	家庭での洗濯はできない
液温	30℃が限度	30℃が限度	30℃が限度	40℃が限度	—

食中毒の予防に関する次の記述のうち，最も適切なものを1つ選びなさい。

1　鮮魚や精肉は，買物の最初に購入する。
2　冷蔵庫の食品は，隙間なく詰める。
3　作って保存しておく食品は，広く浅い容器に入れてすばやく冷ます。
4　再加熱するときは，中心部温度が60℃で1分間行う。
5　使い終わった器具は，微温湯をかけて消毒する。

次の記述のうち，ズボンの裾上げの縫い目が表から目立たない手縫いの方法として，最も適切なものを1つ選びなさい。

1　なみ縫い
2　半返し縫い
3　本返し縫い
4　コの字縫い（コの字とじ）
5　まつり縫い

Aさん（85歳，女性，要介護1）は，認知症（dementia）があり判断能力が不十分である。一人暮らしで，介護保険サービスを利用している。訪問介護員（ホームヘルパー）が訪問したときに，物品売買契約書を見つけた。Aさんは，「昨日，訪問販売の業者が来た」「契約書については覚えていない」と話した。

訪問介護員（ホームヘルパー）から連絡を受けたサービス提供責任者が，迅速にクーリング・オフの手続きを相談する相手として，最も適切なものを1つ選びなさい。

1　行政書士
2　消費生活センター
3　家庭裁判所
4　保健所
5　相談支援事業所

加点のポイント⓭　**食品の安全性に注意しよう**

消費期限	製造後，日持ちがおおむね5日以内の食品に食べられる期限を示す
賞味期限	日持ちが比較的長い食品に，すべての品質が十分に保持されている期限を示す
食物アレルギーの特定原材料	食品表示法で表示義務があり，卵・乳・小麦・そば・落花生・えび・かに・くるみの8品目である
食中毒の予防3原則	付けない・増やさない・やっつける（殺菌する）であり，衛生管理を徹底して手洗いを励行し，食品の扱いや調理方法（加熱温度等）に注意を払う

問題 55 解説

1 × 食中毒予防の観点にもとづけば，鮮魚や精肉は，買い物の最後に購入するのが望ましい。

2 × 食中毒予防の観点にもとづけば，冷蔵庫や冷凍庫内の詰めすぎは望ましくない。容量7割以下の収容とした方がよい。

3 ○ 食中毒の予防では，すばやく冷ますために，広く浅い容器に入れることが望ましい。

4 × 再加熱する時は，中心部温度が75℃（二枚貝等，ノロウイルス汚染のおそれのある食品の場合は85℃以上）で1分間以上行うことが望ましい。

5 × 使い終わった調理器具等は，きちんと台所用洗剤で洗浄するのが望ましい。特に，包丁やフライ返し，フライパンの持ち手など手で握る部分は忘れがちなので注意する必要がある。消毒には，器具に熱湯をかける。

問題 56 解説

1 × なみ縫いは，表に出る針目の大きさと裏側に出る針目の大きさを揃える縫い方である。したがって，表の縫い目が目立つ。

2 × 半返し縫いは，針目の大きさの半分を進む方向と逆に戻りながら縫い進む方法であるから表に糸が大きく出る。

3 × 本返し縫いは，針目の大きさ全部を戻りながら縫い進む縫い方であるので，表には一直線に縫い目が出るので目立つ。

4 × コの字縫いは，2枚の布をとじ合わせる時などに，コの字のように糸を渡して折山の中をくぐらせていく方法であるのでズボンの裾上げには適さない。

5 ○ まつり縫いは，表に小針が出るが，表は小さくすくって目立たなく縫い進む方法であるので，この中では一番ふさわしい。

問題 57 解説

1 × 行政書士は，役所に提出する書類や契約書などの作成を主たる業務としており，最も適切とはいえない。

2 ○ 消費生活センターは，認知症等の理由によって十分な判断ができない状態にある消費者の契約にかかわる相談を受け付けており，最も適切である。

3 × 家庭裁判所が直接，クーリング・オフの相談にのることはなく，最も適切とはいえない。

4 × 保健所は健康相談や健診などを行うが，直接，クーリング・オフの相談にのることはなく，最も適切とはいえない。

5 × 相談支援事業所は，障害者の自立生活を支援するためにサービス利用計画等を策定する機関であり，最も適切とはいえない。

正解　　問題55……3　　問題56……5　　問題57……2

加点のポイント⑲　高齢者の食事に関する調理法

　調理法に関しては，蒸し料理全般，茶碗蒸しの希釈分量，ゼラチン・寒天を使った料理，調味料と塩分濃度，でんぷん濃度など，さまざまな調理法が取り上げられている。また，高齢者の食事に関する問題（嚥下しやすい調理法の工夫等）は出題頻度が高いので，十分に理解を深めておこう。

エンゲル係数について相談を受けた介護福祉職の対応として,最も適切なものを1つ選びなさい。

1 住居費について一緒に考える。

2 食料費の内容について一緒に考える。

3 光熱水道費の内容について一緒に考える。

4 交際費の内容について一緒に考える。

5 教養娯楽費の内容について一緒に考える。

調理環境を清潔に保つための方法として,最も適切なものを1つ選びなさい。

1 布巾を使った後は,流水で洗う。

2 食器を洗ったスポンジは,軽く絞って洗剤の泡を残す。

3 魚や肉を切ったまな板の汚れは,熱湯で洗い流す。

4 金属製のスプーンの消毒は,塩素系漂白剤に1時間以上つけ置きする。

5 包丁は,刃と持ち手の境目の部分も洗浄して消毒する。

肉入りのカレーを常温で保存し,翌日,加熱調理したときの食中毒の原因菌として,最も注意しなければならないものを1つ選びなさい。

1 ウエルシュ菌

2 カンピロバクター

3 サルモネラ菌

4 腸炎ビブリオ

5 黄色ブドウ球菌

喘息のある利用者の自宅の掃除に関する次の記述のうち,適切なものを1つ選びなさい。

1 掃除機をかける前に吸着率の高いモップで床を拭く。

2 掃除は低い所から高い所へ進める。

3 拭き掃除は往復拭きをする。

4 掃除機の吸い込み口はすばやく動かす。

5 掃除は部屋の出入口から奥へ向かって進める。

問題 58 解説

エンゲル係数とは，家計の総支出の中で飲食などの食料費がかかる割合を示した数値である。計算式は「食料費÷消費支出×100＝エンゲル係数」で示す。

消費支出とは一般的な生活費のことで，直接税や社会保険料などの非消費支出を引いた，生活全般にかかる総支出である。よってエンゲル係数については，選択肢2の「食料費の内容について一緒に考える」が正解となる。

問題 59 解説

1 × 布巾には雑菌がついていることが多く，流水だけでは雑菌は落ちない。洗剤を用いて洗う，または煮沸消毒するのも有効である。その後しっかり乾燥させる。

2 × 食器を洗ったスポンジは，洗剤の泡の中に雑菌が残ることが多い。熱湯をかけてから冷水で冷まし，絞って風通しのよい場所で保管する。

3 × 魚や肉を切ったまな板は，洗剤を用いて水で良く洗う。熱湯を用いるとたんぱく質が固まって汚れが落ちにくくなる。その後熱湯をかけて熱湯消毒するのはよい。

4 × 金属製のスプーンを塩素系の漂白剤につけ置きすると，変色したり錆びたりする場合がある。煮沸消毒やアルコール消毒などが適する。

5 ○ 包丁の刃と持ち手の境目には雑菌が残ることがあるので，十分に洗浄して消毒してから乾燥して保存する。

問題 60 解説

1 ○ ウエルシュ菌は，熱に強く，カレーの材料になる肉や魚介類，野菜に付着している。また空気が嫌いな細菌である。カレーは大量に加熱調理されることが多い上に，室温で数時間放置されることが多いことから菌を繁殖させやすい。

2 × カンピロバクターは主に鶏肉に付着している。少量でも発症するため，鶏肉に触れた手や調理に使った包丁，まな板は，そのつど石けんや中性洗剤でよく洗う必要がある。また，調理時の十分な加熱で防ぐことができる。

3 × サルモネラ菌の主な原因食品は鶏卵や食肉である。十分に加熱（75℃以上で1分以上）する。卵の生食は新鮮なものに限る。

4 × 腸炎ビブリオは，海水や海産の「魚介類」などに生息している細菌である。真水や酸，熱に弱く，65℃ 4 〜 5分で死滅する。

5 × 黄色ブドウ球菌は，人や動物の傷口（特に化膿しているもの）をはじめ，手指・鼻・のど・耳・皮ふなどに広く生息している（健康な人の20 〜 30％が保菌しているといわれている）。菌自体は熱に弱いが，毒素の熱耐性は非常に強い。

問題 61 解説

1 ○ 掃除機をかけることで，埃などが舞ってしまう可能性があるため，事前にモップなどで床を拭くことが望ましい。

2 × 掃除は，低い所から高い所に向かってではなく，高い所から低い所に向かって進めるのが望ましい。

3 × 拭き掃除は往復拭きではなく，一方向に向けて拭くのが望ましい。

4 × 掃除機の吸込口は，軽く，ゆっくりと滑らせるように動かすのが望ましい。

5 × 掃除は，出入り口から奥に向かってではなく，奥から出入り口に向かって進めるのが望ましい。

正解 問題58……2　　問題59……5　　問題60……1　　問題61……1

❾ 休息・睡眠の介護

問題 62　頻出度 ★ ★
第35回 問題100　Check ☑ ☑ ☑

睡眠の環境を整える介護に関する次の記述のうち，最も適切なものを1つ選びなさい。

1　マットレスは，腰が深く沈む柔らかさのものにする。
2　枕は，頸部が前屈する高さにする。
3　寝床内の温度を20℃に調整する。
4　臭気がこもらないように，寝室の換気をする。
5　睡眠状態を観察できるように，寝室のドアは開けておく。

問題 63　頻出度 ★ ★
第35回 問題101　Check ☑ ☑ ☑

利用者の入眠に向けた介護福祉職の助言として，最も適切なものを1つ選びなさい。

1　「足をお湯につけて温めてから寝ましょう」
2　「寝室の照明を，昼光色の蛍光灯に変えましょう」
3　「布団に入ってから，短く浅い呼吸を繰り返しましょう」
4　「入眠への習慣は控えましょう」
5　「寝る前に，汗をかく運動をしましょう」

問題 64　頻出度 ★ ★
第32回 問題058　Check ☑ ☑ ☑

睡眠薬を服用している高齢者への介護福祉職の対応として，適切なものを1つ選びなさい。

1　アルコールと一緒に服用してもらった。
2　服用後，1時間は起きているように伝えた。
3　日中，ふらつきがみられたので医師に伝えた。
4　通常の量では眠れないと言われたので，追加して飲むように伝えた。
5　体調に合わせて服薬時間を変更した。

問題 65　頻出度 ★ ★
第31回 問題056　Check ☑ ☑ ☑

杖歩行している高齢者の寝室の環境整備に関する次の記述のうち，最も適切なものを1つ選びなさい。

1　足元灯を用意する。
2　ベッドの高さは60 〜 65cmにする。
3　マットレスは柔らかいものにする。
4　布団は床に敷く。
5　特殊寝台（介護ベッド）に変更する。

問題 62 解説

1 × 腰が深く沈むマットレスは腰痛の原因になり,起き上がり動作にも影響を与えるため適切ではない。

2 × 枕は頸部を支え,前屈にならないものが適切である。

3 × 寝床内の温度は32℃〜34℃が好ましいとされている。

4 ○ 臭気も心地よい睡眠を妨げる原因になることから換気は必要である。

5 × 寝室のドアを開けておくことはプライバシー配慮の面から適切とはいえない。また,冬季は寒気が流入することから心地よい睡眠を妨げる原因になる。

問題 63 解説

1 ○ 足浴は末梢の血液循環が促進され,副交感神経が優位になることから入眠に効果があるとされている。

2 × 入眠に向けては部屋の明かりを徐々に暗くする等の支援が必要であり,昼光色の蛍光灯に変えることが適切とはいえない。

3 × 短く浅い呼吸は交感神経が優位になることから入眠に向けた助言としては適切とはいえない。

4 × 入眠への習慣をつけることで眠りやすくなることが知られている。よって,入眠習慣を大切にするべきである。

5 × 寝る前に運動することは交感神経を活発にさせ,発汗等もあることから適切とはいえない。

問題 64 解説

1 × アルコールと睡眠薬を一緒に服用すると,肝臓の代謝に障害が起こり酩酊状態になりやすいことから絶対に一緒に服用してはいけない。

2 × 睡眠薬を服用してから効果が出るまでの時間は薬剤間でそれほど大きな差はなく,多くは服用してから10分〜30分後に眠気が生じてくる。そのため,就床直前に服用する。

3 ○ 睡眠薬の副作用が考えられるため,医師に相談する必要がある。

4 × 介護福祉職は,睡眠薬増量の判断は行わない。医師に相談する必要がある。

5 × 服用時間をその都度変更すると,睡眠のサイクルが乱れることになり不適切である。

問題 65 解説

1 ○ 杖を用いた歩行では,転倒の危険を回避するために足元灯を用意することは正しい。段差などにつまずくことがないように環境を整えることが大切である。

2 × ベッドの高さが60〜65㎝では高すぎる。ベッドが高いと転落事故も多く起きやすく危険である。高齢者向けにはマットレスを含めて40㎝前後の高さが望ましい。低床ベッドは,ベッドに腰掛けたときに床に足がつき,立ち上がる動作が安定して楽である。

3 × 高齢者向けのマットレスは,硬い方が望ましい。柔らかいと身体が沈み寝返りがしにくく,褥瘡にもなりやすい。マットレスには,体の方向を変えやすい硬さが求められる。

4 × 杖歩行をしている高齢者では,床からの立ち上がりや布団の上げ下ろしが困難になる可能性が高い。よって,布団を床に敷くのは適さない。

5 × 特殊寝台を利用するとベッドの高さが調節でき,頭や足の位置の高さも変えられるが,杖を用いて歩行ができる状態では,特別に必要としない。

正解　問題62……4　　問題63……1　　問題64……3　　問題65……1

ベッドに比べて畳の部屋に布団を敷いて寝る場合の利点について，最も適切なものを1つ選びなさい。

1 布団に湿気がこもらない。

2 立ち上がりの動作がしやすい。

3 介護者の負担が少ない。

4 床からの音や振動が伝わりにくい。

5 転落の不安がない。

心地よい睡眠環境を整備するためのベッドメイキングに関する次の記述のうち，最も適切なものを1つ選びなさい。

1 シーツを外すときは，汚れた面を外側に丸めながら外す。

2 しわを作らないために，シーツの角を対角線の方向に伸ばして整える。

3 袋状の枕カバーの端を入れ込んで使用するときは，布の折り込み側が上になるように置く。

4 掛け毛布はゆるみを作らずにシーツの足元に押し込む。

5 動かしたベッド上の利用者の物品は，使いやすいように位置を変えておく。

Lさん（78歳，男性）は，脳梗塞後遺症による右片麻痺がある。妻の介護疲れで，3日前から介護老人保健施設の短期入所療養介護（ショートステイ）を利用している。入所以降，Lさんは日中もベッドで横になっていることが多かったため，介護福祉職がLさんに話を聞くと，「夜，眠れなくて困っている」と訴えた。

介護福祉職のLさんへの対応として，最も適切なものを1つ選びなさい。

1 施設の起床時間や消灯時間をわかりやすく伝える。

2 眠ろうとする意志が大切だと説明する。

3 自宅での睡眠の状況について詳しく尋ねる。

4 日中の睡眠の必要性を伝える。

5 睡眠薬の服用について提案する。

問題 66 解説

1 × 寝ている間にかいた汗は布団の中に湿気として停滞する。ベッドと異なり布団は湿気がこもらない，ということはない。

2 × ベッドと比べて，畳の部屋に布団を敷いて寝る場合のデメリットの1つは，立ち上がりの動作の負担が増すことである。

3 × ベッドと比べて，畳の部屋に布団を敷いて寝る場合のデメリットの1つは，介護者の負担が増すことである。

4 × ベッドと比べて，畳の部屋に布団を敷いて寝る場合のデメリットの1つは，床からの音や振動が伝わりやすいことである。

5 ○ 布団のメリットとしては，転落の不安がないことや，そのまま這って移動しやすいことなどがあげられる。

問題 67 解説

1 × 汚れた面を外側に丸めると，シーツ上にあるゴミやほこり等を下に落とすことになる。汚染拡大を防ぐためにシーツは汚れた面を内側に丸めながら外す必要がある。

2 ○ 様々な方法があるが，シーツは対角線の方向に伸ばすことでしわが発生しにくくなる。

3 × 通常，布の折り込み側が下になるように置く。

4 × ゆるみを作らずにシーツの足元に押し込むと，足関節の可動域に余裕がなくなる。尖足（せんそく）の原因にもなりうるため，足元は足関節を自由に動かせるくらいの余裕を作ることが必要である。

5 × 利用者にとってベッド上は重要な生活スペースとなることが多い。そのため，ベッド上の物品を動かした場合は元の位置に戻すことが求められる。

問題 68 解説

1 × 施設の起床時間と消灯時間の告知が，Lさんの「夜，眠れなくて困っている」という問題を解決するわけではない。

2 × 入眠に関わる問題は，意志だけでは解決しない。よって，意志の大切さを伝えることが最も適切な対応とは考えにくい。

3 ○ Lさんに対し，まずは普段の自宅での過ごし方や様子について伺うことが最も適切な対応といえる。

4 × 日中の睡眠の必要性の理解も大事であるが，設問文からはLさんがそれを理解していないとは断定できない。

5 × いくら夜間の不眠の訴えがあるとはいえ，医療職への相談をせずに容易に睡眠薬の服用を促すのは介護福祉職の対応として望ましいとはいえない。

正解　　問題66……5　　問題67……2　　問題68……3

⑩ 人生の最終段階における介護

問題 **69** 頻出度 ★★★　第34回 問題058　Check ☑☑☑

　Bさん（102歳，女性）は，介護老人福祉施設に入所している。高齢による身体機能の衰えがあり，機能低下の状態が長く続いていた。1週間前から経口摂取が困難になった。1日の大半は目を閉じ，臥床状態が続いている。医師から，「老衰により死期が近い」と診断され，家族は施設で看取りたいと希望している。

　死が極めて近い状態にあるBさんの看取りに必要な情報として，最も適切なものを1つ選びなさい。

1　体重の減少
2　夜間の睡眠時間
3　延命治療の意思
4　嚥下可能な食形態
5　呼吸の状態

問題 **70** 頻出度 ★★　第33回 問題059　Check ☑☑☑

死期が近づいたときの介護に関する次の記述のうち，最も適切なものを1つ選びなさい。

1　食事量が減少したときは，高カロリーの食事を用意する。
2　チアノーゼ（cyanosis）が出現したときは，冷罨法を行う。
3　全身倦怠感が強いときは，全身清拭から部分清拭に切り替える。
4　傾眠傾向があるときは，話しかけないようにする。
5　口腔内乾燥があるときは，アイスマッサージを行う。

問題 **71** 頻出度 ★★★　第35回 問題103　Check ☑☑☑

介護老人福祉施設に入所している利用者の看取りにおける，介護福祉職による家族への支援として，最も適切なものを1つ選びなさい。

1　利用者の介護は，介護福祉職が最期まで行い，家族には控えてもらう。
2　利用者の反応がないときには，声をかけることを控えるように伝える。
3　利用者の死後は，毎日電話をして，家族の状況を確認する。
4　利用者の死後は，気分を切り替えるように家族を励ます。
5　家族が悔いが残ると言ったときは，話を聴く。

> **加点のポイント⑳　総合問題でも出題される**
>
> 　終末期の介護は総合問題の中で扱われる事例で頻出されている。最期まで在宅で暮らす人も施設で最期を迎えると決めた人も，心穏やかに暮らせるよう環境を整えることが大切。介護福祉士に期待される役割は大きい。倫理観を持って責務を果たそう。

問題 69 解説

本問題は「102歳」の「介護老人福祉施設入所者」であることを考慮する必要がある。

1 × 経口摂取が困難になったことから体重減少は想定の範囲内であり，看取りに必要な情報としての優先度は低い。

2 × 終末期であり1日の覚醒時間は短くなる。そのため，睡眠時間自体の判断が難しくなることから情報としては適切とはいえない。

3 × 介護老人福祉施設は医療施設ではないため仮に延命するとしてもその対応が難しい。さらに家族は施設で看取りたいと希望しているにもかかわらず102歳の方に延命をする意義が問われるため適切とはいえない。

4 × 経口摂取困難な利用者に経口摂取を無理に行うことで誤嚥を招くことがある。また苦痛を増やす可能性もあり適切ではない。

5 ○ チェーンストークス呼吸や下顎呼吸など急変時に備えた呼吸の観察が重要といえることから最も適切である。

問題 70 解説

1 × 延命治療として高カロリー輸液を入れる中心静脈栄養が実施される場合もあるが，死期が近づくと，栄養や水分を受け止める力が減少する。すなわち，食べられなくて体力低下しているわけではないので，高カロリー食の摂取自体が身体への負担となる可能性がある。

2 × チアノーゼが出現した場合は冷罨法ではなく，低温やけどに気をつけながら温罨法を行ったり，さすったり，掛け物などを用いることが望ましい。

3 ○ 死期が近づいた時の介護では，苦痛を和らげる視点が重要となる。全身倦怠感が強い時は，負担が大きい全身清拭から部分清拭に切り替えることも必要といえる。

4 × 傾眠傾向がある場合は，会話の機会を増やす対応などが求められる。たとえ反応がなくても，利用者に聞こえるように話すことが大切といえる。利用者の多くは，話すことができなくても，話していることはわかるからである。ただし，反応しないからといって利用者の身体を揺さぶったりするのは望ましくない。

5 × アイスマッサージは，口腔内の反応が悪く，嚥下力の低下がみられた時に実施される。口腔内乾燥の場合は，保湿剤などを用いて，全体の保湿を行う。

問題 71 解説

1 × できるだけ家族が参加できるようにすることが望ましい。

2 × 利用者の反応がないとしても，声をかける，手足に触れる等のコミュニケーションは重要である。

3 × 利用者の死後は，その死を受け入れる時間も必要で，悲しみを整理するグリーフケアの時期であり，毎日電話をすることは適切ではない。

4 × 選択肢3の解説同様，励ますことも適切ではない。

5 ○ 介護福祉職が話を丁寧に聴くことで，家族の気持ちの整理につながることもある。よって傾聴することは大切なことである。

正解 問題69……5　　問題70……3　　問題71……5

　高齢者施設において介護福祉職が行う死亡後の介護について，最も適切なものを1つ選びなさい。

1　ペースメーカーを取り除く。

2　口が閉じない場合は紐で顎を固定する。

3　衣服は着衣がしやすい服を選ぶ。

4　全身清拭には水を使用する。

5　家族に，死亡後の介護を一緒に行うかどうかを確認する。

　終末期で終日臥床している利用者に対する介護福祉職の対応として，最も適切なものを1つ選びなさい。

1　入浴時は，肩までお湯につかるように勧める。

2　息苦しさを訴えたときは，半座位にする。

3　終日，窓を閉めたままにする。

4　会話をしないように勧める。

5　排便時は，息を止めて腹に力を入れるように勧める。

　高齢者施設で利用者の死後に行うデスカンファレンス（death conference）に関する次の記述のうち，最も適切なものを1つ選びなさい。

1　ボランティアに参加を求める。

2　ケアを振り返り，悲しみを共有する。

3　利用者の死亡直後に行う。

4　個人の責任や反省点を追及する。

5　自分の感情は抑える。

問題 72 解説

1 × ペースメーカーが挿入されている場合，その抜去および縫合は医師が行う。

2 × 口が閉じない場合は，枕を高くして顎の下にタオルを当てたり，入れ歯安定剤などを使用したり，チンカラー（マウスコルセット）を使用するなどの方法が用いられる。

3 × 施設や病院が用意した浴衣，故人のお気に入りの服，ご遺族が望んだ服などに着替えさせる。浴衣については，着付けの際に「襟は左前」「帯は縦結び」といった日本の慣習に沿った方法で行うのが一般的である。「着衣のしやすさ」で選ぶことは不適切である。

4 × 全身清拭の方法は国や地域によって異なり，水を使って体を洗うなどもあるが，アルコール，またはアルコールを入れたお湯を用いるのが一般的である。

5 ○ 死亡後の介護（いわゆるエンゼルケア）は，故人の尊厳ある旅立ちや，ご遺族自身の心を安定させるための重要な過程となるので，その手続きについての家族への確認は重要となる。

問題 73 解説

1 × 肩まで湯につかると静水圧作用により心臓に負担がかかるため，終末期の方の入浴方法として適切とはいえない。半身浴が適切である。

2 ○ 座位では横隔膜が下がることから横隔膜への圧力が低下する。その結果として肺の伸展が容易になり呼吸が楽に感じることから適切である。

3 × 部屋の換気を実施することが望ましい。また，終末期といえども，外気を肌で感じることなど適度な刺激を与えることは必要である。

4 × 終末期で会話ができないとしても，声をかける，手や足に触れる等のコミュニケーションは，不安軽減の意味からも重要である。

5 × 終末期は呼吸状態が乱れやすいことから息を止める等の身体に負担がかかる行為を促すべきではない。

問題 74 解説

1 × デスカンファレンスにボランティアが参加するケースはないわけではない。しかし，積極的にボランティアの参加を求める理由は乏しく，これが他の選択肢より適切とは考えにくい。

2 ○ ケアを振り返り，悲しみを共有することで，ケア側のケアをすることも重要な取り組みといえる。

3 × デスカンファレンスは定例カンファレンスに合わせて開くなど，実情に合わせた日時が設定されるが，特に振り返りが必要と思われるケースはできるだけ早期に，記憶が薄れたり変容したりしないうちに開く必要があるといえる。ただし，利用者の死亡直後に実施するのは考えにくい。なぜならば，死亡直後には他に優先される業務があるからである。

4 × デスカンファレンスでは，参加者全員が何らかの自責の念を抱えている場合が少なくない。反省点を話し合う時に個人の責任を追求するような展開は望ましくない。他者非難や自己防衛的な発言や態度は控えることが望ましい。

5 × デスカンファレンスには，ケアに関わった者たちの支え合いの場の意味もある。よって，グリーフケアとしての機能も重要であるため，参加者の感情を上手に発露することが望ましい。

正解　　問題72……5　　問題73……2　　問題74……2

⑪ 福祉用具の意義と活用

　Mさん（89歳，女性）は，加齢に伴う両下肢の筋力低下がある。立位保持ができなくて，日中ベッドで臥床（がしょう）して過ごすことが多い。ベッドから車いすへの移乗は一部介助が必要であるが，車いすは自分で操作できる。

　Mさんの上肢を活用した移乗介護に使用する福祉用具として，最も適切なものを1つ選びなさい。

1　スライディングボード
2　スライディングシート（マット）
3　回転移動盤
4　介助型車いす
5　移動用リフト

　利用者の障害特性に適した福祉用具の選択に関する次の記述のうち，最も適切なものを1つ選びなさい。

1　言語機能障害の利用者には，ストッキングエイドの使用を勧める。
2　全盲の利用者には，音声ガイド付き電磁調理器の使用を勧める。
3　聴覚障害の利用者には，床置き式手すりの使用を勧める。
4　右片麻痺（みぎかたまひ）の利用者には，交互型歩行器の使用を勧める。
5　肘関節拘縮の利用者には，座位時に体圧分散クッションの使用を勧める。

　福祉用具等を安全に使用するための方法として，最も適切なものを1つ選びなさい。

1　車いすをたたむときは，ブレーキをかけてから行う。
2　入浴用介助ベルトは，利用者の腰部を真上に持ち上げて使用する。
3　差し込み便器は，端座位で使用する。
4　移動用リフトで吊（つ）り上げるときは，利用者のからだから手を離して行う。
5　簡易スロープは，埋め込み工事をして使用する。

問題 **75** 解説

1 ○ スライディングボードはMさんの上肢を活用しつつ，移乗ができる福祉用具である。

2 × スライディングシートは基本的にベッド上の上方移動の際に使用するものであり，ベッドから車いすの移乗には不適切な福祉用具である。

3 × 回転移動盤は，立位後，方向転換が困難な場合に活用するものであり，立位保持ができないMさんにとっては，不適切な福祉用具である（上肢の活用も困難である）。

4 × 介助型車いすは移乗の福祉用具ではない。

5 × 移動用リフトでは，Mさんの上肢を活用した移乗ができない。

問題 **76** 解説

1 × ストッキングエイドとは，靴下を履くために用いる自助具の1つである。言語機能障害の利用者が使用するツールはトーキングエイドというコミュニケーションツールである。

2 ○ 全盲の利用者に対する音声ガイドは，非常に有効である。

3 × 床置き式手すりは，起き上がり動作や立ち上がり動作の補助を目的とした福祉用具である。

4 × 交互型歩行器は，左右のフレームを個々に動かすことができる歩行補助具であり，四肢筋力低下の人に有効である。片麻痺の人には適しているとはいえない。

5 × 肘関節拘縮のみの障害特性がある人は，座位に問題があるとは言い切れず，座位時の体圧分散クッションを使用することで，座位が不安定になる可能性がある。したがって適切とはいえない。

問題 **77** 解説

1 ○ 車いすが意図しない方向に動くことや，周辺に危険を及ぼす可能性があることから，ブレーキをかけてたたむことが適切である。

2 × 一般的な入浴用介助ベルトは「縦持ち手」と「横持ち手」がある。立ち上がりを補助する際，真上に持ち上げることは人間の自然な動きに反している。「おじぎをするように」動かないといけないことから真上は適切とはいえない。

3 × 差し込み便器は，臥位で使用する。端座位が可能であればトイレ使用またはポータブルトイレ使用が可能である。

4 × 吊り上げるときは「揺れ」が発生する場合もある。利用者自身も「空中に浮く」感覚があるため不安になりやすく，からだに触れながら吊り上げることが適切である。

5 × 簡易スロープは「設置（置く）するだけでいい」スロープである。

正解　　問題75……1　　問題76……2　　問題77……1

MEMO

第 **7** 章

介護

介護過程

❶ 介護過程の意義と基礎的理解

問題 01　頻出度 ★★★　　第33回 問題061　Check ☑ ☑ ☑

介護過程の目的に関する次の記述のうち，最も適切なものを1つ選びなさい。

1　利用者の健康状態の改善
2　介護福祉職の介護観の変容
3　他職種との役割の分化
4　家族の介護負担の軽減
5　利用者の生活の質の向上

問題 02　頻出度 ★★★　　第34回 問題062　Check ☑ ☑ ☑

介護過程における情報収集に関する次の記述のうち，最も適切なものを1つ選びなさい。

1　利用者の日常生活の困難な部分を中心に収集する。
2　利用者との会話は解釈して記載する。
3　他の専門職が記載した記録は直接的な情報として扱う。
4　利用者の生活に対する思いを大切にしながら収集する。
5　情報収集はモニタリング（monitoring）を実施してから行う。

問題 03　頻出度 ★★★　　第33回 問題063　Check ☑ ☑ ☑

次の記述のうち，介護過程の展開におけるアセスメント（assessment）の説明として，最も適切なものを1つ選びなさい。

1　支援内容を説明して同意を得ること。
2　具体的な支援計画を検討すること。
3　達成できる目標を設定すること。
4　支援の経過を評価すること。
5　利用者の生活課題を明確にすること。

問題01 解説

1 × 介護過程とは，利用者の生活上の課題解決に向けて取り組むプロセスのことである。

2 × 介護過程は利用者の個別ケアの方向性や具体的な介護方法を示している。介護福祉職個人についての記述は介護過程の目的にはならない。

3 × 他職種との機能の分化を目的としており，役割の分化が目的ではない。

4 × 利用者に対する介護過程であり，家族の介護負担の軽減を目的としていない。

5 ○ 利用者の心身の状況に応じた，その人らしい生活支援を実践し，利用者の生活の質の向上を目的としている。

問題02 解説

1 × 情報収集においては，多角的な視点で複数の情報を収集する必要がある。

2 × 利用者との会話はそのまま記載し，利用者に関する情報を収集した後に情報の解釈を行う。

3 × 介護福祉職が記載した記録は直接的な情報であるが，他職種が記載した情報は間接的な情報として扱う。

4 ○ 利用者主体の介護が提供できるよう，利用者の生活に対する思い等の主観的情報も重要である。

5 × モニタリングとはケアプランに沿って提供されている介護サービスが利用者・家族のニーズにあっているか確認することである。

問題03 解説

1 × 支援内容を説明して同意を得るのは，支援計画を立案した後である。

2 × アセスメントにもとづいて行われる支援計画の立案についての説明である。

3 × 目標の設定は，アセスメントで明確化された生活課題を解決するために行う。

4 × 評価は支援計画を実施した後に行う。

5 ○ アセスメントとは，情報の解釈・関連付け・統合化をすることで利用者の生活課題を明確にすることである。

正解　　問題01……5　　問題02……4　　問題03……5

加点のポイント❶　介護過程を総合的に理解しておこう

　介護過程の意義・目的は利用者の QOL を向上させることである。そのため，各科目で得た理論的知識・技術が総合的に問われるため，整理しておく必要がある。

　介護過程は，介護福祉士としてこれまで以上に専門性を高めていく思考過程であり，利用者が充実した生活を送ることにつながるとともに，介護福祉士の専門性や，介護職全体の質の向上が期待される。

　国際生活機能分類(ICF)に関する知識は，障害の理解とも重複するので，関連づけて学んでおこう。

次の記述のうち，居宅サービス計画と訪問介護計画の関係として，最も適切なものを1つ選びなさい。

1　訪問介護計画を根拠に，居宅サービス計画を作成する。

2　居宅サービス計画の目標が変更されても，訪問介護計画は見直しをせず継続する。

3　居宅サービス計画と同じ内容を，訪問介護計画に転記する。

4　居宅サービス計画の方針に沿って，訪問介護計画を作成する。

5　訪問介護計画の終了後に，居宅サービス計画を作成する。

介護記録に関する次の記述のうち，最も適切なものを1つ選びなさい。

1　事実はありのままに記録する。

2　鉛筆で記録する。

3　数日後に記録する。

4　介護福祉職の感情を記録する。

5　他職種との関わりを除外して記録する。

短期目標の設定に関する次の記述のうち，最も適切なものを1つ選びなさい。

1　介護福祉職の視点で目標を設定する。

2　多様な解釈ができる言葉を用いて設定する。

3　実現可能な目標を段階的に設定する。

4　長期目標とは切り離して設定する。

5　最終的に実現したい生活像を設定する。

問題 04 解説

1 × 居宅サービス計画を根拠に，訪問介護計画を作成する。

2 × 居宅サービス計画の目標が変更された場合は，それに合わせて訪問介護計画を見直す必要がある。

3 × 同じ内容を転記するのではなく，居宅サービス計画を踏まえ，訪問介護の視点からどのような支援を実施するのか計画を立案する必要がある。

4 ○ 訪問介護計画では，居宅サービス計画の目標を達成するために，より具体的・専門的な計画を立案する。

5 × 居宅サービス計画に沿って訪問介護計画を立てて，支援を実施することになる。

問題 05 解説

1 ○ 介護記録には，事実をありのままに記録することが求められる。

2 × 介護記録は事実を記録し，かつその内容を保存する必要があることから，書き換えが可能な鉛筆で記録することは不適切である。

3 × 数日後では，記憶が曖昧になり事実関係も不明確になるため，その日のうちに記録する。

4 × 介護を実践するうえでの介護福祉職の判断や根拠となる考えを記載する必要はあるが，感情を記録することは必要ではない。

5 × 介護に関する事実を記録するうえで，他職種との関わりを記録することは重要である。

問題 06 解説

1 × 介護福祉職の視点で一方的に決めるのではなく，利用者の視点で目標を設定する。

2 × 誰が読んでも同じ解釈ができる言葉を用いて設定する。

3 ○ 目標の設定は現実的に達成可能な目標とし，長期目標を達成するために段階的に設定する。

4 × 長期目標を達成するために必要な具体的な目標を短期目標として設定する。

5 × 最終的に実現したい生活像は長期目標で設定することが望ましい。

正解　　問題04……4　　　問題05……1　　　問題06……3

介護過程における生活課題に関する次の記述のうち，最も適切なものを1つ選びなさい。

1　効率的な支援を提供するために解決するべきこと。

2　利用者が家族の望む生活を送るために解決するべきこと。

3　介護福祉職が実践困難な課題のこと。

4　利用者の生活を改善するために思いついたこと。

5　利用者が望む生活を実現するために解決するべきこと。

　Eさん（70歳，女性，要介護1）は，夫，長男と共に農業をしていた。半年前に脳梗塞（cerebral infarction）で左片麻痺になった。現在は介護老人保健施設に入所し，リハビリテーションに取り組んでいる。介護福祉職が居室を訪れたとき，Eさんが，「料理は苦手なの」「そろそろ夏野菜の収穫の時期ね。収穫は楽しいし，採れたての野菜を近所に配るとみんな喜ぶのよ」と言った。その後，「夫には家事に専念しなさいと言われているから…」とうつむいて言った。

　介護福祉職は介護福祉職間のカンファレンス（conference）でEさんの思いを共有した。Eさんの思いとして，最も適切なものを1つ選びなさい。

1　農業に関わっていきたい。

2　家事に専念したい。

3　後継者の育成に関わりたい。

4　家でのんびりしたい。

5　料理の自信をつけたい。

　次のうち，介護過程を展開した結果を評価する項目として，最も優先すべきものを1つ選びなさい。

1　実施に要した日数

2　情報収集に要した時間

3　評価に要した時間

4　介護福祉職チームの満足度

5　短期目標の達成度

問題 **07** 解説

1 ✕ 効率的な支援を提供するために解決するべきことは，介護福祉職の課題である。

2 ✕ 利用者の家族が望む生活ではなく，利用者自身が望む生活を送るために解決するべきことである。

3 ✕ 生活課題は介護福祉職ではなく利用者の課題であるため，適切ではない。

4 ✕ 生活課題は思いつきではなく，利用者に関する情報を解釈・関連付け・統合化をすることで導き出される。

5 〇 生活課題とは，利用者の望む生活を実現または継続するために解決しなければならないことである。

問題 **08** 解説

1 〇 Eさんは夫，長男と農業をしていたことや，野菜の収穫が楽しいこと，夫から家事に専念してほしいと言われ落ち込んでいることから，農業に関わりたい気持ちがあると考えられる。

2 ✕ 家事に専念するように話しているのは夫であり，Eさん本人の思いではないため，最も適切とはいえない。

3 ✕ Eさんからは後継者の育成についての話はなく，Eさんの思いとして最も適切とはいえない。

4 ✕ Eさんの発言からは，家でのんびりしたいという思いがあるかわからない。

5 ✕ 料理は苦手と話しているが，料理の自信をつけたいという思いがあるとはこの文章から読み取ることができず，最も適切な選択肢とはいえない。

問題 **09** 解説

1 ✕ 介護目標を設定する際に実施する期間を設定しており，設定した期間を目途に評価を行う。計画通りに実施できたかという評価も行うが，優先すべきものとはいえない。

2 ✕ 介護計画が適切であったかという視点での評価も行うが，情報収集に要した時間は優先して評価すべきものとはいえない。

3 ✕ 介護過程を展開した結果に対する評価のため，評価に要した時間は優先して評価するものとはいえない。

4 ✕ 介護福祉職チームの介護の実施状況を把握し評価を行うが，介護福祉職チームの満足度ではなく，利用者の視点で評価することが優先されるべきである。

5 〇 介護過程における評価は，立案した介護目標がどれくらい達成されているか，その達成度で評価する。

正解　　問題07……5　　　問題08……1　　　問題09……5

加点のポイント❷　ICFの視点

　ICFの視点は，医療・福祉専門職に共通認識される。お世話ではなく，自立を支援するための介護を実践するために必要な視点を持つには知識が必要である。多(他)職種の役割を知った上で学習しよう。

❷ 介護過程とチームアプローチ

介護計画における介護内容に関する次の記述のうち，最も適切なものを1つ選びなさい。

1 利用者の能力よりも介護の効率を重視して決める。

2 業務の都合に応じて介護できるように，時間の設定は省略する。

3 介護するときの注意点についても記載する。

4 利用者の意思よりも介護福祉職の考えを優先して決める。

5 介護福祉職だけが理解できる表現にする。

　Kさん（82歳，女性）は，身寄りがなく自宅で一人暮らしをしている。週1回利用している通所介護（デイサービス）で送迎を担当しているL介護福祉職は，Kさんから，「この間，いつもより膝の痛みが強くなって玄関で立てなくなった。ちょうど民生委員さんが来てくれて，一緒に受診して痛みは治まったの。医師から膝は痛むことがあるが生活に支障はないと言われたけど，いつまでこの家にいられるかしら」と打ち明けられた。その日の夕方，自宅へ送った時にKさんは，「施設の生活はにぎやかで，さぞ楽しいでしょうね」と話して，涙ぐんだ。発言を受けて，その場で本人の同意を取り，翌日，事業所内のカンファレンス（conference）が行われた。

　L介護福祉職が話す内容として，最も優先すべきものを1つ選びなさい。

1 膝の痛みがなくならない理由

2 身寄りがないこと

3 施設に入所するタイミング

4 玄関で活用できる福祉用具

5 在宅生活の継続への不安

加点のポイント❸　　**介護過程の構成要素**

　介護過程の構成要素は，アセスメント（情報収集，情報の分析，ニーズの把握，課題の抽出），介護計画の立案，実施，評価（モニタリング）であり常に循環されている。情報収集の視点が偏っていたり狭いと，ありのままの情報を正確に捉えられず，介護過程が展開できない状況になる可能性がある。先入観にとらわれず，各科目で学んだ基礎知識を十分生かして展開ができるようにしよう。

問題 10 解説

1 × 利用者の主体性を引き出すため，利用者の能力を重視して決める必要がある。

2 × 業務の都合に応じて介護をするのではなく，利用者の生活を継続していくための視点が重要であるため，時間の設定は省略せずに記載する。

3 ○ 介護するときの注意事項や観察すべき事項等，具体的に記載することで，共通認識ができケアの標準化につながる。

4 × 介護福祉職の考えを優先するのではなく，利用者の意思を尊重して決めなければならない。

5 × 介護計画は利用者・家族など専門職以外の人が読んでも正確に理解できるように表現する。

問題 11 解説

この時点でL介護福祉職がKさんから話を聞いたり，観察したこと，知った事実などを根拠にして話す内容としては，Kさんが在宅で生活を続けたいと思っているけれども不安があるということである。したがって選択肢5が最も優先すべきものである。

> **正解** 問題10……3 問題11……5

加点のポイント❹ 介護記録の留意点

・ 実施記録は，5W1H を含んだ書き方で，実施経過を順を追って記述していく
・ 利用者の言動や意見(主観的情報)はもちろんのこと，家族の言動や介護福祉職の判断についても書面に残しておく
・ 記録者を必ず明記する
・ 介護記録は個人情報になるので，必ず鍵がかけられる場所に保管し，保管管理責任者を定めて管理する
・ 情報開示を求められる場合もあるので，速やかに開示できるよう整理整頓を心がける
・ 記録を開示する場合には個人情報が漏洩しないように，細心の注意を払った環境で閲覧できるようにする
・ 介護保険制度における記録の保存期間は，介護が終結したその日から 2 年間とされている

加点のポイント❺ 緊急時の対応を理解しよう

　日常の介護を行う中で，さまざまな緊急・事故時の対応について，介護福祉士として何をしなければならないのか，優先順位はどれか，瞬時に判断し迅速な対応が求められる。「介護職が対応できる医療行為」の知識も確認しておこう。

次の事例を読んで，問題12，問題13について答えなさい。

〔事 例〕

Mさん（35歳，男性，障害支援区分5）は，脳性麻痺（cerebral palsy）による四肢麻痺で筋緊張がある。日常生活動作は全般に介護が必要であり，電動車いすを使用している。これまで，本人と母親（70歳）の希望で，自宅で二人暮らしを続けてきた。

Mさんは3年前から，重度訪問介護を利用している。軽度の知的障害があるが，自分の意思を介護者と母親に伝えることができる。相談支援専門員が作成したサービス等利用計画の総合目標は，「やりたいことに挑戦し，生活を充実させる」となっている。Mさん自身も，やりたいことを見つけたいと介護福祉職に話していたことから，次の個別支援会議で検討する予定になっていた。

ある日，重度訪問介護の利用時，パラリンピックのテレビ中継を見ていたMさんが，介護福祉職に，「ボール投げるの，おもしろそう」と話した。

次のうち，Mさんの発言から，個別支援計画を立案するために，介護福祉職が把握すべき情報として，最も優先すべきものを1つ選びなさい。

1 競技で使われるボールの種類

2 話を聞いた介護福祉職の感想

3 競技に対するMさんの意向

4 母親のパラリンピックへの関心

5 テレビ中継を見ていた時間

いくつかのスポーツクラブを見学後，介護福祉職はMさんから，「このスポーツクラブが近いから，入会前に体験したい」と伝えられた。

Mさんへの介護福祉職の対応に関する次の記述のうち，最も適切なものを1つ選びなさい。

1 筋緊張から回復する訓練を行うように伝える。

2 母線が決めたスポーツクラブを選ぶように勧める。

3 スポーツクラブにすぐに入会するように勧める。

4 意思決定に必要な情報を提供する。

5 相談支援専門員の許可を得るように勧める。

問題 12 解説

1 × Mさんが関心をもった競技に関する情報を把握することも必要ではあるが，最も優先すべきものとはいえない。

2 × 介護福祉職は，その人の状態に応じて専門的な知識・技術を活用した客観的で科学的な思考過程によって支援を進めていく必要がある。介護福祉職の主観的な感想は，個別支援計画立案のための情報として，最も優先すべきものとはいえない。

3 ○ 個別支援計画を立案するにあたっては，本人の意向が最優先されなければならない。

4 × 個別支援計画の立案にあたっては，利用者だけでなく家族の意向も確認し，利用者主体で進めていく必要があるが，最も優先すべきものとはいえない。

5 × テレビ中継を見ていた時間を把握することで，関心の度合いを知ることができるかもしれないが，最も優先すべきものとはいえない。

問題 13 解説

1 × 訓練に関する助言は介護福祉職ではなく，リハビリテーション専門職が行うことが望ましい。

2 × 家族の意見も大切であるが，本人の意思を尊重することが大切である。

3 × スポーツクラブに入会するタイミングは，Mさんや家族と話し合って決めることが望ましい。

4 ○ 必要な情報を提供し，Mさん自身で意思決定できるように支援することが望ましい。

5 × スポーツクラブに入会をするために，相談支援専門員の許可を得る必要はない。

正解 問題12……3 問題13……4

次の事例を読んで，問題14，問題15について答えなさい。

〔事　例〕

Dさん（73歳,女性,要介護2）は，認知症対応型共同生活介護（認知症高齢者グループホーム）に入居した。

入居後，本人の同意のもとに短期目標を，「食事の準備に参加する」と設定し，順調に経過していた。ある日，Dさんが夕食の準備に来なかった。翌日，担当する介護福祉職が居室を訪ねて理由を聞くと，「盛り付けの見た目が・・・」と小声で言った。

当日のDさんの記録を見ると，「お茶を配ると席に座ったが，すぐに立ち上がり，料理を皿に盛り付けるEさんの手元を見ていた」「配膳された料理を見て，ため息をついた」とあった。その後，食事の準備には参加していないが，早く来て様子を見ている。また，食事中は談笑し，食事も完食している。

以上のことから再アセスメントを行うことになった。

Dさんの再アセスメントに関する次の記述のうち，最も適切なものを1つ選びなさい。

1　お茶を配る能力について分析する。

2　ため息の意味を料理の味が悪いと解釈する。

3　早く来て様子を見ている理由を分析する。

4　安心して食事ができているかを分析する。

5　Eさんに料理の盛り付けを学びたいと解釈する。

カンファレンス（conference）が開かれ，Dさんの支援について検討することになった。Dさんを担当する介護福祉職が提案する内容として，最も優先すべきものを1つ選びなさい。

1　食器の満足度を調べること。

2　昼食時だけでも計画を継続すること。

3　居室での食事に変更すること。

4　食事の準備の役割を見直すこと。

5　食事以外の短期目標を設定すること。

問題 14 解説

1 × お茶を配ると席に座ったことから，お茶を配る能力には問題がないと考えられる。

2 × 食事を完食していることから，料理の味には問題がないと考えられる。

3 ○ Dさんが「盛り付けの見た目が…」と小声で言っており，盛り付けが気になっていることが考えられる。

4 × 食事中は談笑していることから，安心して食事ができていると考えられる。

5 × Eさんが盛り付けた料理を見てため息をついたことから，Eさんの盛り付けに不満があるのではないかと考えられる。

問題 15 解説

1 × Dさんが気になっているのは食器ではなく，盛り付けであるため優先すべきものとはいえない。

2 × 昼食時だけ継続をしても，同じようにEさんの盛り付けが気になってしまうことが考えられるため，最も優先すべきものとはいえない。

3 × 食事中は談笑し，食事も完食していることから，居室での食事に変更する提案は適切とはいえない。

4 ○ Eさんの盛り付けについて気にしている様子が見られるため，準備の役割を見直すことが最も優先すべき提案といえる。

5 × Dさんが食事の準備に参加していないからといって，食事以外の短期目標を設定することは最も優先すべき提案とはいえない。

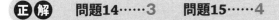

正解　　問題14……3　　問題15……4

次の事例を読んで，問題16，問題17について答えなさい。

〔事　例〕

Aさん（80歳，女性，要介護3）は，パーキンソン病（Parkinson disease）と診断されている。診断後も家業を手伝いながら，地域の活動に参加していた。

半年前からパーキンソン病（Parkinson disease）が悪化し，動作は不安定となったが，「家族に迷惑をかけたくない」と，できることは自分で取り組んでいた。また，主となる介護者である娘に服薬を管理してもらいながら，通所介護（デイサービス）を週3回利用し，なじみの友人と話すことを楽しみにしていた。

最近，通所介護（デイサービス）の職員から娘に，昼食時にむせることが多く食事を残していること，午後になると，「レクリエーションには参加したくない」と落ち着かない様子になることが報告された。

問題 **16**　頻出度 ★ ★　　　　　　第33回 問題067　Check ☑ ☑ ☑

介護福祉職がAさんについて，主観的に記録したものを1つ選びなさい。

1　パーキンソン病（Parkinson disease）と診断されている。

2　帰宅願望から，レクリエーションの参加を拒否した。

3　「家族に迷惑をかけたくない」と話し，できることは自分で行っていた。

4　週3回，通所介護（デイサービス）を利用している。

5　昼食時にむせることが多く，食事を残していることを娘に報告した。

問題 **17**　頻出度 ★ ★　　　　　　第33回 問題068　Check ☑ ☑ ☑

その後，娘が腰痛を発症し，Aさんは短期入所生活介護（ショートステイ）を利用することになった。

次の記述のうち，短期入所生活介護（ショートステイ）におけるAさんの生活課題として，最も優先すべきものを1つ選びなさい。

1　食事を安全に摂取できること。

2　服薬の管理ができること。

3　通所介護（デイサービス）の利用を再開できること。

4　なじみの友人ができること。

5　地域の活動に参加できること。

問題 16 解説

1 × 介護福祉職の主観ではなく，医師の診断による客観的な情報である。

2 ○ レクリエーションの参加を拒否している理由を，帰宅願望があるからだと介護福祉職が主観で記録している。

3 × 本人の発言や，本人の様子を客観的に記録している。

4 × 本人が利用しているサービスに関する客観的な事実の記録である。

5 × 本人の様子を家族に伝えたという客観的事実の記録である。

問題 17 解説

1 ○ 食事の際にむせることが多く，食事を残していることから，最も優先すべき課題である。

2 × 服薬管理は娘が行っているが，生活課題として優先すべき課題とはいえない。

3 × 今後は通所介護の利用を再開することを目指すことも考えられるが，現時点では優先すべき課題とはいえない。

4 × 地域の活動に参加していたことがあり，通所介護でもなじみの友人がいたことからも，優先すべき課題とはいえない。

5 × 地域の活動に参加することよりも，まずは本人のADLの低下を防ぐための生活課題を優先すべきである。

正解　　問題16……**2**　　問題17……**1**

加点のポイント❻　**主観的情報と客観的情報**

主観的情報	・本人が表現した見方や感情，考え方，期待，意見 ・観察した者の価値観や経験で判断したり，意味づけした内容 【具体例】利用者の発言　など
客観的情報	・測定され数値で表される内容 ・観察した者が得たありのままの情報・事実 【具体例】主治医の意見，検査の結果　など

加点のポイント❼ 介護過程の構成図（基本）

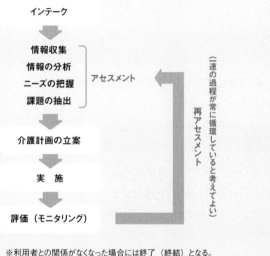

インテーク

情報収集
情報の分析　　　　アセスメント
ニーズの把握
課題の抽出

介護計画の立案

実　施

評価（モニタリング）

再アセスメント

（一連の過程が常に循環していると考えてよい）

※利用者との関係がなくなった場合には終了（終結）となる。

第 **8** 章

こころとからだのしくみ

こころとからだのしくみ

Check ☑	1回目	月	日	／55問
Check ☑	2回目	月	日	／55問
Check ☑	3回目	月	日	／55問

❶ こころのしくみの理解

問題 **01**　頻出度 ★ ★ ★　　　　　　　第26回 問題097　Check ☑ ☑ ☑

生理的欲求に関する次の記述のうち，正しいものを1つ選びなさい。

1　経験や学習から獲得される欲求のことである。

2　ホメオスタシス（homeostasis）の働きによって制御される。

3　他者からの承認などの欲求である。

4　マズロー（Maslow, A. H.）の欲求階層説では上位に位置する。

5　社会的・情緒的満足との関係が深い。

問題 **02**　頻出度 ★ ★　　　　　　　第33回 問題097　Check ☑ ☑ ☑

心的外傷後ストレス障害（posttraumatic stress disorder：PTSD）に関する次の記述のうち，最も適切なものを1つ選びなさい。

1　原因となった体験が繰り返し思い起こされる。

2　1か月以内で症状は治まる。

3　小さな出来事が原因となる。

4　被害妄想を生じる。

5　気分が高ぶる。

問題 **03**　頻出度 ★ ★　　　　　　　第30回 問題098　Check ☑ ☑ ☑

Kさん（91歳，男性，要介護1）は，65歳の娘と二人暮らしである。訪問介護員（ホームヘルパー）が週2回通っている。もともと頑固で怒りやすい性格だが，ある日，訪問介護員（ホームヘルパー）が茶碗を割ったのをきっかけに怒りを爆発させて，この訪問介護員（ホームヘルパー）を代えるように娘に主張した。それは難しいと娘が説明したところ，「もういい，他人には自分の気持ちを理解できるはずがないから，どうせ代わっても今と変わりはない」と話を打ち切ってしまった。

この会話でKさんにみられた適応機制として，最も適切なものを1つ選びなさい。

1　抑圧

2　合理化

3　反動形成

4　昇華

5　投影

問題 01 解説

1 ✕ 経験や学習は後天的なものなので，そこから獲得される欲求は社会的欲求（二次的欲求）になる。

2 ◯ ホメオスタシスとは，身体の状態を一定に保とうとする生理的な働きのことである。

3 ✕ 他者からの承認や自尊心の欲求は，社会的欲求（二次的欲求）である。

4 ✕ 生理的欲求は，マズローの欲求階層説では一番下の階層に位置している。

5 ✕ 生理的欲求とは，人間が生命を維持するために必要な欲求のことである。社会的・情緒的満足と関係が深いのは社会的欲求（二次的欲求）である。

問題 02 解説

1 ◯ 心的外傷後ストレス障害の症状には，原因となった体験を急に思い出したり（フラッシュバック），繰り返し思い出したりすることなどがある。

2 ✕ 1か月以上たっても症状が治まらない場合，心的外傷後ストレス障害と診断される。

3 ✕ 自然災害や，戦争，交通事故，性的暴力など，生死に関わる体験をしたり目撃したりすることが，心的外傷後ストレス障害の原因となる。

4 ✕ 心的外傷後ストレス障害の主な症状は，侵入症状（体験を急に思い出す），回避症状（同じ体験を避けようとする），認知の陰性変化（悪い方向に考えてしまう），過覚醒（神経が張り詰めている）である。

5 ✕ 過覚醒は，激しい怒りを感じる，過度の警戒心，過剰な驚愕反応などである。「気分の高ぶり」よりもさらに極端な気持ちの変化が生じる。

問題 03 解説

1 ✕ 抑圧とは，感情や欲求を無意識に抑え込もうとする心の働きのことである。

2 ◯ 合理化とは，自分の欠点や失敗を正当化しようとする心の働きのことである。ヘルパーを代えることができない，すなわち自分の主張が受け入れられないという失敗を正当化していると考えることができる。

3 ✕ 反動形成とは，自分で認めたくない感情や欲求と反対の行動をとることである。

4 ✕ 昇華とは，社会では承認されない欲求を社会的に認められる形で満たそうとすることである。

5 ✕ 投影とは，認めたくない自分の欠点や感情が，他者の中にあると考えてしまうことである。

正解　　問題01……2　　　問題02……1　　　問題03……2

加点のポイント❶　感情の発達

新生児微笑	・新生児が見せる微笑のこと ・楽しいと感じて笑っているわけではなく，生理的なものであると考えられている
社会的微笑	・周囲に対して働きかけをするために見せる微笑 ・生後3か月頃から現れる
アタッチメント（愛着）	・養育者と赤ちゃんの情緒的な結びつきのこと ・信頼関係の形成につながる

脳の中で記憶をつかさどる部位として，正しいものを1つ選びなさい。

1　延髄

2　海馬

3　視床

4　松果体

5　小脳

記憶と学習に関する次の記述のうち，正しいものを1つ選びなさい。

1　短期記憶とは，数日保持される記憶である。

2　記銘とは，情報を覚えることである。

3　意味記憶とは，自分に起こった出来事の記憶である。

4　道具的条件づけの代表例に「パブロフの犬」がある。

5　観察学習とは，自分の行動を反省することによる学習である。

心拍数が減少する要因として，正しいものを1つ選びなさい。

1　精神的緊張

2　怒り

3　体温の上昇

4　睡眠

5　激しい運動

加点のポイント❷　ピアジェ，エリクソン，フロイトなどの発達理論を理解しよう

　発達理論は，よく出題されるテーマである。発達理論に関しては，ピアジェ（Piaget, J.），フロイト（Freud, S.），エリクソン（Erikson, E. H.）の理論はおさえておきたい。

　ピアジェは子どもの発達段階を4段階としている。

　フロイトは成年期までの発達を，①口唇期（誕生〜1歳頃），②肛門期（1〜3歳頃），③男根期（3〜5歳頃），④潜伏期（5〜11歳頃），⑤性器期（11歳以降）の5段階としている。

　エリクソンは①乳児期（0〜1歳），②幼児期前期（1〜3歳），③幼児期後期（3〜6歳），④児童期（7〜11歳），⑤青年期（12〜20歳），⑥成年期初期（20〜30歳），⑦成年期中期（30〜65歳），⑧成年期後期（65歳以上）の8段階としている。

　ピアジェやフロイトは成人になるまでのプロセスを理論化しているが，エリクソンは生まれてから老年期に至るまでの発達過程を理論化している。

問題 04 解説

1 × 延髄は呼吸や循環器など生命の維持に必要な機能を担っている。

2 ○ 海馬は記憶をつかさどる部位である。

3 × 視床は視覚や聴覚と関係した器官である。

4 × 松果体は概日リズムを調整するホルモンを分泌する器官である。

5 × 小脳は運動機能を調整する役割を担っている。

問題 05 解説

1 × 短期記憶の保持時間は数十秒から数分である。

2 ○ ものを覚えることを記銘という。また、覚えたことを脳内で保存しておくことを保持、保持している情報を必要に応じて取り出す（必要な時に思い出す）ことを想起（再生）という。

3 × 意味記憶とは、辞書や百科事典などに記述してあるような知識に関する記憶のことである。

4 × 道具的条件づけは、オペラント条件づけともいう。代表例に「スキナー箱」がある。「パブロフの犬」はレスポンデント条件づけ（古典的条件づけ）の記述である。

5 × 観察学習とは、自らの行動による学習ではなく、他者の行動を見聞きすることで学習することである。

問題 06 解説

1 × 交感神経が興奮し、心拍数は増加する。

2 × アドレナリン分泌が増え、心拍数は増加する。

3 × 代謝が亢進し、酸素需要が増え、心拍数は増加する。

4 ○ 睡眠中は代謝が低下し、正常の場合、血圧が低下し、心拍数（脈拍数）は減少する。

5 × 筋肉の活動が増し、酸素需要が増えるので、心拍数は増加する。

正解 問題04……2 問題05……2 問題06……4

8

こころとからだのしくみ

❶ こころのしくみの理解

加点のポイント❸ 知能検査，性格（人格）検査の名称と測定法

心理検査法については幅広く出題されている。知能検査，性格（人格）検査などについて，名称と何を測定するのかについて整理しておく必要がある。

・知能検査…ウェクスラー式知能検査，田中・ビネー知能検査，鈴木・ビネー知能検査など

・性格検査…矢田部・ギルフォード性格検査，ミネソタ多面人格検査目録，ロールシャッハテスト，バウムテスト，内田クレペリン精神作業検査など

・発達検査…遠城寺式乳幼児分析的発達検査，KIDS乳幼児発達検査，新版K式発達検査2001など

記憶に関する次の記述のうち，適切なものを1つ選びなさい。

1　エピソード記憶は，短期記憶に分類される。

2　意味記憶は，言葉の意味などに関する記憶である。

3　手続き記憶は，過去の出来事に関する記憶である。

4　エピソード記憶は，老化に影響されにくい。

5　意味記憶は，老化に影響されやすい。

副交感神経の作用として，正しいものを1つ選びなさい。

1　気道の弛緩（しかん）

2　血糖値の上昇

3　消化の促進

4　心拍数の増加

5　瞳孔の散大

　Hさん（75歳，男性）は，一人暮らしであるが，隣人と共に社会活動にも積極的に参加し，ゲートボールや詩吟，芸術活動など多くの趣味をもっている。また，多くの友人から，「Hさんは，毎日を有意義に生活している」と評価されている。Hさん自身も友人関係に満足している。

　ライチャード（Reichard, S.）による老齢期の性格類型のうち，Hさんに相当するものとして，適切なものを1つ選びなさい。

1　自責型

2　防衛型（装甲型）

3　憤慨型

4　円熟型

5　依存型（安楽いす型）

加点のポイント❹　適応機制（防衛機制）

　適応機制（防衛機制）には，抑圧（感情や欲求を無意識に抑え込む），退行（つらいときに未熟な行動をとる），合理化（自己の失敗を正当化しようとする），感情転移（本来は向けるべき人がいる感情を他の人に向けてしまう），昇華（社会では承認されないような欲求を，社会的に認められる形で実現しようとすること），置き換え（ある対象に向けられていた関心や感情などが別の対象に向けられる），同一化（他者と自分を同一視する）などがある。

問題 07 解説

1 × エピソード記憶とは，過去に経験したことを物語のように語ることができる記憶で，長期記憶に分類される。

2 ○ 意味記憶とは，言葉の意味など，感情などを伴わず意味を記憶するもので，選択肢の文は正しい。

3 × 手続き記憶は，自転車の乗り方などの「体で覚える」記憶のことである。手続き記憶ではなく，エピソード記憶が，過去の出来事に関する記憶に相当する。

4 × エピソード記憶は老化に伴い低下しやすい。

5 × 意味記憶は老化によってあまり低下しない。

問題 08 解説

1 × 気道の弛緩は交感神経のはたらきによるものである。

2 × 血糖値の上昇は交感神経のはたらきによるものである。

3 ○ 消化の促進は副交感神経のはたらきによるものである。

4 × 心拍数の増加は交感神経のはたらきによるものである。

5 × 瞳孔の散大は交感神経のはたらきによるものである。

問題 09 解説

1 × 自責型は自分の人生を後悔し，うまくいかなかったのは自分のせいだと考えてしまう性格類型である。

2 × 防衛型（装甲型）は，老化を恐れ，いつもでも若い頃と同じように活動しようとする性格類型である。

3 × 憤慨型は，これまでの失敗は他者のせいだとし，他者を非難・攻撃する性格類型である。

4 ○ 円熟型は過去や現在の自分を受容し，日常生活に満足して生きていこうという性格類型である。

5 × 依存型（安楽いす型）は，周囲の人に依存しながら消極的に生きていこうとする性格類型である。

正解 問題07……2 問題08……3 問題09……4

加点のポイント❺ エリクソンの発達段階8段階を覚えておこう

エリクソンの発達段階については，8段階すべてを理解しておくことが必要である。

乳児期（0〜1歳）	信頼感を獲得していく時期（「信頼」対「不信」）
幼児期前期（1〜3歳）	自律性を身につける時期（「自律」対「恥と疑惑」）
幼児期後期（3〜6歳）	自発的に行動することを身につける時期（「積極性」対「罪悪感」）
児童期（7〜11歳）	社会における勤勉性を身につける時期（「勤勉性」対「劣等感」）
青年期（12〜20歳）	アイデンティティ確立の時期（「同一性」対「同一性拡散」）
成年期初期（20〜30歳）	親密な人間関係を築いていく時期（「親密性」対「孤立」）
成年期中期（30〜65歳）	次世代を育てる時期（「生殖性」対「停滞」）
成年期後期（65歳以上）	自我の統合を目指す時期（「統合」対「絶望」）

こころとからだのしくみ

8 こころとからだのしくみ

❶ こころのしくみの理解

189

老化に伴う感覚機能や認知機能の変化に関する次の記述のうち，最も適切なものを1つ選びなさい。

1　大きな声で話しかけられても，かえって聞こえにくいことがある。

2　会話をしながら運転するほうが，安全に運転できるようになる。

3　白と黄色よりも，白と赤の区別がつきにくくなる。

4　低い声よりも，高い声のほうが聞き取りやすくなる。

5　薄暗い部屋のほうが，細かい作業をしやすくなる。

マズロー（Maslow,A.）の欲求階層説の所属・愛情欲求に相当するものとして，適切なものを1つ選びなさい。

1　生命を脅かされないこと

2　他者からの賞賛

3　自分の遺伝子の継続

4　好意がある他者との良好な関係

5　自分自身の向上

Gさん（84歳，女性）は，訪問介護（ホームヘルプサービス）を受けながら自宅で一人で生活していた。2か月前，在宅中に大雨による土砂崩れで自宅の半分が埋まってしまったので，介護老人保健施設に入所した。入所後のGさんはイライラすることが多くなり，入眠障害が見られるようになった。また，夜間に突然覚醒し，大声で介護福祉職を呼ぶことがたびたびあった。

現在のGさんの状態を表す用語として，最も適切なものを1つ選びなさい。

1　退行

2　見当識障害

3　フラストレーション（frustration）

4　アルツハイマー型認知症（dementia of the Alzheimer's type）

5　心的外傷後ストレス障害（posttraumatic stress disorder：PTSD）

問題 10 解説

1 ○ 加齢により，小さい音は聞こえにくく，大きい音をうるさく感じるようになる。これはリクルートメント現象と呼ばれる。

2 × 一般に，同時に複数の作業を行うことは難しくなるため，選択肢の文は誤りである。

3 × 「白と黄色」よりも「白と赤」の色の差の方が大きく，区別しやすい。

4 × 加齢により，低音よりも高音の方が聞き取りにくくなる。

5 × 暗い場所では色だけでなく物そのものも見えにくくなり，細かい作業はしにくくなる。

問題 11 解説

1 × 安全欲求の記述である。

2 × 承認欲求の記述である。

3 × 生命を維持しようとする欲求は，生理的欲求である。

4 ○ 所属・愛情欲求は，集団に帰属したい，他者に受け入れられたいという欲求のことである。

5 × 自己実現欲求の記述である。

問題 12 解説

1 × 退行は，厳しい状況などに遭遇したり，欲求不満状態に陥ったりしたとき，子どものような未熟な行動をとろうとする心の働きのことである。

2 × 見当識障害は，時間や場所の認識に障害が起こることである。

3 × フラストレーションは，欲求がかなえられないときに起こる欲求不満状態のことである。

4 × 認知症の中核症状は，記憶障害，見当識障害，判断力の低下などである。

5 ○ 心的外傷後ストレス障害（PTSD）の症状としては，入眠また睡眠維持の困難，イライラ，集中困難などがある。

正解 問題10……1　　問題11……4　　問題12……5

加点のポイント❻ マズローの欲求階層説

　マズローの欲求階層説は，よく出題されるテーマである。欲求には，食欲や睡眠欲など生命維持に欠かせない「生理的欲求」，身の安全を確保したいという「安全と安心の欲求」，所属したい，受け入れてもらいたいという「所属と愛情の欲求」，所属する社会で尊重されたいという「承認と自尊心の欲求」，自己の能力を最大限発揮したいという「自己実現の欲求」などがある。欲求の５段階の名称を覚えるだけでなく，内容についても理解しておく必要がある。マズローの欲求階層説については，一次的欲求（生理的欲求），二次的欲求（生理的欲求以外の欲求）という言葉で出題されたこともあるので，こちらも覚えておこう。

❷ からだのしくみの理解

問題 13 頻出度 ★ ★ 　　　　　第32回 問題098 ｜ Check ☑ ☑ ☑

皮膚の痛みの感覚を受け取る大脳の機能局在の部位として，正しいものを1つ選びなさい。

1　頭頂葉
2　前頭葉
3　側頭葉
4　後頭葉
5　大脳辺縁系

問題 14 頻出度 ★ 　　　　　第31回 問題098 ｜ Check ☑ ☑ ☑

臓器とその機能の組合せとして，正しいものを1つ選びなさい。

1　肝臓 ── グリコーゲン（glycogen）の貯蔵
2　膀胱 ── 尿の濃縮
3　小脳 ── 呼吸中枢
4　副腎 ── インスリン（insulin）の分泌
5　心臓 ── ガス交換

問題 15 頻出度 ★ 　　　　　第30回 問題099 ｜ Check ☑ ☑ ☑

血管系に関する次の記述のうち，正しいものを1つ選びなさい。

1　リンパ管には血液が流れている。
2　末梢動脈には逆流を予防するための弁がある。
3　左心室から出た血液は大静脈へ流れる。
4　肺動脈には静脈血が流れている。
5　下肢の静脈は体表から拍動を触れる。

問題 16 頻出度 ★ 　　　　　第35回 問題021 ｜ Check ☑ ☑ ☑

立位姿勢を維持するための筋肉（抗重力筋）として，最も適切なものを1つ選びなさい。

1　上腕二頭筋
2　大胸筋
3　大腿四頭筋
4　僧帽筋
5　三角筋

問題13 解説

1 ○ 頭頂葉は，痛みや皮膚感覚を司る部位である。

2 × 前頭葉は，思考や判断を司る部位である。

3 × 側頭葉は，聴覚を司る部位である。

4 × 後頭葉は，視覚を司る部位である。

5 × 大脳辺縁系は，情動，意欲，記憶などに関係している部位である。

問題14 解説

1 ○ 肝臓は，ブドウ糖からグリコーゲン（glycogen）をつくり，蓄える。血液中のブドウ糖が不足すると，グリコーゲンをブドウ糖に分解して血液中に送る。

2 × 膀胱は，尿管によって送られてきた尿を蓄える。

3 × 小脳は，橋および延髄の後ろにあり第4脳室を覆っている。全身の筋肉運動や筋緊張の調節を行う。延髄は呼吸中枢を含み，生命維持に不可欠な機能を担っている。

4 × 副腎は，左右の腎臓の上に位置する7～8gの黄白色で三角形の扁平な器官であり，副腎皮質ホルモンを分泌している。インスリン（insulin）は膵臓から分泌される。

5 × 心臓は，胸腔内で左右の肺に挟まれ，自律神経が支配し，脈の調整などを行っている。ガス交換をしているのは肺胞である。

問題15 解説

1 × リンパ管に流れているのはリンパ液であり，血管に血液が流れている。

2 × 逆流を予防するための弁があるのは静脈である。

3 × 左心室から出た血液は大動脈弁を通り大動脈へ流れる。

4 ○ 肺動脈には静脈血が流れ，肺静脈には動脈血が流れている。

5 × 下肢の体表で拍動を触れるのは動脈である。

問題16 解説

1 × 上腕二頭筋は，主に肘屈曲の作用がある。

2 × 大胸筋は，主に肩関節内転の作用がある。

3 ○ 大腿四頭筋，腹筋群，脊柱起立筋，下腿三頭筋などが抗重力筋として立位姿勢を維持する。

4 × 僧帽筋は，主に肩甲骨挙上（上部線維），肩甲骨内転（中部線維），肩甲骨下制（下部線維）の作用がある。

5 × 三角筋は，主に肩関節屈曲（前部線維），肩関節外転（中部線維），肩関節伸展（後部線維）の作用がある。

正解 問題13……1　　問題14……1　　問題15……4　　問題16……3

加点のポイント❼ 心筋梗塞は死亡率が高く重要な疾患

　心筋梗塞は強い前胸部痛が急に起きる疾患で，死亡率も高い疾患である。また，高齢者や糖尿病患者では痛みを感じにくくなることもあり，痛みの訴えのない人も多い。心筋梗塞では冠動脈が血栓により完全に閉塞し，心筋が壊死に陥るため，胸痛は持続し，死亡率も高い。閉塞した冠動脈にステントを挿入するなど早期の介入が必要である。

健康な人の体温に関する次の記述のうち, 適切なものを1つ選びなさい。

1 高齢者の体温は小児より高い。

2 早朝の体温が最も高い。

3 腋窩温は口腔温より高い。

4 体温調節中枢は視床下部にある。

5 環境の影響を受けない。

唾液腺と唾液に関する次の記述のうち, 正しいものを1つ選びなさい。

1 副交感神経は唾液分泌を抑制する。

2 唾液分泌は食事摂取時に限られる。

3 耳下腺の導管は口腔底に閉口する。

4 唾液には抗菌作用がある。

5 舌下腺は小唾液腺である。

加点のポイント❽　血圧

　血圧に関する問題, 特に高血圧に関する問題の出題頻度は高い。老人性疾患や生活習慣病との関係もあり, 高血圧が心筋梗塞, 脳卒中(脳出血, 脳梗塞), くも膜下出血, 心不全などの危険因子であることからもよく出題される。また, 高血圧の定義は 140/90mmHg 以上となっていることは覚えておく必要がある(自宅で測定した場合は 135/85mmHg 以上)。降圧目標は診察室血圧 130/80mmHg, 家庭血圧 125/75mmHg となっている。

　血圧に関する問題での過去の出題を見ると, 次のような内容が出題されている。

・心臓収縮期の血圧を最高血圧という。最高血圧は収縮期血圧ともいう。

・血圧の単位である mmHg の「Hg」は水銀を意味する。

・特定の原因が明らかでない高血圧を本態性高血圧といい, 病気が原因の高血圧は二次性高血圧という。

・血圧は心理的な影響を受け, 上がることもある。

加点のポイント❾　脳卒中については確実に理解しておこう

　脳血管障害(脳卒中)は脳梗塞(脳血栓と脳塞栓), 頭蓋内出血(脳出血とくも膜下出血), 一過性脳虚血発作, 高血圧性脳症, その他がある。脳血栓, 脳塞栓, 脳出血は脳実質が直接的に障害され, 麻痺, 言語障害などの後遺症を残すので, 介護を必要とする疾患として重要である。

　言語中枢は利き腕とは反対側にある。また, 関節の拘縮は麻痺とは別の現象。長期間関節を動かさないでいると起こる。

問題 17 解説

1 × 小児は体温が高く，高齢者は体温が低い傾向にある。

2 × 体温は日内変動があり，早朝に低く夕方近くに高くなる。

3 × 測定部位による体温の高さは，口腔温の方が腋窩温（わきの下で計測した体温）より高くなる。また口腔，腋窩，直腸で測定した体温を比較すると，「直腸＞口腔＞腋窩」となる。

4 ○ 視床下部の視索前野，前視床下部に体温調節中枢がある。

5 × 外気温や湿度など，体温は環境の影響を受けやすい。

問題 18 解説

1 × 副交感神経は，水分の多い唾液の分泌を促進する。

2 × 唾液分泌は，食事前に食べ物の匂いで唾液の分泌が促され，食事中・後も分泌はある。唾液腺のマッサージで，舌下腺，顎下腺，耳下腺を刺激することにより唾液は分泌される。ストレス時や寝ているときに少なくなり，口腔内で細菌が繁殖しやすくなる。

3 × 耳下腺の導管は，口腔前庭に開口する。顎下腺・舌下腺は，舌下小丘に開口している。

4 ○ 唾液に含まれる物質により，殺菌・抗菌作用がある。

5 × 舌下腺は大唾液腺である。小唾液腺は，口腔内全体に分布している。

正解 問題17……4　　問題18……4

加点のポイント⓾　それぞれのがんの相違点

早期がんの状態で発見されれば予後は良好である。

大腸がんは食事の欧米化とともにわが国でも増加してきたが，大腸ポリープがあるとがん化しやすい，低繊維食は大腸がんの危険因子であるが高繊維食をとってもリスクの低下はない，潰瘍性大腸炎では大腸がんのリスクが高い，などの特徴がある。

それぞれの臓器のがんの特徴について，理解しておく必要がある。膵臓がんの予後が悪いこと，肝細胞がんが肝硬変に合併することはよく知られている事実である。

加点のポイント⓫ 感染症はさまざまな病原体による疾患である

日本では，麻疹の予防接種があまり普及していなかった時期があるため，若者の発症が多く，日本は世界の中で，麻疹の輸出国として非難されていることを知っておくとよい。普通感冒やインフルエンザと同じように飛沫感染する。

ヒゼンダニは疥癬虫の一種で感染力が強く，介護保険施設や老人病院で集団発生することがある。インフルエンザは気道の粘膜細胞に感染する。ノロウイルスは非常に感染力が強く，食中毒という形で集団発生することが多い。MRSAは健康保菌者がいるということを覚えておこう。

インフルエンザは，高齢者では肺炎を引き起こし重症化し，死亡することもあるので，介護保険施設などでは大きな問題になり得る感染症である。インフルエンザワクチンは，職員全員，入所者全員に接種すべきである。

新型コロナウイルス(SARS-Cov-2，あるいは，COVID-19)のように国家的・国際的対策が必要な感染症もある。

廃用症候群（disuse syndrome）で起こる可能性があるものとして，最も適切なものを1つ選びなさい。

1 うつ状態

2 高血圧

3 関節炎

4 徘徊
_{はいかい}

5 下痢

Lさん（84歳，男性，要介護4）は，自宅で妻と暮らしている。数日前から妻が体調を崩しているため，短期入所生活介護（ショートステイ）を利用することになった。利用初日に，介護福祉職が身体の確認をするために着替えを行ったところ，Lさんの腋窩と腹部に赤い丘疹が見られ，一部に小水疱を伴っていた。強いかゆみを訴えており，手指間には灰白色の線が見られる。

Lさんに考えられる皮膚疾患について，集団生活を送る上で最も注意すべき優先度の高いものを1つ選びなさい。

1 皮脂欠乏性湿疹（asteatotic eczema）

2 疥癬（scabies）

3 白癬（tinea）

4 蕁麻疹（urticaria）

5 帯状疱疹（herpes zoster）

皮膚に関する次の記述のうち，正しいものを1つ選びなさい。

1 皮膚の表面は弱アルカリ性に保たれている。

2 皮膚から1日に約500 〜 600mlの不感蒸泄がある。

3 汗腺が最も多く分布しているのは額である。

4 体温が低下すると，汗腺が活性化する。

5 高齢期になると，皮脂の分泌が増加する。

問題 19 解説

1 ○ うつ状態になる可能性がある。その他，関節拘縮，筋力低下，骨粗鬆症などがみられる。

2 × 起立性低血圧が起こる可能性がある。

3 × 関節炎は廃用症候群に直接関係ない。

4 × 寝たきりになり褥瘡が生じる可能性がある。

5 × 便秘になる可能性がある。

問題 20 解説

1 × 皮脂欠乏性湿疹の症状は，特に下腿前部・大腿部・腰部などがカサカサして白い粉がふいたようになり，手指間の灰白色の線は見られない。赤く丸い湿疹やひび割れた赤い湿疹ができ痒みを生じる。

2 ○ 疥癬は例文の通り赤い丘疹，小水疱を伴い強い痒みを生じる。ヒゼンダニが表皮に1日2 ～ 4個の卵を産み，3 ～ 5日で孵化し，10 ～ 14日で成虫になり感染が増す。

3 × 白癬の症状は，白癬菌という真菌が足趾間・爪・頭部・陰部に感染し痒みを伴うものである。手指間の灰白色の線や赤い丘疹は見られない。

4 × 蕁麻疹の症状は，膨疹が特徴で痒みを生じる。蕁麻疹体質の人は，花粉症，アレルギー性鼻炎，アレルギー性結膜炎，喘息，湿疹，アトピー性皮膚炎を伴いやすい傾向にある。手指間の灰白色の線や赤い丘疹は見られない。

5 × 帯状疱疹の症状は，神経内に水痘ウイルスが感染して起こり，帯状に赤い斑点が現れチクチクまたはピリピリと痛みを感じる。また，発熱・リンパ節の腫れが見られ，水疱が破れてただれ，かさぶたができる。夜も眠れないほどの痛みを伴う。

問題 21 解説

1 × 皮膚の表面は，pH4.5 ～ 6.0の弱酸性に保たれている。

2 ○ 皮膚から1日に約500 ～ 600mlの不感蒸泄がある。計算式は，不感蒸泄量（日）＝体重（kg）×約15mlである。

3 × エクリン汗腺は手掌足底，腋窩に多く分布し，アポクリン汗腺は腋窩，乳輪，臍部，外陰部に多く分布している。

4 × 体温が上昇すると，汗腺が活性化する。

5 × 高齢期になると，皮脂の分泌は次第に減少する。

正解　　問題19……1　　　問題20……2　　　問題21……2

加点のポイント⓬　廃用症候群とは

　廃用症候群は安静状態が長期にわたると(長期臥床など)さまざまな心身の機能が低下することである。筋肉が萎縮し関節が固くなり萎縮する(拘縮)ので他動的に動かす必要がある。また寝たきり状態ではエアーマットの使用，2時間ごとの体位変換で褥瘡予防を図る。サルコペニアは加齢により体内の筋肉量が著しく減少し身体機能が低下することをいうが，わが国では定義が一定していない。

老化に伴う視覚機能の変化に関する次の記述のうち，正しいものを1つ選びなさい。

1　水晶体が茶色になる。

2　遠くのものが見えやすくなる。

3　明暗に順応する時間が長くなる。

4　ピントの調節が速くなる。

5　涙の量が増える。

皮膚の乾燥に伴うかゆみに関する次の記述のうち，適切なものを1つ選びなさい。

1　高齢者では，まれである。

2　水分摂取を控える。

3　顔面に好発する。

4　利用者の爪は短く切る。

5　皮膚をかくことで軽快する。

褥瘡の好発部位として，最も適切なものを1つ選びなさい。

1　側頭部

2　頸部

3　腹部

4　仙骨部

5　足趾部

加点のポイント⑬　**人体の構造と機能を知ろう**

　尿量は腎臓，脈拍数は心臓，呼吸数は肺，血圧は心臓と動脈，と覚えよう。それぞれ生命維持に重要な臓器系である。生命の指標として重要な測定項目は生命徴候（バイタルサイン）と呼ばれ，①意識，②脈拍，③血圧，④呼吸，⑤体温である。尿量の減少はショック，腎不全，（および尿閉）に伴って起きるので，尿量の測定も生命の維持と関連がある。

　門脈は血管の1つであることを覚えておこう。血管系では，門脈と呼ばれる血管が肝臓と下垂体（脳底部にある内分泌腺の1つ）にあり，臓器から流出してきた静脈血がもう一度別の臓器に流入する構造になっている。肝臓では胃腸や脾臓からの静脈血が門脈を通して肝臓に流れ込み，消化吸収されたさまざまな成分が処理される。

　人間には約200個の骨がある。すべての骨の名称を記憶する必要はないが，高齢者が骨折を起こしやすい骨，褥瘡のできやすい部位にあたる骨の名称は覚えておくべきである。

問題 22 解説

1 × 水晶体は白く濁り，白内障と呼ばれる。

2 × 老眼として近くのものが見にくくなることはよく知られているが，視覚機能全般が低下するため，遠くのものも見えにくくなる。

3 ○ 急に暗い場所に出ると，物が見えるまで時間がかかるようになる。

4 × 加齢に伴いピントの調節は遅くなる。

5 × 加齢に伴い涙の量は少なくなる。

問題 23 解説

1 × 高齢者では，汗や皮脂の分泌が減少し，皮膚が乾燥しやすくなるため，かゆみを感じやすくなる。

2 × かゆみが発生する原因として，加齢や洗い過ぎによる皮脂の取り過ぎと乾燥が考えられ，これらに注意する。

3 × 加齢や洗い過ぎによる皮脂の取り過ぎと乾燥により，細かな亀裂が無数に入る。すると，角質層のバリア機能が働かなくなり，かゆみを感じる神経が角質層下まで伸び，特に下腿と腰回りにかゆみを生じる。

4 ○ かゆみのあるときにかき傷をつけないようにするため，利用者の爪は短く切る。

5 × 皮膚をかいても症状は軽快しない。入浴時は石鹸の泡のクッションを利用して優しく洗い，かゆみの予防のために保湿剤を外用する。しかし，湿疹が発症した場合は炎症を抑える治療が必要である。

問題 24 解説

1 × 後頭部が好発部位となる。

2 × 頸部は褥瘡が発生しにくい。

3 × 腹部は褥瘡が発生しにくい。

4 ○ 褥瘡の好発部位は仙骨部であり，全体の半数を占める。その他，大転子部（大腿骨の上外方にある突起）や肩甲骨部などの骨突出部に多く発生する。

5 × 足趾部は褥瘡が発生しにくく，踵部や外果（外くるぶし）が好発部位となる。

正解 　問題22……3　　問題23……4　　問題24……4

加点のポイント ⓮ 循環器系・消化器系の構造と機能

　循環器系の血液の流れる経路をよく理解しておこう。特に，肺，心臓の間の血管のつながりは間違えやすいのでよく理解する必要がある。循環器系の解剖と生理に関しては，基本事項を理解しておく必要があり，この問題も基本事項に関する問題である。肺静脈に流れる血液が動脈血か静脈血かを問う問題はよく出題されている。解剖学的位置を考えれば解ける。

　消化器系は，食道，胃，十二指腸，小腸，大腸，肝臓，胆嚢，膵臓である。これらは口と肛門でのみ外界につながる閉鎖された空間で，すべて管腔で互いにつながっている。例えば，口から入り，食道，胃，十二指腸，総胆管，肝管とたどり，さらに終点の細胆管まで達すると，そこは2つの肝細胞が接する管状の空間である。上記の臓器が消化器系に分類されるのは，栄養分を消化吸収するという機能面だけではなく，管腔でつながっているという面でも共通点があるからである。

問題 25　頻出度 ★ ★　　第32回 問題099　Check ☑ ☑ ☑

爪や指の変化と，そこから推測される疾患・病態との組合せとして，最も適切なものを1つ選びなさい。

1　爪の白濁 − チアノーゼ（cyanosis）
2　巻き爪 − 心疾患
3　さじ状爪 − 鉄欠乏性貧血（iron deficiency anemia）
4　ばち状指 − 栄養障害
5　青紫色の爪 − 爪白癬（つめはくせん）

問題 26　頻出度 ★　　第30回 問題101　Check ☑ ☑ ☑

生体で生じる化学反応について，酵素は重要な役割を担っている。酵素を構成する主要成分として，正しいものを1つ選びなさい。

1　タンパク質
2　糖質
3　脂質
4　ビタミン類
5　無機質（ミネラル（mineral））

問題 27　頻出度 ★　　第29回 問題100　Check ☑ ☑ ☑

立位姿勢を維持するための筋肉（抗重力筋）として，正しいものを1つ選びなさい。

1　大腿四頭筋（だいたいしとうきん）
2　胸鎖乳突筋
3　僧帽筋
4　三角筋
5　大胸筋

問題 28　頻出度 ★ ★ ★　　第34回 問題101　Check ☑ ☑ ☑

骨に関する次の記述のうち，正しいものを1つ選びなさい。

1　骨にはたんぱく質が含まれている。
2　骨のカルシウム（Ca）は老化に伴い増える。
3　骨は負荷がかかるほうが弱くなる。
4　骨は骨芽細胞によって壊される。
5　骨のカルシウム（Ca）はビタミンA（vitamin A）によって吸収が促進される。

問題 25 解説

1 × チアノーゼが発生すると，爪は暗褐色や青紫色になる。爪の白濁は，爪が肥厚している時や爪白癬で見受けられる。

2 × 巻き爪は，老化等が原因である。心疾患で爪が変化する場合は「バチ爪」で，指先がバチ（太鼓をたたくためのもの）のようになる。

3 ○ さじ状爪は，爪がスプーンのようになっている状態である。貧血との関連が指摘されている。

4 × 低栄養で見受けられるのは，爪が全体的に白くなっている状態である。

5 × 選択肢1の解説と同じである。青紫色に見える場合はチアノーゼであることが多い。

問題 26 解説

1 ○ 酵素を構成する主要成分はタンパク質で，原料となるのはアミノ酸である。

2 × 糖質は主要なエネルギー源で，消化・吸収されて血液と一緒に全身をめぐり，体の中で1gあたり4kcalのエネルギーとなる物質である。

3 × 脂質は1gあたり9kcalの効率の良いエネルギー源で，水に溶けない物質である。

4 × ビタミン類は，体内で作り出すことはできない。微量で体内の様々な機能を調節する働きがあり，生命活動に必要な成分である。

5 × 無機質はビタミン類と同様に体内の機能の維持・調節に欠くことのできない栄養素である。

問題 27 解説

1 ○ 立位姿勢を維持するための筋肉は，大腿四頭筋である。

2 × 胸鎖乳突筋は首を前側から支える大きな筋肉で，首を横に回すと浮き出てくる。

3 × 僧帽筋は，後頭部から背中の正中線に沿って始まり，左右の鎖骨・肩甲骨に終わる菱形の筋肉で，肩の運動に関与している。

4 × 三角筋は，肩関節を大きく覆うようについている筋肉で，収縮すると上肢が上がる。

5 × 大胸筋は，胸板を形成する筋の表層部にある最も大きな筋肉である。

問題 28 解説

1 ○ 骨はカルシウムを主体とする無機質な構造体であるが，コラーゲン（有機成分）などのたんぱく質を含んでいる。

2 × 骨のカルシウム（Ca）は老化に伴い減少する。女性ホルモンの分泌量減少や腸管でのカルシウム吸収が悪くなることなどが原因である。

3 × 骨は負荷（圧縮力や歪みなどの力学的負荷）がかかると強くなろうとする性質をもつ。そのため，寝たきりや足の骨折などで負荷がかからない期間が長引くと骨は弱くなる。

4 × 骨は破骨細胞によって壊され（骨吸収），骨芽細胞によって作られる（骨形成）。

5 × 骨のカルシウム（Ca）はビタミンD（vitamin D）によって吸収が促進される。

正解 問題25……3　問題26……1　問題27……1　問題28……1

❸ 移動に関連したこころとからだのしくみ

問題 29 頻出度 ★ ★ | 第32回 問題101 | Check ✓ ✓ ✓

　高齢者の大腿骨頸部骨折（femoral neck fracture）に関する次の記述のうち，最も適切なものを1つ選びなさい。

1 転落によって生じることが最も多い。

2 骨折（fracture）の直後は無症状である。

3 リハビリテーションを早期に開始する。

4 保存的治療を行う。

5 予後は良好である。

問題 30 頻出度 ★ | 第34回 問題102 | Check ✓ ✓ ✓

　介護者が効率的かつ安全に介護を行うためのボディメカニクスの原則に関する次の記述のうち，適切なものを1つ選びなさい。

1 支持基底面を広くする。

2 利用者の重心を遠ざける。

3 腰がねじれた姿勢をとる。

4 重心を高くする。

5 移動時の摩擦面を大きくする。

問題 31 頻出度 ★ ★ | 第28回 問題101 | Check ✓ ✓ ✓

　廃用症候群（disuse syndrome）で起こる可能性のある病態とその対策の組合せとして，最も適切なものを1つ選びなさい。

1 筋萎縮 ──────────── 日光浴

2 関節拘縮 ──────────── 運動制限

3 深部静脈血栓症（deep vein thrombosis）── 離床

4 褥瘡 ──────────── 安静

5 せん妄（delirium）──────────── 入院

加点のポイント⑮ 安楽と安寧の方法

　介護の実践現場において，介護職に必要な医学的知識が問われる問題が頻出されている。体位変換や安楽な姿勢はもちろん，気分爽快感やリラックスできる効果が得られる介護の方法について数字(湯温や量など)を用いて問われている。何となくの感覚で覚えるのではなく，理論と根拠をおさえよう。

問題 **29** 解説

1 × 転落ではなく，「転倒」によって生じることが最も多い。

2 × 骨粗鬆症がある場合，痛みを訴えないことはあるものの，可動域異常や皮下出血，腫脹等の症状がみられることが多く，無症状とはいえない。

3 ○ リハビリテーションを早期に開始することで，生活不活発病の予防につながる。

4 × 保存的治療は，決して否定されるものではないが，保存的治療で生活不活発病発症のリスクが高まるといえる。したがって最も適切とはいえない。

5 × 一般的に高齢者の大腿骨頸部骨折の予後は「良好」とはいえず，寝たきりにつながるケースがある。寝たきりにならないまでもフレイルや生活不活発病につながるケースが多い。

問題 **30** 解説

1 ○ 支持基底面（base of support：BOS）とは床面に接している身体表面とその間にできる底面のことをいう。支持基底面は広いほど身体の安定性が高くなる性質をもつため，介護者が立った状態で動作を行う場合，両足のスタンスをやや広げることで身体が安定する。つまり，介護者が効率的かつ安全に介護を行うことに役立つ。

2 × 介護者と被介護者の距離は遠くなるほど負担（介護に必要な力）は大きくなる。そのため，利用者の重心を介護者に近づけることが必要である。

3 × 腰がねじれた姿勢で介護をすることは腰部負担を増大させ，ぎっくり腰（急性腰痛症）や慢性的な腰痛を引き起こす原因となる。

4 × 身体を安定させるためには重心を低くすることが必要である。そのため，介護者は棒立ちではなく膝を軽く曲げ，腰をやや下げたような姿勢が理想である。

5 × 摩擦の大きさは身体の安定性を高くするためには利点となるが，移動時においては阻害因子となり得る。そのため，危険のない範囲で身体と物体間の摩擦を減らし，移動をしやすくすることが必要である。

問題 **31** 解説

1 × 日光浴は骨粗鬆症の予防に必要であるが，筋萎縮の対策とはならない。筋萎縮の対策としては，筋力トレーニングなどの機能訓練が必要である。

2 × 関節拘縮は，同一ポジションを長時間とることによって起こるため，早期離床を促し，ROM（関節可動域）練習によって予防することが重要である。

3 ○ 安静臥床を続けていると循環血液量が減少し，その結果として血液粘稠度が増加し静脈血栓を起こす危険性が高くなるため，離床を促すことが大切である。

4 × 褥瘡は，安静臥床という同一体位を持続していることで血液の循環が悪くなり，発生リスクが高まる。そのため，体位変換はこまめに行うことが重要である。

5 × せん妄は急性あるいは亜急性に発症し，一時的な認知機能低下や睡眠障害，幻覚などさまざまな精神症状を呈する病態である。せん妄は，特に夜間にみられることが多い。対策としては，睡眠と覚醒のリズムを整えたり，日中の活動性を高めたりすることが重要である。

正解 問題29……3 問題30……1 問題31……3

❹ 身じたくに関連したこころとからだのしくみ

次のうち，口臭の原因になりやすい状態として，最も適切なものを1つ選びなさい。

1 唾液の増加
2 義歯の装着
3 歯周病（periodontal disease）
4 顎関節症（temporomandibular joint disorder）
5 低栄養状態

「日常生活動作（Activities of Daily Living：ADL）」に分類されるものとして，正しいものを1つ選びなさい。

1 買物
2 料理
3 洗濯
4 乗り物利用
5 入浴

（注）「日常生活動作（Activities of Daily Living：ADL）」は，基本的ADL（Basic Activities of Daily Living：BADL）と言われることがある。

良肢位に関する次の記述のうち，最も適切なものを1つ選びなさい。

1 ADL（Activities of Daily Living：日常生活動作）に最も支障が少ない姿勢である。
2 肘関節を伸ばした姿勢である。
3 つま先が下を向いた姿勢である。
4 拘縮を起こしやすい姿勢である。
5 クッションを用いた保持は避ける。

加点のポイント⑯ 身じたくが心身に与える影響

・口腔ケア（歯磨き）によって歯垢を取り除き，歯周病や虫歯の予防につなげることができる。
・洗髪（頭皮や髪を洗う）によって，髪に付着した汚れや頭皮から分泌された皮脂分を取り除き，臭いやかゆみの原因を未然に防ぐことができる。いずれの場合でも利用者が爽快感を得ることができ，対人関係が良好になること，良好な関係を保つことにもつながる。なぜなのかの理由を知り，それを基に生活支援に結びつけるとスムーズに理解することができる。

問題 32 解説

1 × 唾液には口腔内を清潔にする「自浄作用」がある。そのため唾液分泌が増えると口腔内の衛生状態が保たれることから口臭の原因にはならない。

2 × 義歯の装着自体が口臭の原因になることはない。義歯の洗浄が不十分な状態で使用することで口臭の原因になることがある。

3 ○ 歯周病は歯を支える歯槽骨が「溶けた」状態になり歯が抜ける疾患である。歯周病菌が原因で口内環境が悪くなり，出血も多くなることから口臭の原因になる。よって，直接的な要因になることから最も適切といえる。

4 × 顎関節症そのものが口臭の直接的な原因になることはない。顎関節症が痛みを伴い，口腔周囲も含めた口腔運動の減少により唾液分泌が少なくなることで口臭が発生することはあり得る。

5 × 低栄養状態そのものは口臭の原因にはならない。低栄養状態から食品多様性の低下（食べる種類の減少）によりオーラルフレイルを発症した状態から口臭が発生する可能性がある。

問題 33 解説

1 × ADLに関連したより複雑で高次な動作のことをIADL（手段的日常生活動作）というが，買い物はIADLに該当する。

2 × 料理はIADLに該当する。

3 × 洗濯はIADLに該当する。

4 × 乗り物利用はIADLに該当する。

5 ○ 入浴はADLに該当する。

問題 34 解説

1 ○ 病状により拘縮を伴ったとしても，ADL（Activities of Daily Living：日常生活動作）に最も支障が少ない姿勢である。

2 × 肘関節を，90度に屈曲した姿勢である。

3 × 状態が回復したときに歩行ができる姿勢を保つため，つま先は下を向かないようにする。つま先を下に向けると尖足状態となり，回復後に歩行困難となる。

4 × 良肢位は，日常生活動作で支障の少ない関節角度をとった肢位である。

5 × 同一姿勢を長時間とることを避けるため，クッションを用いて各関節の良肢位を保持する。

正 解　　問題32……3　　問題33……5　　問題34……1

加点のポイント⑰　**身じたくは自己表現**

　1日をスタートさせる，1日が終わり就寝する，外出する，帰宅する，人と接する等々，生活にはなくてはならない自己表現が身じたくである。目的があれば人は主体的に行動するようになる。

　これまで出題される頻度が少なかった「身じたくに関連したこころとからだのしくみ」だが，生活意欲の低下や不活発な状態を脱出するきっかけをつくることができる支援であり，今後出題される機会が増えると予想される。ポイントを抑え利用者理解につながるように学習を進めよう。

問題 35 頻出度 ★ | 第32回 問題102 | Check ☑ ☑ ☑

摂食・嚥下のプロセスに関する次の記述のうち，最も適切なものを1つ選びなさい。

1　先行期は，唾液分泌が増加する。
2　準備期は，嚥下性無呼吸がみられる。
3　口腔期は，喉頭が閉鎖する。
4　咽頭期は，食塊を形成する。
5　食道期は，随意的な運動である。

問題 36 頻出度 ★★★ | 第34回 問題103 | Check ☑ ☑ ☑

次のうち，三大栄養素に該当する成分として，正しいものを1つ選びなさい。

1　水分
2　炭水化物
3　ビタミン（vitamin）
4　ナトリウム（Na）
5　カルシウム（Ca）

問題 37 頻出度 ★★★ | 第35回 問題026 | Check ☑ ☑ ☑

次のうち，誤嚥しやすい高齢者の脱水予防のために確認することとして，最も優先すべきものを1つ選びなさい。

1　義歯の装着状態
2　上肢の関節可動域
3　睡眠時間
4　夜間の咳込みの有無
5　摂取している水分の形状

加点のポイント⑱　栄養素の働きについてしっかり理解しよう①

6つの基礎食品群	
1群：肉・魚・卵・大豆等	2群：牛乳・乳製品・海藻・小魚等
3群：緑黄色野菜	4群：淡色野菜・果物
5群：穀物・芋類・砂糖等	6群：油脂類

5大栄養素
炭水化物（糖質）・脂質・たんぱく質・無機質（ミネラル）・ビタミン

問題 35 解説

1 ○ 味や固さなど，食事を見て過去の経験から想像することで，条件反射的に唾液が分泌される。

2 × 準備期は，食物を唾液とともに咀嚼し，食塊の形状を整える時期である。

3 × 口腔期は，食塊を口腔から咽頭へ移送する。喉頭ではなく仮声帯が閉鎖する。

4 × 食塊を形成する時期は準備期～口腔期である。咽頭期は，食塊を咽頭から食道に送り込む時期である。

5 × 食道期の運動は，食道括約筋の閉鎖や食道の蠕動運動（ぜん どう うん どう）等の不随意運動である。

問題 36 解説

1 × 水分は一般的に栄養素には含めていない。

2 ○ 炭水化物は三大栄養素である。炭水化物，脂質，タンパク質を三大栄養素という。

3 × ビタミンは三大栄養素に該当しないが，「五大栄養素」に含まれている。

4 × ナトリウムはミネラルの一種であり「五大栄養素」に含まれている。

5 × カルシウムはミネラルの一種であり「五大栄養素」に含まれている。

問題 37 解説

1 × 確かに義歯の装着状態で咀嚼と嚥下状態に変化が出るが（口蓋と舌の圧の関係），脱水予防のために最も優先すべきことには該当しない。

2 × 姿勢が咀嚼や嚥下に影響を与えることは確かであるが，脱水予防のために最も優先すべきことには該当しない。

3 × 脱水予防のために確認することとして最も優先すべきことには該当しない。

4 × 夜間のせき込みは，どのような体位でいるときにムセが激しいか等の観察は必要である。しかしながら設問にある脱水予防のための確認に最も優先すべきこととはいえない。

5 ○ 誤嚥しやすいが脱水を予防しなければいけない場合，摂取する水分の形状を検討することが必要である。嚥下前誤嚥か嚥下後誤嚥か観察しながらとろみ剤の使用を検討することが重要である。

正解 問題35……1　　問題36……2　　問題37……5

加点のポイント⑲ 栄養素の働きについてしっかり理解しよう②

エネルギー源になる栄養素	炭水化物（4 kcal/g）・脂質（9 kcal/g）・たんぱく質（4 kcal/g）
生体組織を作り出す栄養素	たんぱく質・脂質・無機質
生体機能を調節，維持する栄養素	たんぱく質・無機質・ビタミン

問題 38 頻出度 ★★★ 第33回 問題101 Check ☑ ☑ ☑

栄養素の働きに関する次の記述のうち，正しいものを1つ選びなさい。

1 たんぱく質は，最大のエネルギー源となる。

2 ビタミンD（vitamin D）は，糖質をエネルギーに変える。

3 カリウム（K）は，骨の形成に関わる。

4 ビタミンB1（vitamin B1）は，カルシウム（Ca）の吸収に関わる。

5 ナトリウム（Na）は，血圧の調節に関わる。

問題 39 頻出度 ★★★ 第28回 問題102 Check ☑ ☑ ☑

1g当たりのエネルギー発生量が最も多い栄養素として，正しいものを1つ選びなさい。

1 たんぱく質

2 糖質

3 脂質

4 ビタミン（vitamin）

5 無機質（ミネラル（mineral））

問題 40 頻出度 ★ 第33回 問題099 Check ☑ ☑ ☑

義歯を使用したときの影響として，適切なものを1つ選びなさい。

1 唾液分泌量が増加する。

2 話す言葉が明瞭になる。

3 舌の動きが悪くなる。

4 口のまわりのしわが増える。

5 味覚が低下する。

問題 41 頻出度 ★★ 第28回 問題103 Check ☑ ☑ ☑

脱水に伴う症状として，最も適切なものを1つ選びなさい。

1 浮腫

2 活動性の低下

3 低体温

4 多尿

5 皮膚の湿潤

加点のポイント⑳ 嚥下障害と生活習慣病の予防に関する食事の工夫

　高齢者の嚥下障害と食事の工夫，生活習慣病と食事の注意点については過去の頻出問題となっている。

(問題)38 解説

1 × たんぱく質は炭水化物や脂質とともに，エネルギー産生栄養素であるが，炭水化物の不足等でエネルギー源が不足した場合に使用される。したがって，最大のエネルギー源とはいえない。

2 × ビタミンDは，カルシウムの吸収を促し，カルシウムとリンの濃度を維持する。

3 × カリウムは，体液の浸透圧を調整して一定に保つ働きがある。そのため塩分濃度を調節する役割もある。神経の興奮性や筋肉の収縮にも関わる。なお，骨形成に関わるのはビタミンDである。

4 × ビタミンB1は，糖質や脂質をエネルギーに変える際に必要なビタミンである。また脳や末梢神経の機能を正常に保つ役割もある。

5 ○ ナトリウムは水分を保ちながら血液の量を維持し，血圧を調節している。

(問題)39 解説

1 × たんぱく質のエネルギー発生量は，1g当たり4kcalである。

2 × 糖質のエネルギー発生量は，1g当たり4kcalである。

3 ○ 脂質のエネルギー発生量は1g当たり9kcalで，エネルギー発生量が最も多い栄養素である。

4 × ビタミンのエネルギー発生量は，0kcalである。

5 × 無機質（ミネラル）のエネルギー発生量は，0kcalである。

(問題)40 解説

1 × 義歯を使用している状態では，咀嚼の感覚が脳に伝わり辛く，結果として噛んでいる感覚の低下により唾液の分泌量が低下することがある。

2 ○ 義歯の使用により舌の動き自体が悪くなることはあり得るが，舌が口蓋にしっかりと接触することによって，言葉自体は明瞭になりやすい。

3 × 義歯を使用すると口腔内で舌を動かすための「スペース」が変わることから，動きが悪くなることがあるが，頻度が高いわけではなく，最も適切とはいえない。

4 × 歯を失ってから，治療せずに放置することで口元が痩せしわが発生しやすい傾向がある。義歯を使用することでしわの発生を予防でき得る。

5 × 味覚の低下は味蕾減少によるものであり，義歯が直接的な原因であるとは断定できない。

(問題)41 解説

1 × 浮腫は，細胞と細胞の間にある皮下組織に水分が溜まった状態のことでむくみともいうが，体液量のバランスが崩れて起こるもので脱水を伴う症状ではない。

2 ○ 摂取する水分が不足し，体内の水分量が減少することで脱水症状となり，活動性が低下する。

3 × 低体温は脱水に伴う症状ではない。発熱や高温下に長時間さらされることで，発汗や不感蒸泄の増加が起き脱水となる。

4 × 脱水により尿量は減少する。

5 × 脱水により皮膚は乾燥する。

正解 問題38……5　問題39……3　問題40……2　問題41……2

❻ 入浴，清潔保持に関連したこころとからだのしくみ

問題 42　頻出度 ★★★　第27回 問題103　Check ☑ ☑ ☑

入浴による静水圧の直接的な作用として，最も適切なものを1つ選びなさい。

1　毛細血管の拡張
2　関節への負担の軽減
3　下肢のむくみの軽減
4　体重による負担の軽減
5　老廃物の排泄の促進

問題 43　頻出度 ★★　第26回 問題104　Check ☑ ☑ ☑

入浴を避けるべき状態として，最も適切なものを1つ選びなさい。

1　胃ろうカテーテル留置
2　全介助
3　褥瘡
4　食事の直後
5　尿道カテーテル留置

問題 44　頻出度 ★★★　第33回 問題103　Check ☑ ☑ ☑

入浴（中温浴,38～41℃）の効果に関する次の記述のうち,正しいものを1つ選びなさい。

1　脳が興奮する。
2　筋肉が収縮する。
3　血圧が上昇する。
4　腎臓の働きを促進する。
5　腸の動きを抑制する。

問題 45　頻出度 ★★　第29回 問題105　Check ☑ ☑ ☑

感染を起こしていない皮膚の創傷治癒を促す方法として，最も適切なものを1つ選びなさい。

1　乾燥
2　消毒
3　マッサージ
4　湿潤
5　加圧

問題 42 解説

1 × 毛細血管の拡張は「温熱作用」による。温熱作用によって血管が拡張し血流が良くなる。

2 × 関節への負担軽減は，「浮力作用」によるものである。

3 ○ 静水圧作用は「身体が一回り小さくなる程度の水圧を受ける」イメージである。よって，全身が水圧で「押し付けられる」ことから下肢も静水圧作用を受け，むくみの軽減につながる。

4 × 「浮力作用」により，浴槽内では体重が1/9程度になり，軽く感じる。

5 × 老廃物の排泄促進は，「温熱作用」による効果である。血行が良くなることで利尿作用が高まるなど，排泄されやすくなる。

問題 43 解説

1 × 胃ろう造設者は，入浴前後の処置を行うことで入浴に影響はない。入浴を避けるべき状態に該当しない。

2 × 全介助の要介護者は入浴を避けるべき状態に該当しない。

3 × 褥瘡がある場合，入浴によって皮膚の清潔を保つこと，創部を清潔にすることが重要である。したがって入浴を避けるべき状態に該当しない。

4 ○ 入浴時は，血管拡張により皮膚への血流が多くなる。逆に内蔵への血流は減少する。そのため栄養吸収に影響があることから，食事直後の入浴は避けるべきである。

5 × 尿道カテーテル留置者であっても，入浴前後の観察を行い入浴することが可能である。したがって入浴を避けるべき状態に該当しない。

問題 44 解説

1 × 中温浴での入浴は，副交感神経が優位になることからリラックス状態となる。したがって，脳は興奮状態にはならない。

2 × 入浴は，筋肉の緊張や疲労を和らげる効果がある。一方で，筋肉が収縮するのは緊張状態といえる。入浴中は緊張が和らぐことから，弛緩状態に近くなる。

3 × 入浴当初は血圧が上昇傾向になるが，中温浴での入浴では次第に血圧が下降していく。

4 ○ 入浴は胃腸や腎臓など臓器の機能を高める効果がある。そのため，温熱作用と静水圧作用により腎臓の働きが促進される。

5 × 温熱作用と静水圧作用により，腸の蠕動運動が活発になりやすい。

問題 45 解説

1 × 創傷を乾燥させることで，細胞が乾き死滅する。そのため，「かさぶた」ができやすく傷の治りが遅くなる。現在は「程よく湿らせた状態（清潔な湿潤）」が大切とされている。

2 × 消毒により，感染に対する防御機能をもつ白血球等が障害を受けることで感染に対し無防備な状態になる。消毒ではなく，「水道水で洗う」ことが推奨されている。

3 × 治りかけている皮膚組織に障害を与えることから，創傷へのマッサージは避けるべきである。

4 ○ 傷を治す細胞を活性化させるため，適度で清潔な状態での湿潤が大切である。

5 × 選択肢3と同様である。また，加圧することで創傷部位を拡大させる可能性もあり，望ましくない。

正解	問題42……3	問題43……4	問題44……4	問題45……4

❼ 排泄に関連したこころとからだのしくみ

問題 46 頻出度 ★★★ 第32回 問題103 | Check ☑ ☑ ☑

Jさん（80歳，男性）は，アルツハイマー型認知症（dementia of the Alzheimer's type）と診断され，半年前から認知症対応型共同生活介護（グループホーム）に入居している。最近，Jさんは，トイレに行きたいと言ってグループホーム内を歩き回った後に，失禁するようになった。

Jさんの排泄（はいせつ）の状態として，最も適切なものを1つ選びなさい。

1 反射性尿失禁
2 心因性頻尿
3 溢流性尿失禁（いつりゅうせいにょうしっきん）
4 機能性尿失禁
5 腹圧性尿失禁

問題 47 頻出度 ★★★ 第33回 問題105 | Check ☑ ☑ ☑

次のうち，便秘の原因として，最も適切なものを1つ選びなさい。

1 炎症性腸疾患（inflammatory bowel disease）
2 経管栄養
3 消化管切除
4 感染性腸炎（infectious enteritis）
5 長期臥床（ちょうきがしょう）

問題 48 頻出度 ★★★ 第34回 問題106 | Check ☑ ☑ ☑

次のうち，ブリストル便性状スケールの普通便に該当するものとして，最も適切なものを1つ選びなさい。

1 水様便
2 硬い便
3 泥状便
4 コロコロ便
5 やや軟らかい便

加点のポイント㉑ 機能性便秘の種類と特徴

攣縮性便秘	腸の緊張により大腸が強く収縮し，便の排泄を阻害する。
弛緩性便秘	腸の蠕動運動の低下により，便が停滞し，水分が再吸収され硬く排泄されにくくなる。
直腸性便秘	肛門の機能障害によって排便できない。

問題 46 解説

1 × 反射性尿失禁は，脊髄損傷等，上位感覚神経の障害により，尿意が大脳まで伝わらずに失禁してしまう。

2 × 心因性頻尿は，膀胱や尿道等の尿排泄器官の異常ではなく，不安や心配から発生する頻尿である。

3 × 溢流性尿失禁は，残尿があり，あふれてくるように漏れる失禁である。

4 ○ 「歩き回って失禁する」ということは，身体機能がある程度維持されていることを示す。排泄に必要な身体機能は維持されながら，トイレの場所がわからない，動きが鈍くてトイレまで間に合わず失禁する状態を機能性尿失禁という。

5 × 腹圧性尿失禁は，お腹に力が入った時，たとえば，笑ったり，くしゃみや咳をしたときに尿失禁する状態をいう。

問題 47 解説

1 × 炎症性腸疾患とは，自身の免疫細胞が腸の細胞を攻撃することで腸が炎症を起こす疾患である。慢性的な下痢や血便，腹痛が主症状である。

2 × 経管栄養適応者では，水分からの栄養補給となるため，腸管が萎縮し，軟便，下痢，水様便になることが多い。

3 × 一般的に消化管切除後は，便秘もみられるが，下痢症状も一定数見受けられることから便秘の原因とは言い切れない。

4 × 感染性腸炎は，微生物が原因となって引き起こされる腸管の病変を主体とした疾患である。一般的には，下痢症状が多い。

5 ○ 長期臥床により，大腸の蠕動運動が低下することで便秘が起きやすい。生活不活発病の症状の一つである。この状態による便秘を弛緩性便秘という。

問題 48 解説

ブリストル便性状スケールは，大便の形状と硬さで便を7段階に分類するもので，一般的に1～2が便秘の便，3～5が普通便，6～7が下痢の便とされる。

1 × ブリストル便性状スケールでは7に該当する。

2 × ブリストル便性状スケールでは2に該当する。

3 × ブリストル便性状スケールでは6に該当する。

4 × ブリストル便性状スケールでは1に該当する。

5 ○ ブリストル便性状スケールの普通便は4に該当する。「やや軟らかい便」は5に該当し，本項目が普通便に最も近いことから，「最も適切」といえる。

正解　問題46……4　問題47……5　問題48……5

加点のポイント㉒　レム睡眠とノンレム睡眠

レム睡眠とノンレム睡眠は，90～110分周期で，一夜に4～5回出現する。

レム睡眠	睡眠中の急速な眼球運動があるが，身体の力は抜けている状態で夢を見る。
ノンレム睡眠	大脳は休んでいるが，身体を支える筋肉は働いている。深さは1～4段階まである。

❽ 休息・睡眠に関連したこころとからだのしくみ

問題 49 頻出度 ★ ★ | 第30回 問題105 | Check ☑ ☑ ☑

体内時計を1日24時間の周期に修正する最も強力な因子として，正しいものを1つ選びなさい。

1 日光
2 食事
3 運動
4 仕事
5 入浴

問題 50 頻出度 ★ ★ ★ | 第33回 問題106 | Check ☑ ☑ ☑

高齢者の睡眠の特徴に関する次の記述のうち，適切なものを1つ選びなさい。

1 熟睡感が増加する。
2 深睡眠が増加する。
3 夜間の睡眠時間が増加する。
4 睡眠周期が不規則になる。
5 入眠までの時間が短縮する。

問題 51 頻出度 ★ ★ | 第33回 問題107 | Check ☑ ☑ ☑

睡眠に関する次の記述のうち，適切なものを1つ選びなさい。

1 レム睡眠のときに夢を見る。
2 レム睡眠から入眠は始まる。
3 ノンレム睡眠では筋緊張が消失する。
4 ノンレム睡眠では速い眼球運動がみられる。
5 高齢者ではレム睡眠の時間が増加する。

問題 52 頻出度 ★ ★ ★ | 第35回 問題028 | Check ☑ ☑ ☑

高齢者の睡眠薬の使用に関する次の記述のうち，最も適切なものを1つ選びなさい。

1 依存性は生じにくい。
2 翌朝まで作用が残ることがある。
3 食事後すぐの服用が望ましい。
4 アルコールと一緒に飲んでも効果は変わらない。
5 転倒の原因にはならない。

問題 49 解説

1 ○ 体内時計の周期は，朝の太陽光を浴びることによって1日の24時間周期にリセットされる。したがって日光が強力な因子となる。

2 × 食事は胃腸の消化活動を活発にさせる。そのため寝つきが悪くなる。睡眠前の食事は，体内時計を狂わせる因子になり得る。

3 × 運動することで交感神経が優位になる。体内時計を修正する因子とはいえない。

4 × 運動や仕事という日中活動と睡眠は関係しているが，体内時計を修正する因子とはいえない。

5 × 入浴は睡眠と大きく関係しているが，体内時計を修正する因子とはいえない。

問題 50 解説

高齢者は，レム睡眠（浅い眠り）とノンレム睡眠（深い眠り）のサイクルが乱れやすく，ノンレム睡眠も浅いことから，熟睡感が少なくなる。一般的に入眠までの時間が長くなり，中途覚醒があることから夜間の睡眠時間が減少しやすい。よって選択肢4が正解である。

問題 51 解説

1 ○ レム睡眠は「からだの休息」と呼ばれ，脳はある程度活動している。この時に夢を見る。

2 × レム睡眠とノンレム睡眠は交互に90分周期で，一晩に4〜6回繰り返される。通常，眠りにつくとすぐにノンレム睡眠が訪れる。

3 × ノンレム睡眠の時は，ある程度の筋肉の緊張を保つが，脳の活動が大きく低下している状態である。筋緊張が緩やかになるのはレム睡眠である。

4 × 速い眼球運動はREM（Rapid Eye Movement：急速眼球運動）と呼ばれ，レム睡眠の際にみられる状態である。

5 × 高齢者は「レム睡眠が増加」するのではなく，レム睡眠とノンレム睡眠のサイクルが乱れることで，睡眠に満足感を得られないことが多い。

問題 52 解説

1 × 睡眠薬は依存性が生じやすい。

2 ○ 睡眠薬は翌朝まで作用が残ることがある。これは高齢者に限らず「睡眠薬の感受性が高い（睡眠薬が効きやすい）」人に見受けられる。ふらつき，転倒することがあるため注意が必要である。

3 × 睡眠薬の種類によっては，脂溶性が高いものもあるため，食事後すぐに服用すると薬の吸収が3倍程度増加するものもある。よって適切とはいえない。

4 × アルコールとの同時摂取で薬の作用が強くなることがある。したがってアルコールとの併用は避けるべきである。

5 × 選択肢2で解説した通りである。筋肉が弛緩する，意識がもうろうとする等の状態になり転倒しやすくなる。

正解 問題49……1　　問題50……4　　問題51……1　　問題52……2

大切な人を亡くした後にみられる，寂しさやむなしさ，無力感などの精神的反応や，睡眠障害，食欲不振，疲労感などの身体的反応を表すものとして，最も適切なものを1つ選びなさい。

1 認知症（dementia）

2 グリーフ（grief）

3 リビングウィル（living will）

4 スピリチュアル（spiritual）

5 パニック障害（panic disorder）

終末期に自分が望むケアをあらかじめ書面に示しておくことを表す用語として，正しいものを1つ選びなさい。

1 ターミナルケア（terminal care）

2 インフォームドコンセント（informed consent）

3 リビングウィル（living will）

4 デスカンファレンス（death conference）

5 グリーフケア（grief care）

Eさん（75歳，男性）は，2年前に肺がん（lung cancer）と診断されて，抗がん剤治療を受けていたが，効果がなく1か月前に治療を中止した。その後，日常生活に支援が必要となり，訪問介護（ホームヘルプサービス）を利用することになった。訪問介護員（ホームヘルパー）は初回訪問を終えて帰ろうとした時に，いきなりEさんから，「もう来なくてもいい」と厳しい口調で言われた。また，「どうして私だけが，がん（cancer）にならなければならないのか」という言葉も聞かれた。

Eさんの心理状態についてキューブラー・ロス（Kübler-Ross, E.）が提唱した心理過程の段階として，最も適切なものを1つ選びなさい。

1 否認

2 怒り

3 取り引き

4 抑うつ

5 受容

問題 53 解説

1 × 問題文は認知症の説明ではない。

2 ○ 「グリーフ」とは「悲嘆」「悲しみ」を表す用語であり，問題文はグリーフに該当する。

3 × リビングウィルは，自身が元気でいるときに「自分自身の延命治療や希望」について書き記す「生前意思表明」といえるものである。

4 × 「スピリチュアル」とは，「霊的なこと」や「魂」を表す用語である。

5 × 「パニック障害」とは，強い恐怖心などによって，動悸や吐き気やめまいなどのパニック発作をくり返す病気（障害）である。

問題 54 解説

1 × ターミナルケアとは「終末期のケア（支援）」のことである。

2 × インフォームドコンセントとは「十分な説明と同意」であり，同意をとることである。

3 ○ 「尊厳死」と表現されることもある。生前に自身の意思を示すことで，問題文に該当する概念である。

4 × デスカンファレンスは，亡くなった方のケアを振り返り，その後のケアの質を高めることといえる。介護福祉士としての成長も期待できる。

5 × グリーフケアとは「悲嘆のケア」「悲しみのケア」であり，残された遺族も含めたケアである。

問題 55 解説

1 × 「そんなはずがない」「それは違う」と，事実を否認する時期である。本事例はこの時期を過ぎている。

2 ○ 否認の時期を過ぎ「なぜ自分が！？」と，感情が怒りに変化する時期である。本事例は怒りの時期である。

3 × 「神頼みの時期」とも呼ばれる。何らかの「取り引きすること」で「自身の状況が改善する，良くなる」と考える時期である。〈例〉「二度と〜しないので，もっと生かしてほしい」等

4 × 死は避けられないと知り，様々な喪失感を抱いたり，何もしない（できない）時期である。

5 × 自身の死を受け入れる時期である。死に対する恐怖等も覚えずに，静かに「その時」を待つ段階といわれる。

正解　　問題53……2　　　問題54……3　　　問題55……2

加点のポイント㉓　死後の身体の変化

死後の体温低下	1時間に1℃低下し周囲の温度に近くなる。
紫斑	血流が止まり，重力に従い血液は下に溜まり，皮膚を通して見える。死後20〜30分くらいから始まり，8〜12時間で最も強くなる。
死後硬直	筋肉が弾力を失い，死体の筋肉が硬化するため関節も硬化する現象。死後2〜4時間で始まり，9〜12時間で全身へ及ぶ。
乾燥	死後の皮膚・粘膜・口唇・角膜などの水分蒸発により，身体が乾燥する。

MEMO

第 **9** 章

こころとからだのしくみ
発達と老化の理解

Check ✓	1回目	月	日	／18問
Check ✓	2回目	月	日	／18問
Check ✓	3回目	月	日	／18問

❶ 人間の成長と発達の基礎的理解

問題 01　頻出度 ★　　第32回 問題069 ｜ Check ☑ ☑ ☑

　Aちゃん（1歳3か月）は，父親に抱かれて散歩中である。前方から父親の友人がやってきて，父親がにこやかに友人と話をしていると，Aちゃんは父親にしがみつき，父親の顔と父親の友人の顔を交互に見ている。しばらくすると，Aちゃんは緊張が解けた様子で，友人が立ち去るときには少し笑顔を見せた。

　Aちゃんの様子を説明する用語として，最も適切なものを1つ選びなさい。

1　3か月微笑
2　社会的参照
3　クーイング
4　自己中心性
5　二項関係

問題 02　頻出度 ★ ★　　第35回 問題034 ｜ Check ☑ ☑ ☑

　ストローブ（Stroebe, M.S.）とシュト（Schut, H.）による悲嘆のモデルでは，死別へのコーピングには喪失志向と回復志向の2種類があるとされる。

　喪失志向のコーピングとして，最も適切なものを1つ選びなさい。

1　しばらく連絡していなかった旧友との交流を深める。
2　悲しい気持ちを語る。
3　新たにサークル活動に参加を申し込む。
4　ボランティア活動に励む。
5　新しい生活に慣れようとする。

問題 03　頻出度 ★ ★　　第34回 問題070 ｜ Check ☑ ☑ ☑

　乳幼児期の言語発達に関する次の記述のうち，最も適切なものを1つ選びなさい。

1　生後6か月ごろに初語を発するようになる。
2　1歳ごろに喃語（なんご）を発するようになる。
3　1歳半ごろに語彙爆発が起きる。
4　2歳半ごろに一語文を話すようになる。
5　3歳ごろに二語文を話すようになる。

(問題)01 解説

1 × 3か月微笑とは，生後3〜4か月ころ誰に対しても笑顔を見せるようになること。「社会的微笑」とも呼ばれる。

2 ○ 社会的参照とは，新奇な場面や事物に接してどう反応してよいか迷う場合に，親の表情などを手掛かりにして，行動を決定する過程のこと。1歳前後で獲得される。

3 × 生後3か月ごろから「あー」「うー」といった母音を発するようになることをいう。

4 × 自己中心性（中心化）とは，自分の視点を中心にした見方のことで，ピアジェの「認知発達段階」で2〜7歳の前操作期の特徴のひとつとされている。

5 × 生後9か月頃までは，自己と他者または自己とものという2者間の関係で乳児の認識世界が成り立っていることをいう。

(問題)02 解説

1 × 喪失志向（悲しみに向き合う過程）ではない。

2 ○ 悲しい気持ちを語ることは悲しみに向き合う過程である。悲しみを語り，再認識することで悲嘆から回復へ進むきっかけになる。

3 × 新しい生活に取り組む過程であり，回復志向のコーピングである。

4 × 選択肢3と同様，回復志向のコーピングである。

5 × 選択肢3と同様，回復志向のコーピングである。

(問題)03 解説

1 × 子供が最初に発する言葉，つまり，初語は1歳前後にみられる。

2 × 「あー」「うー」などの喃語は生後3か月くらいからみられる。

3 ○ 1歳ごろから意味のある単語を話すようになり，1歳半ごろから語彙が急速に増える。これを語彙爆発という。

4 × 一語文は1歳から1歳半ごろからみられるようになる。

5 × 二語文は1歳半ごろからみられる。

正解　　問題01……2　　　問題02……2　　　問題03……3

加点のポイント❶　ピアジェの発達段階

発達段階	概要
感覚運動期（0〜2歳）	対象の永続性を理解する時期。見る，触るなどの外的運動で外界を認識する
前操作期（2〜7歳）	直観的思考に頼る。モノの見かけに左右される。他者の視点で物事をみることが難しく自己中心性が強い時期
具体的操作期（7〜11歳）	具体的なモノを使い論理的思考ができる時期。モノの見かけの変化が理解できる
形式的操作期（11歳以降）	抽象的思考が可能となる時期

標準的な発育をしている子どもの体重が，出生時の約2倍になる時期として，最も適切なものを1つ選びなさい。

1　生後3か月
2　生後6か月
3　生後9か月
4　1歳
5　2歳

Aさん（小学4年生，男性）は，思いやりがあり友人も多い。図画工作や音楽が得意で落ち着いて熱心に取り組むが，苦手な科目がある。特に国語の授業のノートを見ると，黒板を書き写そうとしているが，文字の大きさもふぞろいで，一部の漢字で左右が入れ替わっているなどの誤りが多く見られ，途中で諦めた様子である。親子関係や家庭生活，身体機能，就学時健康診断などには問題がない。

Aさんに当てはまる状態として，最も適切なものを1つ選びなさい。

1　自閉症スペクトラム障害（autism spectrum disorder）
2　愛着障害
3　注意欠陥多動性障害
4　学習障害
5　知的障害

高齢者に対する次の見方のうち，エイジズム（ageism）に該当するものを1つ選びなさい。

1　心身機能の個人差が大きくなる。
2　視覚機能が低下する。
3　流動性知能が低下する。
4　認知機能が低下する。
5　頑固な性格になる。

問題 04 解説

1 ○ 新生児は1日約30ｇ，1か月で約1kg体重が増加する。生まれたばかりで平均約3kgとすると生後3か月で平均約6kgとなり，約2倍になる。3か月以降増加率は低下する。男児の体重は女児より少し多めであり，0か月で男児2.1 ～ 3.8kg，女児2.1 ～ 3kg，3か月で男児5.1 ～ 8.1kg，女児4.8 ～ 7.5kgである。

2 × 6か月では7 ～ 8kgとなる。

3 × 9か月では8 ～ 9kgとなる。

4 × 1歳で9kg前後となる。

5 × 2歳で13kg前後となる。

問題 05 解説

1 × 特定のものへの強いこだわり，共感力の低さなどの対人関係の問題などがないので，該当しない。

2 × 特定のものへの愛着が強いわけではない。

3 × 教室で落ち着きがないなどの問題行動がない。

4 ○ 全般的な知的発達の問題ではなく，文字や文章の記述に特に問題があり，読み書きや計算などに関する障害である学習障害に該当する。

5 × 国語以外の科目には大きな問題がない。

問題 06 解説

人種差別はレイシズム（racism）と呼ばれるが，エイジズムとは"年齢を理由にして人を差別したり偏見を持って接したりすること"である。

1 × 高齢になると心身機能の個人差が大きくなるが，これは客観的な事実であり，差別的意図や偏見にもとづく認識ではない。

2 × 高齢になると視覚機能が低下するが，これは客観的な事実であり，差別的意図や偏見にもとづく認識ではない。

3 × 流動性知能は生まれながらに持っている知能で，高齢になると低下するが，これは客観的な事実であり，差別的意図や偏見にもとづく認識ではない。

4 × 認知機能は高齢になると低下し，認知症を発症することも多いが，これは客観的な事実であり，差別的意図や偏見にもとづく認識ではない。

5 ○ 高齢者に対して頑固な性格であるという場合，差別的な意図や偏見が含まれている。

正解 問題04……1　　問題05……4　　問題06……5

加点のポイント❷　知能の加齢変化

流動性知能	結晶性知能
・計算などの情報を処理する能力。新しい場面に適応するときに必要な問題解決能力 ・30歳くらいでピークに近づき，加齢とともに低下する	・学校教育や人生経験によって蓄積，形成される能力 ・訓練によって維持することが可能で，加齢しても比較的維持される

❷ 老化に伴うこころとからだの変化と生活

老年期の記憶と注意機能に関する次の記述のうち，最も適切なものを1つ選びなさい。

1　自分の若い頃の記憶では，40歳代の頃の出来事をよく覚えている。
2　数字の逆唱課題で答えられる数字の個数は，加齢による影響を受けない。
3　複数のことを同時に行う能力は，加齢によって低下する。
4　騒がしい場所での作業効率は，若年者より高齢者が高い。
5　エピソード記憶は，加齢による影響を受けない。

加齢に伴う身体機能の変化として，適切なものを1つ選びなさい。

1　周辺視野が広くなる。
2　低周波の音から聞こえにくくなる。
3　味覚の感受性が低下する。
4　振動に敏感になる。
5　嗅覚が敏感になる。

加齢による味覚の変化に関する次の記述のうち，最も適切なものを1つ選びなさい。

1　味蕾（みらい）の数に年齢による違いはない。
2　服用する薬剤で味覚が変化することはない。
3　唾液が増加して味覚が敏感になる。
4　濃い味を好むようになる。
5　口腔（こうくう）ケアは関係ない。

加点のポイント❸　加齢による身体機能・精神機能の低下

　加齢に伴う生理的な変化と高齢者に多い疾患，高齢者の疾患の特徴などを十分理解する必要がある。
　聴覚についての出題では，高音域と低音域のどちらが障害されるかを問う問題が出題されるので，加齢により高音域の音が聞こえにくくなるということをよく覚えておこう。
　加齢による身体的変化には，感覚機能や免疫力の低下，運動機能の低下，骨や関節の機能障害などがある。心理的な変化では，意欲低下や抑うつ的な傾向，心気症や不眠などが現れる。

問題 07 解説

1 × 特に40歳代の記憶が維持されるということはない。

2 × 数字の逆唱は加齢により困難になる。

3 ○ 加齢に伴い複数の作業を同時に行う能力は低下してくる。

4 × 聴力の低下も影響し，騒がしい場所でも高齢者の作業効率は低下してくる。

5 × エピソード記憶は出来事や経験などの記憶であるが，高齢者と若年者では脳の活動領域が異なることが示されており，加齢影響を受ける。

問題 08 解説

1 × 逆に狭くなる。

2 × 逆に高音域（高周波）の音から聞こえにくくなる。

3 ○ 聴覚，温度覚などとともに低下する。

4 × 逆に鈍感になる。

5 × 逆に鈍感になる。

問題 09 解説

1 × 加齢に伴い味蕾の数は減少する。

2 × 薬剤によって味覚異常をきたすものがあり，その種類は抗がん剤，抗リウマチ薬，降圧剤など多岐にわたる。

3 × 加齢に伴い唾液は減少し，味覚は鈍感になる。

4 ○ 味覚が鈍感になる結果，濃い味を好む者が増加する。

5 × 口腔ケアは誤嚥性肺炎を予防するだけでなく味覚障害を改善する。

| 正解 | 問題07……3 | 問題08……3 | 問題09……4 |

加点のポイント❹ 生活習慣病について理解しておこう

　元来人類は少量の食塩を摂取すれば十分生存できる身体のしくみを持っているのだが，食塩は調味料としてもなくてはならないものとなっており，必要以上に摂取しているのが現状である。高血圧の治療として食塩制限をする場合には，1日量を6g程度にする。

　喫煙（たばこ）は非常に大きな負の影響がある。がんの3分の1は喫煙が原因と考えられる。喫煙は，脳卒中，虚血性心疾患（狭心症と心筋梗塞）の重要な危険因子でもある。アルコールは肝障害，膵炎，咽頭や食道のがんを引き起こすが，少量の飲酒でも健康に害があるといわれている。

糖尿病（diabetes mellitus）のある高齢者（要介護1）が転倒して,骨折（fracture）した。入院治療後に再び自宅療養を続けるための専門職の役割として,正しいものを1つ選びなさい。

1　看護師は,糖尿病（diabetes mellitus）の薬の処方箋を交付する。

2　理学療法士は,糖尿病（diabetes mellitus）の食事メニューを考える。

3　管理栄養士は,自宅で料理ができるような作業訓練をする。

4　訪問介護員（ホームヘルパー）は,居宅サービス計画を立案する。

5　介護支援専門員（ケアマネジャー）は,訪問リハビリテーションの利用を提案する。

加齢の影響を受けにくい認知機能として,最も適切なものを1つ選びなさい。

1　エピソード記憶

2　作業記憶

3　選択的注意

4　流動性知能

5　意味記憶

高齢者の疾患と治療に関する次の記述のうち,最も適切なものを1つ選びなさい。

1　複数の慢性疾患を持つことは,まれである。

2　服用する薬剤の種類は,若年者より少ない。

3　服用する薬剤の種類が増えると,薬の副作用は出にくくなる。

4　高血圧症（hypertension）の治療目標は,若年者と同じにする。

5　薬剤の効果が強く出ることがある。

加点のポイント❺　老人性疾患の特徴

①高齢になるほど,有病率は高くなる。

②他疾患の合併が多い。合併症を起こしやすい。

③症状は非定型的。あるべき症状がなかったりもする。

④社会的環境の影響を受けやすい。高齢者の生活環境は制限が多いためである。

⑤潜在的な臓器障害が多い。1つの臓器に障害が生じると,別の臓器に隠れていた障害が現れてくることがある。

⑥うつ症状を伴いやすい。将来性があまりないこと,社会の中で存在意義が薄れていくこと,体力・気力が衰えること,病気に罹患すること,報酬を得ることができにくくなること,などによる。

⑦薬の副作用が出やすい。

⑧眼疾患では白内障が多く,手術が治療に用いられる。

⑨脳血管障害,認知症,がんなど生活の質(QOL)が低下する疾患が多い。

問題 10 解説

1 ✕ 処方箋は医師が交付する。

2 ✕ 理学療法士は医師の指示のもと，けが，高齢，障害などによって運動機能が低下した状態にある人々に対し，運動機能の維持・改善を目的に運動，温熱，電気，水，光線などの物理的手段を用いた治療を行う。食事メニューを考えるのは通常，管理栄養士である。

3 ✕ 管理栄養士は病院や老人保健施設等での献立作成や給食調理，主治医の指導のもとで病気の療養のために必要な栄養指導などを行う。作業訓練をするのは作業療法士である。

4 ✕ ホームヘルパーはケアマネジャー（介護支援専門員）の作成した居宅サービス計画に基づいて身体介護，生活援助を行う。

5 ◯ ケアマネジャーは訪問リハビリテーションの提案をし，訪問リハビリテーションの指示書の作成を主治医に依頼する。

問題 11 解説

1 ✕ 加齢による記憶機能の変化の内，個人的な経験の記憶であるエピソード記憶は低下しやすい。

2 ✕ 作業記憶はワーキングメモリとも呼ばれ，作業をするために一時的に保つ記憶で，加齢により機能が低下する。

3 ✕ 選択的注意は複数の対象から必要な情報だけに注意を向ける能力であり加齢により低下する。

4 ✕ 流動性知能は新しい情報を獲得し，それを素早く処理，加工，操作する知能で加齢により低下する。

5 ◯ 意味記憶は一般的知識について記憶していることをいい，加齢によっても低下しにくいとされている。

問題 12 解説

1 ✕ 逆に複数の慢性疾患を持つことが多い。

2 ✕ 選択肢1と関連し，逆に服用薬剤の種類が多くなる。

3 ✕ 多剤服用の方が，副作用が出やすくなる。

4 ✕ 高血圧症の治療目標は若年者より高めの血圧にする。

5 ◯ 薬物代謝酵素の活性が低くなり，血中濃度が高くなりやすく，効果が強く出ることがある。

正解 問題10……5　　問題11……5　　問題12……5

　高齢期の腎・泌尿器系の状態や変化に関する次の記述のうち，最も適切なものを1つ選びなさい。

1　尿路感染症（urinary tract infections）を起こすことは非常に少ない。

2　腎盂腎炎（pyelonephritis）の主な症状は，頭痛である。

3　尿の濃縮力が低下する。

4　前立腺肥大症（prostatic hypertrophy）では，尿道の痛みがある。

5　薬物が排出される時間は，短くなる。

　意欲が低下した高齢者の動機づけに関する次の記述のうち，最も適切なものを1つ選びなさい。

1　高い目標を他者が掲げると，動機づけが強まる。

2　本人が具体的に何をすべきかがわかると，動機づけが強まる。

3　本人にとって興味がある目標を掲げると，動機づけが弱まる。

4　小さな目標の達成を積み重ねていくと，動機づけが弱まる。

5　本人が自分にもできそうだと思う目標を掲げると，動機づけが弱まる。

　高齢者の転倒に関する次の記述のうち，正しいものを1つ選びなさい。

1　介護が必要になる原因は，転倒による骨折（fracture）が最も多い。

2　服用する薬剤と転倒は，関連がある。

3　転倒による骨折（fracture）の部位は，足首が最も多い。

4　転倒の場所は，屋内では浴室が最も多い。

5　過去に転倒したことがあると，再度の転倒の危険性は低くなる。

加点のポイント❻　服薬／骨，関節，筋肉

　服薬に関する問題は，今までは出題頻度は低い。しかし，服薬管理は重要なので，今後特に多剤服用の問題について出題される可能性が高いと考えられる。

　運動系，すなわち，骨，関節，筋肉は整形外科の領域であるが，身体活動に直接関係するので，これらの領域の疾患に関する問題の出題頻度も高い。

問題 13 解説

1 ✕ 水分摂取の減少，免疫能の低下などにより膀胱炎，腎盂腎炎などの尿路感染症を起こしやすくなる。

2 ✕ 腎盂腎炎では発熱，背中の痛み，尿の白濁などがみられる。

3 ◯ 腎機能が低下し，老廃物を濃縮して排出する機能が低下する。

4 ✕ 尿が出にくくなる（排尿困難）症状が多い。

5 ✕ 肝臓と腎臓の機能が低下するため，薬物は排出されにくく，体内に蓄積しやすくなる。

問題 14 解説

1 ✕ 動機づけには，達成可能な程度の高さの目標が必要である。

2 ◯ 動機づけには，具体的な目標が必要である。

3 ✕ 動機づけには，本人の興味のある目標が必要である。

4 ✕ 少しずつ改善していくことが自覚できると，動機づけが高まる。

5 ✕ 自分でできる範囲の目標は動機づけを高める。

問題 15 解説

1 ✕ 認知症によるものが最も多い。

2 ◯ 睡眠薬が特に問題となる。

3 ✕ 大腿骨頸部骨折が最も多い。次いで，上腕骨外科頸骨折（肩の部位），脊椎圧迫骨折（背骨），橈骨遠位端骨折（腕）の順である。

4 ✕ 居室・寝室が最も多く，玄関・勝手口，廊下・縁側，トイレ・洗面所，台所・調理場・ダイニングの順である。過ごす時間が長い場所で起きやすい。

5 ✕ 転倒を繰り返すことが多い。

正解　　問題13……3　　問題14……2　　問題15……2

加点のポイント❼　老人性疾患に特有のこと

・褥瘡は，DESIGN すなわち，Depth（深さ），Edema（浮腫），Surface（表面），Infection（感染），Granuloma（肉芽），Necrosis（壊死）の面から評価される。重症度は，主に深さによって，1度から4度までに分類される。

・食事摂取の際に，上体を起こした状態の方が，喉頭蓋が閉じて，気管への食物の流入を防止する動きが適切に行われやすい。仰臥位，あるいは側臥位，すなわち横になった状態で食物を飲み込む（嚥下する）のは気管への流入を起こしやすい。

・寝たきり状態で，誤嚥性肺炎を起こすことは，時には致命的になり，患者は死亡することになる。

高齢者において，心不全（heart failure）が進行したときに現れる症状に関する次の記述のうち，最も適切なものを1つ選びなさい。

1 安静にすることで速やかに息切れが治まる。

2 運動によって呼吸苦が軽減する。

3 チアノーゼ（cyanosis）が生じる。

4 呼吸苦は，座位より仰臥位（背臥位）の方が軽減する。

5 下肢に限局した浮腫が生じる。

老年期の変形性膝関節症（knee osteoarthritis）に関する次の記述のうち，最も適切なものを1つ選びなさい。

1 外反型の脚の変形を伴うことが多い。

2 女性のほうが男性より罹患率が高い。

3 積極的に患部を冷やすことを勧める。

4 正座の生活習慣を勧める。

5 肥満のある人には積極的に階段を利用するように勧める。

高齢者の便秘に関する次の記述のうち，適切なものを1つ選びなさい。

1 大腸がん（colorectal cancer）は，器質性便秘の原因になる。

2 弛緩性便秘はまれである。

3 けいれん性便秘では，大きく柔らかい便がでる。

4 直腸性便秘は，便が直腸に送られてこないために起こる。

5 薬剤で，便秘になることはまれである。

加点のポイント❽ 生活習慣病

・糖尿病，特に成人で発症する2型糖尿病は，発症時にほとんど自覚症状がない。遺伝的な背景があるので，両親に糖尿病の人がいる場合，カロリーの摂りすぎ，肥満，運動不足に注意しないと，糖尿病発症のリスクが高くなる。最近は，運動不足や肥満の子どもが増えているので，小児の2型糖尿病も増えている。

・メタボリックシンドロームの人は，腹囲が大きく内臓脂肪の貯留があると考えられ，さらに糖尿病，高血圧，脂質異常症の一歩手前の状態と考えればよい。

問題 16 解説

1 × 進行した心不全では安静にしても症状は改善しない。

2 × 運動により呼吸苦は悪化する。

3 ○ 進行した心不全では酸素濃度が低下し, チアノーゼ（皮膚や粘膜が青紫色になる状態）を生じる。

4 × 背臥位（仰向けの状態）では肺が胸水の影響を受けやすくなり, 呼吸苦が悪化する。座位の方が呼吸は楽になる症状のことを起坐呼吸という。

5 × 下肢浮腫が出現するが, 下肢に限局するとは限らず, 体の他の部位（上肢, 顔面など）にも浮腫を生じうる。

問題 17 解説

1 × 外反型の脚の変形は靭帯の異常, 骨の異常, けがと関連がある。

2 ○ 女性は男性より筋肉量が少なく, 膝への負担が大きくなりやすいため, 変形性膝関節症は女性に多い。また, 閉経以後, 骨・関節・筋肉の健康維持に必要な女性ホルモンが減少することも影響している。

3 × 炎症が強く, 腫れている場合以外は温めることが勧められる。

4 × 正座は膝や足首への負担が大きく, 正座は避けるべきである。

5 × 階段の昇り降りは膝への負荷が大きく, 特に肥満の人には階段の利用は勧められない。

問題 18 解説

1 ○ 器質性便秘とは, 便秘のうち, 腸の形態的な問題が原因となるものを示す。大腸がんが大きくなり, 大腸内腔が狭くなるという形態的な問題のため, 便秘になる。

2 × 高齢者は腸の蠕動運動の低下, 腹筋の筋力低下などで弛緩性便秘になりやすい。

3 × けいれん性便秘では細く, 硬いコロコロした便になる。

4 × 直腸性便秘では, 直腸に便が送られてきても, 直腸に問題があって排便が正常にできず便秘になる。

5 × 鎮痛剤のオピオイド, マクロライド系抗生物質, 鎮痙剤など様々な薬剤で便秘になることがある。

正解　　問題16……3　　問題17……2　　問題18……1

加点のポイント❾　糖尿病については深く理解しておこう

　糖尿病では, 食事療法で, カロリー制限とともにバランスのとれた栄養を確保する必要があり, さらに, インスリン投与を受けている場合には十分な食事がとれないと, 低血糖が起きるので, 規則的に食事をとることも重要である。糖尿病がなぜ起こるのか, 糖尿病を長年患っているとどのような合併症が起きるのか, どのような治療が行われるのか十分理解しておく必要がある。

　糖尿病では易感染性（感染を起こしやすい）, 糖尿病性昏睡（過食で血糖が高くなりすぎたり, 糖尿病のコントロールが悪いと血液が酸性に傾いて引き起こされる）, 下肢の疼痛などの神経障害も合併症として起きる。

　糖尿病は多様な症状を呈し, ケアも食事管理, 投薬管理, フットケア, さらには血液透析など多岐にわたる疾患である。

加点のポイント⑩　身体機能の老化

全身
- 身体水分量が低下し，脱水状態に陥りやすい
- 免疫機能が低下し，帯状疱疹，肺炎などにかかりやすい
- 基礎代謝エネルギー減少のため，必要な食事摂取量，1日の必要カロリー量が低下

神経系
- 神経細胞の減少により，運動能力や平衡機能が低下し，転倒しやすくなる

呼吸器系
- 肺活量減少

消化器系
- 唾液や胃酸の分泌低下
- 嚥下機能の低下による誤嚥の増加

泌尿器系
- 排泄機能が低下。尿失禁を起こしやすい

内分泌系
- インスリン分泌量の減少
- 加齢による内分泌系の変化で最も明瞭なのは女性の更年期である

循環器系
- 血中ヘモグロビン量が減少し，貧血になりやすい
- 動脈硬化になりやすく，心臓は肥大する
- 脈拍数が減少し，不整脈が増加する
- 収縮期血圧が上昇する

運動器（骨格・筋）系
- 骨密度・筋力の低下。特に下肢の筋力低下が顕著
- 筋肉量は40歳くらいから減少し，65歳以降には減少率が増大する
- 筋肉量の維持には，たんぱく質をとることが有効
- 関節液の減少，関節可動域の縮小

感覚器系
- 聴覚の低下は高音域に強く起こる
- 味覚の感受性が低くなる
- 近方視力が低下。水晶体が混濁する白内障，眼圧が上昇する緑内障，黄斑変性症，糖尿病性網膜症などが起こりやすくなり，視力が低下
- 青色系の識別が困難になる。明暗順応も低下する
- 皮膚表面は乾燥しやすくなる

第 **10** 章

こころとからだのしくみ
認知症の理解

Check ☑	1回目	月	日	／22問
Check ☑	2回目	月	日	／22問
Check ☑	3回目	月	日	／22問

❶ 認知症を取り巻く状況

問題 **01**　頻出度 ★ ★ ★　｜第35回 問題046　Check ☑ ☑ ☑

認知症ケアパスに関する次の記述のうち，最も適切なものを1つ選びなさい。

1 都道府県ごとに作られるものである。

2 介護保険制度の地域密着型サービスの1つである。

3 認知症（dementia）の人の状態に応じた適切なサービス提供の流れをまとめたものである。

4 レスパイトケアとも呼ばれるものである。

5 介護支援専門員（ケアマネジャー）が中心になって作成する。

問題 **02**　頻出度 ★ ★ ★　｜第33回 問題079　Check ☑ ☑ ☑

日本での認知症（dementia）に関する次の記述のうち，適切なものを1つ選びなさい。

1 アルツハイマー型認知症（dementia of the Alzheimer's type）以外の認知症（dementia）の患者数が増加している。

2 アルツハイマー型認知症（dementia of the Alzheimer's type）の有病率は，男性より女性が高い。

3 年齢が若いほど，認知症発症のリスクが高い。

4 生活習慣病（life-style related disease）と認知症発症には関連がない。

5 運動は認知症予防に無効である。

問題 **03**　頻出度 ★ ★　｜第35回 問題039　Check ☑ ☑ ☑

次のうち，2019年（令和元年）の認知症施策推進大綱の5つの柱に示されているものとして，適切なものを1つ選びなさい。

1 市民後見人の活動推進への体制整備

2 普及啓発・本人発信支援

3 若年性認知症支援ハンドブックの配布

4 認知症初期集中支援チームの設置

5 認知症カフェ等を全市町村に普及

問題01 解説

1 × 認知症ケアパスは市町村ごとに作成している。

2 × 認知症ケアパスとは「認知症の人の状態に応じた適切なサービス提供の流れ」をまとめたものであり，介護保険制度の地域密着型サービスではない。

3 ○ 認知症ケアパスとは認知症発症予防から人生の最終段階まで，認知症の容態に応じ，相談先や，いつ，どこで，どのような医療・介護サービスを受ければいいのか，などの流れをあらかじめ標準的に示したものである。

4 × レスパイトケアとは，在宅で介護をする家族が一時的に休息や息抜きを行うための支援のことである。

5 × 認知症ケアパスは各市町村が作成している。

問題02 解説

1 × 増加しているのはアルツハイマー型認知症である。

2 ○ 多くの資料は女性の方が多いことを示している。

3 × 加齢が認知症のリスクとしては高い。

4 × 脳血管認知症などは食習慣や様々な環境因子が影響し，高血圧，高脂血症，糖尿病などで脳動脈硬化を呈する結果である。

5 × 適切な運動は認知症予防に有効とするエビデンスが蓄積されている。

問題03 解説

認知症施策推進大綱では，①普及啓発・本人発信支援，②予防，③医療・ケア・介護サービス・介護者への支援，④認知症バリアフリーの推進・若年性認知症の人への支援・社会参加支援，⑤研究開発・産業促進・国際展開の5つの柱が示されている。よって正答は選択肢2である。

正解 問題01……3　　問題02……2　　問題03……2

加点のポイント❶　認知症の諸症状

　アルツハイマー型認知症は記憶障害で始まり，緩徐に進行する。経過とともに周辺症状（BPSD）であるもの盗られ妄想，徘徊，不穏などが出現する。さらに見当識障害，失行，失語，失認などの中核症状が加わり，末期には高度認知症に陥る。

　レビー小体型認知症の中核症状は緩徐進行性の認知症であるが，パーキンソン症状，幻視，認知機能の変動がみられる。自律神経症状や失神なども時に出現する。

　前頭側頭葉変性症（ピック病）は脱抑制などの性格変化や言語機能障害が起こり，次いで認知症が加わる。

　脳血管性認知症は脳梗塞や脳出血の後遺症としての神経症状があり，意欲減退が目立つ。認知機能はよい部分と悪い部分が存在する（まだら認知症）。

❷ 認知症の医学的・心理的側面の基礎的理解

問題 04　頻出度 ★ ★ ★　　　　第32回 問題080 ｜ Check ☑ ☑ ☑

認知症（dementia）の初期症状に関する次の記述のうち，最も適切なものを1つ選びなさい。

1　血管性認知症（vascular dementia）では，幻視が認められる。

2　正常圧水頭症（normal pressure hydrocephalus）では，歩行障害が認められる。

3　前頭側頭型認知症（frontotemporal dementia）では，エピソード記憶の障害が認められる。

4　アルツハイマー型認知症（dementia of the Alzheimer's type）では，失禁が認められる。

5　レビー小体型認知症（dementia with Lewy bodies）では，もの盗られ妄想が認められる。

問題 05　頻出度 ★ ★　　　　第34回 問題079 ｜ Check ☑ ☑ ☑

軽度認知障害（mild cognitive impairment）に関する次の記述のうち，最も適切なものを1つ選びなさい。

1　本人や家族から記憶低下の訴えがあることが多い。

2　診断された人の約半数がその後1年の間に認知症（dementia）になる。

3　CDR（Clinical Dementia Rating）のスコアが2である。

4　日常生活能力が低下している。

5　治療には，主に抗認知症薬が用いられる。

問題 06　頻出度 ★ ★ ★　　　　第35回 問題040 ｜ Check ☑ ☑ ☑

次の記述のうち，見当識障害に関する質問として，最も適切なものを1つ選びなさい。

1　「私たちが今いるところはどこですか」

2　「100から7を順番に引いてください」

3　「先ほど覚えてもらった言葉をもう一度言ってみてください」

4　「次の図形を写してください」

5　「この紙を左手で取り，両手で半分に折って，私に返してください」

問題 **04** 解説

1 ✕ 脳梗塞や脳出血後遺症として神経症状は出現するが幻視はみられない。幻視がみられるのはレビー小体型認知症である。

2 〇 正常圧水頭症の3徴候は認知障害，歩行障害，尿失禁である。歩行障害が初発症状であることが多い。

3 ✕ エピソード記憶は出来事の記憶，個人的な体験の記憶だが，前頭側頭型認知症では，その障害はあまり目立たず，失語症や性格変化が目立つ。

4 ✕ 失禁はアルツハイマー型認知症の末期症状であり，初期症状では認められない。

5 ✕ もの盗られ妄想はアルツハイマー型認知症の初期にしばしば認められる。

問題 **05** 解説

1 〇 本人及び家族に記憶低下の自覚があることが多い。

2 ✕ 軽度認知障害から認知症への進展率は10%前後である。

3 ✕ 臨床認知症評価尺度（CDR）のスコアが0.5の場合に軽度認知障害，1以上の場合に認知症と捉えられることが多い。

4 ✕ 日常生活能力は保たれている。

5 ✕ 抗認知症薬は軽度認知障害の治療薬として適応が認められてない。

問題 **06** 解説

1 〇 見当識障害とは時間や場所など自分のおかれた状況がわからなくなることである。この質問は，場所に関する見当識の質問である。

2 ✕ 暗算で特定の条件の引き算をする問題で，作業や動作に必要な情報を一時的に記憶する能力について確認する質問である。

3 ✕ 新しいことを覚える能力について確認する質問である。

4 ✕ 目の前にある物の位置関係などの空間情報を把握して，それを再構成する能力を確認する質問である。

5 ✕ 一度に複数の指示をして遂行できるか確認する質問である。

正解　　問題04……2　　問題05……1　　問題06……1

加点のポイント❷　認知症は様々な角度から理解する

　脳血管性認知症では高血圧や糖尿病が危険因子であり，脳梗塞や脳出血が直接原因であることを理解しよう。また，発症原因だけでなく，うつ病など他疾患との鑑別についても頭に入れておこう。

　なお，前頭側頭型認知症（ピック病）の出題は従来みられなかったが第21，27回には出題されており，記憶障害より性格変化や行動異常が目立つこと，脳萎縮は前頭葉，側頭葉に多いことを認識しておこう。

　レビー小体型認知症（dementia with Lewy bodies）に関する次の記述のうち，適切なものを1つ選びなさい。

1　脳梗塞（cerebral infarction）が原因である。

2　初発症状は記憶障害である。

3　けいれんがみられる。

4　人格変化がみられる。

5　誤嚥性肺炎（aspiration pneumonia）の合併が多い。

　認知症（dementia）の原因疾患を鑑別するときに，慢性硬膜下血腫（chronic subdural hematoma）の診断に有用な検査として，最も適切なものを1つ選びなさい。

1　血液検査

2　脳血流検査

3　頭部CT検査

4　脳波検査

5　認知機能検査

　アルツハイマー型認知症（dementia of the Alzheimer's type）の，もの盗られ妄想に関する次の記述のうち，最も適切なものを1つ選びなさい。

1　説明をすれば自身の考えの誤りに気づくことが多い。

2　本人の不安から生じることが多い。

3　現実に存在しない人が犯人とされる。

4　主に幻視が原因である。

5　症状の予防には抗精神病薬が有効である。

　認知症（dementia）の行動・心理症状（BPSD）に対する抗精神病薬を用いた薬物療法でよくみられる副作用として，最も適切なものを1つ選びなさい。

1　歩幅が広くなる。

2　誤嚥のリスクが高くなる。

3　過剰に活動的になる。

4　筋肉の緊張が緩む。

5　怒りっぽくなる。

問題 07 解説

1 × 大脳皮質から脳幹まで多数のレビー小体が出現する。脳梗塞が原因となるのは，血管性認知症である。

2 × アルツハイマー型認知症などと比べると記憶障害の出方が遅い。

3 × 錐体外路症状（パーキンソン症状）は出てくるが痙攣はみられない。

4 × レビー小体型認知症では前頭側頭型認知症のように人格変化は目立たない。

5 ○ 錐体外路症状や自律神経障害などの神経症状が出るので誤嚥性肺炎などが起きやすい。

問題 08 解説

1 × 血液検査では，特異的な異常は出ない。

2 × 脳血流量にも特異的変化はない。

3 ○ 慢性硬膜下血腫では，脳実質を外側から圧迫する血腫が，高吸収域（白い像）としてみられる。

4 × かつては有力な検査法であったが，より簡便で正確な情報が得られるCT，MRIに変わった。

5 × 認知機能検査で認知症と思われる結果がみられることもあるが，それだけで確定診断はできない。諸検査で鑑別が必要である。

問題 09 解説

1 × 本人は自分が被害者だと思い込んでいるため，説明や反論することは逆効果になることが多い。

2 ○ 自分の大切なものが手元にないことによる不安から生じることが多い。

3 × 介護している家族など実際にいる身近な人が疑われることが多い。

4 × 記憶障害により物をしまった場所がわからなくなったことにより，誰かに盗られたという考えになってしまうといわれている。

5 × 症状の予防には，本人の話を聞く機会を増やし孤独や不安を感じないような状況をつくることが大切である。

問題 10 解説

1 × 筋肉の硬直や，身体の一部の震えなどの錐体外路症状のため歩幅が小刻みになる。

2 ○ 薬物で嚥下機能が低下し誤嚥性肺炎などのリスクが高まる。

3 × 抗精神病薬には鎮静作用があり活動的にはならない。

4 × 錐体外路症状のため筋肉の硬直も起こる。

5 × 鎮静作用のため怒りの感情や興奮は沈静化される。

正解 問題07……5　問題08……3　問題09……2　問題10……2

加点のポイント❸　アルツハイマー型認知症

　アルツハイマー型認知症については毎年出題されており，十分な理解が必要である。初期症状は記憶障害であり，緩徐に発症，進行する。わが国では今まで4種類の認知症の薬剤が使用可能だったが，これらの薬剤は病勢の進行を遅らせる効果しか期待できなかった。しかし，2023（令和5）年9月にレカネマブという薬剤が，病気の原因であるアミロイドベータを除去する効果があるとして承認された。

問題 11　頻出度 ★　　第32回 問題081　Check ☑ ☑ ☑

認知症（dementia）の発症リスクを低減させる行動に関する次の記述のうち，最も適切なものを1つ選びなさい。

1　抗認知症薬を服用する。
2　睡眠時間を減らす。
3　集団での交流活動に参加する。
4　運動の機会を減らす。
5　飽和脂肪酸を多く含む食事を心がける。

問題 12　頻出度 ★　　第34回 問題085　Check ☑ ☑ ☑

認知症（dementia）の人に配慮した施設の生活環境として，最も適切なものを1つ選びなさい。

1　いつも安心感をもってもらえるように接する。
2　私物は本人の見えないところに片付ける。
3　毎日新しい生活体験をしてもらう。
4　壁の色と同系色の表示を使用する。
5　日中は1人で過ごしてもらう。

問題 13　頻出度 ★　　第35回 問題044　Check ☑ ☑ ☑

認知症ケアの技法であるユマニチュードに関する次の記述のうち，正しいものを1つ選びなさい。

1　「見る」とは，離れた位置からさりげなく見守ることである。
2　「話す」とは，意識的に高いトーンの大きな声で話しかけることである。
3　「触れる」とは，指先で軽く触れることである。
4　「立つ」とは，立位をとる機会を作ることである。
5　「オートフィードバック」とは，ケアを評価することである。

加点のポイント❹　認知症高齢者への心理的援助

認知症高齢者への心理的援助に関する問題は，回想法や音楽療法，カウンセリング，認知療法，自律訓練法などが出題されている。

問題 11 解説

1 × 診断が確定しない時期から薬物投与は望ましくない。

2 × 十分な睡眠時間の確保が大切である。

3 ○ デイケア，デイサービスでの交流活動の有効性は実証されている。

4 × 軽度の認知症に関しては様々な非薬物療法が提案されており，運動も大切である。

5 × 飽和脂肪酸を多く含む食品はコレステロールを増やしやすいので血管性認知症などのリスクを高める可能性があり，注意が必要である。

問題 12 解説

1 ○ 安心して生活ができる場を整えることが重要である。

2 × 慣れ親しんだ物が目につくところに置いてあることで，これまでの暮らしを思い起こすことができ安心感につながる。

3 × 認知症の人は新しいことへの対応が難しいため，急激な変化は避けるようにすることが望ましい。

4 × 壁の色と同系色の表示にすると認知症の人は認識しにくいため，明暗差のある表示にすることが望ましい。

5 × 1人で過ごす時間が多いと，寂しさや不安によって認知症の症状が進行する原因となることがある。人とのかかわりを持てるような配慮をすることが必要である。

問題 13 解説

1 × 「見る」とは，同じ目の高さで見ることで「平等な存在であること」，近くから見ることで「親しい関係であること」，正面から見ることで「相手に対して正直であること」を相手に伝えることである。

2 × 「話す」とは，低めの声は「安定した関係」を，大きすぎない声は「穏やかな状況」を，前向きな言葉を選ぶことで「心地よい状態」を実現することができることである。

3 × 「触れる」とは，「広い面積で触れる」「つかまない」「ゆっくりと手を動かす」ことなどによって優しさを伝えることができることである。

4 ○ 1日合計20分立つ時間をつくれば寝たきりになることを防ぐと提唱されている。

5 × 「オートフィードバック」とは，介護者が自分で行っている介護の動きを実況することである。

正解　問題11……3　　問題12……1　　問題13……4

加点のポイント❺　認知症高齢者への対応を理解しておこう

　認知症高齢者への対応は，本人の尊厳を保持することを原則として行っていくことが大切である。

❹ 連携と協働

　Dさん（75歳，男性）は，介護福祉職のEさんの近所に3年前に引っ越してきた。Dさんは引っ越してきた時から一人暮らしである。最近，Dさんは，「米が盗まれてしまって，夕飯が作れなくて困っている。米を貸してほしい」と，夕方，Eさんの家をたびたび，訪ねるようになった。Dさんの家族は海外赴任中の息子家族だけだと，以前Dさんから話を聞いたことがある。Eさんは息子と一度も会ったことはない。

　EさんがDさんについて相談する機関として，最も適切なものを1つ選びなさい。

1　福祉事務所

2　地域活動支援センター

3　居宅介護支援事業所

4　認知症疾患医療センター

5　地域包括支援センター

　認知症対応型共同生活介護（グループホーム）で生活している軽度のアルツハイマー型認知症（dementia of the Alzheimer's type）のDさんは，大腿骨の頸部を骨折（fracture）して入院することになった。認知症対応型共同生活介護（グループホーム）の介護福祉職が果たす役割として，最も適切なものを1つ選びなさい。

1　理学療法士に，リハビリテーションの指示をしても理解できないと伝える。

2　介護支援専門員（ケアマネジャー）に，地域ケア会議の開催を依頼する。

3　医師に，夜間は騒ぐ可能性があるので睡眠薬の処方を依頼する。

4　看護師に，日常生活の状況を伝える。

5　保佐人に，治療方法の決定を依頼する。

　認知症初期集中支援チームに関する次の記述のうち，最も適切なものを1つ選びなさい。

1　自宅ではない場所で家族から生活の様子を聞く。

2　チーム員には医師が含まれる。

3　初回の訪問時にアセスメント（assessment）は不要である。

4　介護福祉士は，認知症初期集中支援チーム員研修を受講しなくてもチームに参加できる。

5　認知症疾患医療センター受診後に，チームが対応方法を決定する。

問題 14 解説

Dさんは，この段階では，「困窮している」「認知症である」「誰かに財産をとられている」等，様々な可能性が考えられる。したがって，まずは，選択肢5の地域包括支援センターに相談をして本人の様子を見てもらい，必要な調査などをしながら，次の具体的な支援につないでもらうことが有効である。

問題 15 解説

1 × Dさんの認知機能の状態について情報共有することは必要であるが，事例からはDさんが指示を理解できないという情報はないため，不適切である。

2 × 地域ケア会議は，地域包括支援センターが開催し，高齢者個人に対する支援の充実と，それを支える社会基盤の整備を同時に進めていく，地域包括ケアシステムの実現に向けて開かれる。設問では，「骨折して入院する」という明白な必要性に基づく展開をしており，わざわざ地域ケア会議を開く理由がない。

3 × 医師は，介護福祉職からの情報を含めて診察を行い，検査など必要な情報をさらに収集し，診断を下し，病気や症状に対して薬の処方を行う。介護福祉職から薬の処方を依頼することは不適切である。

4 ○ Dさんが入院先で混乱しないように，認知症対応型共同生活介護での日常生活の状況を看護師に伝える必要がある。

5 × Dさんに判断能力があるのかどうか事例からはわからないため，最も適切であるとはいえない。

問題 16 解説

1 × 自宅を訪問し，家族から生活の様子を聞くことで，本人の日常生活の状況や生活環境を把握することができる。

2 ○ 医師，看護師，介護福祉士，社会福祉士，精神保健福祉士等の医療・介護の専門職でチームが編成されている。

3 × 初回の訪問においてもアセスメントを実施する。本人，家族の情報や現在の生活状況などの情報を収集しアセスメントを行う。

4 × やむを得ない場合を除き，認知症初期集中支援チーム員研修を受講する必要がある。

5 × チーム員会議を開催し，チーム対応方法を決定した後に，認知症疾患医療センターを受診する。

正解 問題14……5 問題15……4 問題16……2

加点のポイント❻ 認知症の介護について理解しておこう

認知症の介護については毎年出題されている。厚生労働省による全国調査では，認知症高齢者数は，2012（平成24）年で，約462万人であるとしており，2025（令和7）年には約700万人になると推測されている。したがって，認知症のケアにおいて特に，コミュニケーションや声かけなどの対応の方法が今後よりいっそう重要になる。

❺ 家族への支援

認知症（dementia）の妻を介護している夫から，「死別した妻の父親と間違えられてつらい」と相談されたときの介護福祉職の対応として，最も適切なものを1つ選びなさい。

1 妻が間違えないようになることは難しいと説明して，諦めるように伝える。

2 間違いを訂正すればするほど，妻の反発や興奮を引き起こすことを説明する。

3 認知症（dementia）の人によくみられることで，他の家族も同じ思いであることを伝える。

4 間違えられるつらさをよく聴いて，誤認を否定せずに，いつもどおりの態度で接するように勧める。

5 夫がうつ状態であることの可能性を説明して，夫自身の精神科の受診を勧める。

在職中に若年性認知症（dementia with early onset）になった人の家族に関する次の記述のうち，最も適切なものを1つ選びなさい。

1 子ども世代に与える心理的な影響が大きい。

2 子どもが若年性認知症（dementia with early onset）になる可能性が高い。

3 身体的機能に問題が認められないので，家族の介護負担は少ない。

4 家族の気づきによって早期発見されることが多い。

5 本人への病名の告知は家族が行う。

Cさん（80歳,女性）は夫（85歳）と二人暮らしである。1年ほど前から記憶障害があり，最近,アルツハイマー型認知症（dementia of the Alzheimer's type）と診断された。探し物が増え，財布や保険証を見つけられないと，「泥棒が入った，警察に連絡して」と訴えるようになった。「泥棒なんて入っていない」と警察を呼ばずにいると，Cさんがますます興奮するので，夫は対応に困っている。

夫から相談を受けた介護福祉職の助言として，最も適切なものを1つ選びなさい。

1 「主治医に興奮を抑える薬の相談をしてみてはどうですか」

2 「施設入所を検討してはどうですか」

3 「Cさんと一緒に探してみてはどうですか」

4 「Cさんの希望通り，警察に通報してはどうですか」

5 「Cさんに認知症（dementia）であることを説明してはどうですか」

問題 17 解説

1 × 夫が認知症の症状について理解することは大切であるが，認知症の症状なので諦めるように伝えることは適切ではない。

2 × 原因や対応策を伝えることも必要ではあるが，まずは夫のつらい気持ちに寄り添うことが大切である。

3 × 孤立しがちな介護者にとって，同じ立場の人との交流を通して気持ちが楽になることがある。他の家族も同じ思いであることを伝えるのではなく，家族会を紹介するなど，つらい気持ちに寄り添った支援が大切である。

4 ○ 夫のつらい気持ちを受容し，介護福祉職に理解してもらえていると感じてもらえるように対応することが大切である。

5 × 夫の話をよく聞いたうえで，夫にどのような支援が必要か判断することが大切である。

問題 18 解説

1 ○ 在職者が若年性認知症になると仕事に困難をきたし，収入が不安定になったり，最悪の場合には無収入になることもある。その場合，子どもの進学などに大きな影響を及ぼすことから適切である。

2 × 遺伝性があるとは認められていない。

3 × 身体的機能に問題がないとしても，行動の内容そのものには問題が生じることがある。その場合，家族の見守りや付き添いなどが必要となり，精神的な面を含め，家族の負担は大きい。

4 × 家族がそもそも若年性認知症を疑うことが少ないことから，家族の気づきによって早期発見されることは少ない。

5 × 病名の告知は医師が行う。

問題 19 解説

1 × 薬物療法によって状態が回復する可能性はあるが，まずはCさんがこれまでの生活を継続できるように，非薬物療法での対応を検討する必要がある。

2 × Cさんが施設入所を希望しているという情報はないため，施設入所を検討するように助言することは最も適切とはいえない。

3 ○ まずはなかなか見つからずに不安に感じる気持ちを受け止めながら，一緒に探す姿勢が重要である。

4 × 警察に通報することは，緊急時への対応という警察機能を妨げることになり不適切である。

5 × Cさんに認知症であることを説明しても納得できず，混乱してしまうことが考えられるため，最も適切とはいえない。

正解　問題17……4　　問題18……1　　問題19……3

現行の認知症サポーターに関する次の記述のうち，最も適切なものを1つ選びなさい。

1 ステップアップ講座を受講した認知症サポーターには，チームオレンジへの参加が期待されている。

2 100万人を目標に養成されている。

3 認知症介護実践者等養成事業の一環である。

4 認知症ケア専門の介護福祉職である。

5 国が実施主体となって養成講座を行っている。

認知症（dementia）の母親を献身的に介護している息子が，母親に怒鳴られてたたきそうになった。それを見ていた介護福祉職の息子への対応に関する次の記述のうち，最も適切なものを1つ選びなさい。

1 「孝行息子のあなたが手を上げるなんて…」と注意する。

2 「行政に通報します」と告げる。

3 「認知症（dementia）だから怒鳴るのは仕方がない」と慰める。

4 「地域にある認知症（dementia）の人と家族の会を紹介します」と伝える。

5 「懸命に介護をして疲れていませんか」と話を聴く。

Cさん（78歳，男性，要介護2）は，4年前にアルツハイマー型認知症（dementia of the Alzheimer's type）と診断を受け，通所介護（デイサービス）を週1回利用している。以前からパソコンで日記をつけていたが，最近はパソコンの操作に迷い，イライラして怒りっぽくなったと娘から相談を受けた。

介護福祉職が娘に対して最初に行う助言の内容として，最も適切なものを1つ選びなさい。

1 パソコンの処分

2 パソコンの使い方の手助け

3 日記帳の購入

4 薬物治療について主治医に相談

5 施設入所について介護支援専門員（ケアマネジャー）に相談

加点のポイント❼ 家族への支援におけるポイント

① 利用者と家族のニーズを把握する
② 家族の介護方法を尊重する
③ 家族の負担軽減を考える
④ 必要に応じて福祉サービスの利用を検討する

問題 **20** 解説

1 ○ チームオレンジとは，近隣の認知症サポーターがチームを組み，認知症の人や家族に対する生活面の早期からの支援等を行う取り組みである。認知症サポーターが力を発揮する場所として期待されている。

2 × 認知症サポーターは，2023（令和5）年12月末時点で1,510万人を超えている。

3 × 認知症サポーターは「認知症サポーターキャラバン」の一環である。

4 × 介護福祉職に限らず，地域のさまざまな人を対象としており，「認知症サポーター養成講座」を受講した人が「認知症サポーター」となる。

5 × 「認知症サポーター養成講座」は市町村や地域，職場，学校などが実施している。

問題 **21** 解説

1 × 行動を非難するだけでは状況が好転することはなく，適切とはいえない。

2 × 通報する根拠がなく，介護福祉職に対する不信感を高めるだけであり不適切である。

3 × 「仕方がない」と慰めるだけでは，将来の希望が見えず適切とはいえない。

4 × 将来的に家族の会などを紹介することは考えられるが，この段階でいきなり紹介することは適切ではない。

5 ○ 息子の疲れを心配する言葉をかけ，話を聴いていることから最も適切である。

問題 **22** 解説

1 × パソコンで日記をつけることがCさんの習慣であり，パソコンを処分してしまうと，パソコンで日記をつけることができなくなってしまうため，不適切である。

2 ○ 最近パソコンの操作に迷い，怒りっぽくなったとの話が娘からあったことから，まず最初にパソコンの使い方の手助けについて助言をすることは，最も適切であるといえる。

3 × パソコンの操作に迷うことに対してイライラしており，日記帳の購入が問題の解決になるとは考えにくい。

4 × 娘からの話だけで主治医に薬物治療について相談するように助言することは，最も適切とはいえない。経過観察し，必要に応じて受診を勧める。

5 × この時点では，施設入所について介護支援専門員に相談するように助言する必要性はない。

正解 問題20……1　　問題21……5　　問題22……2

加点のポイント⑧　介護保険サービスを利用したレスパイトケア

① 居宅サービスの利用
　・訪問介護（ホームヘルプサービス）
　・通所介護（デイサービス）
② 短期入所生活介護（ショートステイ）の利用
③ 施設・認知症対応型共同生活介護（グループホーム）への入居
　介護福祉士は，家族介護者の介護疲れに配慮し，無理なく介護が続けられるようにアドバイスすることも必要である。レスパイトケアは上記の公的なサービスが中心となっているが，ボランティアによるサービスなどのインフォーマルなサービスもある。

加点のポイント**⑨** **認知症，うつ病，せん妄の特徴**

		認知症	うつ病	せん妄
基本症状		記憶障害 認知障害	感情障害 抑うつ状態（感情や意欲の喪失）	軽度意識障害，幻覚，運動不穏
発症様式		ゆるやか	ゆるやか	急激
症状	動揺性	少ない	少ない	多い，夕刻・夜間に悪化（夜間せん妄）
	持続性	永続的	数週，数か月	数日，数週
言語理解		困難	思考過程は遅延	困難（意識障害あり）
応答		言い訳が多い，答えるが誤っている（ニアミス応答）	考えられない，「わからない」と答える	まとまらない，ちぐはぐ
身体疾患		原則としてなし	なし	あることが多い
環境の影響		なし	なし	多い，薬物の影響あり
睡眠リズム障害		なし	多発	あり

第 **11** 章

こころとからだのしくみ
障害の理解

Check ☑	1回目	月	日	／34問
Check ☑	2回目	月	日	／34問
Check ☑	3回目	月	日	／34問

❶ 障害の基礎的理解

問題 01　頻出度 ★★★　　　　　　　第34回 問題087 ｜ Check ☑☑☑

障害者の法的定義に関する次の記述のうち，正しいものを1つ選びなさい。

1　身体障害者福祉法における身体障害者は，身体障害者手帳の交付を受けた18歳以上のものをいう。

2　知的障害者は，知的障害者福祉法に定義されている。

3　「精神保健福祉法」における精神障害者には，知的障害者が含まれていない。

4　障害者基本法において発達障害者は，精神障害者に含まれていない。

5　障害児は，障害者基本法に定義されている。

（注）「精神保健福祉法」とは，「精神保健及び精神障害者福祉に関する法律」のことである。

問題 02　頻出度 ★　　　　　　　　　第35回 問題049 ｜ Check ☑☑☑

ストレングス（strength）の視点に基づく利用者支援の説明として，最も適切なものを1つ選びなさい。

1　個人の特性や強さを見つけて，それを生かす支援を行うこと。

2　日常生活の条件をできるだけ，障害のない人と同じにすること。

3　全人間的復権を目標とすること。

4　権利を代弁・擁護して，権利の実現を支援すること。

5　抑圧された権利や能力を取り戻して，力をつけること。

加点のポイント❶　障害者基本法のポイント

　障害者基本法に基づき，政府によって障害者基本計画が策定される。障害者基本法のポイントは，この計画に関する規定のほか，障害者の範囲が身体障害者，知的障害者だけではなく精神障害者を含むことを明記したことである（障害者基本法の前身である心身障害者対策基本法では，精神障害者は対象になっていなかった）。また，法の理念として障害者の「自立および社会参加の支援」を行うこととなっている。

加点のポイント❷　障害者基本計画の期間

　障害者基本計画とは，これまでの障害者対策（障害者プランなど）を継続し発展させるために政府が2002（平成14）年に策定した計画であり，2003（平成15）年度から2012（平成24）年度までの10年間を計画期間とした。現在は障害者基本計画（第3次）が2013（平成25）年度〜2017（平成29）年度を対象に進められており，2019（平成31/令和元）年度からは障害者基本計画（第4次）が実施されている。

問題 01 解説

1 ○ 「身体障害者」とは，身体障害者福祉法で定められた障害をもつ18歳以上の人で，かつ，都道府県知事から身体障害者手帳の交付を受けている人と定義されている。

2 × 知的障害者は，知的障害者福祉法に定義されていない。

3 × 「精神保健福祉法」における精神障害者には，知的障害者が含まれている。

4 × 障害者基本法における精神障害者には発達障害者が含まれる。

5 × 障害児は児童福祉法第4条（児童及び障害児）に定められている。

問題 02 解説

1 ○ ストレングスとは，個人の特性や強さのことを指す。ストレングスの視点に基づく支援とは，個人の特性や強さを生かして支援することである。

2 × ノーマライゼーションの考えである。

3 × 上田敏が提唱した全人間的復権を目標とするのは，リハビリテーションである。

4 × アドボカシーの説明である。

5 × エンパワメントの説明である。

正解　　問題01……1　　　問題02……1

Note　わが国の障害者福祉の歴史的経緯

　　1949（昭和24）年に身体障害者福祉法が制定され，1960（昭和35）年には精神薄弱者福祉法（現在の知的障害者福祉法）も制定された。関連する障害者施策も数多くなり，これらの施策の総合的な対応が必要となり，心身障害者対策基本法（1993（平成5）年に障害者基本法と改正される）が定められた。

加点のポイント❸　ノーマライゼーションの理念

　　ノーマライゼーションの理念は先進各国に広まり，1975（昭和50）年の「障害者の権利宣言」にその趣旨が盛り込まれ，日本をはじめとした各国のさまざまな福祉施策の基本理念となっている。

ICF（International Classification of Functioning, Disability and Health：国際生活機能分類）の社会モデルに基づく障害のとらえ方に関する記述として，最も適切なものを1つ選びなさい。

1 個人の問題としてとらえる。

2 病気・外傷から直接的に生じる。

3 さまざまな環境との相互作用によって生じる。

4 治療してできるだけ回復させることを目的とする。

5 医療などによる援助を必要とする。

ICIDH（International Classification of Impairments, Disabilities and Handicaps：国際障害分類）における能力障害として，適切なものを1つ選びなさい。

1 日常生活動作（Activities of Daily Living：ADL）の障害

2 運動麻痺

3 失語

4 職場復帰困難

5 経済的不利益

リハビリテーションに関する次の記述のうち，適切なものを1つ選びなさい。

1 語源は，「再び適したものにすること」である。

2 ニィリエ（Nirje, B.）によって定義された。

3 医療の領域に限定されている。

4 自立生活運動とは関係がない。

5 機能回復訓練は社会的リハビリテーションである。

加点のポイント❹ 身体障害者障害程度等級

「身体障害者障害程度等級表」は障害の程度により，1級から7級に区分されているが，7級については身体障害者手帳の発行はない。また，同一等級の2つの重複する障害がある場合は，1つ上の級となる。さらに，7級に該当する障害が2つ以上重複する場合は6級となり，身体障害者手帳の交付がある。

問題 03 解説

1 × 個人の問題だけではなく，当事者の周りの環境との相互作用で問題をとらえるのが社会モデルの考えである。

2 × ICFでは，病気・外傷から直接生じるものではないとしている。

3 ○ ICFでは，様々な環境との相互作用によって障害が生じるとしている。

4 × これは医学モデルの考え方である。ICFは，治療してできるだけ回復させることだけを目的としない。ICFの最終目的は社会参加である。

5 × 医療による援助ももちろん必要であるが，社会保障制度などの社会的な支援も必要である。

問題 04 解説

ICIDHは，疾患・変調により機能・形態障害が起こると，それから能力障害が生じ，それが社会的不利を起こすというように構造的に考えるものである。例えば，脳梗塞（疾患・変調）により，体のどちらかが麻痺し（機能・形態障害），歩行も書字も困難になり（能力障害），それにより，これまで続けていた趣味や仕事を止めることになる（社会的不利）。

1 ○ 日常生活動作（ADL）の障害は，運動麻痺などの機能・形態障害の結果によって起こる能力障害である。

2 × 運動麻痺は，脳梗塞などの疾患・変調によって起こる機能・形態障害である。

3 × 失語は，脳梗塞などの疾患・変調によって起こる機能・形態障害である。

4 × 職場復帰困難は，ADLの障害などの能力障害によって起こる社会的不利である。

5 × 経済的不利益は，ADLの障害などの能力障害によって起こる社会的不利である。

問題 05 解説

1 ○ そもそもの語源は，ラテン語の「habilis」（ハビリス）である。ハビリスは,適したという意味で,リハビリテーションとは，「再び適したものにする」ととらえることができる。

2 × ニィリエ（Nirje, B.）は，ノーマライゼーションを提唱した一人である。リハビリテーションを定義していない。

3 × リハビリテーションの目的は，身体的機能のみを回復することではなく，上田敏によれば，全人間的復権といわれている。

4 × 社会の中の一員として暮らす「自立生活運動」は社会的リハビリテーションと関係がある。

5 × 機能回復訓練は，医学的リハビリテーションである。

正解 問題03……3　　問題04……1　　問題05……1

　障害福祉計画において，ノーマライゼーション（normalization）の理念に沿って設定されている成果目標として，最も適切なものを1つ選びなさい。

1　利用する交通機関の整備

2　ADL（Activities of Daily Living：日常生活動作）の自立

3　身体機能の回復による社会復帰

4　疾病や障害の管理

5　福祉施設の入所者の地域生活への移行

　1960年代のアメリカにおける自立生活運動（IL運動）に関する次の記述のうち，最も適切なものを1つ選びなさい。

1　障害があっても障害のない人々と同じ生活を送る。

2　一度失った地位，名誉，特権などを回復する。

3　自分で意思決定をして生活する。

4　医療職が機能回復訓練を行う。

5　障害者の社会への完全参加と平等を促進する。

　「Nothing about us without us（私たち抜きに私たちのことを決めるな）」の考え方のもとに，障害者が作成の段階から関わり，その意見が反映されて成立したものとして，最も適切なものを1つ選びなさい。

1　優生保護法

2　国際障害者年

3　知的障害者福祉法

4　身体障害者福祉法

5　障害者の権利に関する条約

問題 06 解説

ノーマライゼーションとは，「障害者基本計画」（平成14年12月24日閣議決定）で，「障害者を特別視するのではなく，一般社会の中で普通の生活が送れるような条件を整えるべきであり，共に生きる社会こそノーマルな社会であるとの考え方」とされている。

1 × 利用する交通機関の整備は設定されている成果目標ではない。

2 × ADL（Activities of Daily Living：日常生活動作）の自立は設定されている成果目標ではない。

3 × 身体機能の回復による社会復帰は設定されている成果目標ではない。

4 × 疾病や障害の管理は設定されている成果目標ではない。

5 ○ 福祉施設の入所者の地域生活への移行は，障害福祉計画において，ノーマライゼーション（normalization）の理念に沿って設定されている成果目標である。

問題 07 解説

1 × ノーマライゼーションの説明である。

2 × リハビリテーションの説明である。

3 ○ 自立生活運動（IL運動）では，自分で意思を決定することを重要視した。

4 × 機能回復訓練リハビリテーションの説明である。

5 × 「完全参加と平等」は国連が定めた1981（昭和56）年の国際障害者年のテーマである。

問題 08 解説

障害者の権利に関する条約は，あらゆる障害者（身体障害，知的障害及び精神障害等）の尊厳と権利を保障するための条約である。障害者自らが作成にかかわり，2006年に国連総会において採択され，日本は，2007年に条約に署名，2014年に批准した。よって選択肢5が正解である。

正解　　問題06……5　　　問題07……3　　　問題08……5

❷ 障害の医学的・心理的側面の基礎的理解

痙直型（けいちょくがた）や不随意運動型（アテトーゼ型（athetosis））などの分類がある疾患として，正しいものを1つ選びなさい。

1　筋ジストロフィー（muscular dystrophy）
2　脊髄小脳変性症（spinocerebellar degeneration）
3　脳血管疾患（cerebrovascular disease）
4　脳性麻痺（cerebral palsy）
5　脊髄損傷（spinal cord injury）

内因性精神障害に分類される疾患として，正しいものを1つ選びなさい。

1　脳腫瘍（brain tumor）
2　アルコール依存症（alcohol dependence）
3　パニック障害（panic disorder）
4　認知症（dementia）
5　統合失調症（schizophrenia）

加点のポイント❺　２大内因性疾患である統合失調症とうつ病

　うつ病（気分障害）および統合失調症はともに精神科領域では重要な疾患である。うつ病は自殺の危険もあり，介護上注意が必要である。統合失調症は，時に異常な言動が出現するので介護上困難が伴うが，抗精神病薬がかなりの効果を持つ。

加点のポイント❻　ピアカウンセリング

　障害者支援についてはセルフヘルプグループに関する問題以外にも，ピアカウンセリングに関する出題がある。ピアカウンセリングとは，仲間同士で行うカウンセリングのこと。同じ体験や悩みを持つ者同士が対等な立場で支え合うことができる。

問題 09 解説

脳性麻痺は，アテトーゼ型，痙直型，固縮型，失調型，混合型に分類されている。その他の選択肢には，そのような分類はない。よって選択肢4が正解である。

問題 10 解説

内因性精神障害とは，脳の神経伝達物質の異常が原因で起きるものである。

1 × 脳腫瘍は腫瘍が原因であり，精神障害がみられたとしても内因性精神障害ではなく，外因性精神障害に分類される。

2 × アルコール依存症はアルコールの摂取が原因であり，内因性精神障害には該当しない。

3 × パニック障害は，脳の神経伝達物質の異常が原因で起きるものではなく，心因性精神障害に分類される。

4 × 認知症は，脳の神経伝達物質の異常が原因で起きるものではない。

5 ○ 統合失調症は，脳の神経伝達物質の異常が原因で起きるものであり，内因性精神障害である。

正解　　問題09……4　　　問題10……5

加点のポイント❼　精神疾患の種類，症状など

　毎年のように統合失調症や，うつ病に関連する出題がある。精神疾患には，統合失調症，てんかん，うつ病，神経症やアルコール依存症などがある。精神疾患の中でも入院患者の割合が最も高いのは統合失調症である。精神疾患の病気の症状や介護について各自で学習しておこう。

精神障害の分類

内因性精神障害	外因性精神障害	心因性精神障害
統合失調症 精神科病棟の入院患者の中でも最も割合が多い。 症状：陽性症状（幻覚，妄想，支離滅裂な言動,させられ体験），陰性症状（無関心，喜怒哀楽の乏しさ，意欲の減退など），認知機能障害，統合失調感情障害	アルコール依存症 病的に強い精神依存，身体依存を示し，それらによって日常・社会生活，健康面で問題が生じる。 症状：振戦せん妄，アルコール幻覚症，アルコール妄想症，アルコール性コルサコフ症	心因反応，神経症，PTSD（心的外傷後ストレス障害） ストレスなどの何らかのきっかけがあり，それに性格などの個人要因，最近の心身の状態や対人関係などの環境的な要因など，複雑に絡み合って精神症状が生じる。 症状：不安，不眠，抑うつ

　Dさん（30歳，女性）は，脳性麻痺（cerebral palsy）で下肢の運動機能障害があり，電動車いすを使用している。Dさんは，自己決定・自己責任による生活をしたいと考えて，一人暮らしを始めた。週に一度ピアカウンセリング（peer counseling）のボランティアをして，友人と一緒に趣味の映画鑑賞に出かけることを楽しみにしている。

　Dさんに関する次の記述のうち，ICF（International Classification of Functioning, Disability and Health：国際生活機能分類）の「環境因子」に分類されるものとして，適切なものを1つ選びなさい。

1　下肢の運動機能障害があること

2　電動車いすを使用していること

3　ボランティアをしていること

4　仲の良い友人がいること

5　映画鑑賞が趣味であること

　Gさんはパーキンソン病（Parkinson disease）と診断され，薬物療法が開始されている。立位で重心が傾き，歩行中に停止することや向きを変えることが困難である。

　Gさんのこの症状を表現するものとして，最も適切なものを1つ選びなさい。

1　安静時振戦

2　筋固縮

3　無動

4　寡動

5　姿勢保持障害

加点のポイント**8**　難病に指定されている疾患

　難病とは，原因不明で，確かな治療方法もないため，徐々に進行していき，重い身体の障害や後遺症のある疾患の総称である。2013（平成25）年4月1日から障害者総合支援法のサービスの利用が可能となった。難病は，①運動神経系の難病と②内臓，皮膚，血液系の難病に大別され，①の主要な難病には脊髄小脳変性症，多発性硬化症，筋萎縮性側索硬化症，スモン，パーキンソン病，②にはベーチェット病，全身性エリテマトーデス，サルコイドーシス，潰瘍性大腸炎，クローン病，悪性関節リウマチなどがある。

問題11 解説

1 ✕ 「下肢の運動機能障害がある」ことは，ICF（International Classification of Functioning, Disability and Health：国際生活機能分類，以下「ICF」と記す）の「心身機能」に該当するため適切ではない。

2 ✕ ICFの「環境因子」には，①生産品と用具，②自然環境と人間がもたらした環境変化，③支援と関係，④態度，⑤サービス・制度・政策がある。「電動車いすを使用している」ことは，「活動」と見ることができるが，もう1つ，「環境因子」の①生産品と用具に該当すると考えることができる。しかし問題文では，適切なものを1つ選べとなっているので，選択肢4の「仲の良い友人がいること」を「環境因子」とするならば，選択肢2の「電動車いすを使用していること」は，「活動」と回答することを問題作成者は想定していると考えられる。よって，選択肢2は適切ではない。

3 ✕ 「ボランティアをしていること」は「活動」である。

4 〇 「仲の良い友人がいること」は，ICFの「環境因子」④態度に該当するため，適切である。

5 ✕ 「映画鑑賞が趣味であること」は「活動」である。

問題12 解説

1 ✕ 安静時振戦とは，身体を安静にしているときに起こるふるえである。寝ていたり立っていたり，椅子に座っていたりという日常的にくつろいでいるときに出現する。

2 ✕ 筋固縮とは，筋肉がこわばり，身体がスムーズに動かなくなることである。歯車のように規則的な動きになる場合を歯車現象，こわばりが続く場合を鉛管現象と呼ぶ。

3 ✕ 無動とは素早い動作ができなくなることである。動きが小さくなり，歩いているときにもほとんど手を振らなくなる。一度にいくつもの動作をしようとすると，さらに動きが鈍くなる。

4 ✕ 寡動とは身体の動きが鈍く，表情の変化が乏しい状態のことをいう。特にパーキンソン病患者に見られる。

5 〇 身体のバランスがとりにくくなることを姿勢保持障害という。問題文の症状に該当する。

正解 問題11……4 問題12……5

加点のポイント❾ うつ病と認知症

うつ病は，意欲がない（意欲低下），考えがまとまらない（思考制止）といった症状が現れる精神疾患である。しかし，高齢者の場合，このような典型的な症状が現れず，身体症状（頭が痛いなど）を訴える場合がある。

反対に，意欲低下や思考制止が現れた場合，認知症と誤解される場合がある（うつ病性仮性認知症）ので注意が必要である。

うつ病の治療は薬物治療と徹底した休養である。安易な励ましは，うつ病の状態の人にかえって負担感や周りの人に理解されていない感覚をもたらすので厳禁である。また，うつ病の初期と回復期では自殺のリスクが高まるので注意深く見守ることが重要である。

自閉症スペクトラム障害（autism spectrum disorder）の特性として，最も適切なものを1つ選びなさい。

1 読み書きの障害

2 社会性の障害

3 注意の障害

4 行為障害

5 運動障害

知的障害の特徴に関する記述として，最も適切なものを1つ選びなさい。

1 成人期に出現する。

2 てんかん（epilepsy）の合併率が高い。

3 有病率は女性が高い。

4 重度・最重度が大半を占める。

5 遺伝性の障害が大半を占める。

次のうち，四肢麻痺（ししまひ）を伴う疾患や外傷として，適切なものを1つ選びなさい。

1 右脳梗塞（right cerebral infarction）

2 左脳梗塞（left cerebral infarction）

3 頸髄損傷（けいずいそんしょう）（cervical cord injury）

4 腰髄損傷（lumbar spinal cord injury）

5 末梢神経損傷（まっしょうしんけいそんしょう）（peripheral nerve injury）

加点のポイント⑩ 自閉スペクトラム症の特徴

　自閉スペクトラム症の特徴は，①視線が合わない，仲間を作ることができないなどの社会性の障害，②言葉が出ない，会話が続かないなどのコミュニケーションの障害，③同じことを繰り返す，こだわりがあるなどの想像力の障害の3つが代表的なものとして挙げられる。

問題 13 解説

1 × 読み書きの障害がみられるのは，限局性学習症（学習障害）である。

2 ○ 自閉症スペクトラム障害の特性は，①他人との社会的関係の形成の困難さ，②言葉の発達の遅れ，③興味や関心が狭く特定のものにこだわることである。このようなことから，社会性の障害であるといわれている。

3 × 注意の障害は，注意欠如・多動症（ADHD）でみられる。

4 × 行為障害とは，過度ないじめや窃盗などの行為を反復して行うことであり，自閉症スペクトラム障害の特性ではない。

5 × 運動障害は，自閉症スペクトラム障害の特性ではない。

問題 14 解説

1 × 知的障害は，法律上の定義はない。しかし，厚生労働省の「知的障害児（者）基礎調査」では，知的障害を「知的機能の障害が発達期（おおむね18歳まで）にあらわれ，日常生活に支障が生じているため，何らかの特別の援助を必要とする状態にあるもの」と定義している。成人期に出現するものではない。

2 ○ 知的障害のある人のてんかん（epilepsy）の合併率は高いといわれている。

3 × 厚生労働省の「知的障害児（者）基礎調査」（平成17年）によれば，知的障害のある人の総数は41万9,000人，そのうち，男性が24万3,300人（58.1%），女性が16万6,400人（39.7%）である。女性の有病率が高いわけではない。

4 × 厚生労働省の「生活のしづらさなどに関する調査」（平成28年）によれば，在宅の療育手帳所持者を障害程度別でみると，重度は37万3,000人，その他は55万5,000人と推計される。よって，重度・最重度が大半を占めているわけではない。

5 × 知的障害の原因は不明が一番多く，遺伝性が大半を占めているわけではない。

問題 15 解説

1 × 右脳梗塞は，体の左半身の麻痺を伴う。

2 × 左脳梗塞は，体の右半身の麻痺を伴う。

3 ○ 適切である。頸髄損傷は，首から下の麻痺を伴うので四肢麻痺である。

4 × 腰髄損傷は，腰から下の体の麻痺を伴う。

5 × 末梢神経とは脳や脊髄などの中枢神経から分かれて，全身の器官・組織に分布する神経のことである。損傷すると，運動神経の障害（手足の筋力が低下したり，筋肉が痩せてきたりする），感覚神経の障害（しびれや痛みが生じたり，逆に感覚が鈍くなったり，消失したりする），自律神経の障害（手足の発汗障害や異常知覚などがみられる）を発症する。

正解　　問題13……2　　問題14……2　　問題15……3

筋ジストロフィー（muscular dystropy）の病態について，適切なものを1つ選びなさい。

1 網膜が変性する。

2 運動神経が変性する。

3 自己免疫が原因である。

4 中脳の黒質が病変部位となる。

5 筋線維に変性が生じる。

対麻痺を生じる疾患として，最も適切なものを1つ選びなさい。

1 筋萎縮性側索硬化症（amyotrophic lateral sclerosis：ALS）

2 腰髄損傷（lumbar spinal cord injury）

3 悪性関節リウマチ（malignant rheumatoid arthritis）

4 パーキンソン病（Parkinson disease）

5 脊髄小脳変性症（spinocerebellar degeneration）

発達障害者が一般就労に向けて利用するサービスとして，最も適切なものを1つ選びなさい。

1 行動援護

2 就労定着支援

3 職場適応援助者（ジョブコーチ）による支援

4 同行援護

5 就労継続支援B型

問題 16 解説

筋ジストロフィーは，筋線維に変性が生じて筋力が徐々に低下し，運動機能など，様々な機能障害が起こる難病である。よって選択肢5が正解である。なお，運動神経が変性する疾患にはALS（筋萎縮性側索硬化症）などがある。

問題 17 解説

対麻痺とは，両下肢だけの運動麻痺を指す。

1 ✕ 筋萎縮性側索硬化症は，徐々に全身の筋が萎縮する原因不明の疾患である。

2 ◯ 腰髄損傷は，腰髄レベルの脊髄損傷（下肢の筋を支配する神経レベルの損傷）であり，対麻痺を生じる。

3 ✕ 悪性関節リウマチは，血管炎を主体とする様々な関節外症状を呈する関節リウマチである。

4 ✕ パーキンソン病は，中脳黒質部のドーパミン細胞の変性により，手の震え（安静時振戦）があらわれたり円滑な動作などがしにくくなったりする神経変性疾患である。

5 ✕ 脊髄小脳変性症は，小脳またはその連絡線維の変性により，主に運動失調をきたす疾患の総称である。

問題 18 解説

1 ✕ 行動援護とは，自己判断能力が制限されている人が行動する時に，危険を回避するために必要な支援，外出支援を行うことをいう。一般就労に向けたサービスではない。

2 ✕ 就労定着支援とは，一般就労に移行した人の就労に伴う生活面の課題に対応するための支援を行うものである。一般就労に向けたサービスではない。

3 ◯ 職場適応援助者（ジョブコーチ）とは，障害者の就労にあたり，できることとできないことを事業所に伝達するなど，障害者が円滑に就労できるように，職場内外の支援環境を整える者を指す。

4 ✕ 同行援護とは，視覚障害により，移動に著しい困難を有する人が外出する時，必要な情報提供や介護を行うことをいう。一般就労に向けたサービスではない。

5 ✕ 就労継続支援B型とは，一般企業での就労が困難な人に，就労する機会を提供するとともに，能力等の向上のために必要な訓練を行うことである。一般就労に向けたサービスではない。

正解 　問題16……5　　問題17……2　　問題18……3

加点のポイント⓫　内部障害の種類，制度変更

　人体の機能とその役割が，疾患や症状，予後などと併せて出題されているため，それらを関連づけてまとめておこう。他の科目との関連性もみえるようになるだろう。
　身体障害者福祉法で定める障害のうち，内部障害とは心機能障害，呼吸機能障害，腎臓機能障害，小腸機能障害，膀胱・直腸機能障害，ヒト免疫不全ウイルスによる免疫機能障害，肝臓機能障害の7つだが，今後，ヒト免疫不全ウイルスによる免疫機能障害についての出題が予想される。

筋萎縮性側索硬化症（amyotrophic lateral sclerosis：ALS）では出現しにくい症状として，適切なものを1つ選びなさい。

1 四肢の運動障害

2 構音障害

3 嚥下障害

4 感覚障害

5 呼吸障害

学習障害の特徴に関する次の記述のうち，最も適切なものを1つ選びなさい。

1 読む・書く・計算するなどの習得に困難がある。

2 注意力が欠如している。

3 じっとしているのが難しい。

4 脳の機能に障害はない。

5 親のしつけ方や愛情不足によるものである。

網膜色素変性症（retinitis pigmentosa）の初期の症状として，最も適切なものを1つ選びなさい。

1 硝子体出血

2 口内炎

3 眼圧上昇

4 夜盲

5 水晶体の白濁

問題 **19** 解説

1 × 筋萎縮性側索硬化症（amyotrophic lateral sclerosis：ALS)の主な症状は筋力の低下である。筋肉がやせると体を上手く動かすことができない。

2 × 構音に必要な筋力が低下し，構音障害となる。

3 × 筋肉がやせ細り，うまく飲み込みができなくなる

4 ○ 感覚障害は症状としてみられない。

5 × 呼吸筋が弱まると呼吸困難に陥り人工呼吸器が必要になる。

問題 **20** 解説

1 ○ 識字障害，書字障害，計算ができないなどの障害である。

2 × 注意力の欠如は学習障害の特徴ではない。注意欠如・多動症（ADHD）の特徴である。

3 × 多動は学習障害の特徴ではない。注意欠如・多動症（ADHD）の特徴である。

4 × 脳の機能の障害である。

5 × 親のしつけ方や愛情不足に関係はない。

問題 **21** 解説

1 × さまざまな部位からの出血が，硝子体腔の中にたまった状態を硝子体出血という。網膜色素変性症ではみられないが，加齢性黄斑変性症の合併症としてみられる。

2 × 口の中や舌の粘膜に起きる炎症の総称である。

3 × 眼圧上昇は緑内障でみられることの多い初期症状である。

4 ○ 網膜色素変性症の初期症状は，夜や薄暗い屋内でものが見えにくくなる「夜盲（鳥目）」である。

5 × 水晶体の白濁は白内障の症状である。

正解　　問題19……4　　　問題20……1　　　問題21……4

加点のポイント⓬　多くの疾患に随伴する，せん妄について

　アルコール依存症は常習飲酒の結果，自らの飲酒行動を自ら制御し得なくなった状態である。厚生労働省の広報誌『厚生労働』2019 年 5 月号によれば，潜在的なアルコール依存症者数は約57 万人と推計されている。アルコール依存症では，家族生活や社会生活に重大な支障が生じる。治療は無期限の断酒が原則である。

　せん妄は意識レベルの低下した状況に，注意障害と活発な幻覚が生じ，精神運動興奮や制止を伴う。アルコール依存症の患者が飲酒を中断した際に，離脱症状としても生じる。アルコール依存症やせん妄は高齢者に多く，介護に難渋する疾患である。

自閉症（autism）の特性に関する次の記述のうち，最も適切なものを1つ選びなさい。

1　対人関係の形成に障害がある。

2　読む，書く，計算することが苦手である。

3　知的機能の発達に遅れがみられる。

4　集中力がない。

5　思考の流れに関連性や統一性がない。

　Aさん（60歳,男性）は,脊髄小脳変性症（spinocerebellar degeneration）のため,物をつかもうとすると手が震え，起立時や歩行時に身体がふらつき，ろれつが回らないため発語が不明瞭である。

　次のうち，Aさんの現在の症状に該当するものとして，最も適切なものを1つ選びなさい。

1　運動麻痺
2　運動失調
3　関節拘縮
4　筋萎縮
5　筋固縮

🐱 加点のポイント⑬ 　障害者雇用率制度

　すべての事業主は，社会連帯の理念に基づき障害者雇用に関し障害者である労働者の職業的自立に協力する責務を有している。「障害者の雇用の促進等に関する法律」では，「障害者雇用率制度」を設け，事業主などは，以下の割合（障害者雇用率）によって計算される法定雇用障害者数以上の障害者を常用労働者として雇用しなければならないこととされている。この法定雇用障害者数は，各事業所をまとめた企業全体について計算されることとなっている。

　なお，障害者雇用率制度では，障害者の範囲を身体障害者手帳，療育手帳，精神障害保健福祉手帳の所有者としており，それらの所有者を実雇用率の算定対象としている。

　企業等に義務付けられている障害者雇用率は下表の通りである。

障害者雇用率　2024（令和6）年度

区分		障害者雇用率
民間企業（従業員40人以上）		2.5%
特定の特殊法人など		2.8%
国および地方公共団体	国および地方公共団体	2.8%
	都道府県の教育委員会その他厚生労働大臣の指定する教育委員会	2.7%

問題 **22** 解説

自閉症といわれる状態を，かつて『ICD-10』(『国際疾病分類』第10版) やDSM第4版 (DSM-4,『精神疾患の分類と診断の手引』) では，広汎性発達障害という表現で示していたが，DSM第5版では，自閉症スペクトラム障害/自閉スペクトラム症と表現している。

なお，文部科学省の自閉症の定義は，次のとおりである。「自閉症とは，3歳位までに現れ，①他人との社会的関係の形成の困難さ，②言葉の発達の遅れ，③興味や関心が狭く特定のものにこだわることを特徴とする行動の障害であり，中枢神経系に何らかの要因による機能不全があると推定される。」

1 ◯ 対人関係の形成に障害があるのは，自閉症の特性である。

2 ✕ 読む，書く，計算することが苦手なのは，学習障害である。

3 ✕ 自閉症は知的機能の発達に遅れがみられることもあるが，アスペルガー症候群のように知的機能の発達に影響がないものもある。

4 ✕ 集中力がないのは，注意欠陥多動性障害の特性である。逆に自閉症では，集中力を発揮する場合がある。

5 ✕ 思考の流れに関連性や統一性がないのは，自閉症の特性ではない。

問題 **23** 解説

1 ✕ 運動麻痺はみられない。

2 ◯ 脊髄小脳変性症は脳の一部分である小脳や，背骨の中に存在する脊髄の細胞が徐々に変性していく病気である。運動失調や立ちくらみ，けいれんなどさまざまな症状が現れる。

3 ✕ 関節の拘縮はみられない。

4 ✕ 筋萎縮はみられない。

5 ✕ 筋固縮はみられない。

> **正解** 問題22……1 問題23……2

加点のポイント⑭ **各ライフステージに好発する疾病の特徴**

　各ライフステージには特徴的な疾病がある。小児期，青少年期，中年期，高齢期にみられるこれらの障害については十分把握しておこう。

　例えばパニック障害は不安性障害の1つだが，青年期から壮年期にかけて発症が多い。

　広汎性発達障害（pervasive developmental disorder）の特性として，適切なものを1つ選びなさい。

1　特定のものに対するこだわりが強い。

2　相手の意図を正確に読み取る。

3　幻覚や妄想が現れる。

4　麻痺性構音障害を生じる。

5　協調して作業することが得意である。

　筋萎縮性側索硬化症（amyotrophic lateral sclerosis：ALS）にみられる特徴的な障害として，最も適切なものを1つ選びなさい。

1　知的障害

2　呼吸障害

3　眼球運動障害

4　膀胱直腸障害

5　感覚障害

問題 24 解説

1 ○ 広汎性発達障害（pervasive developmental disorder）の特性には「特定のものに対するこだわりが強い」ことが挙げられるので，適切である。

2 × 広汎性発達障害の場合，相手の意図を正確に読み取ることが難しい場合が多い。

3 × 広汎性発達障害の特性に幻覚や妄想はない。

4 × 麻痺性構音障害が生じるのは，口腔が麻痺している場合であり，適切ではない。

5 × 広汎性発達障害の場合，相手の気持ちを察しながら協調して作業することは不得意である場合が多い。

問題 25 解説

1 × 筋萎縮性側索硬化症（ALS）は，大脳や脊髄などの運動にかかわる神経が障害され，さまざまな症状がみられる。具体的には，筋萎縮と筋力低下，球麻痺（舌萎縮，言語障害，嚥下障害），深部腱反射亢進，病的反射出現などである。しかし，ALSでは知的障害はみられない。

2 ○ ALSの末期では呼吸筋の麻痺によって呼吸障害がみられる。そのため，人工呼吸装置の使用が必要となる。そのため，正しい。

3 × ALSでは，眼球運動障害，膀胱直腸障害，感覚障害，褥瘡はみられない。そのため，この4つの症状は「陰性4徴候」と呼ばれる。

4 × 解説3と同じである。

5 × 解説3と同じである。

正解	問題24……1	問題25……2

加点のポイント⑮　障害の受容過程

　障害の受容過程に関する問題も出題されている。受容過程に関しては，さまざまな理論があるが，おおまかにいえば，①ショック期，②混乱期，③適応期という流れになる。ショック期は障害を受け入れられず，深い悲しみや怒りが表れる時期。混乱期は回復の期待や絶望感が表れる時期。適応期は障害を受け入れ新しい生活に踏み出していく時期。しかし障害を受容するまでの時間の長さには個人差がある。さらに受容までの流れに関しても直線的に進むわけではなく，進んだり戻ったりしながら受容に至ると考えられている。

　障害の受容については，上田敏は「障害の受容—その本質と諸段階について」（1980年）の中で，積極的な行為としての受容の本質とは「価値の転換」であり，「障害が不便であり制約的なもの（inconveniencing and limiting）として認識しており，それを改善するための努力を続けているが，今や障害が自分の人間としての価値を低めるものではない（nondevaluating）」と述べている。

　Dさん（35歳，男性）は重度の知的障害があり，地元の施設入所支援を利用している。Dさんの友人Eさんは，以前に同じ施設入所支援を利用していて，現在は共同生活援助（グループホーム）で暮らしている。Dさんは，共同生活援助（グループホーム）で生活するEさんの様子を見て，その生活に関心をもったようである。施設の職員は，Dさんの共同生活援助（グループホーム）での生活は，適切な援助を受ければ可能であると考えている。一方，Dさんの母親は，親亡き後の不安から施設入所支援を継続させたいと思っている。

　介護福祉職が現時点で行うDさんへの意思決定支援として，最も適切なものを1つ選びなさい。

1　母親の意思を，本人に伝える。

2　共同生活援助（グループホーム）の生活について話し合う。

3　介護福祉職の考えを，本人に伝える。

4　具体的な選択肢を用意し，選んでもらう。

5　地域生活のリスクについて説明する。

心臓機能障害のある人に関する記述として，最も適切なものを1つ選びなさい。

1　塩分の制限は必要としない。

2　呼吸困難や息切れなどの症状がみられることが多い。

3　日常生活で外出を避けるべきである。

4　ペースメーカーの装着者は，身体障害者手帳の交付対象から除外される。

5　精神的なストレスの影響は少ない。

　発達障害のEさん（5歳，男性）の母親（28歳）は，Eさんのことを一生懸命に理解しようと頑張っている。しかし，うまくいかないことも多く，子育てに自信をなくし，どうしたらよいのかわからずに一人で悩んでいる様子が見られる。

　母親への支援に関する次の記述のうち，最も適切なものを1つ選びなさい。

1　現状を受け入れるように説得する。

2　一時的な息抜きのために，レスパイトケアを紹介する。

3　同じ立場にあるペアレント・メンターを紹介する。

4　Eさんへの発達支援を強化するように勧める。

5　介護支援専門員（ケアマネジャー）を紹介する。

問題 26 解説

1 ✕ 母親の意思よりも本人の意思を重視すべきである。

2 ◯ 共同生活援助（グループホーム）についてDさんと話し合い，どのように考え理解しているのか把握することが必要である。

3 ✕ 介護福祉職の考えよりも本人の考えを重視する。

4 ✕ 重度知的障害のために，用意された選択肢を十分に理解し選ぶというのは難しい。

5 ✕ 地域生活のリスクの説明は必要だが，同時に地域生活のメリットの説明も必要である。

問題 27 解説

1 ✕ 食事では塩分摂取の制限が大事である。ナトリウム（塩分）は，水を体にためる性質があり，食塩を多く摂取すると循環血液量が増加して心臓に負担がかかるからである。

2 ◯ 心臓機能障害がある人の症状として，呼吸困難や息切れなどの症状は代表的なものである。

3 ✕ 外出制限はない。

4 ✕ 身体障害者手帳の交付対象から除外されていない。

5 ✕ 例えば配偶者の死などの精神的ストレスが心臓病の悪化の要因になることは，よくあるといわれている。

問題 28 解説

1 ✕ 子育ての問題解決をしないまま，現状を受け入れるように言っても，母親の悩みは解決しない。

2 ✕ 一時的なレスパイトケアでは，根本的な問題解決にならない。

3 ◯ Eさんの母親は，発達障害のあるお子さんの子育てに一人で悩んでいる様子がみられる。自らも発達障害のある子育てを経験し，かつ相談支援に関するトレーニングを受けた親（ペアレント・メンター）を紹介し，相談を促すことは正しい。

4 ✕ 子どもの発達支援を強化することは，母親の子育ての問題解決にならない。

5 ✕ 介護支援専門員は，高齢者領域の相談員である。

正解　　問題26……2　　問題27……2　　問題28……3

加点のポイント⓰　医療的ケア児支援法

　正式名称は 「医療的ケア児及びその家族に対する支援に関する法律」で，2021（令和３)年６月に成立した。

　医療的ケア児とは，日常的に医療的ケア(人工呼吸器による呼吸管理，喀痰吸引その他の医療行為)を受けることが不可欠である児童(18歳以上の高校生等を含む)のことで，国や地方公共団体による医療的ケア児への支援が努力義務から責務とされたほか，医療的ケア児が在籍する保育所や学校では看護師等の配置が定められた。

問題 29 頻出度 ★ ★ 第35回 問題058 Check ☑ ☑ ☑

Eさん（38歳,男性）は,脳梗塞（cerebral infarction）を発症し,病院に入院していた。退院時に,右片麻痺（みぎかたまひ）と言語障害があったため,身体障害者手帳2級の交付を受けた。現在,Eさんと家族の希望によって,自宅で生活しているが,少しずつ生活に支障が出てきている。Eさんの今後の生活を支えるために,障害福祉サービスの利用を前提に多職種連携による支援が行われることになった。

Eさんに関わる関係者が果たす役割として,最も適切なものを1つ選びなさい。

1　介護支援専門員（ケアマネジャー）が,介護サービス計画を作成する。

2　医師が,要介護認定を受けるための意見書を作成する。

3　基幹相談支援センターの職員が,障害福祉計画を立てる。

4　地域包括支援センターの職員が,認定調査を行う。

5　相談支援専門員が,サービス担当者会議を開催する。

問題 30 頻出度 ★ ★ 第35回 問題057 Check ☑ ☑ ☑

Cさん（3歳）は,24時間の人工呼吸器管理,栄養管理と体温管理が必要であり,母親（32歳）が生活全般を支えている。Cさんの母親は,「発達支援やショートステイを活用したいのに,市内に事業所がない。ほかにも困っている家族がいる」とD相談支援専門員に伝えた。

D相談支援専門員が,課題の解決に向けて市（自立支援）協議会に働きかけたところ,市内に該当する事業所がないことが明らかになった。

この事例で,地域におけるサービスの不足を解決するために,市（自立支援）協議会に期待される機能・役割として,最も適切なものを1つ選びなさい。

1　困難な事例や資源不足についての情報の発信

2　権利擁護に関する取り組みの展開

3　地域の社会資源の開発

4　構成員の資質向上

5　基幹相談支援センターの運営評価

問題 31 頻出度 ★ 第34回 問題093 Check ☑ ☑ ☑

障害者への理解を深めるために有効なアセスメントツールの1つであるエコマップが表すものとして,最も適切なものを1つ選びなさい。

1　家族との関係

2　社会との相関関係

3　認知機能

4　機能の自立度

5　日常生活動作

問題 29 解説

1 × 障害福祉サービスの利用を前提としているので，介護サービス計画を立てる必要はない。相談支援専門員がEさんのサービス等利用計画を作成する。

2 × 障害福祉サービスの利用を前提としているので，要介護認定を受ける必要はない。よって医師の意見書は不要である。

3 × 基幹相談支援センターの職員は障害福祉計画を立てない。なお，障害福祉計画とは，都道府県や市町村が策定する行政計画のことである。

4 × 障害福祉サービスの利用を前提としているので，市町村の認定調査員による障害支援区分の認定調査を受ける。地域包括支援センターの職員ではない。

5 ○ 適切である。相談支援専門員がサービス担当者会議を開催する。

問題 30 解説

1 × 自立支援協議会は，関係機関が相互の連絡をはかることにより，困難な事例や資源不足についての情報の共有を行う。しかし，この事例で期待される役割としては適切ではない。

2 × 権利擁護に関する取り組みの展開は，自立支援協議会の機能・役割ではない。

3 ○ 自立支援協議会に期待される機能・役割に地域の社会資源の開発がある。よって適切である。

4 × 構成員の資質の向上は自立支援協議会の機能・役割ではない。

5 × 基幹相談支援センターの運営評価は設置主体である市町村が適切に行う。

問題 31 解説

1 × 家族との関係を表すのは，ジェノグラムである。

2 ○ 本人を取り巻く環境について，相関関係をメインに図式化したものである。

3 × エコマップは認知機能を表すものではない。認知機能を表すものとしてはHDS-R（Hasegawa's Dementia Scale-Revised：改訂長谷川式認知症スケール）などがある。

4 × 機能の自立度を表すものにはFIM（機能的自立度評価法）がある。

5 × 日常生活動作（ADL）は自立生活の指標である。

正解　　問題29……5　　問題30……3　　問題31……2

加点のポイント⓱　障害者福祉関連法

　障害者福祉関連法では，障害年金制度，各種手当法，バリアフリー新法，身体障害者補助犬法，障害者の雇用の促進等に関する法律，障害者差別解消，障害者虐待防止法，障害児教育などについても理解を深めておく。これらの中でも障害者の経済的な支えとなっている障害年金制度や各種手当法については，十分に学んでほしい。

　障害年金制度は，障害基礎年金（1，2級），障害厚生年金（1～3級），障害共済年金（1～3級）があって，それぞれ等級が異なり，かつ対象者も異なることを確認しよう。特別障害者手当などの各種手当も，受給対象者の障害の程度や在宅か否かや，年齢によって制限されているので注意が必要である。

❺ 家族への支援

問題 **32**　頻出度 ★ ★ ★　　第34回 問題096　Check ☑ ☑ ☑

　Hさん（45歳，男性）は，脳梗塞（cerebral infarction）を発症して半年間入院した。退院してからは，障害者支援施設に入所して自立訓練を受けている。2か月ほど過ぎたが，右片麻痺（みぎかたまひ）と言語障害が残っている。妻のJさん（35歳）はパート勤務で，小学3年生の子どもがいて，将来が見えずに不安な気持ちである。

　家族に対する介護福祉職の支援として，最も適切なものを1つ選びなさい。

1　家族の不安な気持ちに寄り添い，今の課題を一緒に整理し考えていく。

2　Jさんの気持ちを最優先して方向性を決める。

3　訓練の様子を伝えるために，頻繁にJさんに施設に来てもらう。

4　家族が困っているので専門職主導で方向性を決める。

5　レスパイトケアを勧める。

問題 **33**　頻出度 ★ ★　　第29回 問題096　Check ☑ ☑ ☑

　Eさん（31歳，女性）は，Fちゃん（5歳）と二人暮らしである。自宅で仕事をしながら，重症心身障害のあるFちゃんを介護している。Fちゃんの食事は刻み食で，介助が必要である。昼も夜も2〜3時間おきに痰（たん）の吸引を行わなければならない。Eさんの平均睡眠時間は4時間である。Eさんは，「眠れなくて疲れが取れない」と訴えている。

　Eさんへの介護福祉職の助言として，最も適切なものを1つ選びなさい。

1　痰（たん）の吸引の技術を高めるために講習を受ける。

2　障害基礎年金を申請する。

3　介護に専念するために仕事を辞める。

4　刻み食をやめて流動食にする。

5　レスパイトケア（respite care）を利用する。

問題 **34**　頻出度 ★ ★　　第30回 問題096　Check ☑ ☑ ☑

　Hさん（女性）は，長男J君（3歳）が通園中の保育所の保育士から，「J君は言語などの発達に遅れがあるようだ」と伝えられた。子どもの将来に不安を感じたHさんは，知り合いの介護福祉職に相談した。

　介護福祉職がHさんに対して行うアドバイスとして，最も適切なものを1つ選びなさい。

1　子どもの発達の状態を見守る。

2　児童発達支援センターに相談する。

3　児童相談所の判定を受ける。

4　障害児保育の申請を行う。

5　居宅介護事業所を紹介する。

問題 32 解説

1 ○ 家族の不安な気持ちに寄り添い，どのような課題があるのか一緒に整理し考えていくことにより，将来への見通しが立つ。

2 × 妻のJさんではなく，本人の気持ちを最優先して方向性を決める。

3 × Jさんも働いているのだから頻繁に来てもらう必要はない。

4 × 専門職主導ではなく，本人や家族と一緒に方向性を決める。

5 × レスパイトケアは在宅でケアを担当している家族の休息のために使うサービスである。よって適切ではない。

問題 33 解説

1 × Eさんの主訴は，Fちゃんの介護のため平均睡眠時間が4時間であり，「眠れなくて疲れが取れない」ということである。痰の吸引の技術を高めるために講習を受けても数時間おきに痰の吸引を行う状況は変わらず主訴の解決にはならない。

2 × 障害基礎年金の申請は満20歳を過ぎなければならない。Fちゃんは5歳であるため申請は不可能である。

3 × Eさんの介護の疲れが主訴であるため，仕事を辞めても根本的な解決には至らない。

4 × 刻み食を止めて流動食にしても，主訴の解決には至らない。

5 ○ 介護者が休息をとるためのレスパイトケア（respite care）を利用することは，適切といえる。

問題 34 解説

1 × 子どもの発達の状態を見守ることは，母親であるHさんや保育士がすでに行っていることである。適切でない。

2 ○ 地域で障害児の発達に関する相談支援を行っているのは児童発達支援センターである。

3 × 児童相談所の判定を受けるのは，発達の遅れがはっきりした段階であるので適切ではない。

4 × まだ障害児と診断されたわけではないので，障害児保育の申請を行うのは適切ではない。

5 × 障害児と診断され，福祉サービスの利用対象児となったわけではないので居宅介護事業所を紹介するのは適切ではない。

正解 問題32……1　　問題33……5　　問題34……2

加点のポイント⑱　障害者総合支援法等の改正

　障害者総合支援法は，障害者の地域生活支援の強化等を目的に何度か改正が行われていますが，2022（令和4）年にも就労支援の強化策等を含めた改正が行われました。

　以下，主な内容を紹介します。

①共同生活援助（グループホーム）の支援内容に，退所後の相談等が含まれることを法律に明記する。

②就労アセスメントの手法を活用した就労選択支援を創設する。

③重度身体障害者等の短時間就労を，障害者の雇用率に算定できるようにする。

④家族が入院に対する意思表示をしない場合，市町村長が同意することで，精神障害者の医療保護入院を行うことを可能にする。

⑤医療保護入院者等を対象に，話を聴いたり情報提供をしたりする「入院者訪問支援事業」を創設する。

⑥難病患者及び小児慢性特定疾病児童等の医療費用助成の開始日を，従来の申請日から，重度化したと診断された日に前倒しする。

加点のポイント⑲　神経症状が主要な難病の種類とその特徴

脊髄小脳変性症	・脊髄小脳変性症は，小脳性運動失調を主症状としており，失調性歩行などがみられる ・言語機能障害もみられるため，言語訓練が必要となる ・運動能力を維持するリハビリテーションや環境整備により，ADLの維持を図る
多発性硬化症	・多発性硬化症は，中枢神経の髄鞘という部分が破壊される疾患であり，視力障害，複視，歩行障害，異常感覚，膀胱直腸障害による失禁，痙攣などの症状がみられる ・ステロイド剤の服用や薬剤管理が必要となる
筋萎縮性側索硬化症（ALS）	・全身の筋肉が萎縮し，言語障害，嚥下障害による誤嚥性肺炎，歩行障害，呼吸困難などが出現する ・症状は進行性であり，数年で四肢麻痺，摂食機能障害，呼吸麻痺になる ・知覚や記憶は障害されないことから知的障害はみられないほか，眼球運動障害，膀胱直腸障害，感覚障害もみられない ・人工呼吸装置を使用することによって，呼吸を確保する
パーキンソン病	・脳の黒質の神経細胞の変性消失により，振戦，無動，筋強剛，姿勢保持反射障害の運動症状を呈する疾患である ・姿勢保持反射障害として，前かがみの姿勢，小刻み歩行，突進現象，すくみ足などがみられる ・嚥下障害や便秘がみられることもあるほか，認知症を合併することも少なくない ・パーキンソン病の発症年齢のピークは，50歳代後半から60歳代である ・パーキンソン病の進行は，ホーエン・ヤール重症度分類や生活機能障害度が指標となる

第 **12** 章

医療的ケア

Check ☑	1回目	月	日	／15問
Check ☑	2回目	月	日	／15問
Check ☑	3回目	月	日	／15問

❶ 医療的ケア実施の基礎

消毒と滅菌に関する次の記述のうち，正しいものを1つ選びなさい。

1 消毒は，すべての微生物を死滅させることである。

2 複数の消毒液を混ぜると効果的である。

3 滅菌物には，有効期限がある。

4 家庭では，熱水で滅菌する。

5 手指消毒は，次亜塩素酸ナトリウムを用いる。

2011年（平成23年）の社会福祉士及び介護福祉士法の改正に基づいて，介護福祉士による実施が可能になった喀痰 吸 引等の制度に関する次の記述のうち，正しいものを1つ選びなさい。

1 喀痰 吸 引や経管栄養は，医行為から除外された。

2 喀痰 吸 引等を行うためには，実地研修を修了する必要がある。

3 介護福祉士は，病院で喀痰 吸 引を実施できる。

4 介護福祉士は，この制度の基本研修の講師ができる。

5 実施できる行為の一つとして，インスリン注射がある。

社会福祉士及び介護福祉士法で規定されている介護福祉士が実施できる経管栄養の行為として，正しいものを1つ選びなさい。

1 栄養剤の種類の変更

2 栄養剤の注入速度の決定

3 経鼻経管栄養チューブの胃内への留置

4 栄養剤の注入

5 胃ろうカテーテルの定期交換

問題 01 解説

1 × 消毒は，病原性の微生物を死滅または弱くすることである。設問文の内容は滅菌である。

2 × 塩素系漂白剤と酸性洗剤を混ぜると有毒な塩素ガスが発生するので混ぜてはいけない。消毒薬は，用法や注意事項を確認する必要がある。

3 ○ 滅菌物には有効期限があるため，使用前に確認する。

4 × 熱水は消毒方法の1つである。家庭では，食器などを食器洗浄器で80℃10分程度のすすぎを行う。

5 × 手指消毒は，エタノール含有の速乾性手指消毒液を用いる。

問題 02 解説

1 × 現在でも医行為である。介護福祉士が喀痰吸引や経管栄養を実施する際は，医師の指示の下に行われる。

2 ○ 喀痰吸引等を行うためには，登録研修機関での基本研修・実地研修を修了する必要がある。

3 × 病院・診療所は，医療関係者による喀痰吸引等の実施体制が整っているため，介護福祉士が喀痰吸引等の業務を行う事業所の登録対象となっていない。

4 × 介護福祉士の資格では，基本研修の講師はできない。喀痰吸引等の実務に関する科目の講師は，医師，看護師，保健師，助産師の資格を有しているものとされている。

5 × 介護福祉士はインスリンの注射を認められていない。

問題 03 解説

1 × 栄養剤には食品タイプと医薬品タイプがあり，医師の処方が必要となるケースが多いことから，介護福祉士が実施できる行為ではない。

2 × 注入速度の変更は，基本的には医師の判断が必要であり，介護福祉士が実施できる行為ではない。

3 × 胃内への留置は気管への誤挿入を防ぐためにも，基本的には医療職（医師）が行う行為であり，介護福祉士が実施できる行為ではない。

4 ○ 介護福祉士が実施できる経管栄養は経鼻経管栄養，胃ろう，腸ろうで，その管から栄養剤を注入する行為である。

5 × 胃ろうカテーテルの交換は介護福祉士が実施できる行為ではない。

正解 問題01……3　　問題02……2　　問題03……4

❷ 喀痰吸引（基礎的知識・実施手順）

問題 04　頻出度 ★ ★ ☆　　　　　　　第33回 問題110 ｜ Check ☑ ☑ ☑

気管粘膜のせん毛運動に関する次の記述のうち，最も適切なものを1つ選びなさい。

1　痰の粘度が高いほうが動きがよい。
2　空気中の異物をとらえる運動である。
3　反射的に咳を誘発する。
4　気管内部が乾燥しているほうが動きがよい。
5　痰を口腔の方へ移動させる。

問題 05　頻出度 ★ ★ ★　　　　　　　第33回 問題111 ｜ Check ☑ ☑ ☑

介護福祉職が実施する喀痰吸引で，口腔内と気管カニューレ内部の吸引に関する次の記述のうち，最も適切なものを1つ選びなさい。

1　気管カニューレ内部の吸引では，カニューレの内径の3分の2程度の太さの吸引チューブを使用する。
2　気管カニューレ内部の吸引では，滅菌された洗浄水を使用する。
3　気管カニューレ内部の吸引では，頸部を前屈した姿勢にして行う。
4　吸引時間は，口腔内より気管カニューレ内部のほうを長くする。
5　吸引圧は，口腔内より気管カニューレ内部のほうを高くする。

問題 06　頻出度 ★ ★ ☆　　　　　　　第32回 問題109 ｜ Check ☑ ☑ ☑

介護福祉士が医師の指示の下で行う喀痰吸引の範囲として，正しいものを1つ選びなさい。

1　咽頭の手前まで
2　咽頭まで
3　喉頭まで
4　気管の手前まで
5　気管分岐部まで

問題 04 解説

1 × 痰の排出をスムーズに行うには，痰に適度の湿性が必要である。痰の粘度が高いと繊毛運動機能が悪くなる。

2 × 気管粘膜の繊毛は，異物や塵をとらえた分泌物を口腔の方に運ぶ働きをする。

3 × 咳は，肺内の空気が気道を通って，異物や分泌物を体外に排出する。基本的には神経を介して行われる反射である。

4 × 気管内部は分泌物によって常に湿った状態になっており，乾燥していると痰の粘度が増し，繊毛運動機能が悪くなる。

5 ○ 気道粘膜にある繊毛が一定方向に動き，痰を口腔の方へ移動させる。

問題 05 解説

1 × 気管カニューレ内部の吸引は，カニューレ内径の2分の1以下の太さの吸引チューブを使用する。

2 ○ 気管カニューレ内部は，感染の原因となるような分泌物や細菌を付着させないように無菌的な操作を行う。そのため，清潔な吸引チューブや滅菌された洗浄水を使用する。

3 × 利用者の安楽が保てる状態で，気管カニューレ部分が見えやすく清潔にチューブが挿入できる角度に姿勢を整える。

4 × 吸引時間は利用者の状態によって異なり，医師の指示に従う。

5 × 吸引圧は利用者の状態によって異なり，医師の指示に従う。

問題 06 解説

1 ○ 介護福祉士が口腔・鼻腔からの喀痰吸引を行う範囲は咽頭の手前までと定められている。
気管カニューレ内部の吸引は，気管カニューレからはみ出さない深さまでと定められている。

2 × 咽頭の手前までと定められており，不適切である。なお，咽頭は喉頭蓋の上部に位置している。

3 × 喉頭は気管の手前に位置しており，喉頭より奥の位置である

4 × 気管の手前は喉頭が位置しており，咽頭より奥の位置である。

5 × 気管分岐部は左右の気管支につながる位置にあり，咽頭より奥の位置である。

正解　　問題04……5　　問題05……2　　問題06……1

加点のポイント❶　人工呼吸療法

侵襲的人工呼吸療法	気管に空気を出入りさせる穴を開けて（気管切開）気管カニューレを挿入して空気を送り込む方法
非侵襲的人工呼吸療法	鼻または鼻のみを覆うマスクを通して空気を送り込む方法

　Kさん（76歳）は,日頃から痰がからむことがあり,介護福祉士が喀痰吸引を行っている。鼻腔内吸引を実施したところ,吸引物に血液が少量混じっていた。Kさんは,「痰は取り切れたようだ」と言っており,呼吸は落ち着いている。

　このときの介護福祉士の対応に関する次の記述のうち,最も適切なものを1つ選びなさい。

1　出血していそうなところに吸引チューブをとどめる。

2　吸引圧を弱くして再度吸引をする。

3　血液の混じりがなくなるまで繰り返し吸引をする。

4　鼻腔と口腔の中を観察する。

5　鼻腔内を消毒する。

呼吸器官の換気とガス交換に関する次の記述のうち,最も適切なものを1つ選びなさい。

1　換気とは,体外から二酸化炭素を取り込み,体外に酸素を排出する働きをいう。

2　呼吸運動は,主として大胸筋によって行われる。

3　1回に吸い込める空気の量は,年齢とともに増加する。

4　ガス交換は,肺胞内の空気と血液の間で行われる。

5　筋萎縮性側索硬化症（amyotrophic lateral sclerosis : ALS）では,主にガス交換の働きが低下する。

喀痰吸引を行う前の準備に関する次の記述のうち,最も適切なものを1つ選びなさい。

1　医師の指示書の確認は,初回に一度行う。

2　利用者への吸引の説明は,吸引のたびに行う。

3　腹臥位の姿勢にする。

4　同室の利用者から見える状態にする。

5　利用者に手指消毒をしてもらう。

問題 **07** 解説

1 × 出血していそうなところに吸引チューブをとどめると，吸引チューブが出血している粘膜に吸いつき出血が増す可能性があるため，ただちに吸引を中止する。

2 × 再度吸引することで出血部位を刺激し，さらなる出血を招く可能性があるため，吸引を中止する。

3 × 出血が確認されたら，ただちに吸引を中止し，看護職に報告する。

4 ○ 口腔内，鼻腔内を観察し，出血の場所や量を観察し看護職へ報告する。また，出血量が多いときは，顔を横に向け，医師や看護職による対応を依頼する。

5 × 鼻腔内の傷や出血が確認された場合は，その状況を看護職に報告し対応してもらう。

問題 **08** 解説

1 × 換気は呼吸によって空気を入れ替えることであり，体外から酸素を取り入れ，二酸化炭素を排出することである。

2 × 呼吸の主要な筋は横隔膜である。胸腔と腹腔を隔てる骨格筋の膜で随意筋である。

3 × 加齢とともに1回に吸い込める空気の量は減少する。

4 ○ ガス交換は肺胞で酸素が血液に取り込まれ，二酸化炭素が血液から肺胞へ移動することであり，本文は適切である。

5 × 筋萎縮性側索硬化症（ALS）は，運動ニューロンが障害を受け，脳からの命令が伝わらなくなることで筋肉が「萎縮（やせる）」する疾患である。主にガス交換機能が低下するものではない。

問題 **09** 解説

1 × 喀痰吸引前に毎回，医師の指示書により内容，留意事項，指示期間等を確認する。

2 ○ 吸引のたびに必要性や方法を説明し実施の同意を得る。

3 × 利用者が安楽で，吸引実施者が吸引チューブを清潔に挿入できる姿勢に整える。

4 × 吸引は苦痛を伴うので，プライバシーに配慮しスクリーン・カーテンなどで同室者に見えないように工夫する。

5 × 感染予防のため，吸引実施者が手指消毒を行う。利用者に手指消毒をしてもらう必要はない。

| 正解 | 問題07……4 | 問題08……4 | 問題09……2 |

医療的ケア

12 医療的ケア

❷ 喀痰吸引（基礎的知識・実施手順）

❸ 経管栄養（基礎的知識・実施手順）

問題 10 頻出度 ★★★ ｜ 第33回 問題109 ｜ Check ☑ ☑ ☑

　介護福祉職が経管栄養を実施するときに，注入量を指示する者として，適切なものを1つ選びなさい。

1　医師
2　看護師
3　訪問看護事業所の管理者
4　訪問介護事業所の管理者
5　介護支援専門員（ケアマネジャー）

問題 11 頻出度 ★★ ｜ 第33回 問題112 ｜ Check ☑ ☑ ☑

　Hさん（80歳，男性）は嚥下機能の低下があり，胃ろうを1か月前に造設して，自宅に退院した。現在，胃ろう周囲の皮膚のトラブルはなく，1日3回の経管栄養は妻と介護福祉職が分担して行っている。経管栄養を始めてから下肢の筋力が低下して，妻の介助を受けながらトイレへは歩いて行っている。最近，「便が硬くて出にくい」との訴えがある。

　Hさんに対して介護福祉職が行う日常生活支援に関する次の記述のうち，最も適切なものを1つ選びなさい。

1　入浴時は，胃ろう部を湯につけないように注意する。
2　排泄時は，胃ろう部を圧迫するように促す。
3　排便は，ベッド上で行うように勧める。
4　経管栄養を行っていないときの歩行運動を勧める。
5　栄養剤の注入量を増やすように促す。

問題 12 頻出度 ★★ ｜ 第34回 問題112 ｜ Check ☑ ☑ ☑

　経管栄養で用いる半固形タイプの栄養剤の特徴に関する次の記述のうち，最も適切なものを1つ選びなさい。

1　経鼻経管栄養法に適している。
2　液状タイプと同じ粘稠度である。
3　食道への逆流を改善することが期待できる。
4　仰臥位（背臥位）で注入する。
5　注入時間は，液状タイプより長い。

問題 10 解説

経管栄養剤の種類や注入量は，利用者の状態に応じて医師が決定する。よって選択肢1が正解である。

問題 11 解説

1 × 胃ろう周囲の皮膚トラブルがなければ，入浴時に湯につけても問題ない。

2 × 胃ろう部を圧迫すると，痛みや傷などができる可能性があるため圧迫を避ける。

3 × 「便が硬くて出にくい」という訴えがあるため，腹圧をかけやすいトイレの方が適している。

4 ○ 下肢筋力が低下しているため，歩行運動などを勧める。

5 × 介護福祉職は，利用者の状況や訴えを医療職に報告し，栄養剤の種類や量は医師が決定する。

問題 12 解説

1 × 経鼻経管栄養法に適しているのは液体状の栄養剤である。

2 × 半固形タイプの栄養剤は，傾けても流れない程度の状態になったものを用いることから液状タイプと粘稠度が違う。

3 ○ 液体状の栄養剤は食道への逆流が発生することがある。この場合，ゆっくりと時間をかけて栄養剤を滴下するが，拘束時間が長くなる問題があった。半固形タイプの栄養剤は，逆流改善が期待できる。

4 × 基本的には半座位で注入することが望ましい。

5 × 半固形タイプの栄養剤は液体状の栄養剤よりも注入時間は短くなる。

正解 問題10……1   問題11……4   問題12……3

加点のポイント❷ 経管栄養法の種類

経鼻経管栄養	・鼻腔から胃まで経管栄養チューブを挿入して，栄養剤を注入する方法 ・鼻腔から腸まで経管栄養チューブを挿入して栄養剤を注入する方法もある（経鼻腸管栄養）
胃ろう経管栄養	・腹部から胃に穴を開け，胃ろうを造り，留置したチューブを通して栄養剤を注入する方法 ・鼻腔や食道に経管栄養チューブを通すことができない場合，長期（4〜6週間以上）に経管栄養を行う
腸ろう経管栄養	・腹部から腸に穴を開け，腸ろうを造り，留置したチューブを通して栄養剤を注入する方法や造設した胃ろうからカテーテルを通し，その先端を十二指腸または空腸に留置し栄養剤を注入する方法がある。 ・胃内への栄養補給ができない場合に行う ・鼻腔や食道に経管栄チューブを通すことができない場合，長期（4〜6週間以上）に経管栄養を行う

胃ろうによる経管栄養の実施手順として，栄養剤を利用者のところに運んだ後の最初の行為として，最も適切なものを1つ選びなさい。

1　体位の確認

2　物品の劣化状況の確認

3　栄養剤の指示内容の確認

4　本人であることの確認

5　経管栄養チューブの固定状況の確認

Fさん（87歳，女性）は，介護老人福祉施設に入所している。嚥下機能が低下したため，胃ろうによる経管栄養が行われている。担当の介護福祉士は，Fさんの経管栄養を開始して，しばらく観察した。その後，15分後に訪室すると，Fさんが嘔吐して，意識はあるが苦しそうな表情をしていた。介護福祉士は，すぐに経管栄養を中止して看護職員を呼んだ。

看護職員が来るまでの介護福祉士の対応として，最も優先すべきものを1つ選びなさい。

1　室内の換気を行った。

2　ベッド上の嘔吐物を片付けた。

3　酸素吸入を行った。

4　心臓マッサージを行った。

5　誤嚥を防ぐために顔を横に向けた。

経管栄養で，栄養剤の注入後に白湯を経管栄養チューブに注入する理由として，最も適切なものを1つ選びなさい。

1　チューブ内を消毒する。

2　チューブ内の栄養剤を洗い流す。

3　水分を補給する。

4　胃内を温める。

5　栄養剤の濃度を調節する。

問題 13 解説

1 × 本人を確認してから体位の確認を行う。

2 × 利用者のもとへ栄養剤を運ぶ前の実施準備時に確認する。

3 × 実施準備時に医師の指示書を確認して準備する。

4 ○ 最初に行うことは本人の確認であり，その後経管栄養の実施の説明と同意を得る。

5 × 本人の確認をした後，適切な体位をとり，その後で経管栄養注入前にチューブ固定の確認をする。

問題 14 解説

1 × 嘔吐物の誤嚥による気道閉塞を予防することを優先する。

2 × 嘔吐物の誤嚥による気道閉塞を予防することを優先する。

3 × 嘔吐物の誤嚥による気道閉塞を予防することを優先する。酸素吸入は医師の判断で行う。

4 × 意識がなく呼吸停止あるいは異常な呼吸の場合は心臓マッサージ（胸骨圧迫）を行うが，設問は嘔吐して，意識はあるが苦しそうな表情の状態のため，気道閉塞の予防を優先する。

5 ○ 嘔吐物の誤嚥による気道閉塞を予防することを最も優先するため顔を横に向けることは正しい。

問題 15 解説

栄養剤注入後に白湯を流すのは栄養剤がチューブ内に残らないよう洗い流すためであり，選択肢2が正答である。なお，注入前に白湯を流す場合も経管栄養の管に詰まりがないか確認するためである。

| 正解 | 問題13……4 | 問題14……5 | 問題15……2 |

加点のポイント ❸　嚥下のしくみ

先行（認知）期	視覚や嗅覚によって食べ物を認識する時期
準備（咀嚼）期	口腔内で食べ物を噛み砕き，唾液と混ぜ合わせ食塊形成をする時期
口腔期	食塊を咽頭に送り込む時期
咽頭期	食塊が咽頭を通過し，食道へ送り込まれる時期
食道期	食道に入った食塊が胃に送り込まれる時期

MEMO

総合問題

総合問題

次の事例を読んで，問題1から問題3までについて答えなさい。

〔事　例〕

　Mさん（80歳，男性）は，2年前にアルツハイマー型認知症（dementia of the Alzheimer's type）と診断された。Mさんは自宅で暮らし続けることを希望して，介護保険サービスを利用しながら妻と二人で生活していた。

　その後，Mさんの症状が進行して妻の介護負担が大きくなったため，Mさんは，U社会福祉法人が運営する介護老人福祉施設に入所することになった。

　Mさんの入所当日，担当のA介護福祉職は，生活相談員が作成した生活歴や家族構成などの基本情報の記録を事前に確認した上で，Mさんと関わった。

問題 01   頻出度 ★ ★   第32回 問題117 | Check ☑ ☑ ☑

次のうち，A介護福祉職が確認した記録として，適切なものを1つ選びなさい。

1　施設サービス計画書
2　インシデント報告書
3　エコマップ
4　プロセスレコード
5　フェイスシート

問題 02   頻出度 ★ ★ ★   第32回 問題118 | Check ☑ ☑ ☑

入所当日の昼食後，A介護福祉職はMさんに歯ブラシと歯磨き粉を渡して，歯磨きを促した。しかし，Mさんは歯ブラシと歯磨き粉を持ったまま，不安そうな顔で歯を磨こうとしなかった。
このときのMさんの症状に該当するものとして，適切なものを1つ選びなさい。

1　幻視
2　失行
3　振戦
4　脱抑制
5　常同行動

　面会に訪れた妻はA介護福祉職に，「最初は夫を施設に入れて申し訳ない気持ちもあったが，元気そうな夫を見て，今はこの施設を利用してよかったと思っている」と話した。A介護福祉職は妻の発言を受けて，介護サービスをもっと気軽に利用してもらうための取り組みが必要であると考えた。そこで，A介護福祉職は施設職員と検討した。その結果，地域の家族介護者を対象に，介護に関する情報提供や交流を図る場を無料で提供することを，独自の事業として継続的に行うことを法人として決定した上で，必要な手続きを行うこととした。

　U社会福祉法人が行うこととした事業に該当するものとして，適切なものを1つ選びなさい。

1　公益事業

2　日常生活自立支援事業

3　相談支援事業

4　自立相談支援事業

5　地域生活支援事業

問題 01 解説

1　×　施設サービス計画書は，入所後に関係職種も参加して本人や家族の意向を聞きながらどのようにサービス提供するかをまとめるものであり，入所当日にはない。

2　×　インシデント報告書は，現場で起こる「ヒヤリ」「ハット」したことなど，事故につながるような出来事を関係者が記録し，共有することで事故防止に役立てるために作成されるものである。

3　×　エコマップは，支援の対象者を中心にして，周囲にある社会資源との関係を図にしたものであり，家族や親族，近隣住民，友人などの他，デイサービスなどの施設や機関なども社会資源として書き込むものである。

4　×　プロセスレコードは，直訳すれば「過程の記録」になる。看護や福祉等の援助場面で，援助者と対象者とのかかわる場面を再構成して援助の実際を評価・検討するために用いられる記録法である。

5　○　フェイスシートには，サービス利用者（支援の対象となる人）の氏名，年齢，性別，生活歴，家族構成，健康状態，病歴，障害の有無などの基本情報がまとめられている。

問題 02 解説

1　×　幻視とは，実際には存在していないものが見えることであり，統合失調症や解離性障害，レビー小体型認知症などで現れる。

2　○　運動機能に障害がないにもかかわらず，普通にできていたことができなくなるような状態を失行という。Mさんの事例はその典型である。

3　×　振戦とは，意図せずに手や頭，脚などの体の一部がリズミカルに震えるような症状をいう。

4　×　脱抑制とは，状況に対する反応としての衝動や感情を抑えることが不能になった状態のことをいう。例えば，空腹のために店先にある食べ物を買わずにその場で食べてしまうようなことが該当する。

5　×　常同行動とは，同じ行動や行為，言葉などを目的もなく何度も繰り返し続ける状態をいう。

総合問題

問題 03 解説

1 ○ U社会福祉法人が，無料で独自の事業として行っている事業であり，社会福祉事業ではなく，また収益を目的にした事業（収益事業）でもないことから公益事業に該当する。

2 × 日常生活自立支援事業は，社会福祉協議会が事業主体となり，判断能力が低下した人などを対象に日常的金銭管理などを行う事業である。

3 × 相談支援事業は，障害児者やその家族からの相談に乗り，必要な情報提供などを行う事業である。

4 × 自立相談支援事業は，福祉事務所設置自治体が中心となって，生活困窮者の自立支援のために行う事業である。

5 × 地域生活支援事業は，障害児者が自立した日常生活または社会生活を営むことができるように市町村が中心となって行う事業であり，選択肢3の相談支援事業はこの中に含まれる。

正解 問題01……5　　問題02……2　　問題03……1

加点のポイント❶　代表的な認知症原因疾患の特徴

	アルツハイマー型認知症	血管性認知症	レビー小体型認知症	前頭側頭型認知症
特徴	女性に多い	男性に多い	男性に多い	男女比はほぼ均等
発症と経過	ゆるやかに発症し，進行する	発作型と緩徐型に分類される	ゆるやかに発症，症状に動揺性あり	ゆるやかに発症し，進行する
代表的な症状	失語・失行・失認，徘徊，もの盗られ妄想	運動麻痺・歩行障害，感情失禁，抑うつ	具体的かつ鮮明な幻視，パーキンソン症状，転倒，失禁	人格変化，社会性の消失，感情の平板化，常同行動

総合問題 2

第35回 問題117 ～ 119 | Check ☑ ☑ ☑

次の事例を読んで，問題4から問題6までについて答えなさい。

〔事　例〕

Bさん（75歳，男性，要介護3）は，1年前に脳梗塞（cerebral infarction）を発症し，右片麻痺がある。自宅では，家具や手すりにつかまって，なんとか自力歩行し，外出時は車いすを使用していた。うまく話すことができないこともあるが，他者の話を聞き取って理解することは，問題なくできていて，介護保険サービスを利用しながら，一人で暮らしていた。数か月前から着替えや入浴に介助が必要になり，在宅生活が難しくなったため，1週間前にU介護老人福祉施設に入所した。

入所時の面談でBさんは，自分の力で歩きたいという意思を示した。U介護老人福祉施設では，C介護福祉士をBさんの担当者に選定した。C介護福祉士は，カンファレンス（conference）での意見に基づいて，Bさんが，四点杖を使用して，安全に施設内を歩行できることを短期目標とした介護計画を立案した。

入所から2か月が経過した。C介護福祉士は，Bさんの四点杖歩行の様子を観察したところ，左立脚相と比べて，右立脚相が短いことが気になった。Bさんの短期目標を達成するために，理学療法士と相談して，転倒予防の観点から，見守り歩行をするときの介護福祉職の位置について，改めて周知することにした。

Bさんの四点杖歩行を見守るときに介護福祉職が立つ位置として，最も適切なものを1つ選びなさい。

1　Bさんの右側前方

2　Bさんの右側後方

3　Bさんの真後ろ

4　Bさんの左側前方

5　Bさんの左側後方

C介護福祉士がBさんとコミュニケーションをとるための方法に関する次の記述のうち，最も適切なものを1つ選びなさい。

1　補聴器を使用する。

2　五十音表を使用する。

3　手話を使う。

4　大きな声で話しかける。

5　「はい」「いいえ」で回答できる質問を中心に用いる。

入所から3か月後，C介護福祉士は，Bさんの四点杖歩行が安定してきたことを確認して介護計画を見直すことにした。C介護福祉士がBさんに，今後の生活について確認したところ，居室から食堂まで，四点杖で一人で歩けるようになりたいと思っていることがわかった。

Bさんの現在の希望に沿って介護計画を見直すときに，最も優先すべきものを1つ選びなさい。

1　生活場面の中で歩行する機会を増やす。

2　評価日は設定しない。

3　ほかの利用者と一緒に実施できる内容にする。

4　他者との交流を目標にする。

5　歩行練習を行う時間は，出勤している職員が決めるようにする。

問題 04 解説

1 × 右片麻痺があるため，右側もしくは後方への転倒のリスクが高いと考えられ適切ではない。

2 ○ 杖歩行時の介助者の見守り位置は，杖を持つ側と反対側のやや後方が良い。Bさんは左手で杖を持つため，右側後方が最も適切である。

3 × 真後ろではBさんの歩く前方が視認できないことから，適切ではない。

4 × 右側及び後方への転倒のリスクが高いことから，適切ではない。

5 × 右側及び後方への転倒のリスクが高いことから，適切ではない。

問題 05 解説

1 × Bさんは聴力には問題がないため，補聴器は必要ない。

2 × 五十音表は，構音障害者とのコミュニケーションにおいて有効な手段であり，Bさんの発語が非常に困難になった場合に使うことも考えられるが，現時点での必要性は低い。

3 × 手話は，主に聴覚障害者とのコミュニケーションにおいて有効な手段であり，Bさんとのコミュニケーションには適さない。

4 × Bさんは聴覚が衰えているわけではないので，大きな声で話す必要はない。

5 ○ Bさんはうまく話すことができないことがあるため，主に「はい」「いいえ」で回答できる閉じられた質問（クローズド・クエスチョン）を用いてコミュニケーションをとることは適切である。

問題 06 解説

1 ○ 歩行の安定の次の段階として，Bさんは歩行距離を伸ばすことを希望している。生活場面の中で歩行する機会を増やすことが，目標達成のための取り組みとして希望と合致している。

2 × 介護計画の立案や見直しの際，評価期間を設定することでモニタリングを効果的に行うことができることから，評価日を設定する必要がある。

3 × リハビリの実施は個別性が高いので，ほかの利用者と一緒に実施する必要はない。

4 × Bさんは他者との交流を希望しているわけではないことから，目標にする必要性がない。

5 × 歩行練習をどのタイミングで行うかについては，出勤している職員ではなくあらかじめBさんの希望をもとに計画をしておく必要がある。

正解　問題04……2　　問題05……5　　問題06……1

総合問題3 | 第33回 問題120〜122 | Check ☑ ☑ ☑

次の事例を読んで，問題7から問題9までについて答えなさい。

〔事　例〕

　Aさん（10歳，男性）は，自閉症スペクトラム障害（autism spectrum disorder）であり，多動で発語は少ない。毎日のように道路に飛び出してしまったり，高い所に登ったりするなど，危険の判断ができない。また，感情の起伏が激しく，パニックになると止めても壁に頭を打ちつけ，気持ちが高ぶると騒ぎ出す。お金の使い方がわからないため好きなものをたくさん買おうとする。

　現在は，特別支援学校に通っており，普段の介護は母親が一人で担っている。

Aさんのこのような状態に該当するものとして，最も適切なものを1つ選びなさい。

1 注意障害

2 遂行機能障害

3 強度行動障害

4 記憶障害

5 気分障害

　Aさんの将来を考え，家族以外の支援者と行動できるようにすることを目標に障害福祉サービスを利用することになった。介護福祉職と一緒に散歩に行き，外出時のルールを覚えたり，移動中の危険回避などの支援を受けている。

　Aさんが利用しているサービスとして，適切なものを1つ選びなさい。

1 同行援護

2 自立生活援助

3 自立訓練

4 生活介護

5 行動援護

　Aさんのサービス利用開始から6か月が経ち，支援の見直しをすることになった。Aさんの現状は，散歩では周囲を気にせず走り出すなど，まだ危険認知ができていない。介護福祉職はルールを守ることや周りに注意するように声かけをするが，注意されるとイライラし，パニックになることがある。

　一方で，スーパーではお菓子のパッケージを見て，硬貨を出し，長時間その場から動こうとしない。介護福祉職は，Aさんがお菓子とお金に注目している様子から，その力を引き出す支援を特別支援学校に提案した。

　介護福祉職が特別支援学校に提案した支援の背景となる考え方として，最も適切なものを1つ選びなさい。

1 エンパワメント（empowerment）

2 アドボカシー（advocacy）

3 ピアサポート（peer support）

4 ノーマライゼーション（normalization）

5 インクルージョン（inclusion）

総合問題

1 ×　注意障害の場合は，集中力が続かない，気が散りやすい，同じミスを繰り返す，忘れ物が多いなどの症状がみられる。

2 ×　遂行機能障害とは，目標設定や手順の計画，効果的な行動ができなくなるという，高次脳機能障害の一つである。

3 ○　強度行動障害とは，他害行為や，自傷行為等が通常考えられない頻度と形式で出現し，家庭にあって通常の育て方をし，かなりの養育努力があっても著しい処遇困難が持続している状態とされる。

4 ×　記憶障害とは，認知症の中核症状で自分の体験したできごとや過去についての記憶が抜け落ちてしまう障害。自覚のある物忘れとは違い，自覚がなく，日常生活に支障が出る状態になる。

5 ×　気分障害とは，気分が高揚したり落ち込んだりすることが一定の期間続き生活に支障が出る状態をいう。うつ病，躁うつ病（双極性障害）が主な原因となる。

1 ×　同行援護は，移動が困難な視覚障害者等に対して，外出時に同行し情報提供や移動の援護を行うサービスである。また視覚的情報の支援については代筆や代読も含まれる。

2 ×　自立生活援助は，障害者支援施設などから一人暮らしへの移行を希望する障害者に対して，一定の期間にわたり，定期的な巡回訪問や随時の対応により，障害者の理解力，生活力等を補うサービスである。

3 ×　自立訓練は，障害者が自立した日常生活や社会生活がおくれるよう，生活能力の維持・向上のための訓練や助言などの支援を提供するサービスである。

4 ×　生活介護は，障害者支援施設などにおいて主に日中，常時介護を必要とする障害者に対し，介護や日常生活などに関する相談及び助言，身体機能・生活能力の向上のために必要な支援を行うサービスである。

5 ○　行動援護は，行動に著しい困難を有する障害者が，行動する際に生じ得る危険を回避するために必要な援護，外出時における移動中の介護，排泄，食事等の介護などを提供するサービスである。

1 ○　エンパワメントは，個人や集団が本来持っている潜在能力を引き出すことを意味する。問題文でAさんの「力を引き出す支援」を提案したという記述があるので，適切である。

2 ×　アドボカシーは，判断能力が不十分であったり，意志や権利を主張することが難しい人たちのために，代理人が権利の主張や自己決定をサポートしたり，代弁して権利を擁護したり表明したりする援助のことである。

3 ×　ピアサポートは，同じ症状や悩みをもち，同じような立場にある仲間が，自身の体験を語り合い，回復を目指す取り組みである。

4 ×　ノーマライゼーションは，バンク・ミケルセンが提唱した理念で，すべての障害者の日常生活の様式や条件を，通常の社会環境や生活様式に可能なかぎり近づけることを目指す考え方である。

5 ×　インクルージョンは，「包括，包含，一体性」などの意味で，多様な人々が対等に関わりあいながら一体化している状態を指す。

正解　　問題07……3　　問題08……5　　問題09……1

次の事例を読んで，問題10から問題12までについて答えなさい。

〔事　例〕

　Gさん（84歳，女性）は，8年前に経済的な理由から養護老人ホームに入所した。

　Gさんは，「自分のことは，自分でやりたい」といつも話しており，毎朝の体操が日課であった。施設のプログラムである健康体操にも他の利用者と楽しみながら毎週参加していた。

　しかし，最近は，足がすくんだようになり，始めの一歩をうまく出せず，歩行に不安を抱えるようになった。

　Gさんは，物忘れなどの症状が以前からみられていたこと，また他の症状もみられるようになったことから，医師の診察を受けたところ，レビー小体型認知症（dementia with Lewy bodies）と診断された。

　Gさんは，居室の前にあるトイレに行くとき，転倒してけがをするのではないかと不安になっている。Gさんが入所している施設は，N県から介護保険サービス事業者の指定を受けている。この施設で生活を続けたいというGさんの意向を受けて，本人を交えて施設職員と介護支援専門員（ケアマネジャー）が支援の内容を検討した。

問題 10 　頻出度 ★ ★ ★ 　　　　　第31回 問題117 　Check ☑ ☑ ☑

　Gさんが診察を受けるきっかけとなった他の症状とは，発症した認知症（dementia）の特徴的な症状の一つである。

　他の症状に該当するものとして，最も適切なものを1つ選びなさい。

1　片麻痺
2　脱抑制
3　幻視
4　常同行動
5　感情失禁

問題 11 　頻出度 ★ ★ 　　　　　　第31回 問題118 　Check ☑ ☑ ☑

　Gさんの移動に関する支援として，最も適切なものを1つ選びなさい。

1　床にある目印をまたぐように声かけをする。
2　車いすで移動する。
3　居室にカーペットを敷く。
4　歩幅を小さくするように声かけをする。
5　四点杖の使用を勧める。

Gさんの意向を踏まえた介護保険サービスとして，正しいものを1つ選びなさい。

1 看護小規模多機能型居宅介護

2 小規模多機能型居宅介護

3 短期入所療養介護

4 特定施設入居者生活介護

5 認知症対応型共同生活介護

問題 **10** 解説

1 × 片麻痺は，レビー小体型認知症ではなく脳血管性認知症で出現することがある。

2 × 脱抑制は，レビー小体型認知症ではなく前頭側頭型認知症の特徴的症状である。

3 ○ 頻繁に具体性のある幻視が現れることがレビー小体型認知症の特徴的症状である。

4 × 常同行動は，レビー小体型認知症ではなく前頭側頭型認知症の特徴的症状である。

5 × 感情失禁は，レビー小体型認知症ではなく脳血管性認知症の特徴的症状である。

問題 **11** 解説

1 ○ Gさんは，はじめの一歩が踏み出せないわけであるから，踏み出すきっかけを提供するために目印をつけたり声をかけたりすることは適切な支援である。

2 × 不安はあっても歩行はできるので，車いすの使用は適切ではない。

3 × カーペットは滑りやすくなり，また，端でひっかかったりする可能性もあるので敷かない方がよい。

4 × 歩幅を小さくするように声かけをすると，歩く際の課題が一つ増え，自然な歩行にはマイナスになるので，そのような声かけはしない方がよい。

5 × 四点杖は脚力が低下している人に向いているが，この時点でGさんにそれを必要とするような脚力の低下は生じていないと思われることから，適切とはいえない。

問題 **12** 解説

Gさんの意向は「この施設で生活を続けたい」ということである。Gさんが入所している施設は養護老人ホームであるが「県から介護保険サービス事業者の指定を受けている」とあることから特定施設入所者生活介護を提供することができる。そのことにより，Gさんはこの施設で生活を継続することが可能になる。したがって選択肢4が正しい。その他の選択肢は，いずれもこの施設から出ることになるサービスである。

正解 問題10……3 問題11……1 問題12……4

次の事例を読んで，問題13から問題15までについて答えなさい。

〔事　例〕

　Bさん（22歳，男性）は，19歳の時に統合失調症（schizophrenia）を発症し，精神保健指定医の診察の結果，入院の必要があると診断された。Bさん自身からは入院の同意が得られず，父親の同意で精神科病院に入院した。

　その後，数回の入退院を繰り返した後，21歳から居宅介護を週1回，訪問看護を月2回，デイケアを週3回利用しながら一人暮らしをしている。

　居宅介護では，料理や掃除，買物などの介護福祉職の支援を受けているが，Bさんも調子の良いときは一緒に行っている。訪問看護では，Bさんは，服薬を忘れることがあるため，看護師と一緒に薬の飲み忘れがないかを確認している。また，デイケアでは，運動と園芸のグループに参加している。

Bさんが19歳で精神科病院に入院したときの入院形態として，正しいものを1つ選びなさい。

1　任意入院
2　医療保護入院
3　応急入院
4　措置入院
5　緊急措置入院

Bさんは，居宅介護のC介護福祉職にはデイケアや生活のことについて安心して話すようになってきた。ある日，C介護福祉職が掃除をしていて，薬が2週間分内服されていないことを見つけた。また，Bさんは，「Cさんにだけ話します。みんなが私の悪口を言って，電波を飛ばして監視しています」とおびえながら話した。

話を聞いたC介護福祉職のBさんに対する最初の言葉かけとして，最も適切なものを1つ選びなさい。

1　「今すぐ薬を飲んでください」
2　「悪口の内容を詳しく教えてください」
3　「薬を飲んでいないからですよ」
4　「医師に話しておきますね」
5　「それは不安ですね」

　Bさんは，C介護福祉職と話したことをきっかけに，定期的に，服薬できるようになり，以前と同じ支援を受けながら一人暮らしを続けている。最近は，デイケアで就労を目指すグループ活動に自ら参加するようになった。Bさんは，「就労に挑戦してみたい」という気持ちはあるが，就労経験のある他のメンバーの失敗談を聞くと，「自信がない」とも言っている。

　Bさんへの支援に関する次の記述のうち，最も適切なものを1つ選びなさい。

1　自分で料理と掃除ができるようになることが優先であると話す。

2　服薬ができなかったことを取り上げ，治療に専念するように話す。

3　無理せず，今の生活を維持することが大切であると話す。

4　長所を一緒に探し，どのような仕事が向いているのかを考えようと話す。

5　他のメンバーの失敗原因を考え，失敗しない対策をしようと話す。

問題 **13** 解説

1　×　任意入院は，精神障害者本人の同意による入院であることから該当しない。

2　○　医療保護入院は，入院が必要と精神保健指定医が判断したものの，本人の同意が得られない場合に保護者（または扶養義務者）の同意により入院する形態であり，本事例は医療保護入院に該当する。

3　×　応急入院は，入院が必要な精神障害者で，任意入院を行う状態になく，急速を要し，保護者の同意が得られない場合に，精神保健指定医の診察により72時間を上限に行われる入院であり，本事例は該当しない。

4　×　措置入院は，入院させなければ自傷他害の恐れがある精神障害者を対象に，精神保健指定医2名の診断結果が一致した場合に都道府県知事の措置により行う入院であり，本事例は該当しない。

5　×　緊急措置入院の対象は選択肢4の措置入院に準じるが，診断は精神保健指定医1名でよいかわりに，入院期間は72時間以内に限定される。本事例は該当しない。

問題 **14** 解説

本問では，C介護福祉職はBさんの気持ちを受容し信頼関係を壊さないように対応することが重要である。

1　×　Bさんの話の中に薬の話が出てこないにもかかわらず，いきなり薬の話を持ち出すのは不適切である。

2　×　悪口の内容を聞くことは妄想を促進させることになり不適切である。

3　×　Bさんの話の中に薬の話が出てこないにもかかわらず，いきなり薬の話を持ち出すのは不適切である。

4　×　C介護福祉職を信頼して話していることから，最初はC介護福祉職自身がBさんの話を受け止める言葉を発するべきであり不適切である。

5　○　Bさんの今の状況を受け止めており適切である。

問題 15 解説

本問では，Bさんの「就労に挑戦してみたい」という気持ちに寄り添った支援が必要である。

1 × 「料理や掃除ができるようになることが優先」ということは，「就労は後回しである」ということを意味しており不適切である。

2 × 「治療に専念するように」ということは，選択肢1と同様，不適切である。

3 × 「今の生活を維持する」ということは，選択肢1と同様，不適切である。

4 ○ Bさんの長所に着目して一緒に探し，考えることはBさんの気持ちに寄り添っており適切な対応である。

5 × 他のメンバーの失敗原因を考えても，Bさんの就労意欲をそぐだけであり，不適切である。

正解　　問題13……2　　問題14……5　　問題15……4

総合問題 **6**

第35回 問題114〜116 ｜ Check ☑ ☑ ☑

次の事例を読んで，問題16から問題18までについて答えなさい。

〔事　例〕

　Aさん（80歳，女性）は，自宅で一人暮らしをしている。同じ県内に住む娘が，月に一度Aさんの自宅を訪れている。

　最近，Aさんの物忘れが多くなってきたため，不安になった娘が，Aさんと一緒に病院を受診したところ，医師から，脳の記憶をつかさどる部分が顕著に萎縮したアルツハイマー型認知症（dementia of the Alzheimer's type）であると診断された。Aさんはこのまま自宅で暮らすことを希望し，介護保険の訪問介護（ホームヘルプサービス）を利用しながら一人暮らしを継続することになった。

　ある日，娘からサービス提供責任者に，今年はAさんが一人で雪かきができるか不安であると相談があった。そこで，サービス提供責任者が，Aさんと一緒に地区の民生委員に相談したところ，近所の人たちが雪かきをしてくれることになった。

問題 **16**　頻出度 ★

第35回 問題114 ｜ Check ☑ ☑ ☑

図は脳を模式的に示したものである。

Aさんの脳に萎縮が顕著にみられる部位として，最も適切なものを1つ選びなさい。

1　A
2　B
3　C
4　D
5　E

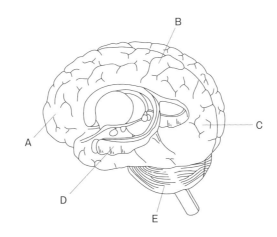

地域包括ケアシステムにおいて，Aさんの雪かきの課題への対応を示すものとして，最も適切なものを1つ選びなさい。

1　自助
2　互助
3　介助
4　扶助
5　公助

ある日，訪問介護員（ホームヘルパー）がAさんの自宅を訪れ，一包化された薬の服薬状況を確認したところ，残薬があった。Aさんに服薬状況を確認すると，薬を飲んだかどうか，わからなくなることがあるという返答があった。訪問介護員（ホームヘルパー）は，Aさんとの会話から，日時に関する見当識に問題はないことを確認した。

Aさんの薬の飲み忘れを防止するための対応として，最も適切なものを1つ選びなさい。

1　一包化を中止する。
2　インフォーマルな社会資源の活用は避ける。
3　お薬カレンダーの使用を提案する。
4　一人では薬を服用しないように伝える。
5　薬の飲み忘れに気がついたとき，2回分を服用するように伝える。

問題 **16** 解説

1　× Aは前頭葉である。前半部は感情や理性などをつかさどり，後半部には運動野があり随意運動をコントロールする。下部には言語中枢がある。

2　× Bは頭頂葉である。感覚野があり，顔・手足をはじめとする体全体からの感覚情報が集まる。

3　× Cは後頭葉である。視覚から入った光情報を頭頂葉と協力して処理し，人の顔や物の形などを認識する。

4　○ Dは側頭葉である。ここには記憶をつかさどる海馬があり，アルツハイマー型認知症ではこの部分に顕著な萎縮がみられる。

5　× Eは小脳である。四肢のなめらかな動きや体のバランスをとるため，筋肉の無意識の動きをコントロールする。

問題 17 解説

1 ✕ 自助は，自分自身の力で生活課題を解決することをいう。

2 ○ 互助とは，個人的な関係性をもつ人間同士が相互の助け合いを通して生活課題を解決し合うことをいう。近所での助け合いもこれに含まれる。

3 ✕ 介助は，基本的な日常生活行動や動作について，本人が自分で行える度合いの低い行為について援助することをいう。

4 ✕ 扶助とは，力添えをして助けることや援助することをいう。公的扶助や相互扶助など，援助の主体と対象を示す言葉として用いられることが多い。

5 ✕ 公助とは，自助・互助・共助では対応できない生活課題に対し，行政（国や都道府県や市町村）が税を主な財源として必要な生活保障などを行うことをいう。

問題 18 解説

1 ✕ 一包化は，飲み忘れや誤薬を防止するために効果があるので継続するべきである。

2 ✕ 家族やボランティアなどのインフォーマルな社会資源も活用し，Aさんにとってより良い支援体制を構築することが望ましい。

3 ○ お薬カレンダーは，日にちや時間（各食後，眠前等）に分かれたポケットがあり，そこにあらかじめ薬をセットしておくことで飲み忘れを防止する効果があり，見当識に問題がないAさんにとって最も適切である。

4 ✕ Aさんは同居家族がおらず，服薬時全てを他者が確認することは現実的ではない。

5 ✕ 2回分を服用するということは，本来の処方と違う量を服薬することになり，重大な事故に繋がる可能性がある。絶対に行ってはならない。

正解　　問題16……4　　　問題17……2　　　問題18……3

総合問題 7

第31回 問題120～122 ｜ Check ☑ ☑ ☑

次の事例を読んで，問題19から問題21までについて答えなさい。

〔事　例〕

　Hさん（26歳，女性）は，腰髄損傷（lumbar spinal cord injury）で両下肢麻痺の障害があり，車いすを使用してADL（Activities of Daily Living：日常生活動作）は自立している。銀行で働きながら一人暮らしをして，休日は友人とスキューバダイビングを楽しんでいた。

　Hさんは，こだわりや責任感が強く真面目で，悩みごとを打ち明けられない性格であった。

　ある日，友人が表情の暗いHさんを心配して話を聞いてみると，「食事が喉を通らず，頭痛や思考力低下があり，寝つきは良いが，すぐに目が覚めて眠れず，仕事上のミスが続き仕事に行けない日がある」と話した。友人の勧めで専門医を受診した結果，Hさんはうつ病（depression）と診断された。

　その後，治療を受けながら仕事を続けていたが，激しい動悸，息苦しさ，めまいを伴うパニック発作が繰り返し起こり，仕事を休職して治療に専念することにした。

Hさんの睡眠障害として，正しいものを1つ選びなさい。

1　レストレスレッグス症候群（restless legs syndrome）
2　概日リズム睡眠障害（circadian rhythm sleep disorder）
3　レム睡眠行動障害（REM sleep behavior disorder）
4　環境因性睡眠障害
5　中途覚醒

Hさんの食欲不振や睡眠障害は改善せず，日常生活に介護が必要になり居宅介護を利用し始めた。半年ほど経過した頃，「早く良くなりたい」と介護福祉職に話した。
介護福祉職が，Hさんのつらい思いを受容した上でかける言葉として，最も適切なものを1つ選びなさい。

1　「早く良くなってくださいね」
2　「すぐに治りますよ」
3　「ゆっくり休むことも必要ですよ」
4　「治療，頑張ってくださいね」
5　「気分転換に旅行に行くといいですよ」

Hさんは仕事を休職して治療に専念した結果，趣味のスキューバダイビングが楽しめるまでに回復した。介護福祉職に，「仕事に復帰しようと思っている」と話した。
介護福祉職が紹介するサービスとして，最も適切なものを1つ選びなさい。

1　リワークプログラム
2　レスパイトサービス（respite service）
3　ピアカウンセリング（peer counseling）
4　セルフヘルプグループ（self-help group）
5　ガイドヘルプサービス

問題 19 解説

1 ✕ レストレスレッグス症候群（restless legs syndrome）は"むずむずあし症候群"等と呼ばれ、主に下肢にかゆみを感じる病気であり、Hさんは該当しない。

2 ✕ 概日リズム睡眠障害は、体内時計の調節機能がうまく働かないために睡眠時間帯の異常が続く睡眠障害の総称であり、Hさんは該当しない。

3 ✕ レム睡眠行動障害とは、レム睡眠時に見ている夢の通りに実際に行動をしてしまう病気であり、Hさんは該当しない。

4 ✕ 環境因性睡眠障害とは、音、光、温度などが不適切なために睡眠に障害が生じるものであり、Hさんは該当しない。

5 ◯ Hさんは「寝つきは良いが、すぐに目が覚めて眠れず」とあることから、中途覚醒が正しい。

問題 20 解説

1 ✕ 「早く」という言葉はHさんの焦りを助長することとなり不適切である。

2 ✕ 根拠もなく「すぐに」という言葉を使うことは不適切である。

3 ◯ Hさんは焦る気持ちを持っていると思われるため、つらい思いを受容したうえで、ゆっくり休むことの必要性を話すことは適切である。

4 ✕ これまでも頑張っているHさんに対して「頑張ってくださいね」という言葉かけは不適切である。

5 ✕ 根拠もなく行動の提案をすることは不適切である。

問題 21 解説

1 ◯ リワークプログラムとは、「return to work program」の略であり、うつ病などで休職している人が、職場復帰するために行われる支援プログラムのことであり、最も適切である。

2 ✕ レスパイトサービスとは、在宅で介護をしている家族等の負担を軽減するサービスである。

3 ✕ ピアカウンセリングとは、障害者同士など同じような立場・境遇にある人の間で行うカウンセリングのことである。

4 ✕ セルフヘルプグループとは、障害やアルコール依存症、難病など共通の生活課題を抱えた人やその家族等が共通する課題の解決等を目的に作る自助グループのことである。

5 ✕ ガイドヘルプサービスとは、障害者総合支援法に基づいて自力での移動が困難な障害者を対象に行われるサービスのことである。

正解　問題19……5　　問題20……3　　問題21……1

総合問題

305

次の事例を読んで，問題22から問題24までについて答えなさい。

〔事　例〕

Eさん（35歳，男性）は，1年前に筋萎縮性側索硬化症（amyotrophic lateral sclerosis：ALS）と診断された。当初の症状としては，ろれつが回らず，食べ物の飲み込みが悪くなり，体重の減少がみられた。

その後，Eさんの症状は進行し，同居している両親から介護を受けて生活をしていたが，両親の介護負担が大きくなったため，障害福祉サービスを利用することになった。障害支援区分の認定を受けたところ，障害支援区分3になった。Eさんは訪問介護員（ホームヘルパー）から食事や入浴の介護を受けて自宅で生活をしている。

問題 22　頻出度 ★ ★　　　第34回 問題120　Check ☑ ☑ ☑

Eさんが病院を受診するきっかけになった症状に該当するものとして，最も適切なものを1つ選びなさい。

1　対麻痺
2　単麻痺
3　球麻痺
4　安静時振戦
5　間欠性跛行

問題 23　頻出度 ★ ★　　　第34回 問題121　Check ☑ ☑ ☑

ある日，Eさんの自宅を訪問した訪問介護員（ホームヘルパー）は，Eさんの両親から，「これまでEは話をするのが難しく，筆談で意思を聞いてきたが，ペンを持つのが難しくなってきた」と聞いた。確かにEさんは，発話や字を書くことは困難な様子だが，目はよく動いている。

次のうち，今後，Eさんが家族とコミュニケーションをとるときに使うことのできる道具として，最も適切なものを1つ選びなさい。

1　ホワイトボード
2　絵や写真
3　透明文字盤
4　拡声器
5　補聴器

3年後，Eさんの症状はさらに進行し，障害支援区分6になった。Eさんはこれまでどおり，自宅での生活を希望し，Eさんの両親は障害福祉サービスを利用しながら最期まで自宅でEさんの介護を行うことを希望している。

Eさんと両親の希望の実現に向けて，現在の状態からEさんが利用するサービスとして，最も適切なものを1つ選びなさい。

1　育成医療
2　就労定着支援
3　共同生活援助（グループホーム）
4　行動援護
5　重度訪問介護

問題 **22** 解説

1 × 対麻痺は，両側上肢または下肢に対称的に麻痺が生じる症状である。

2 × 単麻痺とは，脊髄や末梢神経，脳等の病気により，手足全体ではなく部分的に麻痺がみられる症状である。

3 ○ 球麻痺とは，延髄（丸い形をしているので「球」と呼ばれる）にある脳神経核の障害によって口や舌などに起こる運動障害をいう。構音障害や嚥下障害，呼吸障害などが現れる。

4 × 安静時振戦は主にパーキンソン病等でみられ，何もしていない時に体の一部が震える症状である。

5 × 間欠性跛行とは，比較的短い距離の歩行においてふくらはぎなどが痛み，歩行困難となる症状である。しばらく休息すると軽快し歩行可能となるが，また同じ症状が現れる。

問題 **23** 解説

1 × Eさんはペンを持つのが難しい状況なので，ホワイトボードによるコミュニケーションは適していない。

2 × 絵や写真を用いるコミュニケーションは，目を動かすことが難しい場合には有効であるが，文字情報に比べ，意思をはっきりと明示することはできない。

3 ○ 透明文字盤を使うことで，Eさんと家族が視線を合わせて文字によるコミュニケーションを継続することができる。またデジタル文字盤を使えば合成音声を用いて，コミュニケーションを取ることができる。

4 × 拡声器は，発声が弱まり小さな声しか出せなくなった場合に使用するのが効果的である。Eさんの場合は発話自体が困難なので適していない。

5 × 補聴器は使用する人の聴力が弱い場合に有効であるが，Eさんが自分の意思表示をする道具にはならない。

1 × 育成医療の対象は障害児であり，その身体障害を除去，軽減する手術等の治療に必要な自立支援医療費が支給される。

2 × 就労定着支援は，障害者との相談を通じて課題を把握し，本人及び家族，雇用している企業，関係機関との連絡調整を行う。障害者の自宅や企業等を訪問して月1回対面支援を行うとともに，障害者を雇用する企業も月1回は訪問してフォローアップなどを行う。

3 × 共同生活援助は，障害のある人が日常生活や社会生活上の支援を受けながら共同生活を送れるよう支援するサービスである。世話人，生活支援員などの職員が配置されている。

4 × 行動援護は，一人で行動することが著しく困難で常時介護を要する障害者のためのサービスである。外出時の危険回避や移動中の介護などの必要な援助を行う。

5 ○ 重度訪問介護は，常に介護が必要な重度の肢体不自由者や重度の行動障害がある知的障害者や精神障害者に対し，身体介護，家事援助，移動支援などを総合的に提供するサービスである。

正解 問題22……3　　問題23……3　　問題24……5

総合問題 9

第35回 問題120 ～ 122 ｜ Check ☑ ☑ ☑

次の事例を読んで，問題25から問題27までについて答えなさい。

〔事　例〕

Dさん（38歳，男性，障害支援区分3）は，1年前に脳梗塞（cerebral infarction）を発症し左片麻痺となった。後遺症として左同名半盲，失行もみられる。現在は週3回，居宅介護を利用しながら妻と二人で生活している。

ある日，上着の袖に頭を入れようとしているDさんに介護福祉職が声をかけると，「どうすればよいかわからない」と答えた。普段は妻がDさんの着替えを手伝っている。食事はスプーンを使用して自分で食べるが，左側にある食べ物を残すことがある。Dさんは，「左側が見づらい。動いているものにもすぐに反応ができない」と話した。

最近は，日常生活の中で，少しずつできることが増えてきた。Dさんは，「人と交流する機会を増やしたい。また，簡単な生産活動ができるようなところに行きたい」と介護福祉職に相談した。

問題 **25** 頻出度 ★ ★ ★

第35回 問題120 ｜ Check ☑ ☑ ☑

Dさんにみられた失行として，適切なものを1つ選びなさい。

1 構成失行

2 観念失行

3 着衣失行

4 顔面失行

5 観念運動失行

Dさんへの食事の支援に関する次の記述のうち，最も適切なものを1つ選びなさい。

1　食事の量を少なくする。
2　テーブルを高くする。
3　スプーンを持つ手を介助する。
4　バネつき箸に替える。
5　食事を本人から見て右寄りに配膳する。

介護福祉職は，Dさんに生産活動ができるサービスの利用を提案したいと考えている。
次のうち，Dさんの発言内容に合う障害福祉サービスとして，最も適切なものを1つ選びなさい。

1　就労継続支援A型での活動
2　地域活動支援センターの利用
3　療養介護
4　就労定着支援
5　相談支援事業の利用

問題 25 解説

1　×　構成失行では，簡単な図柄の模写ができなかったり，立体的な図柄を描けないなど，空間的形態を構成できない状態になる。
2　×　観念失行では，行為の全体的な概念を理解できなかったり，必要な運動パターンを形成できないために，目的をもった運動行為を行うことが困難になる。
3　○　着衣失行では，運動麻痺等がないにもかかわらず衣服を正しく着ることが困難になる。
4　×　顔面失行では，舌や唇の動き，嚥下など，口に関係する意図的な動作が困難になる。
5　×　観念運動失行では，意識しなければ自然にできている動作が，感覚，運動，言語機能等に障害がないにもかかわらず，意識してあるいは意図的にその行為をしようとするとできなくなる。

問題 26 解説

1　×　食事を残す原因が量が多いからとは考えられないことから，量を少なくする必要はない。
2　×　テーブルの高さが合わないことが食事を残す原因とは考えられないことから適切ではない。
3　×　Dさんはスプーンを利用して自分で食べていることから介助の必要はない。
4　×　Dさんはスプーンを使用して自分で食べていることから道具を替える必要はない。
5　○　Dさんは左同名半盲のため視野の欠損がある。「左側が見づらい」ことから，右寄りに配膳することで食べやすくなると考えられ最も適切である。

総合問題

1 × 就労継続支援A型は，障害や難病で一般企業での勤務が難しい場合に，雇用契約を結んだ上で一定の支援がある職場で働くことができる福祉サービスであり適切ではない。

2 ○ 地域活動支援センターは，利用者が他者と関わる機会を増やしたり，創作活動や生産活動の機会の提供を行ったりしている。Dさんの希望に一番近いと考えられ最も適切である。

3 × 療養介護は，病院等への長期の入院による医療的ケアに加え，常時の介護を必要とする者に対し，機能訓練，療養上の管理，看護，医学的管理の下における介護及び日常生活上の相談や支援を行うサービスであり適切ではない。

4 × 就労定着支援は，雇用された企業などで就労の継続を図るため，企業・事業所や関係機関との連絡調整，雇用に伴い生じる日常生活，または社会生活上の各問題に関する相談，指導・助言などの支援を行うサービスであり適切ではない。

5 × 相談支援事業には，「基本相談支援」「計画相談支援」「地域相談支援」「障害児相談支援」の4種類があり，障害者やその家族などからの相談を受けて適切なサービス利用を支援するために情報提供や助言等を行う事業であり適切ではない。

正解 問題25……3　　問題26……5　　問題27……2

総合問題 **10**　第32回 問題123〜125｜Check ☑ ☑ ☑

次の事例を読んで，問題28から問題30までについて答えなさい。

〔事　例〕

Dさん（59歳，女性）は30年前に関節リウマチ（rheumatoid arthritis）を発症して，現在，障害者支援施設に入所している。

Dさんは，朝は手の動きが悪く痛みがあるが，午後，痛みが少ないときは関節を動かす運動を行っている。足の痛みで歩くのが難しく車いすを使用しているが，最近は手の痛みが強くなり，自分で操作することが難しい。また，食欲がなく，この1か月間で体重が2kg減っている。夜中に目が覚めてしまうこともある。

問題 **28**　頻出度 ★ ★　第32回 問題123｜Check ☑ ☑ ☑

Dさんの朝の症状の原因として，最も可能性が高いものを1つ選びなさい。

1 睡眠不足

2 低栄養

3 平衡感覚の低下

4 筋力低下

5 関節の炎症

　使っていた車いすを自分で操作することが困難になったDさんが,「障害者総合支援法」で電動車いすを購入するときに利用できるものとして, 適切なものを1つ選びなさい。

1　介護給付費

2　補装具費

3　自立支援医療費

4　訓練等給付費

5　相談支援給付費

(注)「障害者総合支援法」とは,「障害者の日常生活及び社会生活を総合的に支援するための法律」のことである。

　Dさんは,「ここ数日, 朝だけでなく1日中, 何もしないのに手足の痛みが強くなってきた」と訴えている。

　日常生活で, Dさんが当面留意すべきこととして, 最も適切なものを1つ選びなさい。

1　前あきの衣類より, かぶりの衣類を選ぶ。

2　ベッドのマットレスは, 柔らかいものを使用する。

3　関節を動かす運動を控える。

4　できるだけ低いいすを使う。

5　頸部が屈曲位になるように, 高めの枕を使用する。

問題 **28** 解説

1　× 睡眠不足が原因の可能性は低い。

2　× 低栄養が原因の可能性が全くないわけではないが, 最も可能性が高いとは考えにくい。

3　× 平衡感覚の低下が原因の可能性は低い。

4　× 筋力の低下が原因の可能性が全くないわけではないが, 最も可能性が高いとは考えにくい。

5　○ 関節リウマチの主な症状は, 関節の痛みや腫れ, 朝手の動きが悪くなることであり, これは関節の炎症が原因と考えられる。

問題 **29** 解説

1　× 介護給付費は介護保険法に基づく給付であり該当しない。

2　○ 補装具費が該当する。

3　× 自立支援医療費は, 心身の障害を除去・軽減するための医療にかかる医療費を支給する制度であり該当しない。

4　× 訓練等給付費は, 身体機能や生活能力の向上のための訓練や, 就労移行のための訓練を利用した場合に給付される費用であり該当しない。

5　× 相談支援給付費は, 障害者がサービス利用等について相談をし, 支援を受けた場合に給付される費用であり該当しない。

総合問題

1 × 着脱の時の負担を考えた場合，前あきの方が負担が少ないことから，かぶりの衣類は避け前あきの衣類を選んだ方がよい。

2 × 柔らかいマットレスを使った場合，体が沈んでしまうので柔らかいものは避ける。

3 〇 痛みがない時は，無理のない程度になるべく運動した方がよいが，痛みがある時は運動を控えた方がよい。

4 × いすが低いと立ち上がる時に手を肘掛けなどについてしまうことになり，その結果手の関節などに負担をかけてしまうので，低いいすは避ける。

5 × 高めの枕を使用すると首に負担がかかるので低い枕を使用した方がよい。

正解 問題28……5　　問題29……2　　問題30……3

総合問題 11

第31回 問題123 〜 125 ｜ Check ☑ ☑ ☑

次の事例を読んで，問題31から問題33までについて答えなさい。

〔事 例〕

　Jさん（女性）は，介護福祉士養成施設の学生である。Jさんは，希望していた障害児入所施設で実習をすることになった。この実習では，障害特性を理解して，介護実践の在り方を学ぶだけではなく，個別支援計画（介護計画）作成と実施，評価までの介護過程の展開を学ぶことになっていた。

　Jさんは，対象となる利用者としてK君（15歳，男性）を担当することになった。K君は重度の脳性麻痺（のうせいまひ）（cerebral palsy）がある。K君が2歳の時に両親は離婚して，母親が一人でK君を育てていた。母子の生活は困窮していた。K君が9歳の時に，母親はK君を施設に入所させることを希望し，この施設に入所することになった。現在K君は，言語による意思の疎通は困難であり，座位が保持できる程度である。また，てんかん（epilepsy）の発作（強直間代発作）が時々みられるが，重積発作ではない。

問題 31　頻出度 ★ ★ ★

第31回 問題123 ｜ Check ☑ ☑ ☑

K君が入所している施設の根拠となる法律として，正しいものを1つ選びなさい。

1 母子及び父子並びに寡婦福祉法

2 「障害者総合支援法」

3 生活保護法

4 児童虐待の防止等に関する法律

5 児童福祉法

（注）「障害者総合支援法」とは，「障害者の日常生活及び社会生活を総合的に支援するための法律」のことである。

Jさんは，K君の支援計画作成に責任を持つ職員に計画作成の注意点などを聞きたいと，実習指導者に相談した。

K君の支援計画作成に責任を持つ職員として，正しいものを1つ選びなさい。

1 生活支援員
2 児童自立支援専門員
3 サービス提供責任者
4 児童発達支援管理責任者
5 相談支援専門員

Jさんは個別支援計画作成にあたって，昼食後にK君と向き合う時間を多くとった。ある日，K君に話しかけていると，突然両上下肢を硬直させ，がたがた震わせた後，意識を失ってしまった。慌てたJさんはすぐに，近くの職員に連絡をした。

K君の発作が落ち着いた後，実習指導者がJさんに，K君の発作時の対応について教える内容として，最も適切なものを1つ選びなさい。

1 大声で名前を呼ぶ。
2 タオルを口にくわえさせる。
3 顔を横にして顎を上げる。
4 救急車を呼ぶ。
5 からだを押さえて発作を止める。

問題 **31** 解説

K君は15歳である。障害のある児童に対する支援の根拠は児童福祉法で規定されていることから，正しいものは選択肢5である。

問題 **32** 解説

1 × 生活支援員とは，障害者を支援する事業所で生活支援を担当する職員のことであり，支援計画作成に責任を持つ職員ではない。

2 × 児童自立支援専門員とは，児童自立支援施設の職員として，子どもと寝食をともにしながら指導にあたる専門職のことである。

3 × サービス提供責任者とは，介護保険制度に基づいて訪問介護事業所に配置が義務づけられている責任者のことである。

4 〇 児童発達支援管理責任者が支援計画の作成に責任を持っている。

5 × 相談支援専門員は，障害者相談支援事業所に置かれて障害者の相談にあたる専門職のことである。

1 ✕ 刺激をしない方がよく，大声で呼ぶ意味もないため，適切ではない。

2 ✕ タオルを口にくわえさせると窒息の危険があり，また入れる際に指をかまれる危険もあるため適切ではない。

3 ◯ 吐物が喉に詰まる危険を回避し，気道を確保するために適切である。

4 ✕ 状態を確かめないでいきなり救急車を呼ぶことは適切ではない。

5 ✕ からだを押さえても発作が止むわけではなく，むしろ危険が生じることから適切ではない。

正解　　問題31……**5**　　　問題32……**4**　　　問題33……**3**

総合問題 12　　　　　　　　　　　　第30回 問題120 〜 122　Check ☑ ☑ ☑

次の事例を読んで，問題34から問題36までについて答えなさい。

〔事　例〕

　N市に住んでいるDさん（64歳，男性）は38歳の時にバイクで事故を起こして，第6頸髄節まで機能残存の頸髄損傷（cervical cord injury）となった。上肢の筋力向上と可動域の確保のためにリハビリテーションを行ったが，手関節は拘縮して，スプーンを握ることはできなかった。また，夏になると障害の特性から体調が悪くなることを自覚していた。施設への入所も考えたが，家族と共に暮らすことを選んで，N市の居宅介護，重度訪問介護，地域生活支援事業の移動支援等の障害福祉のサービスを利用して生活していた。

　最近，Dさんは元気がなく沈んだ様子である。心配したE介護福祉職が，「最近，元気がないようですが，何か心配事でもあるのですか」と。Dさんに聞いた。Dさんは，「65歳になると介護保険のサービスに移行して，障害福祉のサービスが利用できなくなるのではないか」，特に，「趣味の映画を映画館で見るための移動支援のサービスを利用できなくなるのではないか」と心配していた。

問題 34　頻出度 ★ ★ ☆　　　　　　　　第30回 問題120　Check ☑ ☑ ☑

Dさんの夏の体調悪化を予防する対応として，最も適切なものを1つ選びなさい。

1　冷房設備のある部屋で過ごすように勧める。

2　清潔な空気を入れるように，時々換気することを勧める。

3　気温が上昇したら，なるべくベッドで休息することを勧める。

4　日中仮眠をとることを勧める。

5　食べやすいものを食べることを勧める。

入浴時にかけ湯をする際，Dさんがお湯の温度を感じられる部位として，正しいものを1つ選びなさい。

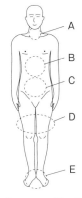

A
B
C
D
E

1 A 　　**2** B 　　**3** C 　　**4** D 　　**5** E

E介護福祉職は相談支援専門員にDさんの移動支援の利用について相談した。相談支援専門員がDさんに伝える内容として，適切なものを1つ選びなさい。

1 利用している居宅介護事業所の管理者の判断で利用できる。

2 相談支援専門員の判断で利用できる。

3 医師の判断で利用できる。

4 N市の判断で利用できる。

5 介護支援専門員（ケアマネジャー）の判断で利用できる。

問題 **34** 解説

Dさんが夏になると体調が悪くなる理由としては，頸髄損傷による自律神経障害によって汗が出ないために，体温調節ができないことが考えられる。したがって，その対応には汗をかかないような涼しい状態で過ごすことが必要であり，正解は選択肢1となる。その他の選択肢も，一般的な意味でより健康に過ごすために有効な面もあるが，Dさんの障害の特性を踏まえれば予防的対応としては1が最も適切である。

問題 **35** 解説

Dさんは頸髄損傷であり，首から下の筋肉が麻痺したり感覚を失っていると考えられる。したがって，お湯の温度を感じられる部位はAのみで正答は選択肢1である。

Dさんは現在N市の移動支援サービスを利用している。これはN市の判断によるものである。Dさんが65歳になると，仮に介護保険に同様のサービスがあった場合には，原則として介護保険サービスが優先されるが，そもそも移動支援サービスは介護保険にはない。また，「65歳になったら障害福祉サービスの対象ではなくなる」等の規定もない。したがって，引き続きN市の判断によって利用することが可能であることから，正答は選択肢4である。

正解　　問題34……1　　　問題35……1　　　問題36……4

総合問題 **13**　　　　　　　　　　　　　　第35回 問題123〜125　Check ☑ ☑ ☑

次の事例を読んで，問題37から問題39までについて答えなさい。

〔事　例〕

　Eさん（35歳，男性）は，自閉症スペクトラム障害（autism spectrum disorder）があり，V障害者支援施設の生活介護と施設入所支援を利用している。Eさんは，毎日のスケジュールを決め，規則や時間を守ってプログラムに参加しているが，周りの人や物事に関心が向かず，予定外の行動や集団行動はとりづらい。コミュニケーションは，話すよりも絵や文字を示したほうが伝わりやすい。

　Eさんが利用するV障害者支援施設では，就労継続支援事業も行っている。災害が起こったときに様々な配慮が必要な利用者がいるため，施設として防災対策に力を入れている。また，通所している利用者も多いので，V障害者支援施設は市の福祉避難所として指定を受けている。

問題 **37**　頻出度 ★ ★ ★　　　　　　　　第35回 問題123　Check ☑ ☑ ☑

　Eさんのストレングス（strength）に関する次の記述のうち，最も適切なものを1つ選びなさい。

1　行動力があり，すぐに動く。

2　自分で決めたことを継続する。

3　新しいことを思いつく。

4　コミュニケーション力が高い。

5　いろいろなことに興味がもてる。

V障害者支援施設では定期的に災害に備えた避難訓練を行っている。

Eさんの特性を考慮して実施する避難訓練に関する次の記述のうち，最も適切なものを1つ選びなさい。

1 災害時に使用する意思伝達のイラストを用意する。

2 避難生活を想定して，食事等の日課を集団で行えるようにする。

3 予告せずに避難訓練を行う。

4 Eさんの避難訓練は単独で行う。

5 避難を援助する人によってEさんへの対応を変える。

V障害者支援施設が，災害発生に備えて取り組む活動として，最も適切なものを1つ選びなさい。

1 事前に受け入れ対象者を確認しておく。

2 災害派遣医療チーム（DMAT）と支援人員確保契約を結ぶ。

3 職員の役割分担は，状況に応じてその場で決める。

4 要配慮者のサービス等利用計画を作成する。

5 要配慮者に自分で避難するように促す。

問題 **37** 解説

1 × 予定外の行動がとりづらく，すぐに動くことは難しい。

2 ○ 毎日のスケジュールを決めることができ，規則や時間を守ることができている。

3 × 「周りの人や物事に関心が向かず」とあり，新しいことを思いつくことは考えにくい。

4 × 「話すよりも絵や文字を示した方が伝わりやすい」とあることから，コミュニケーションが得意とは考えにくい。

5 × 「周りの人や物事に関心が向かず」とあり，いろいろなことに興味がもてるとは考えにくい。

問題 **38** 解説

1 ○ Eさんは視覚情報の方がコミュニケーションをとりやすいので，災害時にイラストを使用することは効果的である。

2 × Eさんは集団行動がとりづらいので，実際の避難生活でも本人の特性に配慮した支援を行うことが必要である。

3 × 予定外の行動がとりづらいEさんにとっては，予告されていない避難訓練は受け入れにくい。

4 × 実際の災害発生時を想定すると，Eさん単独で訓練を行うことは適切とはいえない。

5 × 援助者によって対応が変わらないよう，支援方法を共通認識としておく必要がある。

総合問題

1 ○ 事前に受け入れ対象者を確認しておくことで，福祉避難所として必要な備蓄や支援方法を準備することができる。

2 × 災害派遣医療チームは，災害発生時に国や都道府県等の要請を受けて出動する。施設が個別に契約を結んでおくわけではない。

3 × 職員の役割分担は，各種の災害発生を想定し事前にマニュアルを作成して決めておく必要がある。

4 × 一般に，災害における要配慮者とは，高齢者，障害者，乳幼児など，災害が発生した時に特に配慮や支援が必要となる者のことをいう。選択肢にある「要配慮者」がＶ障害者支援施設の利用者をさすのか，それとも福祉避難所として指定されていることから地域の要配慮者も含むのか，その点が定かではないが，そもそもサービス等利用計画は災害に備えて作成するものではないことから，適切ではない。

5 × 要配慮者の中には，自分で避難することが難しい「避難行動要支援者」も含まれている。そのような人達に「自分で避難するように促す」だけでは施設が行う支援としては不十分である

正解 問題37……2 問題38……1 問題39……1

総合問題 **14** 　第34回 問題114〜116　Check ☑ ☑ ☑

次の事例を読んで，問題40から問題42までについて答えなさい。

〔事　例〕

Ｃさん（83歳，女性）は，一人暮らしで，近所に買い物に行く以外はテレビを見て過ごしている。近県に息子がいるが，仕事が忙しく，会いに来ることはあまりなかった。

ある日，息子が久しぶりに訪問すると，部屋の中がごみや衣類などで散らかっていた。病院を受診するとＣさんはアルツハイマー型認知症（dementia of the Alzheimer's type）と診断され，要介護1と認定された。

Ｃさんは，時々，電気湯沸しポットの使い方がわからなくなって湯が出せなかったり，お茶を入れる順番がわからずに混乱する様子が見られた。

心配した息子は，介護保険サービスを利用することにした。後日，介護支援専門員（ケアマネジャー）が訪問し，介護保険サービスの利用についてＣさんや息子と話し合った。週2回，訪問介護（ホームヘルプサービス）を利用することになり，介護支援専門員（ケアマネジャー）は，「自宅で，衛生的な生活ができる」をケアプランの長期目標とした。

Cさんを担当する訪問介護員（ホームヘルパー）は，サービス提供責任者と共に訪問介護計画書を作成することになった。

次の記述の中で，短期目標として，最も適切なものを1つ選びなさい。

1 掃除機を利用して，1人で掃除をすることができるようになる。

2 電気湯沸しポットを使い，1人でお茶を入れることができるようになる。

3 Cさんの残存機能に着目して支援する。

4 週2回，息子にCさんの自宅を訪問してもらう。

5 訪問介護員（ホームヘルパー）と一緒に掃除をすることができるようになる。

Cさんは，たびたび息子に電気湯沸しポットが壊れていると訴えるようになった。

Cさんのこのような状態に該当するものとして，適切なものを1つ選びなさい。

1 空間認知障害

2 視覚認知障害

3 遂行機能障害

4 失認

5 観念運動失行

Cさんの家に訪問介護員（ホームヘルパー）が通い始めて数か月が経過した頃，Cさんの息子から訪問介護員（ホームヘルパー）に以下の希望が挙げられた。

介護保険で対応可能な支援として，適切なものを1つ選びなさい。

1 Cさんと息子が出かけている間に洗濯物を取り込む。

2 Cさんの処方薬を薬局で受け取る。

3 地域のお祭りにCさんと一緒に行く。

4 Cさんの部屋の壁紙を張り替える。

5 訪ねて来た親戚にお茶を入れる。

総合問題

問題 40 解説

1 × 現在のCさんは自力で片づけや掃除をすることが難しい。機械の操作も困難だと思われることから，1人で掃除機をかけられるようになることを短期目標とするのは適切とはいえない。

2 × 自分でお茶を入れられることもCさんにとっては重要であるが，長期目標との関連を考えると短期目標としては適切とはいえない。

3 × 残存機能に着目して目標を立てるのは支援の基本的な視点でありそれ自体は目標ではない。具体的な目標を立てる必要がある。

4 × 訪問介護計画書は，訪問介護員がどのような支援を行うかを明文化するものである。家族との協力は重要であるが，訪問介護としてどのような目標を立てるのかを示す必要がある。

5 ○ 長期目標につながるよう短い期間で立てるのが短期目標である。訪問介護員と一緒に掃除をすることができるようになることは，長期目標である衛生的な生活ができることにつながる。

問題 41 解説

1 × 空間認知障害は，脳の機能低下によって空間を視認すること（対象物の位置関係などを視覚で正しく把握すること）ができなくなる障害である。

2 × 視覚認知障害は，幻視や失読，見え方の変化などの障害である。

3 ○ 遂行機能障害は，目標を設定し，そのプロセスを計画的に行動していくことができなくなる障害であり，Cさんの状態はこれに該当する。

4 × 失認とは，一つまたは複数の感覚で物体を識別する能力が失われる障害である。損傷を受けた部位によって障害は異なる。

5 × 観念運動失行とは，意識しない時には問題なくできている動作を，改めて意図的に行おうとするとできなくなる障害である。

問題 42 解説

1 × 訪問介護員は，本人不在の家の中でサービスを行うことはできない。

2 ○ 処方薬を薬局で受け取ってくることは業務の範囲である。

3 × イベント会場への移動や参加の支援は訪問介護員の業務に含まれていない。

4 × 日常的な掃除や片づけなどの必要不可欠な範囲を超えた家事援助は訪問介護員の業務に含まれていない。

5 × 訪問介護員が行うサービスの対象者は利用者本人であり，来客などへのお茶入れは訪問介護員の業務に含まれていない。

正解 問題40……5　　問題41……3　　問題42……2

模擬試験問題
（予想）

介護福祉士国家試験

Check ☑	1回目	月	日	／125問
Check ☑	2回目	月	日	／125問
Check ☑	3回目	月	日	／125問

領 域 ： 人 間 と 社 会

人間の尊厳と自立

問題1 Aさん（80歳，女性）は，軽度の認知症があり，要介護1の認定を受け，週2回の通所介護を利用している。独居で，日常の身の回りのことは自分でできるが，近くの店で次々と買い物をして，生活が苦しくなっている。通所介護を担当している介護福祉職による援助のあり方として，最も適切なものを1つ選びなさい。

1 独居での生活は限界と考え，サービス付き高齢者向け住宅などへの入居を勧める。

2 本人と面接し，金銭管理について指導する。

3 事業所で通帳を預かる。

4 本人に気づかれないようにして，買ったお店で返品に応じてもらう。

5 不要な買い物を続けている気持ちに耳を傾けながら，日常生活自立支援事業の利用を提案する。

問題2 福祉の理念に関する次の記述のうち，最も適切なものを１つ選びなさい。

1 エンパワメント（empowerment）とは，利用者の意思を代弁することである。

2 ノーマライゼーション（normalization）は，1960年代のアメリカで始まった障害のある学生による運動を起源とする理念である。

3 ナショナルミニマム（national minimum）とは，国が国民に対して保障する最低限度の生活水準のことである。

4 ジェンダー（gender）とは，男女の生物学的な差異に着目する概念である。

5 ユニバーサルデザイン（universal design）とは，障害者や高齢者などを対象にして行動の妨げとなる障壁を除去することである。

人間関係とコミュニケーション

問題3 利用者を受容する姿勢として，最も適切なものを1つ選びなさい。

1 利用者が事実と異なる話をはじめたので，途中で話を遮って間違いを指摘した。

2 利用者がまだ話をしたそうにしていたが，時間がなかったので即座に打ち切った。

3 利用者が「親の介護はしたくない」と話したので，頑張るように促した。

4 利用者が「つらい」と話したので，その気持ちを教えてもらい，理解に努めた。

5 利用者が「つまらない話をしてすいません」と言ったので，「そんなことありませんよ」とやさしく否定した。

問題4 バイステック（Biestek, F.）の7原則に関する次の記述のうち，適切なものを1つ選びなさい。

1 受容とは，クライエントを否定せず，理解していこうという姿勢のことである。

2 統制された情緒的関与とは，クライエントが泣いたり怒ったりといった感情を出さないように，コントロールしながら話を聴いていくことである。

3 非審判的態度とは，中立的に善悪を判断していくことである。

4 秘密保持とは，クライエントに介護職個人のプライバシーが漏れないようにすることである。

5 意図的な感情表出とは，あえてクライエントに怒りをぶつけることで，本音を探っていく手法のことである。

問題5 チームマネジメントに関する次の記述のうち，最も適切なものを1つ選びなさい。

1 新人職員はチームマネジメントのメンバーには入らない。

2 チームマネジメントの主な目的は，経営資源の効率的投入によるコスト削減である。

3 情報共有やサービスの質の確保，サービス内容の調整などを着実に行っていくことがチームマネジメントの目的である。

4 チームマネジメントの取り組みと，個々の介護福祉職の成長をつなげて考えることは望ましくない。

5 チームマネジメントの目的を達成するためには，上司からの指示に対して疑問が生じても質問や意見を出さない方がよい。

問題6 介護福祉士が行う他職種との連携に関する次の記述のうち，最も適切なものを1つ選びなさい。

1 理学療法士が高齢者の様子を質問してきたが，専門外のことなので黙っていた。

2 自分一人だけ意見が違うような気がしたので発言を控えた。

3 高齢者本人の意見を代弁する気持ちを持って，ケースカンファレンスに参加した。

4 看護師の発言内容が理解できなかったが，自分の勉強不足を知られたくなかったので，わかったふりをした。

5 職員間のトラブルを避けたいので，会議では議論をしないようにしている。

社会の理解

問題7 2022（令和4）年の人口統計に関する次の記述のうち，正しいものを1つ選びなさい。

1 合計特殊出生率は1.5を超えている。

2 10月1日現在の高齢化率は30％を超えている。

3 生まれた子どもの数は90万人より少ない。

4 10月1日現在の総人口は前年より増加している。

5 死亡原因の1位は心疾患である。

問題8 家族と社会に関する次の記述のうち，正しいものを1つ選びなさい。

1 住居及び生計を1つにする集団を，家族という。

2 直系血族及び兄弟姉妹は，互いに扶養する義務がある。

3 子どものいない世帯は，核家族に含まれない。

4 特定の関心や目的を実現するために作られた集団を，コミュニティという。

5 選択的意思によって作られた集団を，ゲマインシャフトという。

問題9 社会福祉の機関に関する次の記述のうち，正しいものを1つ選びなさい。

1 町及び村は，福祉事務所を設置することができる。

2 市は，女性相談支援センターを設置しなければならない。

3 母子生活支援施設は，母子及び父子並びに寡婦福祉法に基づく施設である。

4 福祉事務所は，一時保護施設を併設しなければならない。

5 市町村は，共同募金会を設置しなければならない。

問題10 社会福祉に関する次の記述のうち，正しいものを1つ選びなさい。

1 市町村に対して地域福祉計画の策定が義務づけられている。

2 第2種社会福祉事業は，国または地方公共団体が経営することを原則とする。

3 社会福祉法人は，収益事業を行うことができる。

4 特定非営利活動法人は，第1種社会福祉事業を経営することができる。

5 社会福祉事業に関する広告を規制する法の規定はない。

問題11 社会福祉の歴史に関する次の記述のうち，正しいものを1つ選びなさい。

1 視力障害者の自立と社会参加の促進のため，2002年に盲導犬法が制定された。

2 民生委員制度の前身は，大正時代に始まった保護司制度である。

3 ホームヘルプ事業（家庭奉仕員派遣事業）を最初に規定した法律は，1949年に制定された身体障害者福祉法である。

4 1963年に制定された老人福祉法によって老人医療費の無料化が実現した。

5 2000年に社会福祉事業法が社会福祉法に改正された際に，法の中に「地域福祉の推進」という考え方が盛り込まれた。

問題12 社会保険に関する次の記述のうち，正しいものを1つ選びなさい。

1 国民年金の被保険者は18歳以上60歳未満である。

2 社会保険を長期保険と短期保険に分類した場合，医療保険は長期保険に分類される。

3 年金の被保険者のうち，最も人数が多いのは第1号被保険者である。

4 雇用保険の保険者は，国である。

5 生活保護の受給者は，国民健康保険に加入することが義務づけられている。

問題13 介護保険制度に関する次の記述のうち，正しいものを1つ選びなさい。

1 介護保険は，生活保護制度と同様に，社会扶助に位置づけられる。

2 要介護認定に不服がある場合は，国民健康保険団体連合会に審査請求する。

3 保険料の額は都道府県ごとに決められる。

4 介護保険法は，要介護状態となることの予防やその有する能力の維持向上についてはふれていない。

5 介護保険の被保険者について，その要件を満たした者については，加入を強制する仕組みがあり，逆選択を防止している。

問題14 介護保険の給付対象となる福祉用具に関する次の記述のうち，正しいものを1つ選びなさい。

1 認知症老人徘徊感知機器は，特定福祉用具販売の対象となる。

2 自動排泄処理装置は，交換可能部品も含め，特定福祉用具販売の対象となる。

3 設置工事を伴うスロープは，福祉用具貸与の対象となる。

4 移動用リフトは，つり具の部分も含め福祉用具貸与の対象となる。

5 入浴補助用具は，特定福祉用具販売の対象となる。

問題15 精神障害があり障害支援区分2の人が利用できるサービスとして，適切なものを1つ選びなさい。

1 行動援護

2 同行援護

3 居宅介護（ホームヘルプ）

4 重度訪問介護

5 生活介護

問題16 次のうち「障害者総合支援法」の地域生活支援事業として位置づけられているサービスを1つ選びなさい。

1 施設入所支援

2 自立訓練

3 短期入所

4 移動支援

5 共同生活援助

(注)「障害者総合支援法」とは「障害者の日常生活及び社会生活を総合的に支援するための法律」のことである。

問題17 共生型サービスに関する次の記述のうち，正しいものを1つ選びなさい。

1 居宅介護は共生型サービスの対象に含まれない。

2 通所型自立支援は共生型サービスの対象に含まれない。

3 短期入所は共生型サービスの対象に含まれる。

4 共同生活援助は共生型サービスの対象に含まれる。

5 訪問リハビリテーションは共生型サービスの対象に含まれる。

生活困窮者自立支援制度に関する次の記述のうち，正しいものを1つ選びなさい。

1 生活困窮者自立支援制度は，第1のセーフティネットとして創設された。

2 生活困窮者自立支援制度は，生活保護を受給している者に対して，就労訓練等のサービスを提供することを目的としている。

3 生活困窮者自立支援制度は，自立相談支援事業という相談援助を行うための制度で，具体的なサービスの提供をするものではない。

4 生活困窮者自立支援制度のなかに，日常生活自立支援事業は含まれない。

5 生活困窮者自立支援制度の成立により，ホームレスの自立の支援等に関する特別措置法が廃止された。

領域：こころとからだのしくみ

こころとからだのしくみ

問題19 エリクソン（Erikson,E.H.）の発達段階説における次の記述のうち，正しいものを1つ選びなさい。

1 乳児期の発達課題は，「自発性」対「罪悪感」である。

2 児童期の発達課題は，「勤勉性」対「劣等感」である。

3 青年期の発達課題は，「統合」対「絶望」である。

4 成年期初期の発達課題は，「信頼」対「不信」である。

5 成年期後期の発達課題は，「親密性」対「孤立」である。

問題20 マズロー（Maslow, A. H.）の欲求階層説に関する次の記述のうち，適切なものを1つ選びなさい。

1 安全・安心の欲求は一次的欲求である。

2 生理的欲求は二次的欲求である。

3 自己実現の欲求は欠乏欲求である。

4 所属・愛情の欲求は欠乏欲求である。

5 承認・尊重の欲求は成長欲求である。

問題21 次の人体に関する記述のうち，正しいものを1つ選びなさい。

1 平衡機能が低下すると視力が低下する。

2 副腎皮質ホルモン分泌が低下すると血圧が上昇する。

3 白内障では眼の水晶体が混濁し，視力障害が起きる。

4 空間認識，パターン認識の能力は高齢者でも保たれる。

5 腎機能が低下してもホメオスタシスを保つ能力には影響しない。

問題22 身じたくに関する次の記述のうち，正しいものを1つ選びなさい。

1 爪は，指先を外力から守る機能を持っている。

2 爪は，指を支える機能はない。

3 爪は，手や足の動きを助ける機能はない。

4 爪は，皮膚の付属器官ではない。

5 爪の下には，毛細血管はない。

問題23 脊髄小脳変性症でみられる異常歩行として，正しいものを1つ選びなさい。

1 失調性歩行

2 小振り歩行

3 分回し歩行

4 はさみ足歩行

5 小刻み歩行

問題24 プラスチック短下肢装具が適応となる疾患として，正しいものを1つ選びなさい。

1 関節リウマチ

2 腓骨神経麻痺

3 パーキンソン病

4 変形性膝関節症

5 糖尿病性足潰瘍

問題25 関節リウマチの症状として，正しいものを1つ選びなさい。

1 対麻痺

2 内反尖足

3 安静時振戦

4 朝のこわばり

5 間欠性跛行

問題26 栄養素に関する次の記述のうち，適切なものを1つ選びなさい。

1 タンパク質の主な働きは，からだの調子を整えることである。

2 糖質は大豆製品に多く含まれている。

3 ミネラルは歯や骨をつくることに役立っている。

4 脂質はご飯や麺類に多く含まれている。

5 海藻や乳製品には，ビタミンが多く含まれている。

問題27 疾患や障害をもつ方の入浴介助の方法について，適切なものを1つ選びなさい。

1 入浴前に水分補給を行うことが必要である。

2 本人の「できない部分」を中心として入浴方法を考える。

3 浴室は滑ることが多いため，移動手段は能力ではなく安全を最優先とすることが大切である。

4 利用者の心身機能の維持向上を可能にする環境を整える。

5 本人の生活習慣よりも，「安全最優先」で取り組む必要がある。

問題28 排泄や排泄障害に関する次の記述について，適切なものを1つ選びなさい。

1 骨盤底筋群は尾骨にあり，尿道を閉める役割をしている。

2 女性の尿道は10cm程度と短く，解剖学的にも尿失禁が起こりやすい。

3 機能性尿失禁とは，急に起きる我慢できない強い尿意とともに漏れてしまう失禁である。

4 前立腺肥大症の発症比率は男女ともに同率であるといわれている。

5 加齢に伴い前立腺が肥大すると尿道を圧迫するため排尿困難を起こしやすくなる。

問題29 睡眠に関する次の記述のうち，適切なものを1つ選びなさい。

1 ノンレム睡眠障害は，レビー小体型認知症と深く関係している。

2 成長ホルモンがたくさん分泌されるのは，朝の目覚めに近い段階である。

3 睡眠期後半にかけてメラトニンが多く分泌される。

4 メラトニンは太陽の光を浴びてから14 〜 16時間後に分泌される。

5 メラトニンの分泌が減少すると眠気が強くなる。

問題30 ターミナルケアに関する次の記述のうち，適切なものを1つ選びなさい。

1 ターミナルケアは医療，介護従事者の意向で果たすことが重要である。

2 医療行為に関する意向を前もって示すことをアドバンス・ディレクティブという。

3 キューブラー・ロスは「死の受容過程」を7段階に示して発表した。

4 死を迎える人の苦痛は，身体的苦痛・精神的苦痛が主である。

5 グリーフケアとは，死を迎える人の最終段階で遺言等を示してもらうケアのことである。

発達と老化の理解

問題31 ハヴィガーストが老年期の発達課題として挙げているのは次のうちどれか，適切なものを1つ選びなさい。

1 市民的義務を放棄すること。

2 健康の衰退をあきらめること。

3 配偶者の死に適応すること。

4 同輩者との付き合いをやめること。

5 引退をしないようにすること。

問題32 高齢者の心理状態を悪くする因子のうち，最も適切なものを1つ選びなさい。

1 エネルギー代謝の低下に伴う食事摂取量の減少。

2 年金生活に入ること。

3 孤立して生活すること。

4 社会的，市民的義務を引き受けること。

5 定期的な身体活動。

問題33 老化に伴う変化について，正しいものを1つ選びなさい。

1 血圧が低下し，めまいを起こしやすくなる。

2 1日の食事摂取量は変化しない。

3 感染免疫が確立し，免疫能が向上する。

4 慢性疾患は少なくなる。

5 聴力の低下は高音域に強く起こる。

問題34 次のうち，がん検診として，効果が証明されているものとして適切なものを1つ選びなさい。

1 女性の場合，10年に一度乳房撮影を受ける。

2 毎年，脳腫瘍の検診を受ける。

3 毎年，便潜血反応の検査を受ける。

4 毎年，腫瘍マーカーの検査を受ける。

5 喫煙者の場合，毎年胸部X線撮影を受ける。

問題35 次のうち胃の感染症について，正しいものを1つ選びなさい。

1 単純ヘルペス

2 帯状疱疹

3 ヘリコバクター・ピロリ感染症

4 マイコプラズマ感染症

5 カンジダ症

問題36 心血管系疾患の症状について，正しい記述を1つ選びなさい。

1 大動脈解離では，頭痛が起きる。

2 高齢者の心筋梗塞では，必ず胸痛の訴えがある。

3 脳血管障害では，突然，意識障害，麻痺などの症状が起きる。

4 心筋梗塞の胸痛は，15分以内に消失する。

5 狭心症の胸痛は，20〜30分程度続く。

問題37 慢性腎不全について，正しい記述を1つ選びなさい。

1 糖尿病が原因となる。

2 膀胱炎が原因となる。

3 腹圧性尿失禁が原因となることがある。

4 食事の糖質制限が必要となる。

5 末期腎不全の治療法は食事療法のみである。

問題38 高血圧を治療せず放置した場合の転帰について，最も適切なものを1つ選びなさい。

1 脳腫瘍

2 慢性腎不全

3 末梢神経障害

4 大腸がん

5 肺炎

認知症の理解

問題39 看護小規模多機能型居宅介護について，正しいものを1つ選びなさい。

1 看護小規模多機能型居宅介護は，要支援2以上の認定を受けた人が利用することができる。

2 「小規模多機能型居宅介護（通い・宿泊・訪問）」と「訪問介護」を組み合わせたサービスである。

3 介護福祉士の配置が義務づけられている。

4 利用料は要介護度に応じた月額固定であるが，一度も利用しなかった場合には利用料は発生しない。

5 利用料には，食費，宿泊費，おむつ代やその他の日常生活費は含まれていない。

問題40 レビー小体型認知症について，正しいものを1つ選びなさい。

1 自律神経症状の出現

2 性格変化

3 階段状の悪化

4 もの盗られ妄想

5 常染色体優性遺伝形式

問題41 アルツハイマー型認知症について，正しいものを1つ選びなさい。

1 脳内βアミロイドの蓄積

2 錐体外路症状

3 コルサコフ症候群

4 神経症状

5 前頭側頭葉の萎縮

問題42 治療により認知症状が消失するものを1つ選びなさい。

1 血管性認知症

2 正常圧水頭症

3 サルコイドーシス

4 前頭側頭型認知症

5 アルツハイマー型認知症

問題43 **認知症患者について，正しい記述を1つ選びなさい。**

1 もの忘れは，体験の一部を忘れることが多い。

2 認知症では，もの忘れを自覚して悩むことが多い。

3 日常生活に支障がない患者もいる。

4 アルツハイマー型認知症では，加齢に伴うリスクは小さい。

5 2012（平成24）年時点の厚生労働省研究班の調査では，日本の認知症は400万人を超えていた。その後2020（令和2）年には約630万人，2025（令和7）年には700万人，2060年には1,100万人になると推計されている。

問題44 **アルツハイマー型認知症の家族の対応について，正しい記述を1つ選びなさい。**

1 誤った言動は常にその場で訂正する。

2 早期受診は有力な治療手段がないので意味を持たない。

3 家族にもの盗られ妄想などの出現の可能性を伝えておく。

4 なじみの環境はますます認知症症状を進行させるので環境を変更する。

5 徘徊で帰宅できなくなるので，同伴でも散歩は控える。

問題45 **軽度認知障害について，正しい記述を1つ選びなさい。**

1 認知症に進行しない。

2 年齢相応よりも記憶障害は進んでいるが認知症ではない。

3 日本では，厚生労働省研究班調査で約35〜40万人いると推定されている。

4 本人や家族から認知機能低下の訴えはない。

5 病因はアミロイドβの蓄積である。

問題46 **認知症サポーターについて，正しいものを1つ選びなさい。**

1 認知症サポーター講座は，中学生以上を対象としている。

2 キャラバン・メイトとは，認知症サポーターを育成する講師である。

3 認知症サポーターの人数は，2023（令和5）年末時点で，約1,000万人である。

4 認知症サポーターは，まちづくりを担う地域のリーダーとして活動することが義務づけられている。

5 認知症サポーター養成講座を実施できるのは地方公共団体のみである。

問題47　在宅で認知症の高齢者を介護している家族で，家族への負担が大きいにもかかわらず，介護サービスを利用していない家族に対する介護福祉職のかかわり方について，正しいものを1つ選びなさい。

1　介護サービスを使わずに，家族が介護していることは尊敬できることなので，このまま続けるように助言する。

2　家族は「今のままで問題ない」といっているので，家族の意思を尊重し，家族から希望があるまで見守る。

3　家族への負担が大きく，在宅での生活を続けていくことは難しいので，施設への入居を勧める。

4　介護サービスを利用するとお金がかかるので，できる限り家族で介護した方がよいと助言する。

5　在宅での生活を継続していくために，利用することができる介護サービスについて情報提供を行う。

問題48　認知症高齢者の家族への支援に関する記述のうち，正しいものを1つ選びなさい。

1　家族から介助方法の相談があった場合は，介護職が行っている介助方法を教える。

2　家族から介護サービスの希望があった場合は，家族の希望通りのサービス利用を勧める。

3　家族の負担が大きい場合には，本人の意向があっても家族の意向を優先する。

4　サービスや福祉用具を利用する場合は，利用する場合のメリット・デメリットを家族に伝える。

5　家族の都合のために介護サービスを利用することはできない。

障害の理解

問題49　ICF（国際生活機能分類）の生活機能モデルにおいて，「背景因子」と位置づけられているものを次の中から1つ選びなさい。

1　個人因子

2　活動

3　参加

4　心身機能・身体構造

5　健康状態

問題50　高次脳機能障害の症状に関する次の記述のうち，「集中して作業を続けることができない」状態はどれに当てはまるか。最も適切なものを1つ選びなさい。

1　記憶障害

2　注意障害

3　遂行機能障害

4　失認

5　失語

問題51 次に挙げるユニバーサルデザインの例の中で，特に視覚障害のある人に配慮したものはどれか。最も適切なものを1つ選びなさい。

1 ピクトグラム

2 インクルーシブ公園

3 ノンステップバス

4 幅の広い改札

5 音響式信号機

問題52 次の記述のうち，「障害者差別解消法」の内容説明として最も適切なものを1つ選びなさい。

1 障害者差別を禁止し，違反した者には刑事罰を課す。

2 差別行為を見た国民に対し，市町村に通報する努力義務を課している。

3 都道府県に対し，差別の解消の推進に関する基本方針を策定する義務を課している。

4 国及び地方公共団体に対し，差別解消のための啓発活動を行う義務を課している。

5 市町村に対し，障害者差別解消支援地域協議会の設置を義務づけている。

(注) 「障害者差別解消法」とは「障害を理由とする差別の解消の推進に関する法律」のことである。

問題53 包括型地域生活支援プログラム（ACT）に関する次の記述のうち，最も適切なものを1つ選びなさい。

1 入院中の対象者に24時間365日体制の支援を行う。

2 スタッフ1人が担当する利用者数は20人程度が適当とされている。

3 多職種で構成されるチームアプローチで行う。

4 通所型の支援システムである。

5 支援対象は，重度の身体障害者である。

問題54 発達障害に関する次の記述のうち，最も適切なものを1つ選びなさい。

1 環境を原因として発症する。

2 脳機能の障害である。

3 必ず知的障害や発達遅滞を伴う。

4 早期療育による効果は期待できない。

5 年齢によって症状が変わることはない。

問題55 Bさん（35歳，女性）は，5年前に多発性硬化症（multiple sclerosis）を発症し視力障害，四肢の痙性麻痺と運動失調がみられる。立位を取ることは可能だが，何もつかまらないでいるとバランスを崩すことがある。Bさんが自宅での生活を送るうえで留意することとして，最も適切なものを1つ選びなさい。

1 運動は負担になるのでなるべく安静にする。

2 入浴時なるべく長めにお湯につかる。

3 ビタミンやミネラル中心の食事をする。

4 感染症予防のために手洗いやうがいなどを励行する。

5 暖房を使い体温を高めに保つ。

問題56 Cさん（55歳，男性）は，脊髄損傷のため下半身の完全麻痺があり，車いすを使用している。車いすの購入にあたっては国が定める補助金を受けた。この補助金が含まれる制度として，最も適切なものを1つ選びなさい。

1 訓練等給付
2 相談支援事業
3 地域生活支援事業
4 介護給付
5 補装具費支給制度

問題57 Dさん（49歳，女性）は中度の知的障害があり，居宅介護や行動援護を利用している。これまでは母の支えもあり自宅で生活をしてきたが，母親は自分が高齢になり今後Dさんが自宅で生活していくことに対して不安を感じているように見受けられ，Dさんもまたそのようなことを感じているようである。
介護福祉職が現時点で行うDさんへの意思決定支援として，最も適切なものを1つ選びなさい。

1 共同生活援助（グループホーム）の利用をすすめる。
2 主治医に相談するようすすめる。
3 Dさんから，今後どのような生活をしたいと思っているかを聴く。
4 Dさんの現状と問題について介護福祉職として分析している内容を伝える。
5 母親が抱えているだろうと思われる不安をDさんに分かるように簡単な言葉で説明する。

問題58 Eさん（34歳，男性）は，高校を卒業した後一般就労していたが，27歳の時に妄想や幻聴といった症状が現れ，統合失調症（schizophrenia）の診断を受けた。仕事は退職し家族と同居しながら，薬物療法と認知行動療法を受け，この数年で陽性症状が緩和されてきた。本人は今後の希望として，仕事をして経済的に自立したいと考えている。
Eさんの目標に向けた介護福祉職の支援として，最も適切なものを1つ選びなさい。

1 相談支援専門員や障害者就業・生活支援センター等と連携し，チームアプローチを展開する。
2 就職に関することなので，ハローワークに相談するよう助言する。
3 自立を促すため，共同生活援助（グループホーム）に入居するようすすめる。
4 無理をして症状が悪化しないよう，仕事をすることを諦めるよう説得する。
5 精神障害者保健福祉手帳を取得するようすすめる。

領 域 : 医 療 的 ケ ア

医療的ケア

問題59 **医療保険や介護保険制度について，適切なものを1つ選びなさい。**

1 65歳以上の者は，介護保険の第二号被保険者となる。

2 訪問介護は介護保険と医療保険の両方の制度でサービスが位置づけられている。

3 障害者総合支援法の自己負担は，原則的に応益負担となっている。

4 介護保険制度における介護サービスの利用料は応能負担となっている。

5 特定疾病は16種類である。

問題60 **感染予防に関する次の記述から，正しいものを1つ選びなさい。**

1 感染させない，感染しないための標準予防策を「スタンダードプリコーション」という。

2 手洗いの代わりに，常にエタノールを利用する。

3 感染予防策を講じることで全ての感染を防ぐことが可能である。

4 介護職員自身の感染が他者への感染の媒体となることは，ほぼない。

5 感染者のケアは，基本的に医療職のみで実施すべきである。

問題61 **療養環境の清潔保持について，適切なものを1つ選びなさい。**

1 利用者が生活している環境には，各種の菌がないと考えてよい。

2 消毒とは，どんな微生物もすべて死滅させることをいう。

3 排泄物や嘔吐物等の取り扱いは，直接手で触れないことが大切である。

4 経年劣化している消毒剤でも，一定の効果は得られる。

5 エタノールは，ほぼすべてのウイルスや菌に効果がある。

問題62 **喀痰吸引について，適切なものを1つ選びなさい。**

1 左右の肺は「上葉と下葉」から構成される。

2 痰から腐敗臭や甘酸っぱい臭いがする時は内臓疾患が疑われる。

3 気道を確保するために，胸腔に穴をあけることを気管切開という。

4 繊毛運動がしっかりしていれば痰は体外に排出されやすい。

5 体位による呼吸状態の変化は見られない。

問題63 **経管栄養に関連する以下の記述から，適切なものを1つ選びなさい。**

1 経管栄養の場合は，口腔ケアを必要としないケースが多い。

2 唾液を分泌するのは耳下腺と顎下腺の2大唾液腺である。

3 胃は可動性のない中腔の器官である。

4 小腸の上5分の2を空腸，下5分の3を回腸と呼ぶが，その働きにほとんど違いはない。

5 大腸は上行結腸，横行結腸，下行結腸で構成されている。

介護の基本

問題64 日本における介護の歴史に関する次の記述のうち，適切なものを1つ選びなさい。

1 介護の歴史を見てみると，老人福祉法制定（1963（昭和38）年）頃までは，家族介護や篤志家による介護が中心であった。

2 1963（昭和38）年の老人福祉法の制定により，それまでの生活保護法による養老院が特別養護老人ホームに引き継がれた。

3 1973（昭和48）年の老人福祉法改正により老人保健施設が創設された。

4 2000（平成12）年の介護保険法で，デイサービス，ショートステイなどの在宅サービスが法律に位置づけられた。

5 2011（平成23）年に介護保険法の改正が行われ，介護福祉士が業務として喀痰吸引等を行うことが可能となった。

問題65 社会福祉士及び介護福祉士法に関する次の記述のうち，正しいものを1つ選びなさい。

1 社会福祉士及び介護福祉士法には，欠格事由は規定されていない。

2 介護福祉士に求められる義務は，社会福祉士及び介護福祉士法では，「誠実義務」「信用失墜行為の禁止」「秘密保持義務」の3つである。

3 介護福祉士国家試験に合格した者が介護福祉士になるためには，介護福祉士登録簿に登録する必要がある。

4 介護福祉士は名称独占であるとともに業務独占でもある。

5 介護福祉士の義務規定違反に対して罰則規定はない。

問題66 リハビリテーションに関する次の記述のうち，最も正しいものを1つ選びなさい。

1 訪問リハビリテーションでは機能回復は見込めない。

2 医学的リハビリテーションは障害が固定してから開始する。

3 理学療法は主として基本的動作能力の回復を図るために行われる。

4 リハビリテーションの基本理念は社会生活を自立して営むことである。

5 ADL（日常生活動作）はAPDL（生活関連動作）よりも広い概念である。

問題67 ICF（International Classification of Functioning, Disability and Health：国際生活機能分類）の「環境因子」に分類される内容として，正しいものを1つ選びなさい。

1 歩行

2 調理

3 社会的態度

4 話し言葉の理解

5 基本的な対人関係

問題68 高齢者に関する次の記述のうち，正しいものを1つ選びなさい。

1 高齢者だから，障害者だからといって，固定的なイメージで利用者を安易に決めつけることは，利用者の個別性を無視していることになる。

2 令和3年度「高齢者の日常生活・地域社会への参加に関する調査結果」によると，過去1年間に高齢者の約8割は，何らかの社会活動に参加したことがある。

3 2023（令和5）年版「高齢社会白書」によると，令和3年現在，65歳以上の高齢者のいる世帯は，全世帯の6割を超えている。

4 要介護者と認定された人のうち，介護を必要とするようになった原因のトップは骨折・転倒である。

5 レクリエーションの効果には，身体機能の活発化，ストレスの除去による精神的安定などがあるが，脳への刺激による知的効果や人間関係を作る効果はない。

問題69 地域連携及び地域の社会資源に関する次の記述のうち，正しいものを1つ選びなさい。

1 地域包括支援センターの設置主体は，都道府県である。

2 ボランティアコーディネーター（volunteer coordinator）は，社会福祉法に基づいて，各福祉事務所に配置されている。

3 地域連携を推進する場合，連携を働きかける対象に，利用者の家族や親類は含まない。

4 民生委員は，福祉事務所長の推薦によって，都道府県知事が委嘱する。

5 社会福祉協議会は，全国，都道府県，市町村の各行政単位で設置されている。

問題70 介護従事者の職業倫理に関する次の記述のうち，正しいものを1つ選びなさい。

1 社会福祉士及び介護福祉士法では，日本国憲法の人権規定を遵守するよう明記している。

2 排泄の介助に関しては，特に恥ずかしがる利用者が多いので，他の職員との情報共有をしないほうがいい。

3 日本介護福祉士会倫理綱領は，介護福祉士が行う利用者ニーズを代弁する役割について定めている。

4 利用者の個人情報を第三者に提供する時は，家族の同意を得ていれば，利用者の同意を得る必要はない。

5 プライバシー保護の観点から，病気に関する個人情報は医療職以外に提供してはならない。

問題71 利用者の権利擁護に関する次の記述のうち，正しいものを1つ選びなさい。

1 高齢者虐待防止法では，高齢者を65歳以上と定義している。

2 児童虐待には，身体的虐待，心理的虐待，性的虐待，経済的虐待，養育の拒否や放置の5種類がある。

3 身体拘束をしない代わりに，向精神薬などを積極的に使うことが認められている。

4 身体拘束はどのような事情があっても一切行ってはならない。

5 令和4年度「高齢者虐待の防止，高齢者の養護者に対する支援等に関する法律」に基づく対応状況等に関する調査結果によれば，養護者による虐待の種類では心理的虐待が最も多い。

(注)「高齢者虐待防止法」とは，「高齢者虐待の防止，高齢者の養護者に対する支援等に関する法律」のことである。

問題72 介護における安全の確保に関する次の記述のうち，適切なものを1つ選びなさい。

1 リスクマネジメントとは，組織の中での事故防止を目的としている。

2 介護保険制度では，事故発生防止のために指針の整備や事故発生防止委員会の設置等が決められている。

3 利用者の心身の状態や生活状況，日頃の状態の変化を把握していれば，事故は起こらない。

4 「2022（令和4）年人口動態統計」によると，家庭における不慮の事故による死亡順位は，「転倒・転落・墜落」「その他の不慮の窒息」「不慮の溺死及び溺水」の順になっている。

5 安全のシステム作りは，リスクマネジメントと，事故の発生を未然に防ぎ安全の徹底に努めるセーフティマネジメントの2つのステップで構成される。

問題73 労働安全に関する次の記述のうち，正しいものを1つ選びなさい。

1 育児・介護休業法では，要介護の家族の通院付き添いなどに対応するために，年5日までの短期休暇を申請することにより取得できる。

2 介護従事者の労働災害の補償については，労働安全衛生法に規定されている。

3 常時200人以上の労働者を使用する事業場には，衛生管理者の配置が義務づけられている。

4 社会福祉事業従事者の福利厚生の増進を目的として中央福祉人材センターが設置されている。

5 介護従事者の賃金，労働時間，休息その他の労働条件に関する基準については，介護保険法に規定されている。

コミュニケーション技術

問題74 質問技法に関する次の記述のうち，正しいものを1つ選びなさい。

1 「朝食は食べましたか」という質問は，開かれた質問である。

2 「今の気持ちを教えてください」という質問は，閉じられた質問である。

3 「おなかはすきましたか」という質問は，開かれた質問である。

4 「今の生活について具体的に教えてください」という質問は，開かれた質問である。

5 「そのことについて詳しく教えてください」という質問は，閉じられた質問である。

問題75 認知症高齢者とのコミュニケーションに関する次の記述のうち，最も適切なものを1つ選びなさい。

1 時間のない時は，一度に多くの情報を伝えた方がよい。

2 食事をしたのに「食べていない」と訴える人には，食べたことを思い出してもらうように指導する。

3 本人が混乱しないよう，1つずつ命令や指示を出す。

4 非言語的コミュニケーションを利用しながら，安心してもらえるような接し方をする。

5 事実と異なることを話している場合は，その場で修正したほうがよい。

問題76 高次脳機能障害に関する次の記述のうち，最も適切なものを1つ選びなさい。

1 遂行機能障害とは，計画を立てて物事を行うことができないという障害である。

2 失行とは，脳の障害によって言語活動ができなくなる障害のことである。

3 高次脳機能障害の特徴は他者から見てわかりやすいものが多い。

4 失語とは，脳の障害により対象を認知できなくなる障害のことである。

5 失認とは，目的に沿った行動ができなくなることである。

問題77 精神疾患の人に対する接し方に関する次の記述のうち，正しいものを1つ選びなさい。

1 うつ病の人が「やる気が出ない」と話した場合，受容的態度で接する。

2 うつ病の人の場合，外出することは少ないので，見守りは必要ない。

3 統合失調症の人が自分の妄想を話した場合は，否定することになっても事実を伝える。

4 統合失調症の人が自分の妄想を話した場合は，妄想の内容をできるだけ受容し，内容を肯定する。

5 統合失調症の人が自分の妄想を話した場合，事実と違うことはその場で修正することが妄想の軽減につながる。

問題78 ケアカンファレンス（care conference）に関する次の記述のうち，最も適切なものを1つ選びなさい。

1 ケアカンファレンスの司会は，常に施設長が行う。

2 ケアカンファレンスで話し合う議題は，議長となるべき人だけが把握しておけばよい。

3 意見が分かれる時は，経験年数の長い職員の意見に従うべきである。

4 ケアカンファレンスでは，各専門職の専門性が尊重されるように進めていく。

5 立場の異なる専門職の意見をまとめていくためには，常に多数の意見を尊重する。

問題79 利用者の状態を報告する介護福祉職の発言として，最も適切なものを1つ選びなさい。

1 腹痛を訴えたので，介護職の判断で胃薬を飲んでもらった。

2 昨晩は血圧が高いということだったので，定期的に血圧を測定しているが，今のところ異常はない。

3 本人が下痢していると訴えてきたので，スタッフルームの棚にあった下痢止めを服用してもらった。

4 転倒したが，腫れもなく痛みの訴えもないのでそのままにしておいた。

5 風邪を引いたようなので，風邪薬の服用が必要である。

問題80　生活の理解に関する次の記述のうち，適切なものを1つ選びなさい。

1　転倒しやすい利用者には，なるべく立ち上がったり，歩いたりしないよう日頃から声をかける。

2　年金の使い方を生活経営という。

3　その人らしい生活の実現のためには，介護職はその人のこれまでの生活環境や習慣を知る必要がある。

4　高齢になるほど生活の中で役割を持つことは負担になるので，役割は持たない方がよい。

5　自己決定は，完全な責任能力がある場合に認められる。

問題81　生活支援に関する次の記述のうち，適切なものを1つ選びなさい。

1　生活支援の基本視点として大切なのは利用者の意向より家族の意志を尊重することである。

2　新規の施設入所者には，集団生活のために，それまでの生活習慣を見直してもらう。

3　介護における生活支援では，利用者のできないことに焦点を当てる。

4　人間の日常生活は，「基礎生活」「社会生活」「余暇生活」の3つの領域がある。

5　入所施設では，どのような利用者にも同じ方法で介護することが原則である。

問題82　居住環境の整備に関する次の記述から，適切なものを1つ選びなさい。

1　加齢に伴う生活空間に対するニーズは，身体状況や家族状況などによって異なる。

2　寝室は静かな方が良いため，介護者から離れた場所のほうが好ましい。

3　夜間の排泄時にヒートショックが起こることは稀である。

4　人の暑さや寒さの感じ方は一定である。

5　室内に発生する結露は換気による影響を受けない。

問題83　介護保険制度で利用できる住宅改修に関する次の記述から，適切なものを1つ選びなさい

1　手すりの取り付けは，取り外しできるものも含まれている。

2　段差の解消は，昇降機やリフト等の動力による段差解消機も含まれる。

3　引き戸等への扉の取り換えは，扉の取り換えに伴う壁または柱の改修工事は含まない。

4　洋式便器等への便座の取り換えは，水洗化などの工事は除く。

5　居室や浴室の床材変更は，住宅改修に含まれない。

問題84　安全に暮らすための生活環境に関する以下の記述から，適切なものを1つ選びなさい。

1　65歳以上の者の家庭内事故は階段が圧倒的に多い。

2　階段の一段の高さを「踏面」という。

3　日本家屋の課題として，木造軸組工法による住宅では，福祉用具などを使用する際，せまいことが挙げられる。

4　横手すり（ハンドレール）は，握らずに手をすべらせて使うことから，直径は40mm以上が望ましい。

5　災害に対する備えとして，戸外への避難経路を少なくとも1方向は確保することが望ましい。

問題85 整容に関する次の記述のうち，適切なものを１つ選びなさい。

1 整髪は個人の好みが強い部分なので，介護福祉職は関わらないようにする。

2 爪の切り方は，爪を丸く切る「バイアス切り」が望ましい。

3 整容の支援は，生命維持活動に直結するものである。

4 顔の清拭は，顎→頬→鼻→額の順番で拭く。

5 口腔ケアは虫歯等の予防だけではなく誤嚥性肺炎の予防にもつながる。

問題86 義歯の取扱いに関する次の記述のうち，適切なものを１つ選びなさい。

1 熱湯で洗浄する。

2 水を溜めた専用のボールの中で洗浄する。

3 義歯を磨くときは歯磨き粉を使用する。

4 総義歯を装着する際は，上顎から装着する。

5 外した義歯は，よく乾燥して保管する。

問題87 着脱介助に関する次の記述のうち，適切なものを１つ選びなさい。

1 ベッド上で全介助を要する利用者の場合，かぶりものの上衣が好ましい。

2 右片麻痺の利用者が上衣を着る際は，左側から袖を通していく。

3 着脱介助時はプライバシーに配慮し，できる限り介助者はすばやく全介助する。

4 衣服の選択には，利用者の好みはもちろん，素材や形，生活場面に合わせた選択を心がける。

5 和式寝巻きは，左前（右上）になるように合わせる。

問題88 移乗・移動の福祉用具などに関する次の記述のうち，適切なものを１つ選びなさい。

1 スライディングボードは，立ち上がりの際に使用する福祉用具である。

2 スリングシートは，ベッド上での上方移動に使用する福祉用具である。

3 短下肢装具は，下垂足の状態にある利用者に効果的である。

4 ロフストランドクラッチは，握り手のみで体重を支えている。

5 杖の長さは，腰のベルト付近が適切な長さである。

問題89 車いすからベッドへの移乗介助に関する次の記述のうち，最も適切なものを１つ選びなさい。

1 斜方接近法の場合は，ベッドと車いすの角度は90度にする。

2 介護者は，支持基底面をできるだけ小さくして介助を行う。

3 安全に配慮して，どのような利用者にも全介助ですばやく行う。

4 リフトなどの移動機器は事故の危険があるので，なるべく使用しないで移乗介助するとよい。

5 介護者は，腕の力だけではなく，身体全体を使用して移乗介助を行う。

視覚障害のある人の移動の介護に関する次の記述のうち，適切なものを1つ選びなさい。

1 階段を下りる際は，介護者が一段下りてから立ち止まり，階段であることを伝える。

2 利用者が白杖を使っている場合は，白杖を持っている側の手の甲に触れて合図をする。

3 階段を上るときは，利用者がバランスを崩した場合に支えられるように介護者は後から上る。

4 歩行誘導の基本姿勢では，介護者は利用者と横並びになって誘導する。

5 下りのエスカレーターに乗っている間，介護者は1段前（下）に立つ。

問題91 体位に関する次の記述のうち，最も適切なものを1つ選びなさい。

1 仰臥位は，最も支持基底面が小さく，筋の緊張も少ない体位である。

2 側臥位は，左右どちらかを下にして横向きになり，下の手は身体の下にあるとよい。

3 ベッド上で動作が可能な利用者でも，ベッド上ではクッションなどを多く用いて，姿勢を固定する。

4 起座位は，ぜんそく発作では呼吸がしやすくなる。

5 ベッド上で足を伸ばした状態で座ることを端座位という。

問題92 食事の姿勢などに関する次の記述のうち，適切なものを1つ選びなさい。

1 座位での食事の際は，上肢が使いやすいように椅子に浅く座るとよい。

2 座位での食事の際は，足底がつかなくても，摂取ができればよい。

3 ベッド上での食事の際は，ギャッジアップし，顎を引いた状態で摂取するとよい。

4 ベッド上での食事の際は，シーツなどが汚れないように全介助で行う。

5 車いすでの食事の場合，フットレストに足を乗せたまま摂取を促す。

問題93 Cさん（73歳，女性）は，脳梗塞による左片麻痺があるが，食事などの摂取動作は自力で可能である。Cさんはここ数日，水分の摂取を拒み，1日の平均水分摂取量は400ccである。Cさんへの対応に関する次の記述のうち，最も適切なものを1つ選びなさい。

1 水分の摂取量が少なく，脱水の危険があるので，無理にでも摂取させる。

2 ゼリーなどの水分を多く含んでいる食べ物で摂取を促してみる。

3 水分摂取を拒むことも自己決定なので，水分摂取を促すのをあきらめる。

4 すぐに点滴をする。

5 Cさんが水分を摂取したがるのを待つ。

問題94 誤嚥しやすい食べ物として，適切なものを1つ選びなさい。

1 カステラ

2 煮こごり

3 ヨーグルト

4 バナナペースト

5 ご飯

問題95 カルシウムが多く含まれる食品として，適切なものを1つ選びなさい。

1 レバー

2 りんご

3 チーズ

4 干ししいたけ

5 にんじん

問題96 入浴の介護に関する次の記述のうち，適切なものを1つ選びなさい。

1 湯温は43℃程度が適温である。

2 身体を洗う際は，中枢から末梢にかけて洗うとよい。

3 脱衣所と浴室は，温度差を一定の範囲内に保っていたほうがよい。

4 ストーマを使用している利用者は，浴槽の中には入れないので，シャワー浴にする。

5 浴室での事故は，外気温が高い夏場に多い。

問題97 全身清拭の介護に関する次の記述のうち，適切なものを1つ選びなさい。

1 全身清拭をする場合，下肢を最後に拭く。

2 皮膚についた水分は，その都度乾いたタオルで拭き取る。

3 背部を拭くときは患側を下にする。

4 清拭に使用するお湯の温度は40℃程度がよい。

5 拭き残しがないように，すべて介助者が行う。

問題98 Aさん（70歳，女性）は，脳梗塞の後遺症のため，軽度の右片麻痺がある。見守りや一部介助があれば，室内は杖歩行が可能である。
介護福祉職の行う入浴介護等に関する次の記述のうち，適切なものを1つ選びなさい。

1 Aさんの右上肢は介護職が洗う。

2 浴室内を移動する際は，介護職は右側から腕と腰を支えて移動する。

3 安全面を考慮して機械（特殊）浴槽での入浴を勧める。

4 浴槽に入るときは，浴槽の縁に座ってもらい，右足から浴槽に入る。

5 衣類を着用する際はできないところは介助し，原則左側から着用する。

問題99 おむつ交換に関する次の記述のうち，適切なものを1つ選びなさい。

1 おむつを使用している場合は，定時の交換のみでよい。

2 使い捨て手袋の使用はできる限り避ける。

3 おむつを装着した場合，おむつと腹部の間は指2本程度の余裕があるとよい。

4 おむつ交換時の清拭では，女性の場合，肛門から尿道口に向かって拭く。

5 布おむつは，洗濯の手間がかかりメリットがないので使用しない方がよい。

問題100 Dさん（81歳，女性）は，普段は車いすで日常生活を送っているが，立位や座位は一部介助があれば可能な方である。Dさんはここ数日排便がない状態で，「お腹が張って苦しい」と訴えている。Dさんへの対応に関する次の記述のうち，最も適切なものを1つ選びなさい。

1 ベッド上での安静を促す。

2 水分摂取を促す。

3 食事の摂取を中止する。

4 おむつ交換での対応をする。

5 腹部のマッサージは中止する。

問題101 排泄の福祉用具に関する次の記述のうち，適切なものを1つ選びなさい。

1 差し込み便器で排便をする際は，ベッドはギャッジアップしない。

2 自動吸引式集尿器は，センサーによって尿を吸収できる用具である。

3 ポータブルトイレには蹴込みは必要ない。

4 補高便座は，座位を安定させるための便座である。

5 尿器の採尿口は男性と女性で違いはない。

問題102 衣服の管理に関する次の記述のうち，適切なものを1つ選びなさい。

1 ドレッシングやアイスクリームが衣服に付着した場合は，台所用洗剤を水に溶かし，しみの中心から周辺に向けてたたくように拭く。

2 しょうゆやソースのしみは，水油混合のしみである。

3 洗濯物を乾燥機に入れる際はウールなど毛の入ったものから乾燥させる。

4 還元漂白剤はすべての白物衣料に使用できる。

5 衣類に記載される主な洗濯マークは2014（平成26）年から新表示になった。

問題103 休息・睡眠の支援に関する次の記述から，適切なものを1つ選びなさい。

1 浅い眠りと深い眠りは150分周期で，一晩で数回繰り返される。

2 深い眠りをレム睡眠という。

3 生体に備わる生体時計をサーカディアンリズム（概日リズム）という。

4 満腹だと睡眠に影響が出るが，空腹は睡眠に影響しない。

5 睡眠のリズムが確立するのは新生児期である。

問題104 終末期ケアに関する以下の記述から，適切なものを1つ選びなさい。

1 しっかり覚醒していなくても，食事は摂ってもらったほうがよい。

2 排泄は不快な思いをしないよう，遠慮や気兼ねしないよう関わることが大切である。

3 入浴ができない場合の全身清拭や部分清拭等は一度にすべて行った方が利用者の負担が少なくなる。

4 死が近づいても四肢末梢に変化は見られない。

5 終末期でも血圧は比較的安定している。

問題105 福祉用具に関する次の記述のうち，最も適切なものを1つ選びなさい。

1 福祉用具の役割は日常生活の自立や介護負担の軽減を図ることであり，自己実現や社会参加を助けるための役割は含まれていない。

2 福祉用具の研究開発及び普及の促進に関する法律では，老人に関わる福祉用具の定義と障害者に関わる福祉用具の定義を別々に規定している。

3 福祉用具の給付が最初に法律で規定されたのは，1976（昭和51）年の老人福祉法による老人日常生活用具給付事業である。

4 国際標準化機構による福祉用具分類（ISO9999）では，ソフトウェアも福祉用具に含むと定義している。

5 利用者と介護者との間で，福祉用具を活用する目的に違いが生じることはない。

介護過程

問題106 介護過程の意義と目的に関する次の記述のうち，適切なものを1つ選びなさい。

1 介護過程は，主観的な思考で展開される。

2 数字を用いた情報収集はなるべく避けたほうがよい。

3 日常生活で獲得してきた価値観や経験によって，利用者のその人らしさが形成される。

4 科学的根拠とは，経験や勘をもとにした思考である。

5 画一的な介護展開が求められている。

問題107 介護過程の意義・目的に関する次の記述のうち，適切なものを1つ選びなさい。

1 利用者個々の情報を把握し個別ケアを提供する。

2 利用者家族を中心とした個別ケアを提供する。

3 利用者に対するケアの質の向上の効果は得られにくい。

4 同職種同士が一貫したサービスを提供することにはつながらない。

5 介護職の価値観や経験，勘を活かして課題解決することが目的である。

問題108 介護過程のアセスメントに関する次の記述のうち，適切なものを1つ選びなさい。

1 ICFのアセスメントツールは，利用者全体像を把握するためには使わない。

2 ICFの視点による情報収集は，他職種との連携には活用できない。

3 記録による情報収集は適切ではない。

4 栄養に関する記録や看護職による記録は介護過程に影響を与えない。

5 コミュニケーション技法を活用した情報収集も必要である。

問題109 情報収集時の留意点に関する次の記述のうち，適切なものを1つ選びなさい

1 事実に基づいて集める。

2 介護者の主観的視点で記録する。

3 誘導して質問すると本音を引き出しやすい。

4 一過性の事象で利用者全体の情報が得られる。

5 利用者が発した言動を介護者の視点で整理して情報を残す。

問題110 介護過程の展開に関する次の記述のうち，適切なものを1つ選びなさい。

1 記述はなるべく専門用語を多用する。

2 利用者の心理的理解のために人間工学の知識を活用する。

3 利用者の社会的理解のために哲学の知識を活用する。

4 日常生活面を支援する技法を検討する場面では，生活支援技術の知識を活用する。

5 介護過程の展開の実践と介護の研究の発展に，関連性はない。

問題111 介護過程の実践的アプローチに関する次の記述のうち，適切なものを1つ選びなさい。

1 記録や事前情報による直観を大切にしながら情報収集する。

2 情報と情報が複雑に絡み合っている理由を探り，なぜ複雑化されてしまっているのかなどについて要素を明らかにして，よりよく説明することを情報の分析という。

3 関連づけ・統合化は，単一方向からの情報とアセスメントによって成立する。

4 介護過程に洞察力は必要ない。

5 複数の解決すべき課題が導き出されたら，優先順位を付けずに取り組む。

次の事例を読んで問題112，問題113について答えなさい。

[事例]

Sさん（62歳，男性，要介護1）は介護付き有料老人ホームに入居して1年が経った。最近，栄養状態が思わしくなく，肺炎にて入院し，退院目前の頃，HIV（ヒト免疫不全ウイルス）陽性であると診断を受けた。病状も安定し退院，施設に戻った。体調も整い，ゆっくりであればひと通り動くことができる。施設ではHIVに感染した利用者をケアする際の留意点についてまとめ，勉強会を開催し職員間で共通の認識を持ってケアを始めた。

Sさん自身から，「皆にうつらないようにするためにいつも使い捨て手袋をしていたい」と希望があった。長期目標は，「肺炎の再発予防のためにも離床を勧め活動機会を増やす」ことである。

問題112 HIV陽性者に対する介護福祉職によるケアの基本知識に関する次の記述のうち，適切なものを1つ選びなさい。

1 洋式トイレの便座の共有で感染する。

2 くしゃみ，咳で感染する。

3 HIVは熱・消毒薬・洗浄に対する抵抗力が強い。

4 スタンダードプリコーションの遵守で伝播を防げる。

5 HIVは感染力が強いため，通常の日常生活の中で感染する。

問題113 Sさんの現状について職員が集まりカンファレンスを開いた。介護福祉職の発言に関する次の記述のうち最も適切なものを1つ選びなさい。

1 Sさんから申し出のあった使い捨て手袋を使いたいという希望を最優先しようと提案した。

2 Sさんの申し出に対して，使い捨て手袋の費用負担面を考慮し，使い捨て手袋に代えて常時，綿の手袋の着用を勧めようと提案した。

3 HIV感染の基礎知識の確認（ご本人に注意して欲しいこと）と施設で行う予防策についてSさんと話し合いたいと提案した。

4 肺炎に至った経緯を日和見感染だと主張し，安静に過ごす必要があると提案した。

5 日和見感染を予防するために，使い捨て手袋の他にマスク着用も常時必要ではないかと提案した。

総合問題

総合問題 1　次の事例を読んで，問題114から問題116までについて答えなさい。

[事例]

Hさん（45歳，男性）は，知的障害により長年身体障害者施設で生活している。10年前に大腸がんが見つかり手術後，S状結腸ストーマを造設。本人はパウチ袋の交換を行う手順がわからず，毎回洋服を汚染させてしまっている。排尿はトイレで行っており，布パンツを着用している。

問題114　**ストーマ装具装着者の介護に関する次の記述のうち，適切なものを1つ選びなさい。**

※1　面板と皮膚保護剤は同一のものをさす。
※2　ストーマ及びその周辺の状況が安定している場合とする。

1　皮膚保護剤の溶解が1.5cm以上になったら交換する目安である。

2　面板は一気に剥がす。

3　ツーピース型のパウチ袋（採便袋）を交換することはできないので，看護師に依頼した。

4　外出の予定があるため，ネギやにんにくなどの臭いの強い食材を控えめにしてはと考えたが，こういったことを介護福祉職は言ってはいけない。

5　外出の予定があるため，外出先や交通手段などを聞き，多目的（障害者用）トイレが設置されている場所について相談に乗った。

問題115　**リスクマネジメントの視点に関する次の記述のうち，適切なものを1つ選びなさい。**

1　便が緩かったが「腹痛はない」とのことで報告や記録の必要性はないと判断した。

2　腹部膨満感の確認を行い，状況を報告・記録に残した。

3　肛門周辺から少量の出血が認められたが，本人が「いつものこと」といったので報告・記録の必要性はないと判断した。

4　いつもの時間帯に排便がなかったが，ガスがパウチ袋にたまって袋が膨れていたのでガス抜きをし，報告・記録には残さなかった。

5　全介助でパウチ袋の交換を行ったため洋服や手指などの便による汚染状況の確認はしなかった。

問題116　**日常生活支援に関する次の記述のうち，適切なものを1つ選びなさい。**

1　便秘が続いているため，医師の指示により市販のディスポーザブルグリセリン浣腸器を用いて浣腸を行った。

2　下痢が続いているため，高脂肪の食品を摂るように助言した。

3　下痢が続いているため，市販の止瀉薬を服用するよう助言した。

4　下痢が続いているため，水分を控えるよう助言した。

5　基本的に人工肛門の人は装具を外しての入浴は不可能である。

[事例]

Iさん（48歳，男性）は，10年前にHIV（ヒト免疫不全ウイルス）に感染し，「死ぬかもしれない」と受け止めた。告知を受けた後から栄養状態が思わしくなく，肺炎に罹患し治療を終えたばかりであった。現在は自宅療養中である。生活が不活発になり廃用症候群で骨突出部は発赤が認められる。

問題117 Iさんに対して考えられるサポートに関する次の記述のうち，適切なものを1つ選びなさい。

1 HIV感染症は法律上は障害に位置づけられていない。

2 告知後「死ぬ病」であるということを受け入れられるようサポートする。

3 福祉施設への入所を勧める。

4 障害者総合支援法に制定された基準により，肢体不自由機能障害として身体障害者手帳の交付が受けられる。

5 利用できる制度の情報提供を行い，制度利用の申請は基本的に本人が行うよう勧める。

問題118 介護上の留意点と知識に関する次の記述のうち，適切なものを1つ選びなさい。

1 HIVの感染経路で一番多いのは，介護の過程での感染である。

2 吐物・排泄物がついた洗濯物は通常洗濯で対応する。

3 セルフマネジメントにかかわる負担について確認し，関係機関と連携する。

4 長期にわたる自己管理の支援よりも短期の集中的支援が大切である。

5 医療スタッフとの連携は必要ない。

問題119 Iさんに対する支援に関する次の記述のうち，適切なものを1つ選びなさい。

1 呼吸法の練習を取り入れた。

2 発赤部分をマッサージした。

3 ペースト食で栄養を摂る。

4 直接手を握ると感染する可能性があるので，日ごろから握手などはしない方がよい。

5 Iさんがくしゃみをした場合は感染する可能性があるので，日頃から距離をとって接する。

総合問題 3 次の事例を読んで，問題120から122までについて答えなさい。

[事例]

Jさん（70歳，女性）は，65歳の時に変形性膝関節症の手術をしている。68歳の時に玄関の施錠や火の始末ができず鍋を焦がすことが多くなり，脳血管性認知症と診断された。一人暮らしをしていたが，半年前に長男の申し込みにより特別養護老人ホームに入所している。夕方になると「私の家はどこ。家に帰りたい」と言いながら徘徊する。その後，膝の痛みを訴え，「寝る前にお風呂に入ると温まって痛みが和らぐの」「夜はぐっすり眠りたい」と繰り返す。トイレや部屋を間違えることもあり，トラブルになることもある。

問題120 Jさんの徘徊後の膝の痛みに対する支援として，適切なものを1つ選びなさい。

1 徘徊する理由は聞かず，見守るようにする。

2 夜に入浴させることは職員の人数が少なく危険なため，カンファレンスで検討する必要はない。

3 膝の痛みを訴える時は，居室で足浴を行う。

4 理学療法士に相談し，リハビリテーションプログラムを検討することは，膝の痛みの軽減にはつながらない。

5 膝の痛みはあるが腫脹がないため，医師に鎮痛薬の処方について相談する必要はない。

問題121 Jさんに対する日常生活上の支援計画とそのポイントについて，適切なものを1つ選びなさい。

1 入浴や足浴の湯温は43 〜 45℃に設定し，熱めの湯で温まるように準備する。

2 トイレや居室の前に目印を付ける。

3 徘徊の減少と精神的安定には関係がない。

4 散歩や外気浴は体調にあわせて行い，足に負担がかかった時に車いすを使用する。

5 専門職の意見よりも，介護職の支援計画を優先し実行する。

問題122 Jさんに対する日中のかかわり方で，適切なものを1つ選びなさい。

1 Jさんが若い時に興味をもって行っていたことを，現在に役立てることは難しい。

2 日中，ベッドに臥床していることが多い時は見守り，レクリエーションへの参加を促さない。

3 他の利用者と交流をもち，共通の話題をつくることは，トラブルを増強させてしまう。

4 日中に散歩など外出することは，より膝の痛みを増すことにつながる。

5 帰宅願望が強い時には，幼少時代の話や家族の話をすることで精神的安定を図る。

[事例]

Kさん（78歳，女性）の家は築40年で，段差が多く，寝室は2階で布団を使っている。トイレは和式でつかまるところがない。Kさんは半年前に，買い物帰りに道で転倒し，大腿骨頸部骨折となり手術をしている。リハビリテーションも行い，何かにつかまらないと立つことができず，歩行は杖を使用している。1か月前頃から外出している姿が少なく，たまに近所の人に会うと沈んだ表情をするようになり，最近は何もせず寝ている状態が多くなってしまった。

問題123　Kさんの寝ている状態が多くなったきっかけとして，適切なものを1つ選びなさい。

1　寝室が2階にある

2　大腿骨頸部骨折の手術

3　何かにつかまらないと立てない

4　リハビリテーション

5　買い物

問題124　Kさんの在宅生活の条件整備に関し，介護保険を利用した住環境の改善や福祉用具の利用について，適切なものを1つ選びなさい。

1　エレベーターの設置

2　車いすの昇降機の設置

3　和式から洋式トイレへの改修

4　松葉杖の使用

5　リフト付き浴槽の設置

問題125　Kさんの生活リズムを整える支援のポイントについて，適切なものを1つ選びなさい。

1　根本的な対応策として，施設への入所を検討する。

2　栄養指導を受けることを検討する。

3　Kさんの今までの生活習慣を再検討する必要はない。

4　訪問介護や通所介護のサービス利用をケアマネジャーに相談する。

5　プライバシー保護の観点から，Kさんの意向にかかわらず，近所の人の協力は考えない方がよい。

MEMO

模擬試験
〈正答・解説〉

出題区分	問題番号	正答番号
① 人間と社会	問題1	5
	問題2	3
	問題3	4
	問題4	1
	問題5	3
	問題6	3
	問題7	3
	問題8	2
	問題9	1
	問題10	3
	問題11	5
	問題12	4
	問題13	5
	問題14	5
	問題15	3
	問題16	4
	問題17	3
	問題18	4
② こころとからだのしくみ	問題19	2
	問題20	4
	問題21	3

出題区分	問題番号	正答番号
② こころとからだのしくみ	問題22	1
	問題23	1
	問題24	2
	問題25	4
	問題26	3
	問題27	4
	問題28	5
	問題29	4
	問題30	2
	問題31	3
	問題32	3
	問題33	5
	問題34	3
	問題35	3
	問題36	3
	問題37	1
	問題38	2
	問題39	5
	問題40	1
	問題41	1
	問題42	2

出題区分	問題番号	正答番号
② こころとからだのしくみ	問題43	5
	問題44	3
	問題45	2
	問題46	2
	問題47	5
	問題48	4
	問題49	1
	問題50	2
	問題51	5
	問題52	4
	問題53	3
	問題54	2
	問題55	4
	問題56	5
	問題57	3
	問題58	1
③ 医療的ケア	問題59	5
	問題60	1
	問題61	3
	問題62	4
	問題63	4

出題区分	問題番号	正答番号
④介護	問題64	1
	問題65	3
	問題66	3
	問題67	3
	問題68	1
	問題69	5
	問題70	3
	問題71	1
	問題72	2
	問題73	1
	問題74	4
	問題75	4
	問題76	1
	問題77	1
	問題78	4
	問題79	2
	問題80	3
	問題81	4
	問題82	1
	問題83	4
	問題84	3

出題区分	問題番号	正答番号
④介護	問題85	5
	問題86	4
	問題87	4
	問題88	3
	問題89	5
	問題90	5
	問題91	4
	問題92	3
	問題93	2
	問題94	1
	問題95	3
	問題96	3
	問題97	2
	問題98	2
	問題99	3
	問題100	2
	問題101	2
	問題102	4
	問題103	3
	問題104	2
	問題105	4

出題区分	問題番号	正答番号
④介護	問題106	3
	問題107	1
	問題108	5
	問題109	1
	問題110	4
	問題111	2
	問題112	4
	問題113	3
総合問題	問題114	5
	問題115	2
	問題116	1
	問題117	5
	問題118	3
	問題119	1
	問題120	3
	問題121	2
	問題122	5
	問題123	3
	問題124	3
	問題125	4

問題1 　　　　　　　　　　　　　　　　　　　　　　　　　　　正答　5

1 ✕ 独居を続けるかどうかは，本人にとって重要な選択であるので，すぐに入居を勧めることは適切ではない。ただし，独居での生活を限界と考える根拠を十分に検討し，将来的にこのような援助をすることもありうる。

2 ✕ 金銭管理について指導することによって，不要な買い物をしないようにできると考えることは無理があるので，適切ではない。

3 ✕ 契約に基づいて通帳を預かることも可能であるが，通帳を預かることで不要な買い物をしないようにすることができるとは限らないので，適切ではない。

4 ✕ 販売したお店の側に瑕疵がない限り，一方的に返品することはできない。また，そもそも本人の了解なしに返品することは間違いである。

5 ◯ 日常生活自立支援事業では，日常的金銭管理サービスも行っている。

問題2 　　　　　　　　　　　　　　　　　　　　　　　　　　　正答　3

1 ✕ エンパワメントとは，利用者の意思を代弁することではなく，本人の持っている力を引き出したり高められるように支援することをいう。

2 ✕ ノーマライゼーションは，1950年代にデンマークのバンクミケルセンの提唱により始まった。1960年代のアメリカで始まった障害のある学生による運動は，自立生活運動である。

3 ◯ 日本では，憲法第25条にこの考え方が示されている。

4 ✕ ジェンダーとは，男女の生物学的な差異ではなく，「男らしさ，女らしさ」のように，社会的，文化的に作り出された男女の差異に注目する概念である。

5 ✕ ユニバーサルデザインとは，障害者や高齢者だけでなく，文化，言語，年齢，性別，個人の能力等を超えて，できるだけ多くの人が利用できるように建築物・設備・製品・情報などをデザインすることをいう。障壁を除去することはバリアフリーに含まれる。

問題3 　　　　　　　　　　　　　　　　　　　　　　　　　　　正答　4

1 ✕ 受容とは，相手の話に対し判断や批判をせず，ありのままに受け入れていくことである。利用者の話を途中で遮ることは，「話を聴いてもらえない」と思われてしまうこともあり，受容する姿勢ではない。

2 ✕ 時間がなくて話を中断しなければならない場合でも，話を続けたいという利用者の気持ちを受け止めたうえで，時間のないことを説明して相手に理解を求める。

3 ✕ 頑張るように促すことは，「介護をしたくない」という気持ちを受容したことにはならない。

4 ◯ 利用者の「つらい」と思う気持ちに耳を傾け理解していくことが，受容する姿勢となる。

5 ✕ 「つまらない話をしてすいません」と言う背景には，利用者の遠慮や申し訳なさなどが隠されている場合が多い。そういった利用者の気持ちを受け止め，話を聴いていく姿勢が大切である。

問題4 　　　　　　　　　　　　　　　　　　　　　　　　　　　正答　1

1 ◯ 受容とは，クライエントを否定せず理解していこうという姿勢のことである。

2 ✕ 統制された情緒的関与とは，クライエントの感情に巻き込まれないよう，支援者自身が感情を自覚しコントロールしていくことである。

3 ✕ 非審判的態度とは，支援者の価値観でクライエントを判断しないという姿勢のことである。

4 ✕ 秘密保持とは，クライエントのプライバシーを守ることである。

5 ✕ 意図的な感情表出とは，クライエントの自由な感情表出を認めることである。

問題5　　　　　　　　　　　　　　　　　　　　　　　　　　　　正答　3

1 ✕ チームマネジメントには新人職員も含め全ての職員が加わる必要がある。

2 ✕ 結果としてコストが削減される（無駄が生じない）ということはあり得るが，それを目的に行うわけではない。

3 ○ 施設や一部の在宅サービスは交代勤務制であり，一方で利用者の状態は変化することから，チームマネジメントによって着実な情報共有やサービスの質の確保，サービス内容の調整などが必要とされている。

4 ✕ チームマネジメントの取り組みが介護福祉職の成長にもつながることが望ましい。

5 ✕ チームマネジメントは利用者に対してより良いサービスを継続的に提供することが目的であることから，疑問があればそのままにせず質問や意見を積極的に言うべきである。

問題6　　　　　　　　　　　　　　　　　　　　　　　　　　　　正答　3

1 ✕ 専門外のことであっても，介護職の立場から日頃の様子を他職種に伝えることは必要である。

2 ✕ 他職種と違う意見であっても，利用者のよりよい生活を実現していくために，発言していく必要がある。

3 ○ 利用者や家族の意見を尊重し，必要があれば気持ちの代弁を行うこともある。

4 ✕ 他職種の発言が理解できない場合は，その場で確認する。

5 ✕ それぞれの専門性から議論をしていくことも，利用者の支援には必要なことである。

社会の理解

問題7　　　　　　　　　　　　　　　　　　　　　　　　　　　　正答　3

1 ✕ 厚生労働省のデータによると，合計特殊出生率は1.26である。

2 ✕ 総務省の推計データによると，高齢者人口は3,623万6千人で高齢化率は29.0％である。

3 ○ 厚生労働省のデータによると，2022（令和4）年に生まれた子どもの数は77万747人である。

4 ✕ 総務省の推計データによると，総人口は1億2,494万7千人で前年に比べ55万6千人減少している。

5 ✕ 厚生労働省のデータによると，1位は悪性新生物（24.6％）であり，2位が心疾患（14.8％）である。

問題8　　　　　　　　　　　　　　　　　　　　　　　　　　　　正答　2

1 ✕ 住居及び生計を共にする集団は，世帯という。

2 ○ 民法第877条に規定されている。

3 ✕ 核家族には，①夫婦とその未婚の子，②夫婦のみ，③一人の親とその未婚の子の3種類がある。

4 ✕ 特定の関心や目的を実現するために作られた集団は，アソシエーションである。

5 ✕ 選択的意思によって作られた集団は，ゲゼルシャフトである。

問題9　　　　　　　　　　　　　　　　　　　　　　　　　　　　正答　1

1 ○ 市は福祉事務所を設置しなければならないが，町と村は設置することができる。

2 ✕ 女性相談支援センターは都道府県に設置義務が課せられている。

3 ✕ 母子生活支援施設は，児童福祉法に基づく施設である。

4 ✕ 必要に応じて一時保護設備を併設しなければならないのは，児童相談所である。福祉事務所にそのような規定はない。

5 ✕ 共同募金会は都道府県を単位として社会福祉法人として設置されている。

問題10　　　　　　　　　　　　　　　　　　　　　　　正答　3

1 ×　地域福祉計画の策定は義務ではなく，努力義務とされている。

2 ×　第2種社会福祉事業の経営主体に制限はない。

3 ○　記述の通りであり，社会福祉法第26条第1項に規定されている。

4 ×　第1種社会福祉事業は，国，地方公共団体，社会福祉法人しか経営することができない。

5 ×　社会福祉法第79条で，事実に相違する表示等が禁止されている。

問題11　　　　　　　　　　　　　　　　　　　　　　　正答　5

1 ×　盲導犬法という法律は存在しない。2002年に制定されたのは身体障害者補助犬法である。補助犬には盲導犬，聴導犬，介助犬の3種類がある。

2 ×　民生委員制度の前身は，大正時代にできた方面委員及び済世顧問制度である。

3 ×　ホームヘルプ事業（家庭奉仕員派遣事業）を最初に規定した法律は，1963年に制定された老人福祉法である。

4 ×　老人医療費の無料化は1973年の老人福祉法の改正により実現した。

5 ○　設問文の通りであり，社会福祉法第1条で，地域における社会福祉を「地域福祉」と明記した上で，第4条でその内容を具体的に示した。

問題12　　　　　　　　　　　　　　　　　　　　　　　正答　4

1 ×　国民年金の被保険者は20歳以上60歳未満である。

2 ×　社会保険は，加入期間と保険給付期間の長短，保険財政の形態によって，短期保険と長期保険に分類される。長期保険とは，一定期間，保険料を払い込んだ後に給付が受けられる保険であり，年金が該当する。医療保険は，保険料の払込期間に関係なく給付が受けられることから，短期保険に分類される。

3 ×　年金の被保険者のうち，最も人数が多いのは第2号被保険者（会社で雇用されている人や公務員等）であり約4,513万人である。第1号被保険者は，約1,449万人である（2021（令和3）年3月末現在）。

4 ○　設問文のとおりである。

5 ×　生活保護の受給者で医療が必要な場合は，医療扶助を受けることになる。国民健康保険には加入しない。

問題13　　　　　　　　　　　　　　　　　　　　　　　正答　5

1 ×　介護保険は，医療保険，年金保険，雇用保険，労働者災害補償保険に続く5番目の社会保険に位置づけられる。

2 ×　要介護認定に不服がある場合は，都道府県が設置する介護認定審査会に審査請求する。

3 ×　保険料の額は保険者である市町村ごとに決められる。

4 ×　介護保険法第4条第1項において，自ら要介護状態になることを予防するため，要介護状態となっても，適切なサービスの利用により，その有する能力の維持向上に努めることと規定している。

5 ○　社会保険では，一定の条件に該当する者を強制加入させることで被保険者数を確保し，保険事故を広く分散させることにより保険財政の安定化を図っている。保険事故発生の可能性が高いと考えている者のみが加入し，低いと思っている者が加入しなくなる，いわゆる「逆選択」を防止している。

問題14　　　　　　　　　　　　　　　　　　　　　　　正答　5

1 ×　認知症老人徘徊感知機器は，福祉用具貸与の対象である。

2 ×　自動排泄処理装置の交換可能部品については，特定福祉用具販売の対象となるが，自動排泄処理装置の本体部分については，福祉用具貸与の対象となる。

3 ×　設置工事を伴うスロープは，福祉用具貸与の対象ではなく，住宅改修費の対象である。

4 ×　移動用リフトについては，リフト本体は福祉用具貸与の対象となるが，つり具の部分については，他人が使用したものの再利用に対する抵抗感や使用による摩耗や変質を考慮し，特定福祉用具販売の対象となる。

5 ○　入浴補助用具は，特定福祉用具販売の対象品目である。

問題15

1 ✕ 行動援護は，知的障害または精神障害を持つ人が安全に外出できるよう支援する事業であり，障害区分3以上かつ行動関連項目等の合計点数が10点以上の人が対象である。

2 ✕ 同行援護は，視覚障害により移動に著しい困難を伴う人が外出する際に同行し，移動に必要な情報を提供するとともに，移動の介護を行う事業である。

3 ○ 居宅介護（ホームヘルプ）は，障害の種別を問わず，障害支援区分1以上であれば利用できる。

4 ✕ 重度訪問介護は，障害支援区分4以上の重度の障害があり常に介護を必要とする人に対し，居宅において入浴，排泄，食事の介護，外出時における移動支援などを総合的に行う事業である。

5 ✕ 生活介護は，主に日中，通所施設において，入浴，排泄，食事の介助等を行うとともに，創作的活動または生産活動の機会を提供する事業である。利用要件は障害支援区分3以上である（施設入所者は4以上，50代以上は2以上）。

問題16

1 ✕ 施設入所支援は，介護給付の一つで，施設に入所している人を対象に夜間や休日，入浴，排泄，食事の介護等を行う事業である。

2 ✕ 自立訓練は，訓練等給付の一つで，自立した日常生活・社会生活ができるよう，一定の期間身体機能または生活能力の向上のために必要な訓練を行う事業である。機能訓練と生活訓練に分かれ，生活訓練には通所型，訪問型，宿泊型の3種類がある。

3 ✕ 短期入所は，介護給付の一つで，介護者の疾病等の理由により，居宅において介護を受けることができない障害児・者が施設等に短期間の入所をする事業である。

4 ○ 移動支援は，屋外での移動が困難な障害者等に対し外出のための支援を行う事業である。地域生活支援事業としては，この他に「日常生活用具給付等事業」「意思疎通支援事業」「地域活動支援センター事業」などがある。いずれも地域での自立生活や社会参加を促進することを目的としている。

5 ✕ 共同生活援助は，訓練等給付の一つでグループホームとも呼ばれる。共同生活を営む住居において相談，その他日常生活上の援助を行う事業である。「介護サービス包括型」「外部サービス利用型」「日中サービス支援型」「サテライト型」の4種類がある。

問題17

1 ✕ 共生型サービスは，「障害者総合支援法」と介護保険法の改正により，指定手続きを行った同一事業所において，障害福祉サービスと介護保険サービスの両方を提供することができる制度であり，2018年4月にスタートした。「障害者総合支援法」の居宅介護は，介護保険制度の訪問介護と同一事業所で提供できることから対象に含まれる。

2 ✕ 通所型自立訓練は，通所介護（デイサービス）と同一事業所で提供できることから対象に含まれる。

3 ○ 短期入所は，短期入居生活介護（ショートステイ）と同一事業所で提供できることから対象に含まれる。

4 ✕ 共同生活援助は，共生型サービスの対象に含まれていない。

5 ✕ 訪問リハビリテーションは，障害福祉サービスと介護保険制度のそれぞれに存在するが，共生型サービスの対象には含まれていない。

正答　4

1 ✕　生活困窮者自立支援制度は，第2のセーフティネットとして創設された。第1のセーフティネットとは社会保険制度や労働保険制度のことである。また，第3のセーフティネットとは，生活保護制度のことである。

2 ✕　生活困窮者自立支援制度は，生活保護に至る可能性のある者に対して，就労訓練等のサービスを提供することにより自立を促進することを目的としている。生活保護の受給者は対象にならない。

3 ✕　生活困窮者自立支援制度は，自立相談支援事業の他，就労訓練事業や住宅確保給付金等の具体的なサービスの提供をする。

4 ◯　設問文のとおりであり，社会福祉協議会が行う日常生活自立支援事業は生活困窮者自立支援制度とは別の制度による事業である。

5 ✕　生活困窮者自立支援制度とホームレス自立支援対策とは別の制度であり，法は廃止されていない。

領域：こころとからだのしくみ

こころとからだのしくみ

問題19

正答　2

1 ✕　乳児期の発達課題は，「信頼」対「不信」である。

2 ◯　児童期の発達課題は，「勤勉性」対「劣等感」である。

3 ✕　青年期の発達課題は，「同一性」対「同一性拡散」である。

4 ✕　成年期初期の発達課題は，「親密性」対「孤立」である。

5 ✕　成年期後期の発達課題は，「統合」対「絶望」である。なお，「成年期後期」は「老年期（成熟期）」という名称が用いられることもある。

問題20

正答　4

1 ✕　安全・安心の欲求は二次的欲求である。欠乏欲求とも呼ばれている。

2 ✕　生理的欲求は一次的欲求である。欠乏欲求とも呼ばれている。

3 ✕　自己実現の欲求は二次的欲求である。成長欲求とも呼ばれている。

4 ◯　所属・愛情の欲求は二次的欲求である。欠乏欲求とも呼ばれている。

5 ✕　承認・尊重の欲求は二次的欲求である。欠乏欲求とも呼ばれている。

問題21

正答　3

1 ✕　平衡機能が低下すると転倒が多くなり，骨折のリスクが高くなる。

2 ✕　副腎皮質ホルモン分泌が低下すると，血圧は低めになり，ストレスに弱くなる。

3 ◯　視力障害が起きる。白内障は手術で治療可能である。

4 ✕　これらの能力には個人差があるが，高齢者では低下する。

5 ✕　腎臓は水・電解質を一定に保つ働きがある。体内の状態を一定に保つ能力，すなわちホメオスタシスを保つ能力に腎臓は関係している。

問題22　　　　　　　　　　　　　　　　　　　　　　　　　　　　　　　　　正答　1

1 ○ 爪は，指先を保護する。

2 ✕ 爪は，指先の保護，指の力や触感の強化，指の動きの調整などの機能を持つ。

3 ✕ 手や足の動作において爪は，歩行を円滑にすすめたり，指先に力を加えるなどの重要な役割を果たしている。

4 ✕ 爪は，皮膚の付属器官である。指の先端の背面にある表皮の角質が変化し，板状に硬化したものである。

5 ✕ 爪の下部には毛細血管が集まっており，爪は血液の健康状態に影響されやすい。

問題23　　　　　　　　　　　　　　　　　　　　　　　　　　　　　　　　　正答　1

1 ○ 失調性歩行は脊髄小脳変性症など運動失調を呈する疾患でみられ，酩酊歩行（酔っぱらい歩行）ともいわれる。その特徴は，歩幅が一定せず，まっすぐ歩こうとしてもふらついてしまうことである。

2 ✕ 小振り歩行は両松葉づえを同時に出し，その後両足を松葉づえの手前に小さく振り出す歩行であり，脊髄損傷でみられる。

3 ✕ 分回し歩行は下肢全体を大きく外側に回して振り出す歩行であり，脳血管障害でみられる。

4 ✕ はさみ足歩行は一側面下肢を他側下肢と交互に交差させて振り出す歩行であり，脳性麻痺でみられる。

5 ✕ 小刻み歩行は歩幅が小さい歩行であり，パーキンソン病でみられる。

問題24　　　　　　　　　　　　　　　　　　　　　　　　　　　　　　　　　正答　2

1 ✕ 関節リウマチは，手足の関節の炎症と破壊を主な症状とする自己免疫疾患である。下肢の変形では膝外反変形や外反母趾などがみられるが，プラスチック短下肢装具は適応とならない。

2 ○ 腓骨神経は足関節背屈や足趾伸展をする筋を支配しているため，腓骨神経麻痺では下垂足（drop foot）が特徴的にみられる。そのため，プラスチック短下肢装具によって下垂足を矯正し，歩行時のつま先の引っかかりを防止する。

3 ✕ パーキンソン病は，安静時振戦，固縮，無動・寡動，姿勢反射障害を主な症状とする。歩行の特徴としては，小刻み歩行やすくみ足歩行，加速歩行がみられるが，プラスチック短下肢装具は適応とならない。

4 ✕ 変形性膝関節症は，肥満の中高年女性に多くみられ，関節痛や関節可動域（ROM）制限，筋力低下などをきたす。膝関節の退行性変形が主であるため，プラスチック短下肢装具は適応とならない。

5 ✕ 糖尿病性足潰瘍は，糖尿病の合併症として多くみられる。症状が重度になると足部が壊死し，足部離断あるいは下腿切断となる危険性がある。離断や切断では義足が必要になるため，プラスチック短下肢装具は適応とならない。

問題25　　　　　　　　　　　　　　　　　　　　　　　　　　　　　　　　　正答　4

1 ✕ 対麻痺（両下肢の麻痺）は脊髄損傷でみられる。

2 ✕ つま先が下内側を向く内反尖足は脳血管障害でみられる。

3 ✕ 安静時振戦はパーキンソン病でみられる。

4 ○ 朝のこわばりは関節リウマチの特徴的な症状の1つである。

5 ✕ 間欠性跛行は脊柱管狭窄症や閉塞性動脈硬化症でみられる。

問題26　　　　　　　　　　　　　　　　　　　　　　　　　　　　　　　　　正答　3

1 ✕ タンパク質の主な働きは，身体をつくる材料となることである。

2 ✕ 糖質が多く含まれているのは，ご飯やパン，麺類である。

3 ○ ミネラルは歯や骨格を構成する人体の構造材料としての役割がある。

4 ✕ 脂質は，バター，マーガリン，植物油や魚の脂身に含まれる。

5 ✕ ビタミンが多く含まれているのは，緑黄色野菜，果物などである。

問題27

1 ✕ 水分補給は「入浴前後」に必要である。

2 ✕ 本人の「できる機能」が充分に発揮されるように考えることが必要である。

3 ✕ 確かに浴室内は滑りやすいが，本人の能力を考えた移送手段を考えることが大切である。

4 ◯ どのような支援を実施する場合でも必ず心身機能の維持向上を考えることが自立（自律）支援につながる。

5 ✕ 安全に配慮しつつ，本人の希望や生活習慣を考慮する必要がある。

問題28

1 ✕ 骨盤底筋群は恥骨と尾骨の間に存在する。尿道や膣，肛門を締める役割を果たしている。

2 ✕ 女性の尿道は3～4cm程度である。

3 ✕ 機能性尿失禁は，排尿に関係する動作には影響がないものの，歩行障害や認知機能障害により間に合わずに失禁する状態をいう。

4 ✕ 前立腺は男性にのみ存在する臓器である。従って男性だけが発症する疾病である。

5 ◯ 前立腺が肥大することで尿道を圧迫し，極度の頻尿になる等の状態になる。

問題29

1 ✕ レビー小体型認知症と深く関係しているのはレム睡眠障害である。

2 ✕ 成長ホルモンは，寝入りばなの数時間で多く分泌される。

3 ✕ メラトニンは睡眠前から睡眠期前半にかけて多く分泌される。

4 ◯ 朝起きてから，外の光を浴びて朝食を摂ることでメラトニンが減少し14～16時間後の分泌につながる。

5 ✕ メラトニン分泌が減少すると目が覚めてくる。

問題30

1 ✕ ターミナルケアは家族や本人の意向も取り入れることが大切である。

2 ◯ アドバンス・ディレクティブは問題文の他にも，ケアの内容等について自分の代わりに介護従事者と話し合ってほしいと依頼すること等も含む。

3 ✕ キューブラー・ロスの「死の受容過程」は5段階で示されている。

4 ✕ 死を迎える人の苦痛は，身体的苦痛，精神的苦痛，社会的苦痛，霊的苦痛が挙げられる。

5 ✕ グリーフケアとは「悲嘆のケア」であり，主に本人が亡くなった後の家族支援に含まれる。

発達と老化の理解

問題31

1 ✕ 市民的義務を引き受けることである。

2 ✕ 健康の衰退に適応することである。

3 ◯ 配偶者の死に適応することは老年期の発達課題である。

4 ✕ 同輩者と明るい親密な関係を結ぶことである。

5 ✕ 引退と収入減少に適応することである。

問題32　　　　正答　3

1 ✕　老化に伴う生理的な変化である。

2 ✕　退職や収入の減少にうまく対処できなければ心理状態を悪くするが，年金生活そのものは原因とはならない。

3 ◯　孤立することが原因となり得る。

4 ✕　社会的なつながりを持つことは心理状態をよくする。

5 ✕　定期的な身体活動は健康を維持し心理状態をよくする。

問題33　　　　正答　5

1 ✕　年齢とともに血圧は上昇する傾向にある。

2 ✕　エネルギー代謝が低下し，食事摂取量は低下する。

3 ✕　免疫能は低下し，肺炎などの感染症を起こしやすくなり，感染症は重くなりやすい。

4 ✕　複数の慢性疾患にかかり，多くの薬を服用する者が多くなる。

5 ◯　老化に伴う聴力の低下は，高音域に強く起こる。

問題34　　　　正答　3

1 ✕　乳房撮影（マンモグラフィー）は2年に1回受けることの有効性が証明されている。乳がんによる死亡が減少する。

2 ✕　脳腫瘍の検診の効果は証明されていない。

3 ◯　毎年，便潜血反応の検査を受けると，大腸がんによる死亡が減少することが証明されている。

4 ✕　腫瘍マーカーは検診には有用ではない。

5 ✕　喫煙者または前喫煙者では，肺がんの検診として胸部CTスキャンは有効であるが，胸部X線撮影は無効である。

問題35　　　　正答　3

1 ✕　皮膚及び外陰部に水疱を形成するウイルス感染症である。

2 ✕　肋間や顔面に水疱を形成するウイルス感染症である。高齢者に多い。

3 ◯　胃に感染し，胃潰瘍，十二指腸潰瘍，慢性胃炎，胃がんの原因となる。

4 ✕　呼吸器に感染し，肺炎を引き起こす。

5 ✕　真菌（カビの一種）で皮膚や食道，膣，呼吸器感染を引き起こす。

問題36　　　　正答　3

1 ✕　激しい，裂けるような背部痛が突然起きる。

2 ✕　高齢者の場合，痛みを訴えないことがある。また，梗塞の部位によっては，胃の痛みを訴える場合もある。

3 ◯　脳出血，脳梗塞などでは突然，意識障害，麻痺などの症状が起きる。

4 ✕　心筋梗塞による胸痛は30分以上持続する。

5 ✕　心筋梗塞と異なり，胸痛の持続時間は1〜3分程度で，安静，酸素吸入，ニトログリセリン投与で軽快する。

問題37

正答 1

1 ○ 生活習慣病の増加に伴い，糖尿病性腎症が原因の慢性腎不全が大部分を占めるようになってきている。

2 × 慢性腎炎が原因となるが，膀胱炎が原因となることはない。

3 × 腹圧性尿失禁は女性に多く，咳，くしゃみ，運動時などに尿失禁が起きるものであるが，慢性腎不全の原因となることはない。

4 × たんぱく質制限，食塩制限などが必要となる。

5 × 透析治療により血液中の老廃物を除去する治療が定期的に行われる。

問題38

正答 2

1 × 脳梗塞，脳出血，くも膜下出血などのリスクが高くなるが，脳腫瘍のリスク因子ではない。

2 ○ 動脈硬化が進行し，慢性腎不全のリスクが高くなるため，該当する。

3 × 末梢神経障害は，糖尿病，尿毒症，ギラン・バレー症候群などで起きる。

4 × 大腸がんのリスク因子には喫煙，肥満などがある。

5 × 肺炎は感染症であり，高血圧とは直接の関係はない。

認知症の理解

問題39

正答 5

1 × 看護小規模多機能型居宅介護は要介護1以上の人が対象である。

2 × 「小規模多機能型居宅介護（通い・宿泊・訪問）」と「訪問看護」を組み合わせ，1つの事業所が一体的にサービスを提供する。

3 × 介護職員は必ずしも資格は必要ではないが，医療ニーズの高い利用者もいることから，職員の質を向上させるための研修の実施を求められている。

4 × 利用者登録がされていれば，サービスの利用頻度にかかわらず利用料が発生する。

5 ○ 利用料の中には含まれておらず，別途食費，宿泊費，おむつ代やその他の日常生活費が必要である。

問題40

正答 1

1 ○ レビー小体型認知症は，パーキンソン症状や幻視が特徴とされるが，自律神経症状として，立ちくらみや便秘，多汗などの症状が出る。

2 × 性格変化は前頭側頭型認知症の特徴である。

3 × 徐々にではなく段階的に悪化するのは，血管性認知症の特徴である。

4 × もの盗られ妄想は，アルツハイマー型認知症でしばしば見られる。

5 × 常染色体優性遺伝をするのは，ハンチントン病などである。

問題41

正答 1

1 ○ βアミロイドは異常なタンパク質で，アルツハイマー型認知症で脳内に蓄積し，最終的に神経細胞の死滅をきたす。

2 × 錐体外路症状，特にパーキンソン症状はレビー小体型認知症によく見られる。

3 × コルサコフ症候群は，アルコール依存症や頭部外傷後遺症で見られ，失見当識，認知障害，作話が特徴である。

4 × 神経症状は脳血管認知症で見られる。

5 × 前頭側頭葉の萎縮は前頭側頭型認知症で見られる。

問題42　正答 2

1 ×　血管性認知症は，梗塞や出血を繰り返すたびに階段状にがくっと進行する。

2 ○　脳脊髄液の吸収障害で水頭症が起こり，認知症，歩行障害，尿失禁を呈する。シャント手術で髄液を排出すると回復する。

3 ×　全身性の肉芽腫様病変を主徴とする原因不明の疾患で，認知症とは関係ない。

4 ×　前頭側頭型認知症は，性格変化から始まり徐々に進行する。

5 ×　アルツハイマー型認知症は徐々に進行する。コリンエステラーゼ阻害薬を使用しても，進行を遅くする効果しか期待できない。

問題43　正答 5

1 ×　正常範囲のもの忘れは体験の一部を忘れるが，認知症では体験全部を忘れる。

2 ×　もの忘れを自覚せず，多幸的なことも多い。

3 ×　日常生活に支障がないものは認知症の定義から外れる。

4 ×　アルツハイマー型認知症の最大のリスクは加齢である。

5 ○　2012（平成24）年の厚生労働省の研究班の調査によると，462万人以上が認知症である。これは65歳以上の15％にあたる。厚生労働省が2015（平成27）年に発表した「新オレンジプラン」（認知症施策推進５か年計画）によると，2025（令和7）年には約700万人（5人に1人）は認知症になるという。

問題44　正答 3

1 ×　常に訂正することは避け，穏やかに受け入れ，時に訂正する。

2 ×　早期受診し，症状の軽いうちに家族の対応を準備することが介護の負担を減らせる。

3 ○　あらかじめ知識がないと，家族がもの盗られ妄想をまともに受け取り，本人と家族の関係が悪化する。

4 ×　なじみの環境の中での生活は本人を安心させ，認知症の進行を遅らせる可能性がある。

5 ×　家族が一緒に近所をひとまわりすることで本人の気持ちが落ち着く。

問題45　正答 2

1 ×　年間15％程度の軽度認知障害の人が認知症に進行するとの報告がある。

2 ○　記憶などの限定的な認知機能に低下が見られるが，認知症の基準を満たすような広範な認知機能や生活機能の低下がない。

3 ×　軽度認知障害は「認知症予備軍」ともいわれ，研究者により定義が異なり信頼できる統計はない。

4 ×　本人や家族からは認知機能低下の訴えがある。

5 ×　軽度認知障害は様々な原因でみられ，アルツハイマー型認知症のようにアミロイドβが原因とは限らない。

問題46　正答 2

1 ×　認知症サポーターになる要件は定められておらず，小学生を対象とした養成講座や自治会や企業などでも養成講座が実施されている。

2 ○　適切である。2023（令和5）年12月末で約18万人がキャラバン・メイトとして活動している。

3 ×　認知症サポーターの人数は2023（令和5）年12月末時点で約1,510万人である。なお，「新オレンジプラン」では，2020（令和2）年度末の養成人数の目標を1,200万人としていた。

4 ×　認知症サポーターの活動は任意の活動であり，認知症に対して正しい理解を持ち，自分なりにできる簡単なことからの実践，そして地域での活躍が期待されている。

5 ×　認知症サポーター養成講座は，地方公共団体だけでなく，企業，学校，各種団体などでも実施することができる。

問題47 正答 **5**

1 × 家族が倒れるまで介護をしたり，自分の生活を犠牲にして介護をしたりしていることがある。在宅での介護を継続するためにも，家族の意向を尊重した上で，適切な支援をする必要がある。

2 × 介護サービスを利用しない原因について多角的に考察し，原因に合わせた柔軟な対応が求められる。

3 × 介護負担が大きいという理由だけで施設入居を勧めるのではなく，通所サービスや訪問サービスなども含めた，サービスの利用の検討を勧めることが望ましい。

4 × 経済的な理由から，介護サービスを利用できない場合がある。必要に応じて，地域包括支援センターや役所と連携し，支援策を検討する必要がある。

5 ○ 家族は介護サービスについての知識が不十分で，介護サービスを利用していないことも考えられるため，家族に情報を提供することは適切である。また，公的なサービスだけでなく，ボランティアによるサービスなど，インフォーマルなサービスもある。

問題48 正答 **4**

1 × 家族が行っている介助方法を尊重しながら，介助方法の助言，指導を行うことが望ましい。

2 × 家族が持っている力を生かし，現状に合った必要なサービスを利用することが望ましい。

3 × 本人・家族の意向を聞くことが必要である。

4 ○ 家族が選択・決定できるように，情報提供などの支援をしていくことが必要である。

5 × 家族が介護を続けていくためにも，家族の休息のために介護サービスを利用することも必要である。

障害の理解

問題49 正答 **1**

1 ○ ICFは，「健康状態」と「生活機能」，及びそれに影響を与える「背景因子」によって構成される。「個人因子」は「環境因子」とともに「背景因子」を構成する。その人固有の特徴（性別や年齢，環境，生活歴など）を表し，ICFの特徴の一つである個別性に着目する上で重要な要素となる。

2 × 「活動」は「生活機能」に含まれ，ADLやIADLといった社会生活上必要な行為全てをいう。またICFでは「活動」を「できる活動」（能力）と「している活動」（実行状況）との2つに分けて捉える。

3 × 「参加」は「生活機能」に含まれ，家庭や社会に関与し，そこで役割を果たすことである。社会参加だけではなく，家庭内や職場での役割，あるいは趣味の集まり，地域組織のなかで役割を果たす，文化的・政治的・宗教的集まりに参加するなど，広範囲のものが含まれる。

4 × 「心身機能・身体構造」は「生活機能」に含まれる。生命の維持に直接関係する身体・精神の機能や構造を表し，活動や参加の基本となる要素である。

5 × 「健康状態」とは，疾患・外傷に限らず，妊娠・加齢・ストレス状態などを含む広い概念である。

問題50 正答 **2**

1 × 高次脳機能障害では，病気や怪我などで脳の一部を損傷し，思考・記憶・行為・言語・注意などの脳機能の一部に障害が起こる。記憶障害は，直前に見たり聞いたりしたことを忘れてしまう，昔のことを思い出せないなど様々な症状がある。

2 ○ 注意障害は，集中力が続かず一つのことを続けられない，気が散りやすい，複数のことを同時にできないといった状態をいう。問題文の状態は注意障害に該当する。

3 × 遂行機能障害は，段取り良く物事を進めることができない，優先順位がつけられない状態をいう。

4 × 失認は，視力の問題はなく見えているのに見ただけではそれが何かわからない，触ったり聞いたりしただけではそれが何かわからない，知っているはずの人の顔をみても誰かわからないなどの状態をいう。

5 × 失語は，言いたい言葉が出てこない，聞こえていてもその意味がわからないような状態をいう。

問題51

1 × ピクトグラムは，言語によらない情報の提示や注意の促しといった，情報伝達を図るための視覚表現であり，視覚障害者への伝達手段としては適していない。

2 × インクルーシブ公園は，障がいの有無や年齢，性別，国籍などを問わず，すべての人が楽しく遊べることをコンセプトとした公園である。視覚障害者の利用も想定されるが，特に配慮をしているとはいえない。

3 × ノンステップバスは，車両の出入りに段差が無く乗り降りでき，車内でも段差が無く料金収受や座席等が利用できる車両のことをいう。主に，車いすや下肢障害，高齢者などを想定し導入されている。

4 × 幅の広い改札は，「高齢者，障害者等の移動等の円滑化の促進に関する法律」に基づいて設置されている。車いすやベビーカー使用者など，通常の改札が通れない人を主に想定している。

5 ○ 音響式信号機は，信号機が青になったことを視覚障害者に知らせるために誘導音を出す装置がついているものである。誘導音の種類によって，メロディ式と擬音式（ピヨピヨ，カッコウなど）に分けられる。

問題52

1 × 障害者差別解消法には差別の「解消」という用語は使われているが，差別の「禁止」という用語は出てこない。また，刑事罰も規定されていない。

2 × 市町村に通報する等の規定はない。

3 × 差別の解消の推進に関する基本方針を策定する義務を課されているのは政府である（第6条第1項）。

4 ○ 問題文の通り，国及び地方公共団体に差別解消のための啓発活動を行う義務が課されている（第15条）。

5 × 障害者差別解消支援地域協議会は国及び地方公共団体が設置することができる組織である（第17条）。国及び地方公共団体のいずれに対しても設置義務は課されていない。

問題53

1 × ACTでは，地域で生活する重度の精神障害者に対し，支援者が訪問する形で支援を行う。必要に応じて職場や学校など様々な場所を訪問するのが特徴である。

2 × スタッフ1人が担当する利用者数は10人以下が適当とされている。

3 ○ ACTは医師，看護師，作業療法士，精神保健福祉士等の多職種が，チームを形成し支援を行う。

4 × ACTは，訪問型の支援システムである。

5 × ACTの支援対象は，重度かつ継続性を持つ精神障害者である。

問題54

1 × 厚生労働省によると，発達障害は脳神経の機能的な問題が関係して生じる疾患であり，DSM-5（「精神疾患の診断・統計マニュアル 第5版」）では，神経発達障害／神経発達症とも表記されている。環境が原因ではない。

2 ○ 発達障害者支援法では，発達障害を「自閉症，アスペルガー症候群その他の広汎性発達障害，学習障害，注意欠陥多動性障害その他これに類する脳機能の障害であってその症状が通常低年齢において発現するものとして政令で定めるもの」（第2条第1項）と定義している。

3 × 知的障害や発達遅滞を伴う例もあるが，すべての発達障害において見られるわけではない。

4 × 内閣府は「できるだけ早期に，適切な医療的リハビリテーション，指導訓練などの療育を行うことにより，障害の軽減及び基本的な生活能力の向上を図り，自立と社会参加を促進する」（平成24年度障害者白書）としている。

5 × 発達障害は，年齢によって症状に変化がみられる。また継続的な療育を受けることで症状の軽減がみられることもある。

問題55

1 ✕ 残存している身体機能の維持向上のため，適度な運動を行った方が良い。

2 ✕ 体温が高くなるとウートフ現象により不調となる恐れがあるため，湯船に長く入り過ぎない方が良い。

3 ✕ 多発性硬化症だからといって，食べてはいけないもの，食べると良いものというものはない。バランスの良い食事を摂ることが基本である。

4 ◯ ウイルスなどに感染すると免疫系が活発化し再発することがあるため，特に感染予防対策は重要である。

5 ✕ ウートフ現象を防ぐため，体温が上がらないよう注意する必要がある。

問題56

1 ✕ 訓練等給付は，日々の生活や仕事をしていくために必要な訓練などを行うサービスである。「自立訓練」「就労移行支援」「就労継続支援」「就労定着支援」「自立生活援助」「共同生活援助」がある。

2 ✕ 相談支援事業は，「基本相談支援」「計画相談支援」「地域相談支援（地域移行・地域定着）」「障害児相談支援」がある。

3 ✕ 地域生活支援事業は，実施主体である市町村等が，地域の特性や利用者の状況に応じて柔軟に実施することにより，効果的・効率的な事業実施が可能な事業である。「日中一時支援」「移動支援」「日常生活用具給付等事業」「意思疎通支援事業」等がある。

4 ✕ 介護給付は，日常生活を送る上で必要不可欠な支援や，自立した生活を送るための支援を行うサービスである。「居宅介護」「行動援護」「同行援護」「生活介護」「短期入所」「施設入所支援」等がある。

5 ◯ 補装具費の支給については，障害者総合支援法第76条第1項で「障害者又は障害児の保護者から申請があった場合において，当該申請に係る障害者等の障害の状態からみて，当該障害者等が補装具の購入，借受け又は修理を必要とする者であると認めるとき（中略）当該補装具の購入等に要した費用について，補装具費を支給する。」と定められている。なお車いすのほか，義肢，装具，視覚障害者安全杖，義眼，補聴器，人工内耳なども支給対象である。

問題57

1 ✕ 自己選択の支援としてサービスに関する情報を提供することはあるが，Dさん自身の気持ちを聞かないままに特定のサービスの利用をすすめることは適切とはいえない。

2 ✕ 医師からの情報提供やアドバイスが参考になる場合はあるが，Dさんの気持ちを聞かない段階ですすめることは適切ではない。

3 ◯ 意思決定支援において最も重視すべきは「自己決定・自己選択」である。Dさん以外の都合で方針を決定することは，Dさんの人権を侵害する行為である。Dさんが今後どのような生活をしたいかを受け止め，それを実現するためにはどのような支援が必要か，相談支援専門員等とチームで検討していくことが求められる。

4 ✕ 介護福祉職が専門的な立場で状況を捉えておくことは重要であるが，本人の意向を確認する前に伝えるべきではない。

5 ✕ 母から「不安を伝えて欲しい」と頼まれたわけでもないのに，この段階で介護福祉職の一方的な判断で母親の気持ちを推測してDさんに伝えることは不適切である。

問題58　　　　　　　　　　　　　　　　　　　　　　　　正答　1

1 ○ Eさんがどんな仕事や働き方を希望しているのか，考えを聞きながら実現に向けた支援体制を整えることが望ましい。必要に応じてサービス担当者会議を開催し，本人，家族及び各支援者で，方針の共有や役割分担の明確化を図る。

2 × 一般就労や障害者雇用に絞るのであれば，相談先としてハローワークを選ぶのは間違いではない。ただしEさんは就労していなかった期間が長く，就労系福祉サービスの利用も視野に入れるべきである。

3 × Eさんの希望は，仕事をすることと経済的自立である。住環境を変える必要はない。

4 × 就労開始時は変化が大きく，医療的ケア等を必要とする可能性はあるが，働くこと自体を止めることは支援者として不適切である。

5 × 精神障害者保健福祉手帳の取得は任意である。本人や家族が望んでいない状況ですすめる必要はない。

領域 ： 医療的ケア

医療的ケア

問題59　　　　　　　　　　　　　　　　　　　　　　　　正答　5

1 × 65歳以上の者は介護保険の第一号被保険者である。第二号被保険者は40歳以上65歳未満の医療保険加入者である。

2 × 介護保険と医療保険の両方に位置づけがあるサービスは訪問看護である。

3 × 障害者総合支援法の自己負担は原則的には応能負担である。

4 × 介護保険制度における介護サービスの利用料は応益負担である。

5 ○ 介護保険制度において第2号被保険者のサービス給付条件となる要介護の原因疾病を指す特定疾病は，16種類である。医療費の補助が受けられる難病を指す「特定疾患」と混同しないように注意する必要がある。

問題60　　　　　　　　　　　　　　　　　　　　　　　　正答　1

1 ○ スタンダードプリコーションは標準予防策という。感染予防の基本である。

2 × エタノール等の使用は，あくまで手洗いの補強である。従って流水と石鹸による手洗いが最も優先される。

3 × 全ての感染を防げるとは限らないため，自身の体力維持や休息も大切である。

4 × 介護者自身が感染した場合，感染が拡大する可能性がある。

5 × 感染者のケアもチームで実施される。

問題61　　　　　　　　　　　　　　　　　　　　　　　　正答　3

1 × 利用者が生活する環境には各種の菌が常にあると認識することが大切である。

2 × 消毒とは病原微生物を死滅させることである。問題の文章は滅菌である。

3 ○ 排泄物や嘔吐物だけではなく血液等の体液も直接触れることは避けるべきである。

4 × 経年劣化している消毒剤は効果が薄れていると考えるべきである。

5 × 幅広いウイルスや菌に有効なのは次亜塩素酸ナトリウムである。

問題62

1 × 右肺は上葉，中葉，下葉，左肺は上葉と下葉で構成されている。

2 × 痰から腐敗臭や甘酸っぱい臭いがする時は何らかの感染が疑われる。

3 × 気管切開は「喉に穴をあける」ことである。

4 ○ 気道が潤うことで繊毛運動は正常に保たれ，痰は排出されやすい。

5 × 体位による呼吸変化は見受けられる。

問題63

1 × 経管栄養適応者も口腔ケアを適切に実施しなければ誤嚥性肺炎に罹患する可能性が高くなる。

2 × 唾液を主に分泌するのは耳下腺，顎下腺，舌下腺である。

3 × 胃は可動性のある中腔の器官である。

4 ○ 「小腸」は十二指腸，空腸，回腸で構成される。

5 × 大腸は盲腸，上行結腸，横行結腸，下行結腸，S状結腸，直腸で構成されている。

領 域 ： 介 護

介護の基本

問題64

1 ○ 老人福祉法制定の頃までは，家族介護を中心として篤志家による介護も行われていた。国の制度での救済はこれらを補完するものであった。

2 × 養老院を引き継いだのは養護老人ホームである。

3 × 老人保健施設が創設されたのは1986（昭和61）年の老人保健法改正である。

4 × 1990（平成2）年に「老人福祉法等の一部を改正する法律」，いわゆる「福祉八法」の改正が行われ，デイサービス，ショートステイなどの在宅サービスが法律に位置づけられた。

5 × 介護保険法の改正ではなく，社会福祉士及び介護福祉士法の一部改正で，介護福祉士が業務として喀痰吸引等を行うことが可能となった。

問題65

1 × 欠格事由は次のように法第3条で定められている。以前は，成年被後見人または被保佐人であることが欠格事由の1つであったが，現在は廃止されていることに注意する。
1 心身の故障により社会福祉士又は介護福祉士の業務を適正に行うことができない者として厚生労働省令で定めるもの
2 禁錮以上の刑に処せられ，その執行を終わり，又は執行を受けることがなくなった日から起算して2年を経過しない者
3 この法律の規定その他社会福祉又は保健医療に関する法律の規定であって政令に定めるものにより，罰金の刑に処せられ，その執行を終わり，又は執行を受けることがなくなった日から起算して2年を経過しない者

2 × 介護福祉士に求められる義務は，社会福祉士及び介護福祉士法では，「誠実義務」「信用失墜行為の禁止」「秘密保持義務」「連携」「資質向上の責務」の5つである。

3 ○ 国家試験合格後，介護福祉士登録簿に登録を受けることにより介護福祉士を名乗ることができる。

4 × 第48条第2項の名称の使用制限の規定により，介護福祉士は名称独占であるが，業務独占の規定はない。

5 × 介護福祉士の「秘密保持義務」「名称の使用制限」に対して，罰則規定が設けられている。

問題66　正答　3

1 ✕ 訪問リハビリテーションでは自宅での移動能力を評価し，環境調整を含めて活動性の拡大を図っていく。また，機能障害においても適切な運動療法によって機能回復が見込める。

2 ✕ 医学的リハビリテーションは障害が固定してから開始するのではなく，できるだけ早期に開始することが望ましい。

3 ◯ 理学療法とは，「身体に障害がある者に対し，主としてその基本的動作能力の回復を図るため，治療体操その他の運動を行わせ，及び電気刺激，マッサージ，温熱その他の物理的手段を加えること」と定義される。

4 ✕ リハビリテーションの基本理念は，疾患やけがによって失ったものを再び元の状態に戻すことであり，全人間的復権を意味している。古くは「更生」「名誉回復」などの復権という意味が含まれている。

5 ✕ ADL（日常生活動作）はAPDL（生活関連動作）よりも狭い概念である。もともと，ADL自体は広い概念であるが，APDLはさらに炊事，洗濯，掃除，買い物，乗り物の利用という項目を含む，広い概念である。

問題67　正答　3

1 ✕ 歩行は「活動と参加」の歩行と移動のなかに含まれる。

2 ✕ 調理は「活動と参加」の家事のなかに含まれる。

3 ◯ 社会的態度は「環境因子」の態度のなかに含まれる。

4 ✕ 話し言葉の理解は「活動と参加」のコミュニケーションの理解のなかに含まれる。

5 ✕ 基本的な対人関係は「活動と参加」の一般的な対人関係のなかに含まれる。

問題68　正答　1

1 ◯ 介護者は先入観を持たずに，一人ひとりの個別性を把握していかなければならない。

2 ✕ 同調査では，活動に参加したことがない者が41.7%いる。

3 ✕ 高齢者のいる世帯は，全世帯の49.7%である。

4 ✕ 2022（令和4）年の「国民生活基礎調査」によると，介護が必要となった原因は，認知症，脳血管疾患，骨折・転倒の順となっている。

5 ✕ レクリエーションの効果には，身体機能の活発化，ストレスの除去による精神的安定，脳への刺激による知的効果，よりよい人間関係を作る効果，生きがい効果などがある。

問題69　正答　5

1 ✕ 地域包括支援センターの設置主体は市町村である（介護保険法第115条）。

2 ✕ ボランティアコーディネーターは，主に市町村社会福祉協議会に設置されているが，法律で配置が規定されているわけではない。

3 ✕ 地域連携を推進する場合の対象には，利用者の家族や親類も含まれる。

4 ✕ 民生委員は，都道府県知事の推薦によって，厚生労働大臣が委嘱する（民生委員法第5条）。

5 ◯ 社会福祉協議会は，地域福祉の推進を目的に，市町村と都道府県に設定され，都道府県社会福祉協議会の連合体として全国社会福祉協議会が設置されている（社会福祉法第109条〜第111条）。

問題70

1 × 社会福祉士及び介護福祉士法には日本国憲法の遵守をするよう明記されていない。なお，法律はすべて日本国憲法に基づいて制定されることから，遵守が明記されていなくても，憲法の枠組みからはずれることは一切認められない。

2 × 排泄の介助を含め，サービス提供にあたっては，他の職員との情報共有が必要である。

3 ○ 「介護福祉士は，暮らしを支える視点から利用者の真のニーズを受け止め，それを代弁していくことも重要な役割である」として，利用者ニーズの代弁者の役割を定めている。

4 × 利用者の個人情報を第三者に提供する場合，家族よりも前に，まずは利用者の了解を得ることが原則である。それが難しい場合には，家族の了解を得るようにする。

5 × 観察や緊急時の対応などの病気に関する情報は，介護職や他の専門職とも共有すべき重要な情報である。

問題71

1 ○ 高齢者虐待防止法第2条第1項で65歳以上と定義している。

2 × 児童虐待の種類は，身体的虐待，心理的虐待，性的虐待，養育の拒否や放置の4種類である。高齢者虐待と違い，経済的虐待は含まない（児童虐待防止法第2条）。

3 × 薬には副作用もあり，本当に必要とする場合は使うとしても，まずは拘束や薬を使わない介護方法を考えるべきである。

4 × 緊急でやむを得ない場合に行われることがある。ただしその場合は，切迫性・非代替性・一時性の3条件がすべて満たされていなければならない。例えば，本人のけがを防ぐために他に方法がない場合などに，一定の手順を踏んで行われることがある。

5 × 虐待の種類では，身体的虐待が最も多く（57.6％），心理的虐待は33.0％である（複数回答あり）。

問題72

1 × リスクマネジメントとは一般的には危機管理と訳されている。事故防止とともに，事故が起きた場合の損害を最小限に食い止めることも目的としている。単に事故防止だけを目的としているわけではない。

2 ○ 介護保険制度では，事故に関する規定に事故発生防止のための指針の整備や事故防止委員会の設置や職員に対しての研修をすることが定められている。事故発生時には事故の状況や事故に際しての処置に対しての記録が義務づけられている。

3 × 利用者の心身の状態や生活状況，日頃の状態の変化を把握することにより，不適切な介護や画一的な介護による事故を予防することができるが，事故が起こらないとは言い切れない。

4 × 家庭における不慮の事故による死亡原因は，「不慮の溺死及び溺水」（42.0％），「その他の不慮の窒息」（22.5％），「転倒・転落・墜落」（17.5％）の順になっている。

5 × 安全のシステム作りは，リスクマネジメント，事故の発生を未然に防ぎ安全の徹底に努めるセーフティマネジメント，質を向上するシステムとしてクオリティマネジメントの3つで構成される。

問題73

1 ○ 労働者は，年5日（対象者が2人以上の場合は年10日）の介護のための休暇を申請により取得できる。

2 × 介護従事者の労働災害の補償については，労働者災害補償保険法に規定されている。労働災害の補償としては「療養」「休業」「傷病」「障害」「遺族」「介護」の各補償給付がある。

3 × 常時50人以上の労働者を使用する事業場に衛生管理者の配置が義務づけられている。

4 × 社会福祉事業従事者の福利厚生の増進を目的として設置されているのは，福利厚生センターであり，社会福祉法第102条で規定されている。

5 × 介護保険法ではなく，労働基準法に規定されている。

問題74　正答　4

1 ✕ 開かれた質問は，質問された人が自由に答えることのできる質問のことである。「朝食は食べましたか」という質問は「はい」か「いいえ」で答えられるので，閉じられた質問である。事実を確認する時には有効な質問だが，閉じられた質問ばかりが続くと，相手は問い詰められているように感じることもある。

2 ✕ 「今の気持ちを教えてください」という質問は，「はい」「いいえ」などで答えることができないので開かれた質問である。

3 ✕ 「はい」か「いいえ」で答えられるので，閉じられた質問になる。

4 ○ 今の生活について話し手の考えを自由に述べることのできる質問であり，聞かれた人は「はい」「いいえ」で答えられないので，開かれた質問になる。

5 ✕ 「はい」「いいえ」で答えることができず，また事実確認の質問でもないので，開かれた質問になる。

問題75　正答　4

1 ✕ 認知症の人は，複数の情報を同時に処理することが苦手である。時間がない場合でも簡潔にわかりやすく伝えていく。

2 ✕ 指導ではなく相手に寄り添い，不安を軽減していく対応が必要である。

3 ✕ 命令や指示は，本人のプライドを傷つけてしまう。受容的な姿勢で接していく。

4 ○ 言語的コミュニケーションに加えて，笑顔や身振り手振りといった非言語的コミュニケーションも大切である。

5 ✕ 事実と異なる話をしていても，受容的態度で傾聴することが大切である。

問題76　正答　1

1 ○ 遂行機能障害とは，計画を立てて物事を行うことができない，物事を順番通り行うことができないなどの障害のことである。

2 ✕ 失行とは，脳の障害によって目的に沿った行動ができなくなる障害のことである。

3 ✕ 高次脳機能障害の特徴は，外見からはわかりにくいため誤解を受けやすく，周囲とトラブルを引き起こしてしまうこともあるので配慮が必要になる。

4 ✕ 失語とは，脳の障害によって言語活動ができなくなる障害のことである。

5 ✕ 失認とは，脳の障害によって対象を認識できなくなる障害のことである。

問題77　正答　1

1 ○ うつ病の人にとって，励ましは負担になってしまうことがある。「やる気が出ない」という気持ちを受容するように接していくことが大切である。

2 ✕ 見守りは必要である。特に自殺企図などには気をつけて，本人の些細な変化も見逃さないようにする。

3 ✕ 妄想を否定すると，本人との信頼関係を損なう危険性がある。妄想を話している時は，否定も肯定もせずにかかわるようにしていく。

4 ✕ 妄想を肯定すると，かえって妄想が大きくなってしまうことがあるので，注意しなければならない。

5 ✕ 妄想を否定するような対応は，本人との関係を悪化させてしまうこともある。

問題78　　　　　　　　　　　　　　　　　　　　　　　　　　　　　　　　**正答　4**

1 ✕　司会は常に施設長である必要はない。会議の内容などによって，ふさわしい人物を選出することが望ましい。

2 ✕　ケアカンファレンスに参加するすべての職員が，議題についてあらかじめ把握しておくことが望ましい。

3 ✕　経験の長さではなく，利用者支援にとって本当に必要なことを議論していくことが必要である。

4 〇　それぞれの専門職の意見が尊重され，お互いが対等に議論し，利用者支援に必要なことを考えていく。

5 ✕　多数の意見だけでなく，少数意見も大切にしていくことが必要である。

問題79　　　　　　　　　　　　　　　　　　　　　　　　　　　　　　　　**正答　2**

1 ✕　薬の服用は，介護職の判断で行ってはならない。

2 〇　血圧を測定し，異常があればすぐに医療スタッフに報告する。

3 ✕　服薬の判断は医療スタッフが行う。介護職は，利用者の状態を観察し，観察に基づいた情報を医療スタッフに申し送ることが求められている。

4 ✕　転倒後しばらくして異常が見つかることもあるので，様子観察は継続し，少しでも異常が見られれば医療スタッフに報告する。

5 ✕　病気の判断は医療スタッフが行うので，介護職は勝手な判断を行わず，客観的な情報を医療スタッフに伝えていく。

生活支援技術

問題80　　　　　　　　　　　　　　　　　　　　　　　　　　　　　　　　**正答　3**

1 ✕　転倒しやすくても移動の自由は認めることを前提に，立ち上がりや歩行の介助，手すりや歩行器の利用，床の材質の工夫などを検討すべきである。

2 ✕　生活経営とは，「こんな生活をしてみたい」と意識しながら生活することであり，年金の使い方を指しているのではない。

3 〇　それまでの生活環境や習慣を知ることで，その人らしい生活の実現のための介護が可能になる。

4 ✕　生活の中で役割を持つことは，その人らしい生活を実現させたり活動性が増したりする。高齢になっても役割を持つことは重要である。

5 ✕　完全な責任能力がないからといって，自己決定ができないわけではない。

問題81　　　　　　　　　　　　　　　　　　　　　　　　　　　　　　　　**正答　4**

1 ✕　生活支援の基本視点として大切なのは家族の意向より利用者の意志を尊重することである。

2 ✕　それまでの生活習慣をできるだけ尊重する必要がある。

3 ✕　介護における生活支援では，利用者ができることに焦点を当てる。

4 〇　人間の日常生活は，「基礎生活」「社会生活」「余暇生活」の3つの領域がある。これらはお互いに作用しており，それぞれのバランスは個人で異なっている。

5 ✕　一人ひとりの状態や希望にあわせて行うことが原則である。

問題82　　　　　　　　　　　　　　　　　　　　　　　　　　　　　　　　**正答　1**

1 〇　生活空間のニーズは様々な要因で変化する。

2 ✕　寝室は静かな環境が好ましいが，コミュニケーションや緊急時を考えると介護者に近い空間が望ましい。

3 ✕　夜間，排泄のために起きると布団内との温度差からヒートショックが発生することが多い。

4 ✕　人の寒さや暑さの感じ方は，気温が一定であっても気流や輻射熱によっても変化する。

5 ✕　換気は結露やカビの発生を予防する。

問題83

1 ✕ 手すりの取り付けは，取り外しできるものは除かれる。

2 ✕ 段差解消は，昇降機やリフト等の動力による段差解消機を含まない。

3 ✕ 引き戸への扉の取り換えは，取り換えに伴う壁や柱の改修工事も含む。

4 〇 水洗化されていない上下水道工事は介護保険制度の範疇ではない。

5 ✕ 居室や浴室の床材変更は，すべりの防止および移動の円滑化等のための床または通路面の材料の変更として住宅改修に含まれる。

問題84

1 ✕ 65歳以上の者の家庭内事故は，居室が圧倒的に多い。

2 ✕ 「踏面」は階段の足をのせる板の奥行である。問題文は「蹴上」の説明である。

3 〇 特に廊下が狭いといわれている。車椅子がすれ違うことが困難な幅である。

4 ✕ ハンドレールは，直径32 ～ 36mm程度とする。

5 ✕ 災害に対する備えとして，戸外への避難経路は「少なくとも２方向」は確保することが望ましい。

問題85

1 ✕ 整髪は個人の好みが強いが，本人の自己決定に基づき介護福祉職が関わることが重要である。

2 ✕ バイアス切りは爪中央部が鋭くなる切り方である。丸みを帯びた適切な切り方は「スクエアオフカット」である。

3 ✕ 整容の支援は生命維持活動に直結しないが，QOLに大きく関わる。

4 ✕ 顔の清拭は，額→鼻→頬→顎と筋肉の走行に沿って清拭する。

5 〇 口腔内には様々な細菌群が存在している。それらの細菌群が肺に達して発生するのが誤嚥性肺炎である。予防には口腔ケアが非常に有効である。

問題86

1 ✕ 熱湯で洗浄すると義歯が変形してしまう恐れがあるため，水またはぬるま湯で洗浄する。

2 ✕ 溜めた水ではなく，流水で洗浄する。

3 ✕ 歯磨き粉には研磨剤が入っているため，義歯が傷ついてしまう。義歯専用の歯磨き粉や専用の歯ブラシを使用する。

4 〇 装着する場合は大きい上顎義歯を先に入れる。外す場合は，小さい下顎を先に外すと上顎義歯が外しやすい。

5 ✕ 義歯は乾燥すると，変形やひび割れの原因になる。清潔な水や義歯洗浄剤等を入れた容器で保管する。

問題87

1 ✕ ベッド上で全介助を要する利用者の場合，利用者にかかる負担を考慮し，前あきの上衣が好ましいといえる。

2 ✕ 片麻痺の利用者の着脱介助の基本は，脱健着患である。原則に従えば，右片麻痺の利用者が上衣を着る際は，麻痺側の右側から袖を通していくことになる。

3 ✕ プライバシーに配慮することはよいことであるが，利用者のできる能力を活かす介助も必要である。着脱介助時は，カーテンを閉めたりしてプライバシーを守り，利用者のペースに合わせて，介助することが必要である。

4 〇 衣服の選択は，季節，気候，風土，習慣など，様々な側面を考慮して選択する必要がある。

5 ✕ 和式寝巻きは，右前（左上）になるように合わせる。左前（右上）は，亡くなった方への着せ方である。

問題88 正答 3

1 ✕ スライディングボードは，主にベッドから車いすなどの移乗時に使用する福祉用具である。スライディングボードを立ち上がりの際に使用することはできない。

2 ✕ スリングシートは，移動用リフトを使用する場合に，利用者の身体を包むものであり，設問にあるベッド上での上方移動に用いるものはスライディングシートである。

3 〇 短下肢装具は下垂足（足を踏み出す際につま先でつまずいてしまう）の状態を改善する効果があり，脳梗塞の後遺症である片麻痺などの利用者が多く使用している。

4 ✕ ロフストランドクラッチは，杖を握る部分（握り手）とカフと呼ばれる前腕を支える部分で体重を支えている。

5 ✕ 杖の長さは，床から大転子部までの長さが適切であり，杖をついた際に肘関節が150度程度に屈伸する長さとなる。

問題89 正答 5

1 ✕ 車いすからベッドへの移乗介助で，斜方接近法で介助する場合は，ベッドと車いすの角度は15〜20度程度にするとよい。

2 ✕ 介護者は支持基底面を広くとり，姿勢を低くした状態が好ましい。介護者が安定した姿勢で介助することで，利用者も安全に，安楽な状態で移乗することができる。

3 ✕ 安全に配慮することは重要であるが，同時に利用者のできる能力を活かした移乗介助を行い，心身機能の安定・向上を目指すことも必要である。どのような利用者にも全介助を行うことは不適切である。

4 ✕ 移動用リフトや天井走行式リフトなどは，利用者の安全な移乗動作にも，介護者の腰痛予防にも効果がある。適切に使用することで事故のリスクが減るので，積極的な活用が求められている。

5 〇 ボディメカニクスの原則からの設問である。介護者は腕の力だけに頼らず，身体全体を使用して，移乗介助を行うことが重要である。

問題90 正答 5

1 ✕ 階段の手前で立ち止まり，階段があることを伝える。

2 ✕ 利用者が白杖を使っている場合は，白杖を持っていない側の手の甲に触れて合図をする。

3 ✕ 階段を上るときは，介護者が先に上り誘導する。

4 ✕ 介護者は，利用者の斜め半歩前に立ち誘導する。

5 〇 問題文のとおりである。転んだりした時に支えられるよう1段前（下）に立つ。

問題91 正答 4

1 ✕ 仰臥位，つまり仰向けの状態であるが，いろいろな体位の中では最も支持基底面が大きく，筋の緊張が少ない体位である。支持基底面が小さい体位ではない。

2 ✕ 側臥位，つまり横向きで寝る姿勢では，下になっている側の手が身体の下に入らないように注意する必要がある。また，片麻痺のある方は麻痺側を長時間，下にして横を向いていると循環障害が起こる危険があり，体位交換に注意が必要である。

3 ✕ ベッド上で動作が可能な利用者の場合に，クッションなどを多く用いて体位を固定すると，利用者の自然な動作を妨げる危険があるため，必要以上にクッションなどを入れることは控えたほうがよい。

4 〇 起座位は，背を起こし，オーバーテーブルなどにクッションを置き，そこにうつぶせになるようにする体位である。ぜんそく発作では呼吸がしやすくなるといわれている。

5 ✕ ベッド上で足を伸ばしたまま座ることを長座位という。端座位は，ベッドサイドなどに座り，床に足をつけて座る姿勢をいう。

問題92　　　　　　　　　　　　　　　　　　　　　　　　　　　　　　正答　3

1 ✕ 座位での食事の際は，椅子に深く座り，足底を床につけ，やや前かがみになり，上肢が使いやすいように姿勢を保つことが必要である。上肢が使いやすいようにすることは正しいが，椅子に浅く座ることは好ましくない。

2 ✕ 上記に示したように，座位での食事の際は，足底がしっかりと床につくことが重要である（安定した座位保持）。

3 ◯ ベッド上での食事のみならず，座位での食事の際でも同じことであるが，食事摂取の際は顎を引いた状態で摂取することで，誤嚥の防止をすることができる。

4 ✕ ベッド上での食事摂取であっても，できる限り利用者の能力を活用した介護が必要である。

5 ✕ 車いすに乗ったまま食事を摂取しなければならない場合は，フットレストを上げ，座位同様，足底が床についた状態で摂取することが必要である。食事の際は前かがみになるため，フットレストに足を乗せたままの場合，姿勢を崩す危険があるからである。

問題93　　　　　　　　　　　　　　　　　　　　　　　　　　　　　　正答　2

1 ✕ 水分の摂取を拒んでいる理由を理解しようとせず，脱水の危険があるからといって，無理に摂取をさせることは，その後のCさんとの信頼関係や介護に悪影響が予測されるので，適切な対応ではない。

2 ◯ 水分の摂取が困難な場合，ゼリーやプリン，アイスクリームなど，水分を多く含む食べ物などを使用して，摂取を促すことは適切である。

3 ✕ 利用者が水分の摂取を拒むからといって，摂取を促すことをあきらめると，利用者に脱水などの危険が出現する。摂取を拒む理由の把握に努め，根気よく対応することが必要である。

4 ✕ 水分摂取を拒む理由の把握もせず，すぐに点滴をするのは，利用者の生活を支援する専門職である介護福祉職としては，好ましい対応とはいえない。医師などの他職種と連携を図りながらも，できる限り経口からの摂取を促す努力は必要である。無論，考慮すべき疾患がある，あるいは，症状が悪ければ，医療との連携を図ることが必要である。

5 ✕ Cさんが水分を摂取したがるのを待っている間に，脱水になる危険があるため，理由の把握を行うとともに代替品などでの対応を図り，できる限り水分の摂取を促していくことは介護福祉職として必要な対応である。

問題94　　　　　　　　　　　　　　　　　　　　　　　　　　　　　　正答　1

問題の食べ物の中で，誤嚥しやすいのは，選択肢1のカステラである。カステラは水分が少なく，パサパサしており，誤嚥しやすい。他の食べ物は，適度に水分を含み，食塊を形成しやすかったり，嚥下がしやすい食べ物である。

問題95　　　　　　　　　　　　　　　　　　　　　　　　　　　　　　正答　3

1 ✕ レバーには鉄，ビタミンA，葉酸などが含まれているが，カルシウムは多くは含まれていない。

2 ✕ りんごは水溶性植物繊維のペクチン，カリウム，ポリフェノールが豊富である。

3 ◯ カルシウムは乳製品に多く含まれ，骨や歯などをつくるはたらきがある。

4 ✕ 干ししいたけにはカルシウムの吸収を促進するビタミンDが多く含まれている。

5 ✕ にんじんの主な栄養素は，βカロチンやビタミンC，葉酸，カリウム，食物繊維であり，カルシウムは多くは含まれていない。

1 ✕ 　湯温は40℃程度が適温であり，1つの目安である。心疾患のある利用者はぬるま湯に入浴することを勧めるとよい。

2 ✕ 　身体を洗う際は，タオルに石鹸をつけ，末梢から中枢に向かって洗っていく。

3 ◯ 　脱衣所と浴室の温度差が大きいと，ヒートショックを受けて，血圧が上昇したり，下降したりすることがある。脱衣所と浴室の温度は24℃程度が適温である。

4 ✕ 　ストーマを使用している利用者でも，浴槽に入ることは可能である。腹腔内圧により湯が体内に入ることはないためである。

5 ✕ 　入浴での事故は，外気温が低い12〜2月に多い。血圧の変動に十分注意が必要である。

1 ✕ 　拭く順番は，顔→上肢→体幹→下肢→陰部・臀部が基本的な流れになる。

2 ◯ 　濡れた体をそのままにしておくと，気化熱によって体が冷えてしまうため，皮膚についた水分は素早く拭き取る。

3 ✕ 　背部を拭くときは，健側を下にして体位を保持するのが原則である。

4 ✕ 　タオルを絞ってからだを拭くまでの間にタオルの温度が下がるため，50〜60℃の熱めのお湯を準備する。

5 ✕ 　利用者が自分でできるところは利用者自身に拭いてもらう。

1 ✕ 　Aさんは右片麻痺であるので，健側の左手で麻痺側の右上肢を洗うことができる。Aさんができる部分はAさん自身にやってもらうように促す。

2 ◯ 　介護者は利用者の患側から腕と腰を支え，バランスを崩したときに支えられるように補佐する。

3 ✕ 　機械（特殊）浴槽は寝たきりの状態の人が使う入浴方法である。杖歩行が可能なAさんには適さない。

4 ✕ 　浴槽に入るときは，健側の足から浴槽に入る。

5 ✕ 　片麻痺の場合は，健側の上下肢から脱ぎ，患側の上下肢から着る，脱健着患が基本である。

1 ✕ 　おむつを使用しているからといって，定時での交換のみでよいということではなく，利用者の訴えによって随時交換したり，排尿間隔を把握しておむつを外せるような取り組みが必要である。

2 ✕ 　スタンダードプリコーション（標準予防策）の原則に従い，おむつ交換時は使い捨て手袋を使用することが必要である。

3 ◯ 　おむつを装着した場合は，腹部を圧迫しないように，おむつと腹部の間には指2本分程度の余裕を作ることが必要である。

4 ✕ 　女性のおむつ交換時の清拭は，前（尿道口）から後ろ（肛門）に向かって拭き，尿路感染症を予防することが重要である。

5 ✕ 　設問文のように，布おむつを使用すると，洗濯や組み合わせの準備が必要であるが，だからといってただちに使用しないということにはならない。布おむつの長所としてはゴミが出ない，吸汗性が優れているなどがあり，紙オムツが肌にあわない人もいる。おむつの種類の長所と短所を理解した上で，利用していくことが必要である。

問題100 　　　　　　　　　　　　　　　　　　　　　　　　　　　　　　　　正答　2

1 ✕ ここ数日排便がなく，腹部に張りを訴えているDさんに排便を促していくには，安静が必要なのではなく，運動が必要であるといえる。ベッド上で安静を促すのは不適切な対応である。

2 ○ Dさんに対し排便を促していくには，上記の運動とともに，水分の摂取も必要である。よって設問文は適切な対応である。

3 ✕ お腹が張って苦しいと訴えているが，食事の摂取を中止することは栄養バランスを考えていくと好ましい対応ではない。適切に自然排便を促しながら，食事もバランスよく摂取を継続する必要がある。

4 ✕ ここ数日，排便がないDさんであるが，立位や座位は一部介助で可能なため，おむつを装着した対応は好ましくない。適宜，トイレなどで座位を保てるように介助して，排便を促すことが必要である。

5 ✕ 腹部のマッサージを実施し，自然排便を促すことが必要である。腸の構造に沿って「の」の字にマッサージをしていくとよい。

問題101 　　　　　　　　　　　　　　　　　　　　　　　　　　　　　　　　正答　2

1 ✕ 差し込み便器で排便をする際は，腹圧をかけやすく，直腸肛門角を排泄しやすい角度にするため，ベッドをギャッジアップして対応するとよい。

2 ○ 自動吸引式集尿器は，センサーによって尿を吸収できる用具である。採尿口は男女別のレシーバーがある。なお，自動吸引式集尿器は，介護保険上，本体は福祉用具貸与，レシーバーは福祉用具購入の対象になる。

3 ✕ ポータブルトイレは立ち上がりやすいように，蹴込みのスペースがあるほうが好ましい。ポータブルトイレに蹴込みが必要ないというのは，誤りである。

4 ✕ 補高便座は，便座からの立ち上がりをしやすくするための福祉用具であり，座位を安定させるための用具ではない。

5 ✕ 尿器の採尿口には男女別の違いがあり，男性は丸く，女性は広い構造になっている。

問題102 　　　　　　　　　　　　　　　　　　　　　　　　　　　　　　　　正答　4

1 ✕ ドレッシングやアイスクリームが衣服に付着した場合は，台所用洗剤を水に溶かし，しみの「周辺から中心」に向けてたたくように拭く。

2 ✕ しょうゆやソースのしみは，水溶性のしみである。

3 ✕ 洗濯物を乾燥機に入れる際はウールなど毛の入ったものではないことを確認する必要がある（ちぢむ，型崩れが起きることがあるため）。

4 ○ 還元漂白剤は，汚れから酸素を取り色素を除去する働きがある。

5 ✕ 新表示になったのは2016（平成28）年12月からである。

問題103 　　　　　　　　　　　　　　　　　　　　　　　　　　　　　　　　正答　3

1 ✕ 浅い眠りと深い眠りは90分程度の周期といわれている。

2 ✕ 浅い眠りをレム睡眠，深い眠りをノンレム睡眠という。

3 ○ サーカディアンリズムは睡眠の質に大きく関わっている。そのためサーカディアンリズムを整えることが良い睡眠につながる。

4 ✕ 空腹でも満腹でも睡眠に影響を及ぼす。

5 ✕ 睡眠リズムが確立するのは幼児期である。

1 ✕ 食事支援の際は覚醒していることを確認して実施する。

2 〇 排泄は人間の尊厳に直結するため，不快な思いをしないように関わることが求められる。

3 ✕ 清拭や入浴は疲労が増すため，終末期は一度にすべて実施せず，利用者の状態に添って分けて実施することも検討する。

4 ✕ 四肢末梢には冷感やチアノーゼが見られることがある。

5 ✕ 血圧は徐々に低下してくる。

問題105 正答 4

1 ✕ 福祉用具の役割は日常生活の自立や介護負担の軽減を図ることとともに，自己実現や社会参加を助けること，さらに尊厳や権利を守るための役割なども含んでいる。

2 ✕ 福祉用具の研究開発及び普及の促進に関する法律では，「この法律において「福祉用具」とは，心身の機能が低下し日常生活を営むのに支障のある老人（以下単に「老人」という。）又は心身障害者の日常生活上の便宜を図るための用具及びこれらの者の機能訓練のための用具並びに補装具をいう」（第2条）としており，老人と障害者に関わる福祉用具を別々には規定せず，両者をまとめて規定している。

3 ✕ 1976（昭和51）年に老人福祉法による老人日常生活用具給付事業が始まっているが，それより以前の1950（昭和25）年に身体障害者福祉法による補装具給付制度が始まっている。

4 〇 福祉用具分類（ISO9999）では，用具，器具，機器，ソフトウェアなどを福祉用具と捉えており，ソフトウェアも含んでいる。

5 ✕ 例えば介護者が介護負担の軽減を目的としてある福祉用具の導入を考えた場合，必ずしも利用者がそれを望むとは限らない。福祉用具を活用する主体はあくまでも利用者であることから，福祉用具の活用にあたっては適切なアセスメントをしたうえで，利用者に対する丁寧な説明が欠かせない。

介護過程

問題106 正答 3

1 ✕ 客観的で科学的な根拠のある思考で展開される。

2 ✕ 数字を用いることで，具体的な情報を収集することができる。

3 〇 その人の生活歴や価値観，生活様式，生活習慣，生活リズムなどによって，利用者のその人らしさが形成されている。

4 ✕ 利用者の性別や年齢，生活歴，心理面，身体面のデータ等の客観的な根拠をもとにした思考である。

5 ✕ 個別ケアを実践するために，個別性のある介護過程の展開が求められる。

問題107 正答 1

1 〇 個別ケアを提供するためには，利用者個々の情報を把握し，個別性のある計画立案，実践をしていく必要がある。

2 ✕ 利用者家族ではなく，利用者を中心とした個別ケアを提供する。

3 ✕ 根拠に基づいた介護過程が展開されることにより，利用者に対するケアの質の向上につながる。

4 ✕ 介護過程展開によって，利用者にかかわるすべての職種が共通の目標をもち，介護職チームおよび他職種との協働・連携を図ることができる。

5 ✕ 専門知識・技術を根拠として問題解決することが目的である。

問題108

正答　5

1 × ICFのアセスメントツールを活用することにより，利用者の全体像を把握することができる。利用者の情報を具体的なレベルで得られるため，利用者の状況に合った介護方法を実践することができる。

2 × ICFは他職種との共通言語であるため，カンファレンス等の他職種との連携でも活用される。

3 × 介護の現場では，一人の利用者に対して複数の介護職，他職種がかかわっているため，記録による情報収集は必要である。

4 × 他職種の観察視点をもとに得た情報も介護過程の展開においては重要であり，栄養に関する記録も例外ではない。

5 ○ 情報の収集は，利用者との面接によって行われる場合もある。

問題109

正答　1

1 ○ 事実に基づいて集めた情報が，なぜその支援が必要なのかという「根拠」につながる。

2 × 主観的視点ではなく，誰でも同じ解釈ができるように客観的視点で記録する。

3 × 誘導して質問することによって，利用者の本音とは異なる情報となることがある。

4 × 一過性の事象から利用者全体の情報を得ることは難しいため，複数の視点から利用者の情報を得る必要がある。

5 × 利用者が発した言動を介護者の視点で整理をすると，利用者の思いが変わってしまう恐れがあるため，利用者が発した言動はそのままの情報として残す。

問題110

正答　4

1 × 介護過程は専門職だけでなく，本人・家族にも提示するため，誰が読んでもわかるような用語を使用する。

2 × 人間工学とは，人間が可能な限り自然な動きや状態で使えるように物や環境を設計し，実際のデザインに活かす学問であるため，適切ではない。

3 × 哲学とは，世界や人間についての知恵・原理を探究する学問のことであるため，適切ではない。

4 ○ 生活支援技術の知識が，日常生活面を支援する技法の根拠となる。

5 × 介護過程の展開の実践を積み重ねることによって，介護の研究の発展につながると考えられる。

問題111

正答　2

1 × 記録や事前情報を踏まえ，利用者の状態や変化を客観的に観察し，情報を収集する。

2 ○ 複雑に網の目のように絡み合っている情報の関係性を明らかにすることで，利用者にとって必要な支援が明らかになる。

3 × 単一方向ではなく，多方向からの情報とアセスメントによって成立する。

4 × 洞察力が必要であり，その他に，観察力，推測力，判断力等も必要である。

5 × 一つの課題に対していくつかの目標がある場合は，目標の優先順位を付けて取り組む。

問題112

正答　4

1 × HIVは感染者の血液・精液・腟分泌液から，その性行為の相手の性器や肛門，口などの粘膜や傷口を通って感染する。

2 × HIVはインフルエンザなどのウイルスとは違い，空気感染や唾液などの飛沫感染はしない。

3 × 手洗いの後，60%以上のアルコールで手指を消毒すると，ほとんどの病原体を取り除くことができる。

4 ○ スタンダードプリコーション（標準予防策）を行うことで，HIVを予防することができる。

5 × HIV は感染力の非常に弱いウイルスで，熱や消毒にも弱いため，家庭や学校，職場での日常生活では感染しない。

1 ✕　HIVは肌と肌の接触では他者に感染しない。利用者の要望に全て応えるのではなく，専門知識を踏まえて判断する必要がある。

2 ✕　選択肢1で解説した理由から，手袋の着用はHIVの感染予防としては適切ではない。手袋の費用負担を考慮して，手袋の素材を変える提案をすることは適切な対応とはいえない。

3 ○　他者に触れることで感染が広がると誤解していることが考えられる。Sさんの気持ちを尊重しつつ，HIVへの理解の確認や施設での予防策について話をすることが望ましい。

4 ✕　日和見感染とは，健康時には感染しないが，免疫力が低下したときに感染する感染症である。安静に過ごす時間が増えると体力が低下し，免疫力も低下する恐れがある。

5 ✕　体調を崩しており免疫力が低下しているときには，日和見感染予防のため着用することが望ましいが，体調が回復した現在は，必要ではない。

総合問題

総合問題 1

1 ✕　交換する目安は，面板（皮膚保護剤）の溶解が8mm以上となったときである。

2 ✕　面板を一気に剥がすことは，皮膚へのダメージが大きく不適切である。

3 ✕　ストーマと，その周辺の状況が安定しており，専門的管理の必要がない状態である。この場合は介護福祉職がパウチの交換を行うことができる。

4 ✕　このような助言を介護福祉職が行うことは適切である。

5 ○　外出をスムーズに行うために相談に乗ることは適切である。

1 ✕　普段と異なる，便が緩かったという事実は，報告や記録に残しておくべきである。

2 ○　リスクマネジメントとして，起こり得る事象の確認を行い，その結果を報告・記録に残すことは適切である。

3 ✕　少量であっても，肛門周辺から出血は身体的な異常であり，Hさん本人の「いつものこと」という発言を含めて，報告・記録を行う必要がある。

4 ✕　「いつもの時間帯に排便がなかった」ことを，報告・記録に残す必要がある。

5 ✕　感染予防などの観点から，全介助であっても，パウチ袋の交換に伴って衣服や手指の汚染について確認を行う。

1 ○　便秘の場合，医師の指示に基づき，市販の浣腸器を用いて便秘への対応を行うことは適切である。

2 ✕　高脂肪食の摂取は，下痢の解消にはつながらない。

3 ✕　薬の処方については，介護職が判断を行うのではなく，医師の指示をあおぐ。

4 ✕　下痢が続いていると，脱水が起こる可能性があり，水分を控えるよう助言するのは不適切である。

5 ✕　人工肛門の内部から外へ向かって圧力がかかっており，水が入ってくることはないため，装具を外しての入浴は可能である。

総合問題 2

問題117　　　　　　正答　5

1　✕　HIV感染症は，身体障害者福祉法で内部障害の一つに位置づけられている。

2　✕　近年の医療の進歩によってHIV感染症の予後は大幅に改善しており，「死ぬ病ではない」と考えられるようサポートする。

3　✕　自宅療養が行える状態であり，現時点では，福祉施設への入所を勧めるよりも，Iさんが前向きになれるようサポートをすることの方が適切である。

4　✕　肢体不自由機能障害ではなく，内部障害として身体障害者手帳の交付が受けられる。

5　〇　生活が不活発になっているIさんに対し，利用できる制度を紹介し，自ら申請を行うよう勧めることは適切である。

問題118　　　　　　正答　3

1　✕　HIVの感染経路で一番多いのは，性的接触である。

2　✕　水洗いをした後，0.5％の次亜塩素酸ナトリウムに30分以上浸し，その後，通常の洗濯を行う。なお，吐物・排泄物等の付着がなければ，通常の洗濯で問題はない。

3　〇　セルフマネジメントとは，「治療と生活の両立を目指して自分で様々な取り組みを行うこと」である。設問文の内容は適切である。

4　✕　HIV感染症は，現時点では，完治はしないがコントロール可能な慢性疾患であり，長期にわたる自己管理の支援が大切である。

5　✕　医療スタッフとの連携は必要である。

問題119　　　　　　正答　1

1　〇　廃用症候群の状態であることから，吸器機能の低下が考えられるため，呼吸法の練習を行うことは適切である。

2　✕　発赤部分にマッサージによる刺激を与えると，皮膚症状が悪化する可能性がある。

3　✕　事例の文章からは，Iさんの摂食機能の低下に関する情報が読み取れず，ペースト食を検討する必要はない。

4　✕　深い傷がない限り，感染する可能性はない。

5　✕　くしゃみによって感染する可能性はない。

総合問題 3

問題120　　　　　　正答　3

1　✕　傾聴の姿勢で徘徊する理由を聞くことは，Jさんの安心につながり，また，今後の介護に有用な情報が得られる可能性がある。

2　✕　Jさんの希望に沿った介護を実現するため，現実的な対応として，一度は職員配置等の検討を行うことも大切なことである。最初から検討しないことは不適切である。

3　〇　移動がないように居室で足浴を行うのは適切である。

4　✕　理学療法士に相談し，Jさんの状況にあったリハビリテーションプログラムを行うことは，膝の痛みの軽減につながる可能性がある。

5　✕　腫脹の有無にかかわらず，足の痛みについて医師に相談する必要がある。

問題121

1 ✕ Jさんは脳血管性認知症であり，血圧の管理には特に注意を払う必要がある。熱めの湯は血圧を上げるため不適切である。

2 ○ Jさんはトイレや居室の場所を間違えることがあるので，目印をつけることは有効である。

3 ✕ 徘徊は認知症のBPSD（周辺症状）であり，精神的安定によって減少する可能性がある。

4 ✕ 足に負担がかかっていなくても，車いすを使用して散歩や外気浴を行う。

5 ✕ 他の専門職の意見を参考にして，よりよい介護を実行していくことが大切である。

問題122

1 ✕ 若い時に興味をもっていたことを，普段の会話の中で話題にしたり，レクリエーションに取り入れたりするなどして，役立てることができる。

2 ✕ ベッドに臥床していることが多い時にレクリエーションへの参加を促すことで，Jさんの活動量を上げることができ，生活リズムを整えることにもつながる。

3 ✕ 他の利用者と共通の話題をつくることができれば，良好な関係を築きやすくなるため，むしろ，トラブルを減少させることができる。

4 ✕ 車いすを活用すれば，膝の痛みを増すことにはならない。

5 ○ 幼少時代の話や家族の話をする回想法によって，精神的な安定をはかることができる。

総合問題 4

問題123

1 ✕ 寝ている状態が多くなる前から自宅に住んでおり，寝室が２階にあることがきっかけとはいえない。

2 ✕ 大腿骨頸部骨折の後にもリハビリテーションを行っており，骨折が直接のきっかけになったとはいえない。

3 ○ 何かにつかまらないと立てない状況が，Kさんが寝ている状態が多くなったきっかけと考えられる。自宅の改修等により，立ち上がりがしやすい環境を整えることで改善する可能性もある。

4 ✕ リハビリテーションを行っていたとあるように，文章からはリハビリテーションが寝ている状況を多くしたきっかけになるとは考えにくい。

5 ✕ 大腿骨頸部骨折の後にもリハビリテーションを行っており，買い物が直接のきっかけになったとはいえない。

問題124

1 ✕ エレベーターの設置は，介護保険の適用外である。

2 ✕ 歩行には杖を使用してるため，車いすの昇降機の設置は適切ではない。

3 ○ トイレは和式でつかまるところがないという状況であるので，洋式に変えることで立ち上がりがしやすくなるため適切である。

4 ✕ すでに杖を使って歩行をしており，適切ではない。

5 ✕ Kさんの現在の状態を考えると，リフト付き浴槽を設置するよりも，段差などの入浴に至るまでの動線を見直すことの方が適切と考えられる。

問題125

1 ✕ この段階で施設への入所の必要はない。

2 ✕ 栄養指導に意義はあるが，生活リズムと直接つながるものではない。

3 ✕ 1か月前頃からKさんの外出頻度や様子が変わっており，現在の状態に合わせて生活習慣の検討を行うことには意味がある。

4 ○ 一人で何もせずに寝ていることが多くなったKさんに対して，訪問介護や通所介護のサービス利用の検討を行うことは，交流の機会が増えることにもつながり適切である。

5 ✕ 一人で何もせずに寝ていることが多くなったKさんに対して，交流の機会を増やす方法を検討することは適切である。本人の意向を確認できれば，協力を仰ぐことに問題はない。

本試験問題

介護福祉士国家試験

第36回（令和5年度）

Check ☑	1回目	月	日	／125問
Check ☑	2回目	月	日	／125問
Check ☑	3回目	月	日	／125問

領 域 ： 人 間 と 社 会

人間の尊厳と自立

問題1 Ａさん（76歳，女性，要支援１）は，一人暮らしである。週１回介護予防通所リハビリテーションを利用しながら，近所の友人たちとの麻雀を楽しみに生活している。最近，膝に痛みを感じ，変形性膝関節症（knee osteoarthritis）と診断された。同時期に友人が入院し，楽しみにしていた麻雀ができなくなった。Ａさんは徐々に今後の生活に不安を感じるようになった。ある日，「自宅で暮らし続けたいけど，心配なの…」と介護福祉職に話した。

Ａさんに対する介護福祉職の対応として，最も適切なものを１つ選びなさい。

1 要介護認定の申請を勧める。

2 友人のお見舞いを勧める。

3 膝の精密検査を勧める。

4 別の趣味活動の希望を聞く。

5 生活に対する思いを聞く。

問題2 次の記述のうち，介護を必要とする人の自立についての考え方として，最も適切なものを１つ選びなさい。

1 自立は，他者の支援を受けないことである。

2 精神的自立は，生活の目標をもち，自らが主体となって物事を進めていくことである。

3 社会的自立は，社会的な役割から離れて自由になることである。

4 身体的自立は，介護者の身体的負担を軽減することである。

5 経済的自立は，経済活動や社会活動に参加せずに，生活を営むことである。

人間関係とコミュニケーション

問題3 U介護老人福祉施設では，利用者の介護計画を担当の介護福祉職が作成している。このため，利用者の個別の介護目標を，介護福祉職のチーム全員で共有することが課題になっている。

この課題を解決するための取り組みとして，最も適切なものを1つ選びなさい。

1 管理職がチーム全体に注意喚起して，集団規範を形成する。

2 現場経験の長い介護福祉職の意見を優先して，同調行動を促す。

3 チームメンバーの懇談会を実施して，内集団バイアスを強化する。

4 チームメンバー間の集団圧力を利用して，多数派の意見に統一する。

5 担当以外のチームメンバーもカンファレンス（conference）に参加して，集団凝集性を高める。

問題4 Bさん（90歳，女性，要介護3）は，介護老人福祉施設に入所している。入浴日に，担当の介護福祉職が居室を訪問し，「Bさん，今日はお風呂の日です。時間は午後3時からです」と伝えた。しかし，Bさんは言っていることがわからなかったようで，「はい，何ですか」と困った様子で言った。

このときの，介護福祉職の準言語を活用した対応として，最も適切なものを1つ選びなさい。

1 強い口調で伝えた。

2 抑揚をつけずに伝えた。

3 大きな声でゆっくり伝えた。

4 急かすように伝えた。

5 早口で伝えた。

問題5 V介護老人福祉施設では，感染症が流行したために，緊急的な介護体制で事業を継続することになった。さらに労務管理を担当する職員からは，介護福祉職の精神的健康を守ることを目的とした組織的なマネジメントに取り組む必要性について提案があった。

次の記述のうち，このマネジメントに該当するものとして，最も適切なものを1つ選びなさい。

1 感染防止対策を強化する。

2 多職種チームでの連携を強化する。

3 利用者のストレスをコントロールする。

4 介護福祉職の燃え尽き症候群（バーンアウト（burnout））を防止する。

5 利用者家族の面会方法を見直す。

問題6 次のうち，介護老人福祉施設における全体の指揮命令系統を把握するために必要なものとして，最も適切なものを1つ選びなさい。

1 組織図

2 勤務表

3 経営理念

4 施設の歴史

5 資格保有者数

問題7 次のうち，セルフヘルプグループ（self-help group）の活動に該当するものとして，最も適切なものを1つ選びなさい。

1 断酒会

2 施設の社会貢献活動

3 子ども食堂の運営

4 傾聴ボランティア

5 地域の町内会

問題8 特定非営利活動法人（NPO法人）に関する次の記述のうち，最も適切なものを1つ選びなさい。

1 社会福祉法に基づいて設置される。

2 市町村が認証する。

3 保健，医療又は福祉の増進を図る活動が最も多い。

4 収益活動は禁じられている。

5 宗教活動を主たる目的とする団体もある。

問題9 地域福祉において，19世紀後半に始まった，貧困地域に住み込んで実態調査を行いながら住民への教育や生活上の援助を行ったものとして，最も適切なものを1つ選びなさい。

1 世界保健機関（WHO）

2 福祉事務所

3 地域包括支援センター

4 生活協同組合

5 セツルメント

問題10 社会福祉基礎構造改革に関する次の記述のうち，適切なものを1つ選びなさい。

1 社会福祉法が社会福祉事業法に改正された。

2 利用契約制度から措置制度に変更された。

3 サービス提供事業者は，社会福祉法人に限定された。

4 障害福祉分野での制度改正は見送られた。

5 判断能力が不十分な者に対する地域福祉権利擁護事業が創設された。

問題11 Cさん（77歳，男性）は，60歳で公務員を定年退職し，年金生活をしている。持病や障害はなく，退職後も趣味のゴルフを楽しみながら健康に過ごしている。ある日，Cさんはゴルフ中にけがをして医療機関を受診した。

このとき，Cさんに適用される公的医療制度として，正しいものを1つ選びなさい。

1　国民健康保険

2　後期高齢者医療制度

3　共済組合保険

4　育成医療

5　更生医療

問題12 次のうち，介護保険法に基づき，都道府県・指定都市・中核市が指定（許可），監督を行うサービスとして，正しいものを1つ選びなさい。

1　地域密着型介護サービス

2　居宅介護支援

3　施設サービス

4　夜間対応型訪問介護

5　介護予防支援

問題13 「障害者差別解消法」に関する次の記述のうち，適切なものを1つ選びなさい。

1　法の対象者は，身体障害者手帳を交付された者に限定されている。

2　合理的配慮は，実施するときの負担の大小に関係なく提供する。

3　個人による差別行為への罰則規定がある。

4　雇用分野での，障害を理由とした使用者による虐待の禁止が目的である。

5　障害者基本法の基本的な理念を具体的に実施するために制定された。

(注)「障害者差別解消法」とは，「障害を理由とする差別の解消の推進に関する法律」のことである。

問題14 「障害者総合支援法」に規定された移動に関する支援の説明として，最も適切なものを1つ選びなさい。

1　移動支援については，介護給付費が支給される。

2　行動援護は，周囲の状況把握ができない視覚障害者が利用する。

3　同行援護は，危険を回避できない知的障害者が利用する。

4　重度訪問介護は，重度障害者の外出支援も行う。

5　共同生活援助（グループホーム）は，地域で生活する障害者の外出支援を行う。

(注)「障害者総合支援法」とは，「障害者の日常生活及び社会生活を総合的に支援するための法律」のことである。

問題15 Dさん（80歳，男性，要介護2）は，認知症（dementia）がある。訪問介護（ホームヘルプサービス）を利用しながら一人暮らしをしている。

　ある日，訪問介護員（ホームヘルパー）がDさんの自宅を訪問すると，近所に住むDさんの長女から，「父が，高額な投資信託の電話勧誘を受けて，契約しようかどうか悩んでいるようで心配だ」と相談された。

　訪問介護員（ホームヘルパー）が長女に助言する相談先として，最も適切なものを1つ選びなさい。

1 公正取引委員会

2 都道府県障害者権利擁護センター

3 運営適正化委員会

4 消費生活センター

5 市町村保健センター

問題16 災害時の福祉避難所に関する次の記述のうち，適切なものを1つ選びなさい。

1 介護老人福祉施設の入所者は，原則として福祉避難所の対象外である。

2 介護保険法に基づいて指定される避難所である。

3 医療的ケアを必要とする者は対象にならない。

4 訪問介護員（ホームヘルパー）が，災害対策基本法に基づいて派遣される。

5 同行援護のヘルパーが，災害救助法に基づいて派遣される。

問題17 「感染症法」に基づいて，結核（tuberculosis）を発症した在宅の高齢者に，医療費の公費負担の申請業務や家庭訪問指導などを行う機関として，適切なものを1つ選びなさい。

1 基幹相談支援センター

2 地域活動支援センター

3 保健所

4 老人福祉センター

5 医療保護施設

(注) 「感染症法」とは，「感染症の予防及び感染症の患者に対する医療に関する法律」のことである。

問題18 Eさん（55歳，女性，障害の有無は不明）は，ひきこもりの状態にあり，就労していない。父親の年金で父親とアパートで暮らしていたが，父線が亡くなり，一人暮らしになった。遠方に住む弟は，姉が家賃を滞納していて，生活に困っているようだと，家主から連絡を受けた。

　心配した弟が相談する機関として，最も適切なものを1つ選びなさい。

1 地域包括支援センター

2 福祉事務所

3 精神保健福祉センター

4 公共職業安定所（ハローワーク）

5 年金事務所

領域：こころとからだのしくみ

こころとからだのしくみ

問題19 次のうち，マズロー（Maslow, A.H.）の欲求階層説で成長欲求に該当するものとして，正しいものを1つ選びなさい。

1 承認欲求

2 安全欲求

3 自己実現欲求

4 生理的欲求

5 所属・愛情欲求

問題20 次のうち，交感神経の作用に該当するものとして，正しいものを1つ選びなさい。

1 血管収縮

2 心拍数減少

3 気道収縮

4 消化促進

5 瞳孔収縮

問題21 Fさん（82歳，女性）は，健康診断で骨粗鬆症（osteoporosis）と診断され，内服治療が開始された。杖歩行で時々ふらつくが，ゆっくりと自立歩行することができる。昼間は自室にこもり，ベッドで横になっていることが多い。リハビリテーションとして週3日歩行訓練を行い，食事は普通食を毎食8割以上摂取している。

　Fさんの骨粗鬆症（osteoporosis）の進行を予防するための支援として，最も適切なものを1つ選びなさい。

1 リハビリテーションを週1日に変更する。

2 繊維質の多い食事を勧める。

3 日光浴を日課に取り入れる。

4 車いすでの移動に変更する。

5 ビタミンA（vitamin A）の摂取を勧める。

問題22 中耳にある耳小骨として，正しいものを1つ選びなさい。

1 ツチ骨

2 蝶形骨

3 前頭骨

4 頬骨

5 上顎骨

問題23 成人の爪に関する次の記述のうち，正しいものを1つ選びなさい。

1 主成分はタンパク質である。

2 1日に1mm程度伸びる。

3 爪の外表面には爪床がある。

4 正常な爪は全体が白色である。

5 爪半月は角質化が進んでいる。

問題24 食物が入り誤嚥が生じる部位として，適切なものを1つ選びなさい。

1 扁桃

2 食道

3 耳管

4 気管

5 咽頭

問題25 Gさん（79歳，男性）は，介護老人保健施設に入所している。Gさんは普段から食べ物をかきこむように食べる様子がみられ，最近はむせることが多くなった。義歯は使用していない。食事は普通食を摂取している。ある日の昼食時，唐揚げを口の中に入れたあと，喉をつかむようなしぐさをし，苦しそうな表情になった。

　Gさんに起きていることとして，最も適切なものを1つ選びなさい。

1 心筋梗塞（myocardial infarction）

2 蕁麻疹（urticaria）

3 誤嚥性肺炎（aspiration pneumonia）

4 食中毒（foodborne disease）

5 窒息（choking）

問題26 Hさん（60歳，男性）は，身長170cm，体重120kgである。Hさんは浴槽で入浴しているときに毎回，「お風呂につかると，からだが軽く感じて楽になります」と話す。胸が苦しいなど，ほかの訴えはない。

　Hさんが話している内容に関連する入浴の作用として，最も適切なものを1つ選びなさい。

1 静水圧作用

2 温熱作用

3 清潔作用

4 浮力作用

5 代謝作用

問題27 男性に比べて女性に尿路感染症（urinary tract infection）が起こりやすい要因として，最も適切なものを1つ選びなさい。

1 子宮の圧迫がある。

2 尿道が短く直線的である。

3 腹部の筋力が弱い。

4 女性ホルモンの作用がある。

5 尿道括約筋が弛緩している。

問題28 次のうち，眠りが浅くなる原因として，最も適切なものを1つ選びなさい。

1 抗不安薬

2 就寝前の飲酒

3 抗アレルギー薬

4 抗うつ薬

5 足浴

問題29 概日リズム睡眠障害（circadian rhythm sleep disorder）に関する次の記述のうち，最も適切なものを1つ選びなさい。

1 早朝に目が覚める。

2 睡眠中に下肢が勝手にピクピクと動いてしまう。

3 睡眠中に呼吸が止まる。

4 睡眠中に突然大声を出したり身体を動かしたりする。

5 夕方に強い眠気を感じて就寝し，深夜に覚醒してしまう。

問題30 鎮痛薬としてモルヒネを使用している利用者に，医療職と連携した介護を実践するときに留意すべき観察点として，最も適切なものを1つ選びなさい。

1 不眠

2 下痢

3 脈拍

4 呼吸

5 体温

問題31 スキャモン（Scammon, R.E.）の発達曲線に関する次の記述のうち，適切なものを１つ選びなさい。

1 神経系の組織は，4歳ごろから急速に発達する。

2 筋骨格系の組織は，4歳ごろから急速に発達する。

3 生殖器系の組織は，12歳ごろから急速に発達する。

4 循環器系の組織は，20歳ごろから急速に発達する。

5 リンパ系の組織は，20歳ごろから急速に発達する。

問題32 幼稚園児のJさん（6歳，男性）には，広汎性発達障害（pervasive developmental disorder）がある。砂場で砂だんごを作り，きれいに並べることが好きで，毎日，一人で砂だんごを作り続けている。

ある日，園児が帰宅した後に，担任が台風に備えて砂場に青いシートをかけておいた。翌朝，登園したJさんが，いつものように砂場に行くと，青いシートがかかっていた。Jさんはパニックになり，その場で泣き続け，なかなか落ち着くことができなかった。

担任は，Jさんにどのように対応すればよかったのか，最も適切なものを１つ選びなさい。

1 前日に，「あしたは，台風が来るよ」と伝える。

2 前日に，「あしたは，台風が来るので砂場は使えないよ」と伝える。

3 前日に，「あしたは，おだんご屋さんは閉店です」と伝える。

4 その場で，「今日は，砂場は使えないよ」と伝える。

5 その場で，「今日は，おだんご屋さんは閉店です」と伝える。

問題33 生理的老化に関する次の記述のうち，最も適切なものを１つ選びなさい。

1 環境によって起こる現象である。

2 訓練によって回復できる現象である。

3 個体の生命活動に有利にはたらく現象である。

4 人間固有の現象である。

5 遺伝的にプログラムされた現象である。

問題34 エイジズム（ageism）に関する次の記述のうち，最も適切なものを１つ選びなさい。

1 高齢を理由にして，偏見をもったり差別したりすることである。

2 高齢になっても生産的な活動を行うことである。

3 高齢になることを嫌悪する心理のことである。

4 加齢に抵抗して，健康的に生きようとすることである。

5 加齢を受容して，活動的に生きようとすることである。

問題35 Kさん（80歳，男性）は，40歳ごろから職場の健康診査で高血圧と高コレステロール血症（hypercholesterolemia）を指摘されていた。最近，階段を上るときに胸の痛みを感じていたが，しばらく休むと軽快していた。喉の違和感や嚥下痛はない。今朝，朝食後から冷や汗を伴う激しい胸痛が起こり，30分しても軽快しないので，救急車を呼んだ。

　Kさんに考えられる状況として，最も適切なものを1つ選びなさい。

1 喘息（bronchial asthma）

2 肺炎（pneumonia）

3 脳梗塞（cerebral infarction）

4 心筋梗塞（myocardial infarction）

5 逆流性食道炎（reflux esophagitis）

問題36 次のうち，健康寿命の説明として，適切なものを1つ選びなさい。

1 0歳児の平均余命

2 65歳時の平均余命

3 65歳時の平均余命から介護期間を差し引いたもの

4 介護状態に至らずに死亡する人の平均寿命

5 健康上の問題で日常生活が制限されることなく生活できる期間

問題37 次のうち，前立腺肥大症（prostatic hypertrophy）に関する記述として，最も適切なものを1つ選びなさい。

1 抗利尿ホルモンが関与している。

2 症状が進むと無尿になる。

3 初期には頻尿が出現する。

4 進行すると透析の対象になる。

5 骨盤底筋訓練で回復が期待できる。

問題38 次のうち，高齢期に多い筋骨格系の疾患に関する記述として，適切なものを1つ選びなさい。

1 骨粗鬆症（osteoporosis）は男性に多い。

2 変形性膝関節症（knee osteoarthritis）ではX脚に変形する。

3 関節リウマチ（rheumatoid arthritis）は軟骨の老化によって起こる。

4 腰部脊柱管狭窄症（lumbar spinal canal stenosis）では下肢のしびれがみられる。

5 サルコペニア（sarcopenia）は骨量の低下が特徴である。

問題39 高齢者の自動車運転免許に関する次の記述のうち，正しいものを1つ選びなさい。

1 75歳から免許更新時の認知機能検査が義務づけられている。

2 80歳から免許更新時の運転技能検査が義務づけられている。

3 軽度認知障害（mild cognitive impairment）と診断された人は運転免許取消しになる。

4 認知症（dementia）の人はサポートカー限定免許であれば運転が可能である。

5 認知症（dementia）による運転免許取消しの後，運転経歴証明書が交付される。

(注)「サポートカー限定免許」とは，道路交通法第91条の2の規定に基づく条件が付された免許のことである。

問題40 認知症（dementia）の行動・心理症状（BPSD）であるアパシー（apathy）に関する次の記述のうち，適切なものを1つ選びなさい。

1 感情の起伏がみられない。

2 将来に希望がもてない。

3 気持ちが落ち込む。

4 理想どおりにいかず悩む。

5 自分を責める。

問題41 認知症（dementia）の人にみられる，せん妄に関する次の記述のうち，最も適切なものを1つ選びなさい。

1 ゆっくりと発症する。

2 意識は清明である。

3 注意機能は保たれる。

4 体調の変化が誘因になる。

5 日中に多くみられる。

問題42 レビー小体型認知症（dementia with Lewy bodies）にみられる歩行障害として，最も適切なものを1つ選びなさい。

1 しばらく歩くと足に痛みを感じて，休みながら歩く。

2 最初の一歩が踏み出しにくく，小刻みに歩く。

3 動きがぎこちなく，酔っぱらったように歩く。

4 下肢は伸展し，つま先を引きずるように歩く。

5 歩くごとに骨盤が傾き，腰を左右に振って歩く。

問題43 次の記述のうち，若年性認知症（dementia with early onset）の特徴として，最も適切なものを1つ選びなさい。

1 高齢の認知症（dementia）に比べて，症状の進行速度は緩やかなことが多い。

2 男性よりも女性の発症者が多い。

3 50歳代よりも30歳代の有病率が高い。

4 特定健康診査で発見されることが多い。

5 高齢の認知症（dementia）に比べて，就労支援が必要になることが多い。

問題44 Lさん（78歳，女性，要介護1）は，3年前にアルツハイマー型認知症（dementia of the Alzheimer's type）と診断された。訪問介護（ホームヘルプサービス）を利用し，夫の介護を受けながら二人で暮らしている。ある日，訪問介護員（ホームヘルパー）が訪問すると夫から，「用事で外出しようとすると『外で女性に会っている』と言って興奮することが増えて困っている」と相談を受けた。

Lさんの症状に該当するものとして，最も適切なものを1つ選びなさい。

1 誤認

2 観念失行

3 嫉妬妄想

4 視覚失認

5 幻視

問題45 認知機能障害による生活への影響に関する記述として，最も適切なものを1つ選びなさい。

1 遂行機能障害により，自宅がわからない。`

2 記憶障害により，出された食事を食べない。

3 相貌失認により，目の前の家族がわからない。

4 視空間認知障害により，今日の日付がわからない。

5 病識低下により，うつ状態になりやすい。

問題46 バリデーション（validation）に基づく，認知症（dementia）の人の動きや感情に合わせるコミュニケーション技法として，正しいものを1つ選びなさい。

1 センタリング（centering）

2 リフレージング（rephrasing）

3 レミニシング（reminiscing）

4 ミラーリング（mirroring）

5 カリブレーション（calibration）

問題47 Mさん（80歳，女性，要介護1）は，アルツハイマー型認知症（dementia of the Alzheimer's type）であり，3日前に認知症対応型共同生活介護（認知症高齢者グループホーム）に入居した。主治医から向精神薬が処方されている。居室では穏やかに過ごしていた。夕食後，表情が険しくなり，「こんなところにはいられません。私は家に帰ります」と大声を上げ，ほかの利用者にも，「あなたも一緒に帰りましょう」と声をかけて皆が落ち着かなくなることがあった。

Mさんの介護を検討するときに優先することとして，最も適切なものを1つ選びなさい。

1 Mさんが訴えている内容

2 Mさんの日中の過ごし方

3 ほかの利用者が落ち着かなくなったこと

4 対応に困ったこと

5 薬が効かなかったこと

問題48 Aさん（80歳，男性，要介護1）は，認知症（dementia）で，妻の介護を受けながら二人で暮らしている。「夫は昼夜逆転がある。在宅介護を続けたいが，私が体調を崩し数日間の入院が必要になった」と言う妻に提案する，Aさんへの介護サービスとして，最も適切なものを1つ選びなさい。

1 認知症対応型通所介護（認知症対応型デイサービス）

2 短期入所生活介護（ショートステイ）

3 認知症対応型共同生活介護（認知症高齢者グループホーム）

4 特定施設入居者生活介護

5 介護老人福祉施設

障害の理解

問題49 次のうち，ノーマライゼーション（normalization）の原理を盛り込んだ法律（いわゆる「1959年法」）を制定した最初の国として，正しいものを1つ選びなさい。

1 デンマーク

2 イギリス

3 アメリカ

4 スウェーデン

5 ノルウェー

問題50 法定後見制度において，成年後見人等を選任する機関等として，正しいものを1つ選びなさい。

1 法務局

2 家庭裁判所

3 都道府県知事

4 市町村長

5 福祉事務所

問題51 次の記述のうち，障害を受容した心理的段階にみられる言動として，最も適切なものを1つ選びなさい。

1 障害があるという自覚がない。

2 周囲に不満をぶつける。

3 自分が悪いと悲観する。

4 価値観が転換し始める。

5 できることに目を向けて行動する。

問題52 統合失調症（schizophrenia）の特徴的な症状として，最も適切なものを1つ選びなさい。

1 振戦せん妄

2 妄想

3 強迫性障害

4 抑うつ気分

5 健忘

問題53 Bさん（60歳，男性）は，一人暮らしをしている。糖尿病性網膜症（diabetic retinopathy）による視覚障害（身体障害者手帳1級）があり，末梢神経障害の症状がでている。Bさんの日常生活において，介護福祉職が留意すべき点として，最も適切なものを1つ選びなさい。

1 水晶体の白濁

2 口腔粘膜や外陰部の潰瘍

3 振戦や筋固縮

4 足先の傷や壊疽などの病変

5 感音性の難聴

問題54 Cさん（55歳，男性）は，5年前に筋萎縮性側索硬化症（amyotrophic lateral sclerosis：ALS）と診断された。現在は症状が進行して，日常生活動作に介護が必要で，自宅では電動車いすと特殊寝台を使用している。

　次の記述のうち，Cさんの現在の状態として，最も適切なものを1つ選びなさい。

1 誤嚥せずに食事することが可能である。

2 明瞭に話すことができる。

3 身体の痛みがわかる。

4 自力で痰を排出できる。

5 箸を上手に使える。

問題55 Dさん（36歳，女性，療育手帳所持）は，一人暮らしをしながら地域の作業所に通っている。身の回りのことはほとんど自分でできるが，お金の計算，特に計画的にお金を使うのが苦手だった。そこで，社会福祉協議会の生活支援員と一緒に銀行へ行って，1週間ごとにお金をおろして生活するようになった。小遣い帳に記録をするようにアドバイスを受けて，お金を計画的に使うことができるようになった。

　次のうち，Dさんが活用した支援を実施する事業として，最も適切なものを1つ選びなさい。

1 障害者相談支援事業

2 自立生活援助事業

3 日常生活自立支援事業

4 成年後見制度利用支援事業

5 日常生活用具給付等事業

問題56 次のうち，障害の特性に応じた休憩時間の調整など，柔軟に対応することで障害者の権利を確保する考え方を示すものとして，最も適切なものを1つ選びなさい。

1 全人間的復権
2 合理的配慮
3 自立生活運動
4 意思決定支援
5 共同生活援助

問題57 「障害者総合支援法」において，障害福祉サービスを利用する人の意向のもとにサービス等利用計画案を作成する事業所に置かなければならない専門職として，最も適切なものを1つ選びなさい。

1 介護支援専門員（ケアマネジャー）
2 社会福祉士
3 介護福祉士
4 民生委員
5 相談支援専門員

(注)「障害者総合支援法」とは，「障害者の日常生活及び社会生活を総合的に支援するための法律」のことである。

問題58 家族の介護力をアセスメントするときの視点に関する記述として，最も適切なものを1つ選びなさい。

1 障害者個人のニーズを重視する。
2 家族のニーズを重視する。
3 家族構成員の主観の共通部分を重視する。
4 家族を構成する個人と家族全体の生活を見る。
5 支援者の視点や価値観を基準にする。

領 域 ： 医 療 的 ケ ア

医療的ケア

問題59 次の記述のうち，喀痰吸引等を実施する訪問介護事業所として登録するときに，事業所が行うべき事項として，正しいものを1つ選びなさい。

1 登録研修機関になる。
2 医師が設置する安全委員会に参加する。
3 喀痰吸引等計画書の作成を看護師に依頼する。
4 介護支援専門員（ケアマネジャー）の文書による指示を受ける。
5 医療関係者との連携体制を確保する。

問題60 次のうち，呼吸器官の部位の説明に関する記述として，正しいものを1つ選びなさい。

1 鼻腔は，上葉・中葉・下葉に分かれている。

2 咽頭は，左右に分岐している。

3 喉頭は，食べ物の通り道である。

4 気管は，空気の通り道である。

5 肺は，腹腔内にある。

問題61 次のうち，痰の吸引の準備に関する記述として，最も適切なものを1つ選びなさい。

1 吸引器は，陰圧になることを確認する。

2 吸引びんは，滅菌したものを用意する。

3 吸引チューブのサイズは，痰の量に応じたものにする。

4 洗浄水は，決められた消毒薬を入れておく。

5 清浄綿は，次亜塩素酸ナトリウムに浸しておく。

問題62 次のうち，経管栄養で起こるトラブルに関する記述として，最も適切なものを1つ選びなさい。

1 チューブの誤挿入は，下痢を起こす可能性がある。

2 注入速度が速いときは，嘔吐を起こす可能性がある。

3 注入物の温度の調整不良は，脱水を起こす可能性がある。

4 注入物の濃度の間違いは，感染を起こす可能性がある。

5 注入中の姿勢の不良は，便秘を起こす可能性がある。

問題63 Eさん（75歳，女性）は，介護老人福祉施設に入所している。脳梗塞（cerebral infarction）の後遺症があり，介護福祉士が胃ろうによる経管栄養を行っている。

ある日，半座位で栄養剤の注入を開始し，半分程度を順調に注入したところで，体調に変わりがないかを聞くと，「少しお腹が張ってきたような気がする」とEさんは答えた。意識レベルや顔色に変化はなく，腹痛や嘔気はない。

次のうち，介護福祉士が看護職員に相談する前に行う対応として，最も適切なものを1つ選びなさい。

1 嘔吐していないので，そのまま様子をみる。

2 仰臥位（背臥位）にする。

3 腹部が圧迫されていないかを確認する。

4 注入速度を速める。

5 栄養剤の注入を終了する。

領域 : 介護

介護の基本

問題64 介護を取り巻く状況に関する次の記述のうち，最も適切なものを１つ選びなさい。

1 ダブルケアとは，夫婦が助け合って子育てをすることである。

2 要介護・要支援の認定者数は，介護保険制度の導入時から年々減少している。

3 家族介護を支えていた家制度は，地域包括ケアシステムによって廃止された。

4 要介護・要支援の認定者のいる三世代世帯の構成割合は，介護保険制度の導入時から年々増加している。

5 家族が担っていた介護の役割は，家族機能の低下によって社会で代替する必要が生じた。

問題65 介護福祉士に関する次の記述のうち，適切なものを１つ選びなさい。

1 傷病者に対する療養上の世話又は診療の補助を業とする。

2 喀痰吸引を行うときは市町村の窓口に申請する。

3 業務独占の資格である。

4 資格を更新するために５年ごとに研修を受講する。

5 信用を傷つけるような行為は禁止されている。

問題66 施設利用者の個人情報の保護に関する次の記述のうち，最も適切なものを１つ選びなさい。

1 職員がすべての個人情報を自由に閲覧できるように，パスワードを共有する。

2 個人情報を記載した書類は，そのまま新聞紙と一緒に捨てる。

3 個人情報保護に関する研修会を定期的に開催し，意識の向上を図る。

4 職員への守秘義務の提示は，採用時ではなく退職時に書面で行う。

5 利用者の音声情報は，同意を得ずに使用できる。

問題67 個別性や多様性を踏まえた介護に関する次の記述のうち，最も適切なものを１つ選びなさい。

1 その人らしさは，障害特性から判断する。

2 生活習慣は，生活してきた環境から理解する。

3 生活歴は，成人期以降の情報から収集する。

4 生活様式は，同居する家族と同一にする。

5 衣服は，施設の方針によって統一する。

問題68 Aさん（48歳，女性，要介護1）は，若年性認知症（dementia with early onset）で，夫，長女（高校1年生）と同居している。Aさんは家族と過ごすことを希望し，小規模多機能型居宅介護で通いを中心に利用を始めた。Aさんのことが心配な長女は，部活動を諦めて学校が終わるとすぐに帰宅していた。

ある日，夫が，「長女が，学校の先生たちにも相談しているが，今の状況をわかってくれる人がいないと涙を流すことがある」と介護福祉職に相談をした。

夫の話を聞いた介護福祉職の対応として，最も適切なものを1つ選びなさい。

1 長女に，掃除や洗濯の方法を教える。

2 家族でもっと頑張るように，夫を励ます。

3 同じような体験をしている人と交流できる場について情報を提供する。

4 介護老人福祉施設への入所の申込みを勧める。

5 介護支援専門員（ケアマネジャー）に介護サービスの変更を提案する。

問題69 Bさん（61歳，男性，要介護3）は，脳梗塞（cerebral infarction）による左片麻痺がある。週2回訪問介護（ホームヘルプサービス）を利用し，妻（58歳）と二人暮らしである。自宅での入浴が好きで，妻の介助を受けながら，毎日入浴している。サービス提供責任者に，Bさんから，「浴槽から立ち上がるのがつらくなってきた。何かいい方法はないですか」と相談があった。

Bさんへのサービス提供責任者の対応として，最も適切なものを1つ選びなさい。

1 Bさんがひとりで入浴できるように，自立生活援助の利用を勧める。

2 浴室を広くするために，居宅介護住宅改修費を利用した改築を勧める。

3 妻の入浴介助の負担が軽くなるように，行動援護の利用を勧める。

4 入浴補助用具で本人の力を生かせるように，特定福祉用具販売の利用を勧める。

5 Bさんが入浴を継続できるように，通所介護（デイサービス）の利用を勧める。

問題70 社会奉仕の精神をもって，住民の立場に立って相談に応じ，必要な援助を行い，社会福祉の増進に努める者として，適切なものを1つ選びなさい。

1 民生委員

2 生活相談員

3 訪問介護員（ホームヘルパー）

4 通所介護職員

5 介護支援専門員（ケアマネジャー）

問題71 3階建て介護老人福祉施設がある住宅地に，下記の図記号に関連した警戒レベル3が発令された。介護福祉職がとるべき行動として，最も適切なものを1つ選びなさい。

1 玄関のドアを開けたままにする。

2 消火器で，初期消火する。

3 垂直避難誘導をする。

4 利用者家族に安否情報を連絡する。

5 転倒の危険性があるものを固定する。

問題72 次の記述のうち，介護における感染症対策として，最も適切なものを1つ選びなさい。

1 手洗いは，液体石鹸よりも固形石鹸を使用する。

2 配膳時にくしゃみが出たときは，口元をおさえた手でそのまま行う。

3 嘔吐物の処理は，素手で行う。

4 排泄の介護は，利用者ごとに手袋を交換する。

5 うがい用のコップは，共用にする。

問題73 介護福祉士が行う服薬の介護に関する次の記述のうち，最も適切なものを1つ選びなさい。

1 服薬時間は，食後に統一する。

2 服用できずに残った薬は，介護福祉士の判断で処分する。

3 多種類の薬を処方された場合は，介護福祉士が一包化する。

4 内服薬の用量は，利用者のその日の体調で決める。

5 副作用の知識をもって，服薬の介護を行う。

コミュニケーション技術

問題74 Cさん（85歳，女性，要介護3）は，介護老人保健施設に入所しており，軽度の難聴がある。数日前から，職員は感染症対策として日常的にマスクを着用して勤務することになった。

ある日，D介護福祉職がCさんの居室を訪問すると，「孫が絵を描いて送ってくれたの」と笑いながら絵を見せてくれた。D介護福祉職はCさんの言動に共感的理解を示すために，意図的に非言語コミュニケーションを用いて対応した。

このときのD介護福祉職のCさんへの対応として，最も適切なものを1つ選びなさい。

1 「よかったですね」と紙に書いて渡した。

2 目元を意識した笑顔を作り，大きくうなずいた。

3 「お孫さんの絵が届いて，うれしかったですね」と耳元で話した。

4 「私もうれしいです」と，ゆっくり話した。

5 「えがとてもじょうずです」と五十音表を用いて伝えた。

問題75 利用者の家族との信頼関係の構築を目的としたコミュニケーションとして，最も適切なものを1つ選びなさい。

1 家族に介護技術を教える。

2 家族に介護をしている当事者の会に参加することを提案する。

3 家族から介護の体験を共感的に聴く。

4 家族に介護を続ける強い気持ちがあるかを質問する。

5 家族に介護保険が使える範囲を説明する。

問題76 Eさん（70歳，女性）は，脳梗塞（cerebral infarction）の後遺症で言語に障害がある。発語はできるが，話したいことをうまく言葉に言い表せない。聴覚機能に問題はなく，日常会話で使用する単語はだいたい理解できるが，単語がつながる文章になるとうまく理解できない。ある日，Eさんに介護福祉職が，「お風呂は，今日ではなくあしたですよ」と伝えると，Eさんはしばらく黙って考え，理解できない様子だった。

このとき，Eさんへの介護福祉職の対応として，最も適切なものを1つ選びなさい。

1 「何がわからないのか教えてください」と質問する。

2 「お風呂，あした」と短い言葉で伝える。

3 「今日，お風呂に入りたいのですね」と確かめる。

4 「あしたがお風呂の日で，今日は違いますよ」と言い換える。

5 「お・ふ・ろ・は・あ・し・た」と1音ずつ言葉を区切って伝える。

問題77 Fさん（70歳，女性）は，最近，抑うつ状態（depressive state）にあり，ベッドに寝ていることが多く，「もう死んでしまいたい」とつぶやいていた。
　Fさんの発言に対する，介護福祉職の言葉かけとして，最も適切なものを1つ選びなさい。

1　「落ちこんだらだめですよ」

2　「とてもつらいのですね」

3　「どうしてそんなに寝てばかりいるのですか」

4　「食堂へおしゃべりに行きましょう」

5　「元気を出して，頑張ってください」

問題78 Gさん（70歳，女性，要介護1）は，有料老人ホームに入居していて，網膜色素変性症（retinitis pigmentosa）による夜盲がある。ある日の夕方，Gさんがうす暗い廊下を歩いているのをH介護福祉職が発見し，「Hです。大丈夫ですか」と声をかけた。Gさんは，「びっくりした。見えにくくて，わからなかった…」と暗い表情で返事をした。
　このときのGさんに対するH介護福祉職の受容的な対応として，最も適切なものを1つ選びなさい。

1　「驚かせてしまいましたね。一緒に歩きましょうか」

2　「明るいところを歩きましょう。電気をつけたほうがいいですよ」

3　「見えにくくなってきたのですね。一緒に点字の練習を始めましょう」

4　「白杖があるかを確認しておきます。白杖を使うようにしましょう」

5　「暗い顔をしないでください。頑張りましょう」

問題79 事例検討の目的に関する次の記述のうち，最も適切なものを1つ選びなさい。

1　家族に介護計画を説明し，同意を得る。

2　上司に利用者への対応の結果を報告し，了解を得る。

3　介護計画の検討をとおして，チームの交流を深める。

4　チームで事例の課題を共有し，解決策を見いだす。

5　各職種の日頃の悩みを共有する。

生活支援技術

問題80 介護老人福祉施設における，レクリエーション活動に関する次の記述のうち，最も適切なものを1つ選びなさい。

1　利用者全員が参加することを重視する。

2　毎回，異なるプログラムを企画する。

3　プログラムに買い物や調理も取り入れる。

4　利用者の過去の趣味を，プログラムに取り入れることは避ける。

5　地域のボランティアの参加は，遠慮してもらう。

問題81 関節リウマチ（rheumatoid arthritis）で，関節の変形や痛みがある人への住まいに関する介護福祉職の助言として，最も適切なものを1つ選びなさい。

1 手すりは，握らずに利用できる平手すりを勧める。

2 いすの座面の高さは，低いものを勧める。

3 ベッドよりも，床に布団を敷いて寝るように勧める。

4 部屋のドアは，開き戸を勧める。

5 2階建ての家の場合，居室は2階にすることを勧める。

問題82 心身機能が低下した高齢者の住環境の改善に関する次の記述のうち，最も適切なものを1つ選びなさい。

1 玄関から道路までは，コンクリートから砂利敷きにする。

2 扉の取っ手は，レバーハンドルから丸いドアノブにする。

3 階段の足が乗る板と板の先端部分は，反対色から同系色にする。

4 車いすを使用する居室の床は，畳から板製床材（フローリング）にする。

5 浴槽は，和洋折衷式から洋式にする。

問題83 仰臥位（背臥位）から半座位（ファーラー位）にするとき，ギャッチベッドの背上げを行う前の介護に関する次の記述のうち，最も適切なものを1つ選びなさい。

1 背部の圧抜きを行う。

2 臀部をベッド中央部の曲がる部分に合わせる。

3 ベッドの高さを最も低い高さにする。

4 利用者の足がフットボードに付くまで水平移動する。

5 利用者のからだをベッドに対して斜めにする。

問題84 回復期にある左片麻痺の利用者が，ベッドで端座位から立位になるときの基本的な介護方法に関する次の記述のうち，最も適切なものを1つ選びなさい。

1 利用者の右側に立つ。

2 利用者に，ベッドに深く座るように促す。

3 利用者に，背すじを伸ばして真上に立ち上がるように促す。

4 利用者の左側に荷重がかかるように支える。

5 利用者の左の膝頭に手を当てて保持し，膝折れを防ぐ。

問題85 標準型車いすを用いた移動の介護に関する次の記述のうち，適切なものを1つ選びなさい。

1 急な上り坂は，すばやく進む。

2 急な下り坂は，前向きで進む。

3 踏切を渡るときは，駆動輪を上げて進む。

4 エレベーターに乗るときは，正面からまっすぐに進む。

5 段差を降りるときは，前輪から下りる。

問題86 医学的管理の必要がない高齢者の爪の手入れに関する次の記述のうち，最も適切なものを1つ選びなさい。

1 爪は，入浴の前に切る。

2 爪の先の白い部分は，残らないように切る。

3 爪は，一度にまっすぐ横に切る。

4 爪の両端は，切らずに残す。

5 爪切り後は，やすりをかけて滑らかにする。

問題87 左片麻痺の利用者が，端座位でズボンを着脱するときの介護に関する次の記述のうち，最も適切なものを1つ選びなさい。

1 最初に，左側の腰を少し上げて脱ぐように促す。

2 右膝を高く上げて，脱ぐように促す。

3 左足を右の大腿の上にのせて，ズボンを通すように促す。

4 立ち上がる前に，ズボンを膝下まで上げるように促す。

5 介護福祉職は右側に立って，ズボンを上げるように促す。

問題88 次のうち，嚥下機能の低下している利用者に提供するおやつとして，最も適切なものを1つ選びなさい。

1 クッキー

2 カステラ

3 もなか

4 餅

5 プリン

問題89 介護老人福祉施設の介護福祉職が，管理栄養士と連携することが必要な利用者の状態として，最も適切なものを1つ選びなさい。

1 利用者の食べ残しが目立つ。

2 経管栄養をしている利用者が嘔吐する。

3 利用者の食事中の姿勢が不安定である。

4 利用者の義歯がぐらついている。

5 利用者の摂食・嚥下の機能訓練が必要である。

問題90 次の記述のうち，血液透析を受けている利用者への食事の介護として，最も適切なものを1つ選びなさい。

1 塩分の多い食品をとるように勧める。

2 ゆでこぼした野菜をとるように勧める。

3 乳製品を多くとるように勧める。

4 水分を多くとるように勧める。

5 魚や肉を使った料理を多くとるように勧める。

問題91 介護老人福祉施設の一般浴（個浴）で，右片麻痺の利用者が移乗台に座っている。その状態から安全に入浴をするための介護福祉職の助言として，最も適切なものを1つ選びなさい。

1 「浴槽に入るときは，右足から入りましょう」

2 「湯につかるときは，左膝に手をついてゆっくり入りましょう」

3 「浴槽内では，足で浴槽の壁を押すようにして姿勢を安定させましょう」

4 「浴槽内では，後ろの壁に寄りかかり足を伸ばしましょう」

5 「浴槽から出るときは，真上方向に立ち上がりましょう」

問題92 次の記述のうち，椅座位で足浴を行う介護方法として，最も適切なものを1つ選びなさい。

1 ズボンを脱いだ状態で行う。

2 湯温の確認は，介護福祉職より先に利用者にしてもらう。

3 足底は，足浴用容器の底面に付いていることを確認する。

4 足に付いた石鹸の泡は，洗い流さずに拭き取る。

5 足浴用容器から足を上げた後は，自然乾燥させる。

問題93 身体機能が低下している高齢者が，ストレッチャータイプの特殊浴槽を利用するときの入浴介護の留意点として，最も適切なものを1つ選びなさい。

1 介護福祉職2名で，洗髪と洗身を同時に行う。

2 背部を洗うときは，側臥位にして行う。

3 浴槽に入るときは，両腕の上から固定ベルトを装着する。

4 浴槽では，首までつかるようにする。

5 浴槽につかる時間は，20分程度とする。

問題94 Jさん（84歳，女性，要介護3）は，認知症（dementia）があり，夫（86歳，要支援1）と二人暮らしである。Jさんは尿意はあるが，夫の介護負担を軽減するため終日おむつを使用しており，尿路感染症（urinary tract infection）を繰り返していた。夫が体調不良になったので，Jさんは介護老人福祉施設に入所した。

　Jさんの尿路感染症（urinary tract infection）を予防する介護として，最も適切なものを1つ選びなさい。

1 尿の性状を観察する。

2 体温の変化を観察する。

3 陰部洗浄の回数を検討する。

4 おむつを使わないで，トイレに誘導する。

5 膀胱留置カテーテルの使用を提案する。

問題95 夜間，自宅のトイレでの排泄が間に合わずに失敗してしまう高齢者への介護福祉職の助言として，最も適切なものを1つ選びなさい。

1 水分摂取量を減らすように勧める。

2 終日，リハビリパンツを使用するように勧める。

3 睡眠薬を服用するように勧める。

4 泌尿器科を受診するように勧める。

5 夜間は，ポータブルトイレを使用するように勧める。

問題96 介護福祉職が行うことができる，市販のディスポーザブルグリセリン浣腸器を用いた排便の介護に関する次の記述のうち，最も適切なものを1つ選びなさい。

1 浣腸液は，39℃〜40℃に温める。

2 浣腸液を注入するときは，立位をとるように声をかける。

3 浣腸液は，すばやく注入する。

4 浣腸液を注入したら，すぐに排便するように声をかける。

5 排便がない場合は，新しい浣腸液を再注入する。

問題97 訪問介護員（ホームヘルパー）が行う見守り的援助として，最も適切なものを1つ選びなさい。

1 ゴミの分別ができるように声をかける。

2 利用者がテレビを見ている間に洗濯物を干す。

3 着られなくなった服を作り直す。

4 調理したものを盛り付け，食事を提供する。

5 冷蔵庫の中を整理し，賞味期限が切れた食品を捨てておく。

問題98 高齢者が靴下・靴を選ぶときの介護福祉職の対応として，最も適切なものを1つ選びなさい。

1 靴下は，指つきのきついものを勧める。

2 靴下は，足底に滑り止めがあるものを勧める。

3 靴は，床面からつま先までの高さが小さいものを勧める。

4 靴は，踵のない脱ぎやすいものを勧める。

5 靴は，先端部に0.5〜1cmの余裕があるものを勧める。

問題99 Kさん（77歳，女性，要支援2）は，もの忘れが目立ちはじめ，訪問介護（ホームヘルプサービス）を利用しながら夫と二人で生活している。訪問時，Kさん夫婦から，「Kさんがテレビショッピングで購入した健康食品が毎月届いてしまい，高額の支払いが発生して困っている」と相談があった。

　Kさん夫婦に対する訪問介護員（ホームヘルパー）の発言として，最も適切なものを1つ選びなさい。

1　「健康食品は処分しましょう」

2　「クーリング・オフをしましょう」

3　「買い物は夫がするようにしましょう」

4　「契約内容を一緒に確認しましょう」

5　「テレビショッピングでの買い物はやめましょう」

問題100 消化管ストーマを造設した利用者への睡眠の介護に関する記述として，最も適切なものを1つ選びなさい。

1　寝る前にストーマから出血がある場合は，軟膏を塗布する。

2　寝る前に，パウチに便がたまっていたら捨てる。

3　寝る前に，ストーマ装具を新しいものに交換する。

4　便の漏れが心配な場合は，パウチの上からおむつを強く巻く。

5　睡眠を妨げないように，パウチの観察は控える。

問題101 Lさん（79歳，男性，要介護2）は，介護老人保健施設に入所して1か月が経過した。睡眠中に大きないびきをかいていることが多く，いびきの音が途切れることもある。夜間に目を覚ましていたり，起床時にだるそうにしている様子もしばしば見られている。

　介護福祉職がLさんについて収集すべき情報として，最も優先度の高いものを1つ選びなさい。

1　枕の高さ

2　マットレスの硬さ

3　掛け布団の重さ

4　睡眠中の足の動き

5　睡眠中の呼吸状態

問題102 Mさん（98歳，男性，要介護5）は，介護老人福祉施設に入所している。誤嚥性肺炎（aspiration pneumonia）で入退院を繰り返し，医師からは終末期が近い状態であるといわれている。

　介護福祉職が確認すべきこととして，最も優先度の高いものを1つ選びなさい。

1　主治医の今後の見通し

2　誤嚥性肺炎（aspiration pneumonia）の発症時の入院先

3　経口摂取に対する本人の意向

4　経口摂取に対する家族の意向

5　延命治療に対する家族の希望

問題103 デスカンファレンス（death conference）の目的に関する次の記述のうち，最も適切なものを1つ選びなさい。

1 一般的な死の受容過程を学習する。

2 終末期を迎えている利用者の介護について検討する。

3 利用者の家族に対して，死が近づいたときの身体の変化を説明する。

4 亡くなった利用者の事例を振り返り，今後の介護に活用する。

5 終末期の介護に必要な死生観を統一する。

問題104 福祉用具を活用するときの基本的な考え方として，最も適切なものを1つ選びなさい。

1 福祉用具が活用できれば，住宅改修は検討しない。

2 複数の福祉用具を使用するときは，状況に合わせた組合せを考える。

3 福祉用具の選択に迷うときは，社会福祉士に選択を依頼する。

4 家族介護者の負担軽減を最優先して選ぶ。

5 福祉用具の利用状況のモニタリング（monitoring）は不要である。

問題105 以下の図のうち，握力の低下がある利用者が使用する杖として，最も適切なものを1つ選びなさい。

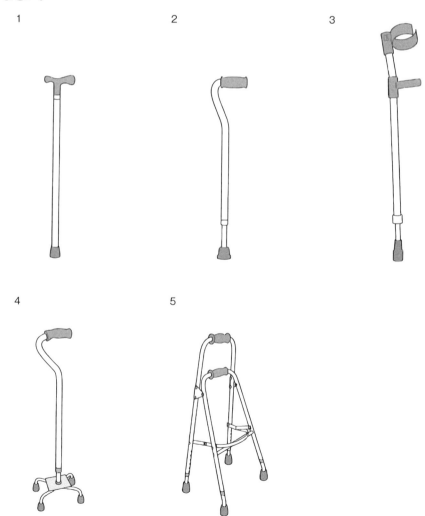

1　　　　　　　　　2　　　　　　　　　3

4　　　　　　　　　5

介護過程

問題106 介護福祉職が，初回の面談で情報を収集するときの留意点として，最も適切なものを１つ選びなさい。

1 用意した項目を次から次に質問する。

2 目的を意識しながら話を聴く。

3 ほかの利用者が同席する状況で質問する。

4 最初に経済状態に関する質問をする。

5 家族の要望を中心に話を聴く。

問題107 介護過程の評価に関する次の記述のうち，最も適切なものを１つ選びなさい。

1 生活状況が変化しても，介護計画で設定した日に評価する。

2 サービス担当者会議で評価する。

3 相談支援専門員が中心になって評価する。

4 利用者の満足度を踏まえて評価する。

5 介護計画の実施中に評価基準を設定する。

問題108 次の記述のうち，介護老人保健施設で多職種連携によるチームアプローチ（team approach）を実践するとき，介護福祉職が担う役割として，最も適切なものを１つ選びなさい。

1 利用者の生活状況の変化に関する情報を提供する。

2 総合的な支援の方向性を決める。

3 サービス担当者会議を開催する。

4 必要な検査を指示する。

5 ほかの職種が担う貢献度を評価する。

次の事例を読んで，問題109，問題110について答えなさい。

〔事　例〕
　Aさん（75歳，女性）は，一人暮らしで，身体機能に問題はない。70歳まで地域の子どもたちに大正琴を教えていた。認知症（dementia）の進行が疑われて，心配した友人が地域包括支援センターに相談した結果，Aさんは介護老人福祉施設に入所することになった。入所時のAさんの要介護度は3であった。
　入所後，短期目標を，「施設に慣れ，安心して生活する（3か月）」と設定し，計画は順調に進んでいた。Aさんは施設の大正琴クラブに自ら進んで参加し，演奏したり，ほかの利用者に大正琴を笑顔で教えたりしていた。ある日，クラブの終了後に，Aさんは部屋に戻らずに，エレベーターの前で立ち止まっていた。介護職員が声をかけると，Aさんが，「あの子たちが待っているの」と強い口調で言った。

問題109 大正琴クラブが終わった後のAさんの行動を解釈するために必要な情報として，最も優先すべきものを1つ選びなさい。

1 介護職員の声かけのタイミング

2 Aさんが演奏した時間

3 「あの子たちが待っているの」という発言

4 クラブに参加した利用者の人数

5 居室とエレベーターの位置関係

問題110 Aさんの状況から支援を見直すことになった。
　次の記述のうち，新たな支援の方向性として，最も適切なものを1つ選びなさい。

1 介護職員との関係を改善する。

2 身体機能を改善する。

3 演奏できる自信を取り戻す。

4 エレベーターの前に座れる環境を整える。

5 大正琴を教える役割をもつ。

次の事例を読んで，問題111，問題112について答えなさい。

〔事　例〕
　Bさん（50歳，男性，障害支援区分3）は，49歳のときに脳梗塞（cerebral infarction）を発症し，左片麻痺で高次脳機能障害（higher brain dysfunction）と診断された。以前は大工で，手先が器用だったと言っている。
　現在は就労継続支援B型事業所に通っている。短期目標を，「右手を使い，作業を自分ひとりで行える（3か月）」と設定し，製品を箱に入れる単純作業を任されていた。ほかの利用者との人間関係も良好で，左片麻痺に合わせた作業台で，毎日の作業目標を達成していた。生活支援員には，「将来は手先を使う仕事に就きたい」と希望を話していた。
　将来に向けて，生活支援員が新たに製品の組立て作業を提案すると，Bさんも喜んで受け入れた。初日に，「ひとりで頑張る」と始めたが，途中で何度も手が止まり，完成品に不備が見られた。生活支援員が声をかけると，「こんなの，できない」と大声を出した。

問題111　生活支援員の声かけに対し，Bさんが大声を出した理由を解釈する視点として，最も適切なものを1つ選びなさい。

1　ほかの利用者との人間関係

2　生活支援員に話した将来の希望

3　製品を箱に入れる毎日の作業量

4　製品の組立て作業の状況

5　左片麻痺に合わせた作業台

問題112　Bさんに対するカンファレンス（conference）が開催され，短期目標を達成するための具体的な支援について見直すことになった。
　次の記述のうち，見直した支援内容として，最も適切なものを1つ選びなさい。

1　完成品の不備を出すことへの反省を促す。

2　左側に部品を置いて作業するように促す。

3　完成までの手順を理解しやすいように示す。

4　生活支援員が横に座り続けて作業内容を指示する。

5　製品を箱に入れる単純作業も同時に行うように調整する。

問題113　事例研究を行うときに，遵守すべき倫理的配慮として，適切なものを1つ選びなさい。

1　研究内容を説明して，事例対象者の同意を得る。

2　個人が特定できるように，氏名を記載する。

3　得られたデータは，研究終了後すぐに破棄する。

4　論文の一部であれば，引用元を明示せずに利用できる。

5　研究成果を得るために，事実を拡大解釈する。

総合問題 1　次の事例を読んで，問題114から問題116までについて答えなさい。

〔事　例〕

　Cさん（59歳，男性）は，妻（55歳）と二人暮らしであり，専業農家である。Cさんはおとなしい性格であったが，最近怒りやすくなったと妻は感じていた。Cさんは毎日同じ時間に同じコースを散歩している。ある日，散歩コースの途中にあり，昔からよく行く八百屋から，「Cさんが代金を支払わずに商品を持っていった。今回で2回目になる。お金を支払いにきてもらえないか」と妻に連絡があった。妻がCさんに確認したところ，悪いことをした認識がなかった。心配になった妻がCさんと病院に行くと，前頭側頭型認知症（frontotemporal dementia）と診断を受けた。妻は今後同じようなことが起きないように，Cさんの行動を常に見守り，外出を制限したが，疲労がたまり，今後の生活に不安を感じた。そこで，地域包括支援センターに相談し，要介護認定の申請を行い，訪問介護（ホームヘルプサービス）を利用することになった。

問題114　Cさんが八百屋でとった行動から考えられる状態として，最も適切なものを1つ選びなさい。

1　脱抑制

2　記憶障害

3　感情失禁

4　見当識障害

5　遂行機能障害

問題115　Cさんの介護保険制度の利用に関する次の記述のうち，適切なものを1つ選びなさい。

1　介護保険サービスの利用者負担割合は1割である。

2　介護保険料は特別徴収によって納付する。

3　要介護認定の結果が出る前に介護保険サービスを利用することはできない。

4　要介護認定の利用者負担割合は2割である。

5　介護保険サービスの費用はサービスの利用回数に関わらず定額である。

問題116　その後，妻に外出を制限されたCさんは不穏となった。困った妻が訪問介護員（ホームヘルパー）に相談したところ，「八百屋に事情を話して事前にお金を渡して，Cさんが品物を持ち去ったときは，渡したお金から商品代金を支払うようにお願いしてはどうか」とアドバイスを受けた。

　訪問介護員（ホームヘルパー）が意図したCさんへの関わりをICF（International Classification of Functioning, Disability and Health：国際生活機能分類）に当てはめた記述として，最も適切なものを1つ選びなさい。

1　個人因子への影響を意図して，健康状態に働きかける。

2　健康状態への影響を意図して，心身機能に働きかける。

3　活動への影響を意図して，身体構造に働きかける。

4　参加への影響を意図して，環境因子に働きかける。

5　環境因子への影響を意図して，個人因子に働きかける。

次の事例を読んで，問題117から問題119までについて答えなさい。

〔事　例〕

　Dさん（70歳，男性）は，自宅で妻と二人暮らしで，年金収入で生活している。ある日，車を運転中に事故に遭い救急搬送された。医師からは，第4胸髄節まで機能が残存している脊髄損傷（spinal cord injury）と説明を受けた。Dさんは，入院中に要介護3の認定を受けた。

　Dさんは，退院後は自宅で生活することを望んでいた。妻は一緒に暮らしたいと思うが，Dさんの身体状況を考えると不安を感じていた。介護支援専門員（ケアマネジャー）は，「退院後は，在宅復帰を目的に，一定の期間，リハビリテーション専門職がいる施設で生活してはどうか」とDさんに提案した。Dさんは妻と退院後の生活について話し合った結果，一定期間施設に入所して，その間に，自宅の住宅改修を行うことにして，介護支援専門員（ケアマネジャー）に居宅介護住宅改修費について相談した。

問題117 **次のうち，Dさんが提案を受けた施設として，最も適切なものを1つ選びなさい。**

1　養護老人ホーム

2　軽費老人ホーム

3　介護老人福祉施設

4　介護老人保健施設

5　介護医療院

問題118 **次のうち，介護支援専門員（ケアマネジャー）がDさんに説明する居宅介護住宅改修費の支給限度基準額として，適切なものを1つ選びなさい。**

1　10万円

2　15万円

3　20万円

4　25万円

5　30万円

問題119 **Dさんが施設入所してから3か月後，住宅改修を終えた自宅に戻ることになった。Dさんは自宅での生活を楽しみにしている。その一方で，不安も抱えていたため，担当の介護福祉士は，理学療法士と作業療法士に相談して，生活上の留意点を記載した冊子を作成して，Dさんに手渡した。**

**　次の記述のうち，冊子の内容として，最も適切なものを1つ選びなさい。**

1　食事では，スプーンを自助具で手に固定する。

2　移動には，リクライニング式車いすを使用する。

3　寝具は，エアーマットを使用する。

4　更衣は，ボタンエイドを使用する。

5　外出するときには，事前に多機能トイレの場所を確認する。

〔事例〕

Eさん（34歳，女性，障害支援区分3）は，特別支援学校の高等部を卒業後，週2回，生活介護を利用しながら自宅で生活している。Eさんはアテトーゼ型（athetosis）の脳性麻痺（cerebral palsy）で不随意運動があり，首を振る動作が見られる。

食事は首の動きに合わせて，自助具を使って食べている。食事中は不随意運動が強く，食事が終わると，「首が痛い，しびれる」と言ってベッドに横になるときがある。

また，お茶を飲むときは取っ手つきのコップで飲んでいるが，コップを口元に運ぶまでにお茶がこぼれるようになってきた。日頃から自分のことは自分でやりたいと考えていて，お茶が上手に飲めなくなってきたことを気にしている。

Eさんは，生活介護事業所で油絵を描くことを楽しみにしている。以前から隣町の油絵教室に通い技術を高めたいと話していた。そこでEさんは，「自宅から油絵教室に通うときの介助をお願いするにはどうしたらよいか」と介護福祉職に相談した。

問題120 Eさんの食事の様子から，今後，引き起こされる可能性が高いと考えられる二次障害として，最も適切なものを1つ選びなさい。

1 変形性股関節症（coxarthrosis）

2 廃用症候群（disuse syndrome）

3 起立性低血圧（orthostatic hypotension）

4 脊柱側弯症（scoliosis）

5 頚椎症性脊髄症（cervical spondylotic myelopathy）

問題121 Eさんがお茶を飲むときの介護福祉職の対応として，最も適切なものを1つ選びなさい。

1 吸い飲みに変更する。

2 ストローつきコップに変更する。

3 重いコップに変更する。

4 コップを両手で持つように伝える。

5 全介助を行う。

問題122 介護福祉職は，Eさんが隣町の油絵教室に通うことができるようにサービスを提案したいと考えている。

次のうち，Eさんが利用するサービスとして，最も適切なものを1つ選びなさい。

1 自立生活援助

2 療養介護

3 移動支援

4 自立訓練

5 同行援護

総合問題 4 次の事例を読んで，問題123から問題125までについて答えなさい。

〔事　例〕

　Ｆさん（20歳，男性）は，自閉症スペクトラム障害（autism spectrum disorder）と重度の知的障害があり，自宅で母親（50歳），姉（25歳）と3人で暮らしている。

　Ｆさんは生活介護事業所を利用している。事業所では比較的落ち着いているが，自宅に帰ってくると母親に対してかみつきや頭突きをすることがあった。また，自分で頭をたたくなどの自傷行為もたびたび見られる。

　仕事をしている母親に代わり，小さい頃から食事や排泄の介護をしている姉は，これまでＦさんの行動を止めることができていたが，最近ではからだが大きくなり力も強くなって，母親と協力しても止めることが難しくなっていた。

　家族で今後のことを考えた結果，Ｆさんは障害者支援施設に入所することになった。

問題123 次のうち，Ｆさんが自宅に帰ってきたときの状態に該当するものとして，最も適切なものを1つ選びなさい。

1　学習障害

2　注意欠陥多動性障害

3　高次脳機能障害

4　強度行動障害

5　気分障害

問題124 Ｆさんが入所してからも月1，2回は，姉が施設を訪ね，Ｆさんの世話をしている。

　ある日，担当の介護福祉職が姉に声をかけると，「小学生の頃から，学校が終わると友だちと遊ばずにまっすぐ家に帰り，母親に代わって，弟の世話をしてきた。今は，弟を見捨てたようで，申し訳ない」などと話す。

　介護福祉職の姉への対応として，最も適切なものを1つ選びなさい。

1　「これからもＦさんのお世話をしっかり行ってください」

2　「Ｆさんは落ち着いていて，自傷他害行為があるようには見えませんね」

3　「お姉さんは，小さい頃からお母さんの代わりをしてきたのですね」

4　「訪問回数を減らしてはどうですか」

5　「施設入所を後悔しているのですね。もう一度在宅ケアを考えましょう」

問題125 Ｆさんが施設に入所して1年が経った。介護福祉職は，Ｆさん，母親，姉と共にこれまでの生活と支援を振り返り，当面，施設で安定した生活が送れるように検討した。

　次のうち，Ｆさんの支援を修正するときに利用するサービスとして，正しいものを1つ選びなさい。

1　地域定着支援

2　計画相談支援

3　地域移行支援

4　基幹相談支援

5　基本相談支援

介護福祉士国家試験

第36回（令和5年度）
〈正答・解説〉

出題区分	問題番号	正答番号
①人間と社会	問題1	5
	問題2	2
	問題3	5
	問題4	3
	問題5	4
	問題6	1
	問題7	1
	問題8	3
	問題9	5
	問題10	5
	問題11	2
	問題12	3
	問題13	5
	問題14	4
	問題15	4
	問題16	1
	問題17	3
	問題18	2

出題区分	問題番号	正答番号
②こころとからだのしくみ	問題19	3
	問題20	1
	問題21	3
	問題22	1
	問題23	1
	問題24	4
	問題25	5
	問題26	4
	問題27	2
	問題28	2
	問題29	5
	問題30	4
	問題31	3
	問題32	2
	問題33	5
	問題34	1
	問題35	4
	問題36	5

出題区分	問題番号	正答番号
②こころとからだのしくみ	問題37	3
	問題38	4
	問題39	1
	問題40	1
	問題41	4
	問題42	2
	問題43	5
	問題44	3
	問題45	3
	問題46	4及び5※
	問題47	1
	問題48	2
	問題49	1
	問題50	2
	問題51	5
	問題52	2
	問題53	4
	問題54	3

※厚生労働省の指定を受けて試験を実施している「公益財団法人社会福祉振興・試験センター」が、「問題文からは選択肢4と選択肢5のいずれも正答となるため、選択肢4及び選択肢5に得点する」と発表された（https://www.sssc.or.jp/goukaku/hdMAF4WbM7d6eDX7s2NaZHXGyVgKQp/pdf/k_kijun_seitou.pdf）。

出題区分	問題番号	正答番号
②こころとからだのしくみ	問題 55	3
	問題 56	2
	問題 57	5
	問題 58	4
③医療的ケア	問題 59	5
	問題 60	4
	問題 61	1
	問題 62	2
	問題 63	3
④介護	問題 64	5
	問題 65	5
	問題 66	3
	問題 67	2
	問題 68	3
	問題 69	4
	問題 70	1
	問題 71	3
	問題 72	4
	問題 73	5
	問題 74	2
	問題 75	3
	問題 76	2
	問題 77	2
	問題 78	1
	問題 79	4

出題区分	問題番号	正答番号
④介護	問題 80	3
	問題 81	1
	問題 82	4
	問題 83	2
	問題 84	5
	問題 85	4
	問題 86	5
	問題 87	3
	問題 88	5
	問題 89	1
	問題 90	2
	問題 91	3
	問題 92	3
	問題 93	2
	問題 94	4
	問題 95	5
	問題 96	1
	問題 97	1
	問題 98	5
	問題 99	4
	問題 100	2
	問題 101	5
	問題 102	3
	問題 103	4
	問題 104	2

出題区分	問題番号	正答番号
④介護	問題 105	3
	問題 106	2
	問題 107	4
	問題 108	1
	問題 109	3
	問題 110	5
	問題 111	4
	問題 112	3
	問題 113	1
総合問題	問題 114	1
	問題 115	1
	問題 116	4
	問題 117	4
	問題 118	3
	問題 119	5
	問題 120	5
	問題 121	2
	問題 122	3
	問題 123	4
	問題 124	3
	問題 125	2

問題1　　　　　　　　　　　　　　　　　　　　　　　　　　　　　　　　　　　正答 5

1 ✕　Aさんは現在要支援1とあり，すでに要介護認定を受けている。膝の痛みの出現で要介護度が上がる可能性はあるが，仮にその手続きを行う場合は区分変更申請を行う。

2 ✕　友人のお見舞いに行くかどうかはAさんが考えることである。Aさんは「友人のことが気になる」といったことを言っているわけでもないのに，この段階でお見舞いを勧めることは適切ではない。

3 ✕　変形性膝関節症の診断が出ていることから，膝の痛みについてはすでに必要な検査を受けていると考えられる。

4 ✕　Aさんは，自宅で暮らし続けられるかどうかを心配している。趣味活動の相談をしているわけではなく，それを聞いても心配ごとには対応できない。

5 ○　Aさんが今後の自宅での暮らしについて具体的に何を心配しているのか，その思いを聞いており適切である。その際，自宅で暮らし続けたい理由や他にどんな選択肢を考えているのかなども傾聴できると，なおよいと思われる。

問題2　　　　　　　　　　　　　　　　　　　　　　　　　　　　　　　　　　　正答 2

1 ✕　自立という概念は，1960年代にアメリカで始まった障害者の自立生活運動（IL運動）から広まった。厚生労働省が介護保険制度に関する説明で，「単に介護を要する高齢者の身の回りの世話をするということを超えて，高齢者の自立を支援することを理念とする」と説明しているように，自立とは「他者からの適切な支援を受けながら，本人の意思や希望に沿った生活を実現すること」ということができる。

2 ○　選択肢の通りであり，必要に応じて他者からの支援を受けながら自分の目標をもって主体的に暮らすことは精神的自立といえる。

3 ✕　社会的自立とは，社会の制度やルールなどに従って経済活動や社会活動などに参加し，社会の構成員として役割を担うことをいう。例えば障害があり1人では参加が難しくても，何らかの支援を受けて参加することも社会参加であり社会的自立といえる。役割から離れることではない。

4 ✕　身体的自立が介護者の負担を軽減することはあるが，例えば，身体的には自立していても，認知症などで適切な行動が取れなければ介護者の負担が増す。つまり実際の生活場面では，身体を適切に動かすための認識と判断が伴わなければならないことから，身体的自立をそのまま介護者の負担軽減とみなすことはできない。

5 ✕　経済的自立とは，適切な方法で経済活動に参加して収入を得るとともに，その収入をどのように使うのかを適切に判断しながら継続的に生計を立てられることをいう。なお，ここでいう収入には保険や年金なども含まれ，必ずしも働いて得る収入には限定されない。

問題3　　　　　　　　　　　　　　　　　　　　　　　　　　　　　　　　　　　正答 5

1 ✕　集団規範とは集団内で共有する判断の枠組みや思考様式のことである。グループ独自のルールや，「こうあるべきだ」という集団の価値観もこれに当てはまる。例えば「上司が帰宅するまでは残業する」という考えが暗黙のうちに期待されていればそれは集団規範である。一方，利用者の個別の介護目標はチームで共有し具体的に達成していくことも課題である。

2 ✕　同調行動とは，周囲の意見や行動を基に行動することである。レストランで他のメンバーと同じメニューを注文する，「みんなが渡っているから」と赤信号を無視するなどの行動のことである。

3 ✕　内集団バイアスとは，自分の所属する集団を他の集団よりも高く評価することである。内集団ひいきともいう。

4 ✕　集団圧力とは，集団のメンバーに対して集団の規範に従うように働く，強制的な影響力のことである。有給休暇を取りたいけど他のメンバーがとっていないので取りづらいというような例がこれにあたる。

5 ○　集団凝集性とは，集団のメンバーが「この集団に残りたい」と思うような求心力のことである。集団凝集性

の高い集団ではメンバーの帰属意識が高まり，仲間同士の信頼関係が強くなる。介護老人福祉施設の職員同士が信頼しあい利用者に対してより良いケアを提供していくことは介護計画の目標でもある。

問題4 正答 3

1 × 強い口調は，Bさんからすれば怒られていると感じてしまう可能性がある。

2 × 適切な抑揚をつけたほうが伝わりやすい。

3 ○ Bさんにとってわかりやすい声の大きさと，理解しやすい速さで伝えることが大切である。

4 × 介護職にとっては2回目の声かけになるが，Bさんはまだ理解していないので，何回か同じことを伝えることになっても初めて伝えるように丁寧な声かけをしていく。

5 × Bさんが理解できるよう，大きめな声でゆっくり伝えることが必要である。

問題5 正答 4

1 × 感染予防体制を強化するために緊急的な介護体制をとり，その結果職員の精神的疲労の心配が出てきたと考えられるので，優先するのは職員の精神的な健康になる。

2 × 多職種チームでの連携は大切だが，この時点では職員へのケアを優先すべきである。

3 × 利用者のストレスを和らげる取り組みも必要であるが，労務管理を担当する職員からの提案を考えると職員への対応が優先される。

4 ○ 燃え尽き症候群（バーンアウト）とは，それまで頑張って仕事をしてきた人が，ある日何らかの原因によって突然無気力になり，やる気を失った状態になることをいう。「情緒的消耗感」，「非（脱）人格化」，「個人的達成感の減退」という3症状がある。

5 × 感染予防には利用者家族の面会方法を見直すことも必要であるが，優先するのは職員の疲弊を緩和していくことである。

問題6 正答 1

1 ○ 組織図は，組織（介護老人福祉施設）の組織構造を一目でわかるようにした図のことである。部門同士の関係や指揮命令系統が把握できる。

2 × 勤務表は，職員の勤務シフトを理解するためのものである。

3 × 経営理念は，施設が事業に取り組む目的や大切にする価値などの基本的な考え方を明文化したものである。

4 × 施設の歴史は，介護老人福祉施設がどのような経緯で設立され今に至ったのかを，時系列で記した記録である。

5 × 資格保有者数とは，介護老人福祉施設に勤務する職員がどのような資格を保持しているか，把握するための数値である。

社会の理解

問題7 正答 1

1 ○ セルフヘルプグループとは，共通の悩みや問題を抱える人やその家族が，自ら運営し，自主的に活動するグループのことであり，自助グループ，当事者グループなどと呼ばれることもある。断酒会はアルコール依存で苦しんでいる本人や家族が，お互いに自らの酒害体験を語る場である。解決策を検討することが目的ではなく，つらさに共感してくれる人がいることや，自分だけが特別なわけではないということに気付けることの意義が大きい。

2 × 施設の社会貢献活動とは，施設が地域のために貢献することをいう。例えば，地域住民のボランティア活動を受け入れて行う福祉教育，介護教室や介護予防のための体操教室，地域住民の交流を目的としたイベント，地域住民団体への場所（スペース）貸し，専門性をいかした「福祉相談」など，さまざまな活動例がある。

3 × 子ども食堂は，子どもや保護者などに対し，無料または安価で食事を提供する社会的な活動であり，NPO法人や民間団体，住民有志などが運営している。地域で食事を提供する活動自体は以前から行われていたが，主に独居の高齢者やホームレスが対象だった。2013（平成25）年の「子どもの貧困対策の推進に関す

る法律」の制定などにより子どもの貧困への関心が高まり，近年活動が大きく広がった。

4 ✕ 傾聴とは，臨床心理学者のカール・ロジャーズ（Carl Ransom Rogers）が提唱した受容，共感，一致の姿勢で自立を支援する「来談者中心療法（client-centered therapy）」に基づいたコミュニケーション技術である。話し手自身の心の負担が軽くなることや，考えが整理され自分なりに判断や納得に至ること等の効果が期待できる。傾聴ボランティアは主に高齢者施設や病院などで活動している。

5 ✕ 地域の町内会は，自治会や区会など場所によってさまざまな呼称があるが，住民の親睦，共通利益の確保，地域自治などを目的に，住民によって組織される互助や共助をすすめる地縁団体である。主な活動には，美化活動，防犯・防災・防火活動，行政からの連絡の共有，親睦イベントの開催，子供会や老人クラブの支援などがある。都市化，核家族化や単身世帯の増加，個人情報保護法の影響などもあり，年々加入率が低下している。

問題8　　　　　　　　　　　　　　　　　　　　　　　　　　　　　正答　3

1 ✕ 特定非営利活動法人は，特定非営利活動を行うことを主たる目的として設立される法人であり，特定非営利活動促進法（1998《平成10》年施行）に基づいている。社会福祉法に基づいて設立される法人は社会福祉法人である。

2 ✕ 特定非営利活動法人の認証は，原則として都道府県知事または政令指定都市の長が行う。

3 ◯ 内閣府によると，2023（令和5）年9月30日現在で認証を受けている5万112の特定非営利法人のうち，「保健，医療又は福祉の増進を図る活動」を定款に定めている法人は2万9,636で，全活動分野の中で最も多い。なお活動分野については，一つの法人が複数分野の活動を行う（定款に記載する）場合がある。

4 ✕ 特定非営利活動法人は，その主たる活動に必要な資金や運営費に充てるために，特定非営利活動に支障がない限り，特定非営利活動に係る事業以外の事業（その他の事業）を行うことが認められており，この「その他の事業」として収益活動を行うことができる。ただし，その場合の会計は特定非営利活動に係る会計から区分しなければならず，また利益は特定非営利活動以外のために使うことはできない。

5 ✕ 特定非営利活動促進法は「宗教の教義を広め，儀式行事を行い，及び信者を教化育成することを主たる目的とするものでないこと。」（第2条第2項第2号イ）と規定しており，宗教活動を主たる目的とする団体は認証をうけることはできない。

問題9　　　　　　　　　　　　　　　　　　　　　　　　　　　　　正答　5

1 ✕ 世界保健機関は1948（昭和23）年に設立され，国連システムの中にあって保健について指示を与え，調整する機関である。主な役割は，グローバルな保健問題についてリーダーシップを発揮し，健康に関する研究課題を作成し，規範や基準を設定することである。

2 ✕ 福祉事務所は，社会福祉法第14条第1項に規定されている「福祉に関する事務所」のことであり，福祉六法に定められた援護，育成または更生の措置に関する事務をつかさどる。都道府県及び市（特別区を含む）は設置が義務付けられており，町村は任意で設置することができる。

3 ✕ 地域包括支援センターは介護保険法（第115条の46）に基づき，市町村が設置主体となり地域住民の心身の健康の維持，生活の安定，保健・福祉・医療の向上と増進のため必要な援助，支援を包括的に担う機関であり，2006（平成18）年の法改正によって設けられた。保健師・社会福祉士・主任介護支援専門員等を配置し，チームアプローチにより，介護予防支援及び包括的支援事業などを実施する。

4 ✕ 生活協同組合は，1948（昭和23）年制定の消費生活協同組合法に基づいて設立される法人であり，原則として同一都道府県内に住む住民，または同じ職場に勤務する人々が，生活の安定と生活文化の向上を図るため，相互の助け合いにより自発的に組織し運営するする非営利法人である。

5 ◯ セツルメント（settlement）という単語には，「移住，植民，解決，支払い」などさまざまな意味があるが，地域福祉で用いられる場合は，問題文の通り，貧困地域に住み込んで行う援助のことを意味し，グループワークの起源の一つと考えられている。発祥は19世紀後半にアーノルド・トインビーが，ロンドンのスラム街にセツルメント施設を設立しようと試みたことであり，トインビーは施設完成前に亡くなったが，その遺志を継いだバーネット夫妻が「トインビーホール」と名付けた。日本では，1891（明治24）年の岡山博愛会，1897（明治30）年の東京のキングスレー館などが初期の活動として有名である。

問題10　　　　　　　　　　　　　　　　　　　　　　　　　　　　正答　5

1 ✕ 社会福祉基礎構造改革は，社会福祉へのニーズの拡大・多様化に対応するため，社会福祉に関する共通基

盤を大幅に見直した2000（平成12）年の改革のことをいう。その中で，社会福祉事業法は社会福祉法となり名称と内容が大幅に見直された。

2 ✕ 社会福祉基礎構造改革では，福祉サービスの提供方式が見直され，それまでの措置制度から，利用者が福祉サービス事業者と直接利用契約を結ぶ方式に変更された。

3 ✕ 社会福祉基礎構造改革によりサービス提供事業者が社会福祉法人に限定されたということはなく，第2種社会福祉事業を中心に多様化が図られている。

4 ✕ 高齢者福祉や介護分野と同様，障害福祉分野においても利用契約方式の導入等の制度改正が行われた。

5 ○ 地域福祉権利擁護事業は，判断能力が不十分な高齢者や知的障害者，精神障害者等が地域において自立した生活が送れるよう，利用者との契約に基づき，福祉サービスの利用援助等を行うことにより，本人の権利を擁護することを目的として創設された。なお，現在の事業名は日常生活自立支援事業である。

問題11	正答 2

1 ✕ 国民健康保険は，他の医療保険制度（被用者保険，後期高齢者医療制度）に加入していない住民を対象とした医療保険である。

2 ○ 後期高齢者医療制度は，75歳以上及び一定の障害がある65歳以上が対象となる。医療費の自己負担割合は原則1割であるが，所得に応じて2割または3割となる。Cさんは77歳であることから，この制度が適用される。

3 ✕ 共済組合保険は，公務員や教職員を対象とした保険である。Cさんは公務員をしていたことから，在職時は共済組合保険に加入していたと考えられるが，現在は退職していることから適用されない。

4 ✕ 育成医療は，障害児が，その身体障害を除去，軽減する手術等の治療によって確実に効果が期待できる場合に，その手術等の医療費の一部を公費負担する制度である。

5 ✕ 更生医療は，身体障害者が，その障害を除去・軽減する手術等の治療によって確実に効果が期待できる場合に，その手術等の医療費の一部を公費負担する制度である。

問題12	正答 3

1 ✕ 地域密着型介護サービスは，市区町村が指定，監督を行う。

2 ✕ 居宅介護支援の指定・監督は，当初は都道府県が行っていたが，制度改正により2018（平成30）年4月1日から市区町村が行っている。

3 ○ 施設サービスは，都道府県・指定都市・中核市が指定（許可），監督を行う。施設サービスには，介護老人福祉施設（特別養護老人ホーム），介護老人保健施設（老人保健施設），介護療養型医療施設（療養病床等），介護医療院の4種類がある。

4 ✕ 夜間対応型訪問介護は，地域密着型サービスの一つであり，市区町村が指定，監督を行う。

5 ✕ 介護予防支援とは，要支援者が介護予防サービス等を適切に利用できるよう，心身の状況，置かれている環境，要支援者の希望等を勘案し，介護予防サービス計画を作成し，サービス事業者等との連絡調整を行う事業である。市区町村が指定，監督を行う。

問題13	正答 5

1 ✕ 障害者差別解消法（以下「同法」）の対象になる障害者は「身体障害，知的障害，精神障害（発達障害を含む。）その他の心身の機能の障害（以下「障害」と総称する。）がある者であって，障害及び社会的障壁により継続的に日常生活又は社会生活に相当な制限を受ける状態にあるものをいう。」（第2条第1号）であり，身体障害者手帳を交付された者に限定されない。

2 ✕ 同法第7条及び第8条では，合理的配慮について「その実施に伴う負担が過重でないとき」はしなければならないと規定している。言い換えれば，求められる配慮に過度な負担を伴う場合は，配慮しなくてもよいということである。ただし，これを口実に安易に配慮を怠ってよいわけではないことはいうまでもない。

3 ✕ 同法第4条は，「国民は，第1条に規定する社会を実現する上で障害を理由とする差別の解消が重要であることに鑑み，障害を理由とする差別の解消の推進に寄与するよう努めなければならない。」としているが，これは個々人に個別の具体的な義務を課すものではなく，罰則規定はない。

4 ✕ 雇用主による障害者に対する虐待を禁止しているのは，「障害者虐待の防止，障害者の養護者に対する支援

等に関する法律」（通称「障害者虐待防止法」）である。

5 〇 同法第1条において、「この法律は、障害者基本法の基本的な理念にのっとり、（中略）障害を理由とする差別の解消を推進し、もって全ての国民が、障害の有無によって分け隔てられることなく、相互に人格と個性を尊重し合いながら共生する社会の実現に資することを目的とする。」と明示されている。

問題14 正答 **4**

1 × 移動支援は、市区町村が実施する地域生活支援事業の一つであり、費用の給付や補助ではなく、サービスそのものを提供する。

2 × 行動援護は、介護給付の一つであり、自分一人で行動することが著しく困難で、常時介護を要する知的障害者や精神障害者を支援する事業である。外出時の危険回避だけでなく、外出の前後の着替えや移動中の介護、排せつ及び食事等の介護、その他行動する際に必要な援助を行う。

3 × 同行援護は、介護給付の一つであり、視覚障害者を対象とし、移動時及びそれに伴う外出先において必要な支援を行う。移動の援護のほか、代筆・代読などの視覚的情報の支援や、排泄・食事等の介護なども対象となる。

4 〇 「訪問」という名称から自宅等での支援のみがイメージされやすいが、外出時における移動の支援や移動中の介護もサービスに含まれる。

5 × 共同生活援助（グループホーム）は、主に夜間において、共同生活を営む住居で相談、入浴、排せつや食事の介護、その他の日常生活上の援助を行うサービスである。

問題15 正答 **4**

1 × 公正取引委員会は、私的独占の禁止及び公正取引の確保に関する法律（独占禁止法）第27条に基づき、公正で自由な競争原理を促進し、民主的な国民経済の発達を図ることを目的として設置された内閣府の外局（行政委員会）である。企業合併や株式取得などの企業結合が独占禁止法上問題ないかどうかなどを審査している。また一般消費者にとって不利益になるような、企業結合を禁止することができる。

2 × 都道府県障害者権利擁護センターは、障害者虐待の防止、障害者の養護に対する支援者に関する法律第36条第1項に基づき、障害者虐待に関する相談や相談機関の紹介、障害者を雇用する事業主等使用者による虐待についての通報、届出の受理、市町村相互間の連絡調整、市町村に対する情報の提供、助言その他必要な援助を行っている。

3 × 運営適正化委員会は、社会福祉法第83条に基づき、福祉サービス利用援助事業の適正な運営を確保するとともに、福祉サービスに関する利用者等からの苦情を適切に解決するため、第三者機関として都道府県社会福祉協議会に設置されている。

4 〇 消費生活センターは、消費者安全法第10条に基づき、商品やサービスなど消費生活全般に関する苦情や問い合わせなど、消費者からの相談を専門の相談員が受け付け、公正な立場で対処する行政機関である。Dさんのケースのように電話勧誘などで騙されているかもしれないと感じた場合は、消費生活センターに相談すると適切なアドバイスを受けたり、支援をしてもらうことができる。

5 × 市町村保健センターは、地域住民のための健康相談、保健指導、健康診査などの地域保健事業を行う機関であり、地域保健法第18条第1項によって市町村が設置できるとされている。

問題16 正答 **1**

1 〇 福祉避難所は、災害対策基本法による避難所の指定基準の一つとして、高齢者、障害者、乳幼児その他の特に配慮を要する者（要配慮者）の円滑な利用を確保することを目的として設置される。ただし特別養護老人ホームまたは老人短期入所施設等の入所者はそれぞれ緊急入所等を含め、当該施設で適切に対応されるべきであるため、原則として福祉避難所の対象者としていない。

2 × 福祉避難所設置の根拠法は、介護保険法ではなく災害対策基本法である。

3 × 医療的ケアを必要とする人には医療や福祉による対応が必要であり、一般の避難所では対応が困難である。このため2021（令和3）年度から福祉避難所への直接避難が推進されることになっており対象である。

4 × 災害対策基本法の中に訪問介護員（ホームヘルパー）の派遣に関する規定はない。なお、内閣府が定める「福祉避難所の確保・運営ガイドライン」の中では、「市町村は、要配慮者の避難生活を支援するために必要となる専門的人材の確保に関して支援の要請先リストを整備するとともに、関係団体・事業所と協定を締結す

るなど，災害時において人的支援を得られるよう連携を図る」としている。また，支援人員を確保することが困難な場合には，必要に応じて都道府県が調整し，災害派遣福祉チーム（DWAT）等を含め，人員を広域的に確保することにも言及している。

5 ✕ 災害救助法の中には，同行援護のヘルパーに関する規定はない。

問題17	正答 **3**

1 ✕ 基幹相談支援センターは，障害者総合支援法に基づき地域における相談支援の総合的な窓口として設置される。基幹相談支援センターでは，障害者やその家族からの相談に対応し，必要に応じて関係機関と連携して支援する。個別のケースだけでなく，地域全体の相談支援をまとめる役割も担っている。

2 ✕ 地域活動支援センターは，地域で生活している身体・精神・知的障害を持つ人に対して創作活動や交流の機会を提供する施設である。10人以上が利用できる規模，施設長1人と指導員2人以上の職員を配置するという基礎的事業の要件があり，さらにより手厚い人員配置や機能を持つ場合は，機能強化事業Ⅰ，Ⅱ，Ⅲ型に認定される。

3 ◯ 結核は2類感染症に指定され，感染症法第37条第4項で医療費の公費負担の手続き，第53条の14で家庭訪問指導について規定している。いずれも患者の居住地を管轄する保健所が行う。

4 ✕ 老人福祉センターは，老人福祉法により設置され，地域の老人からの各種相談を受けるとともに，健康の増進，教養の向上及びレクリエーションのための便宜を総合的に供与し，老人が健康で明るい生活を送れることを目的としている。老人福祉センターは，その設置される場所，目的等を考慮して，特A型，A型及びB型に分類されている。

5 ✕ 医療保護施設は，生活保護法に基づき医療を必要とする要保護者に対し，医療の給付を行う施設である。指定病院や診療所の許可病床であることが多いため，独立した施設ではなく病院に付随する機能の施設といえる。主な職員配置は，生活指導員，医師，看護師，栄養士，調理員，事務職員である。

問題18	正答 **2**

1 ✕ 地域包括支援センターは，市町村が設置主体となり，介護予防支援及び高齢者に向けた包括的支援事業を行う。介護などに関わる総合相談も行っているが，Eさんは55歳であり介護を必要としている状態ではないので，相談先として適しているとはいえない。

2 ◯ 福祉事務所は，生活保護法に基づき援護を行うことができる。生活保護を受給するかどうかに関わらず，経済的困窮状態を相談するには適している。なお，他にも市町村社会福祉協議会や生活困窮者自立支援制度に基づく自立支援相談事業所などが相談先として考えられる。

3 ✕ 精神保健福祉センターは，精神保健の向上及び精神障害者の福祉の増進を図るための機関で，精神保健福祉法によって，各都道府県及び政令指定都市に設置することが定められている。ひきこもり状態からの社会復帰相談も行っているが，Eさんの弟が現時点で相談したいことは家賃の滞納や生活困窮だと思われることから適しているとはいえない。

4 ✕ 公共職業安定所（ハローワーク）は，求職者や求人事業主に対して無償でサービスを提供する国（厚生労働省）が運営する総合的雇用サービス機関である。Eさんが今後就労を希望するのであれば相談することもできるが，現在起きている問題の解決に対する相談先としては適しているとはいえない。

5 ✕ 年金事務所は，日本年金機構法に基づき公的年金の加入や住所変更の手続き，社会保険の適用や徴収，年金給付に関する相談や給付手続きなどを行う非公務員型の特殊法人である。条件に合致すれば障害年金を受給できる可能性もあるが，仮に受給できるとしても申請してから支給まで一定の期間がかかるため，現在起きている問題の解決に対する相談先としては適しているとはいえない。

領域：こころとからだのしくみ

こころとからだのしくみ

問題19	正答 **3**

1 ✕ 承認欲求（尊重されたい，価値ある存在と認められたい，可能性を発揮したいなど）は欠乏欲求に該当する。

2 ✕ 安全欲求（身の安全を確保したいなど）は欠乏欲求に該当する。

3 ○ 自己実現欲求（自己成長，社会貢献など）は成長欲求に該当する。

4 ✕ 生理的欲求（食欲，性欲，睡眠欲など）は欠乏欲求に該当する。

5 ✕ 所属・愛情欲求（仲間が欲しい，コミュニティに属したい，愛されたいなど）は欠乏欲求に該当する。

問題20　　　　　　　　　　　　　　　　　　　　　　　　　　正答　1

1 ○ 交感神経の作用で血管は収縮する。

2 ✕ 交感神経の作用で心拍数は増加する。

3 ✕ 交感神経の作用で気道は弛緩する。

4 ✕ 交感神経の作用で消化は抑制する。

5 ✕ 交感神経の作用で瞳孔は散大する。

問題21　　　　　　　　　　　　　　　　　　　　　　　　　　正答　3

1 ✕ リハビリテーションは有効であり減らす理由はない。歩行訓練だけでなく，筋力強化や荷動運動，バランス運動なども取り入れるとよい。

2 ✕ 健康な骨を維持するためにはビタミンDやカルシウムが必要である。きのこ類，魚類，乳製品などを使った食事を勧める。

3 ○ 日光浴を日課に取り入れることで，ビタミンDを体内で作り出すことができる。

4 ✕ できるだけ車いすでの移動は避けて歩行を行う。身体活動を活発にすることも必要である。

5 ✕ ビタミンDとカルシウムの摂取を勧める。

問題22　　　　　　　　　　　　　　　　　　　　　　　　　　正答　1

1 ○ ツチ骨は，鼓膜の中耳側にある。

2 ✕ 蝶形骨は，鼻腔後方に位置する骨である。

3 ✕ 前頭骨は，眼窩の上部から前頭部に拡がる扁平な骨である。

4 ✕ 頬骨は，顔面骨を形成する骨の一つであり，「ほほのほね」のことである。

5 ✕ 上顎骨は歯があり，左右の頬骨と繋がる骨である。

問題23　　　　　　　　　　　　　　　　　　　　　　　　　　正答　1

1 ○ 爪の主成分は，「ケラチン」というタンパク質である。

2 ✕ 爪は，1日に0.1mm程度伸びるといわれている。

3 ✕ 爪床とは，爪の生えている部分を指す。

4 ✕ 正常な爪は，毛細血管の色が透けて見えることから薄いピンク色である。

5 ✕ 爪の根元のほうにある白い部分を爪半月という。角質化が不充分なために白く見える。

問題24　　　　　　　　　　　　　　　　　　　　　　　　　　正答　4

1 ✕ 扁桃は喉にあるリンパ組織である。ウイルス等が侵入しないよう防御する役割を担っている。

2 ✕ 食道は咽頭と胃の間をつなぐ，くだ状の臓器である。口から食べた食物を胃に送る働きをしている。

3 ✕ 耳管は，耳と鼻をつなぐ通路である。

4 ○ 気管は喉頭から肺まで続く。誤嚥は食物や唾液などが食道ではなく，気管（気道）に入ることで起こる。

5 ✕ 咽頭は，鼻の奥から食道に至るまでの食物等の通り道である。

問題25　　　　　　　　　　　　　　　　　　　　　　　　　　正答　5

1 ✕ 心筋梗塞は心筋に栄養が行かずに，激しい胸の痛みなどに襲われる疾患である。

2 ✕ 蕁麻疹は皮膚の一部が比較的突然，虫に刺されたように盛り上がり，短時間で跡を残さず消える症状である。

3 ✕ 誤嚥性肺炎は口腔内の細菌群が原因であり，飲食物や唾液が気管内に入り込み，炎症を起こすことをいう。

4 ✕ 食中毒は原因の基となる細菌やウイルス等が付着した食べ物を食べることにより下痢や腹痛，嘔吐をおこすことである。

5 ○ 問題文に最も適切なのは，この状態である。「喉をつかむようなしぐさ」はチョークサインという。

問題26　　　　　　　　　　　　　　　　　　　　　　　　　正答　4

入浴の三大作用は「静水圧作用，温熱作用，浮力作用」である。静水圧作用は水圧により身体が一回り小さくなる現象である。温熱作用はお湯につかって身体が温まることである。浮力作用はお湯に入り身体が軽くなる作用である。問題文は「からだが軽く感じて楽になる」ということから浮力作用が正答である。

問題27　　　　　　　　　　　　　　　　　　　　　　　　　正答　2

女性の尿道は3〜4cm程度，男性の尿道は10〜15cm程度といわれ，女性の方が尿道が短い。そのため外界の細菌類等と触れやすいことから女性の方が尿路感染症に感染しやすい。子宮の圧迫や女性ホルモンの影響は関係しない。腹筋が弱くなった場合や尿道括約筋が弛緩した場合は尿路感染症ではなく，尿失禁につながることがある。

問題28　　　　　　　　　　　　　　　　　　　　　　　　　正答　2

一般的に就寝前の飲酒は睡眠リズムを狂わせるといわれている。眠りが浅くなる可能性が高いため2が最も適切である。1，3，4は眠りを誘発することが多く，5はリラックス効果により副交感神経が優位になることから睡眠に良い影響を与えると考えられる。

問題29　　　　　　　　　　　　　　　　　　　　　　　　　正答　5

1 ✕ 早朝に目が覚める（自身が望む起床時刻よりも2時間以上早く目覚めてしまう）のは，早朝覚醒である。

2 ✕ 睡眠中に下肢が勝手にピクピクと動いてしまうのは，周期性四肢運動障害である。

3 ✕ 睡眠中に呼吸が止まるのは，睡眠時無呼吸症候群である。

4 ✕ 睡眠中に突然大声を出したり身体を動かしたりするのは，レム睡眠障害である。

5 ○ 概日リズム睡眠障害は，夕方に強い眠気を感じて就寝し，深夜に覚醒してしまう。

問題30　　　　　　　　　　　　　　　　　　　　　　　　　正答　4

一般的に「医療用麻薬」は，投与初期に1〜3割程度で悪心や嘔吐が見受けられることがある。また呼吸状態の変化に留意する必要があることから，正答が4になる。実際には適正な使用下において呼吸抑制が起こるケースはまれである。医療用麻薬を使用した際には，眠気も出ることから，眠気と呼吸抑制との関連を観察する必要がある。

発達と老化の理解

問題31　　　　　　　　　　　　　　　　　　　　　　　　　正答　3

1 ✕ 神経系の組織は，生後から急速に発達し8歳ごろにピークに達する。

2 ✕ 筋骨格系，循環器系，消化器系は一般系と呼ばれ，S字カーブを描いて発達する。

3 ○ 生殖器系の組織は，12歳ごろから急速に発達する。

4 ✕ 筋骨格系と同じように，S字カーブを描いて発達する。

5 ✕ リンパ系の組織は，徐々に発達し12歳ごろピークに達し，以後徐々に縮小し20歳ごろに落ち着く。

問題32　　　　　　　　　　　　　　　　　　　　　　　　　正答　2

1 ✕ 前日に伝えることは望ましいが，具体的に説明する必要がある。

2 ○ 前日に伝えることが望ましく，台風と砂場の使用との関係が理解できるような説明が大切である。

3 ✕ 前日に伝えることは望ましいが，おだんご屋さんという認識がないかもしれない。

4 ✕ 受け止めができるよう，前もって伝えておく必要がある。突然の変化には対応できない。

5 ✕ 受け止めができるよう，前もって伝えておく必要がある。

問題33 正答 **5**

1 ✕ 生理的老化とは病的老化と対比して用いられ，遺伝的にプログラムされており，誰にでも起こり，不可逆的で身体や精神に有害な事象の事である。環境が原因ではない。

2 ✕ 訓練によって若い時の状態を回復することはできない。

3 ✕ 個体の生命活動に不利にはたらく現象である。

4 ✕ 人間固有の現象ではなく，生物に広く認められる現象である。

5 ◯ 遺伝的にプログラムされた現象である。

問題34 正答 **1**

1 ◯ 高齢を理由にして，偏見をもったり差別したりすることである。本来，エイジズムとは，年齢に基づいた偏見や差別のことを表し，高齢者に限らず，特定の年齢層に対する偏見や差別を指して用いられる。

2 ✕ エイジズムは，生産性や経済活動などとは関係がない。

3 ✕ エイジズムという場合は，心理ではなく，主義・主張を表す。

4 ✕ 抗加齢という意味は，エイジズムには含まれていない。

5 ✕ 加齢に対して肯定的な意味は，エイジズムは含んでいない。

問題35 正答 **4**

1 ✕ 喘息では，呼吸困難（呼吸苦）や喘鳴の症状が起きる。

2 ✕ 肺炎では，発熱，呼吸苦などの症状が起きる。

3 ✕ 脳梗塞では，突然，麻痺，言語障害などの症状が起きる。

4 ◯ 心筋梗塞では，狭心症より長時間，30分以上続く胸痛が起きるので該当する。

5 ✕ 逆流性食道炎では，胸やけ，胃痛の症状が起きる。

問題36 正答 **5**

1 ✕ 0歳児の平均余命は平均寿命に相当する。2022（令和4）年において，日本人の男性81.051歳，女性87.09歳である。

2 ✕ 65歳時の平均余命ではない。65歳の平均余命は，2022（令和4）年において，男性19.44歳，女性24.30歳である。

3 ✕ 健康寿命は，ほぼ，平均寿命から介護期間を差し引いたものに相当し，65歳時の平均寿命から差し引いたものではない。

4 ✕ 死亡時まで健康であった人の平均寿命ではない。

5 ◯ 健康上の問題で日常生活が制限されることなく生活できる期間のことで，2019（令和1）年では，男性72.68歳，女性75.38歳で，2019（令和1）年の平均寿命の男性81.41歳，女性87.45歳より，それぞれ，8.73歳，12.07歳短い。

問題37 正答 **3**

1 ✕ 男性ホルモンが関与しており，男性ホルモンの低下により，30歳代から前立腺が大きくなり始め，加齢とともに肥大が進む。

2 ✕ 尿が作られないのではなく，前立腺は膀胱の出口部にある尿道を取り囲んでいるため，肥大すると，膀胱にたまった尿の排泄，つまり，排尿が障害された状態になる。

3 ◯ 初期には頻尿が出現する。肥大した前立腺が尿道を圧迫し，残尿が多くなるため，頻回に尿意を催すように

なる。

4 ✕ 進行すると排尿障害が悪化するが透析の対象になることはない。

5 ✕ 訓練による回復は期待できず，投薬，手術により回復が期待できる。

問題38

正答 4

1 ✕ 骨粗鬆症は，閉経以降の女性ホルモンの減少の影響を受けやすく女性に多い。

2 ✕ 変形性膝関節症ではO脚に変形する場合が多い。

3 ✕ 関節リウマチは免疫の異常によって，関節に慢性の炎症が起きる。

4 ◯ 腰部脊柱管狭窄症では下肢のしびれ，腰痛がみられる。

5 ✕ サルコペニアは筋肉量の低下によって筋力や身体機能が低下した状態をいう。骨量の低下が特徴ではない。

認知症の理解

問題39

正答 1

1 ◯ 75歳以上の人は免許更新時に認知機能検査が義務づけられており，認知症のおそれの有無が判定される。

2 ✕ 免許更新時の運転技能検査は，75歳以上で過去3年間に信号無視等の一定の違反歴がある人が対象である。

3 ✕ 原則として認知症と診断された場合は，運転免許証を返納しなければならないが，軽度認知障害であれば運転することはでき，それだけを理由として運転免許が取消しになることはない。

4 ✕ サポートカーとは，交通事故防止対策の一環として，衝突被害軽減ブレーキなどの先進安全技術でドライバーの安全運転を支援してくれる車のことである。サポートカー限定免許は，高齢等の理由により運転に不安がある人が，申請することにより運転する自動車の種類をサポートカーに限定するものであり，認知症の人は対象ではない。

5 ✕ 自主的に免許を返納した人や運転免許証の更新を受けずに失効した人は，運転経歴証明書の交付を受けることができる。運転免許が取消しとなった人は，運転経歴証明書の交付を受けることはできない。

問題40

正答 1

1 ◯ アパシーとは，無気力であることの自覚に乏しく，平然としていて無感情そして悲観的ではないことが特徴である。

2 ✕ 将来に希望がもてず悪い方向に考えてしまうのは，うつの特徴である。

3 ✕ 気分が落ち込み，自分は生きている価値もないといった悲哀を感じている状態は，うつの特徴である。

4 ✕ 理想どおりにいかず理想と現実のギャップで葛藤するのは，うつの特徴である。

5 ✕ 失敗したときに原因は自分の能力が低いからだ等，自分を責めるのは，うつの特徴である。

問題41

正答 4

1 ✕ せん妄は，突然発症することが特徴である。

2 ✕ ぼーっとしたり，目つきが変わって覚醒レベルが低下する等の意識障害がみられる。

3 ✕ 会話や食事などに集中できない等の注意障害がみられる。

4 ◯ 脱水や便秘，発熱，疼痛など，体調の変化が誘因となる。

5 ✕ 夜間にあらわれることが多く，夜にあらわれることを夜間せん妄という。夜間せん妄があらわれると，睡眠覚醒のリズムが乱れ，睡眠障害となることがある。

問題42

正答 2

1 ✕ 脊柱管狭窄症や閉塞性動脈硬化症の症状であり，間欠性跛行のことである。

2 ◯ レビー小体型認知症では，パーキンソン症状である，すくみ足，小刻み歩行，前傾姿勢，急に止まれないなどの症状があり，転倒を繰り返すことがある。

3 ✕ 脊髄小脳変性症の症状であり，酩酊様歩行のことである。

4 ✕ 片側錐体路障害や両側錐体路障害でみられる，痙性歩行のことである。

5 ✕ 進行性筋ジストロフィーや多発筋炎でみられる，動揺性歩行のことである。

問題43　　　　　　　　　　　　　　　　　　　　　　　　　　　　　　　正答　5

1 ✕ 若年性認知症は，高齢の認知症よりも進行速度が速い傾向にある。

2 ✕ 高齢者の認知症は女性が多いのに対して，若年性認知症は男性に多いことが特徴である。

3 ✕ 30歳代よりも50歳代の有病率が高い。発症年齢は平均で51.3歳であり，約3割は50歳未満で発症している。

4 ✕ 家族や職場の同僚が異変に気づくことが，診断のきっかけになることが多い。

5 〇 発症時に約6割は就労しており，働き盛りの世代で発症するため，高齢の認知症の人に比べて就労支援が必要になることが多い。

問題44　　　　　　　　　　　　　　　　　　　　　　　　　　　　　　　正答　3

1 ✕ 誤認とは，あるものを別のものと間違えて認識することである。親しい人を他人と思い込んで認識してしまうことを人物誤認という。

2 ✕ 観念失行とは，物の名前や用途は説明できるにもかかわらず，慣れているはずの物の使用，日常の一連の動作を順序正しく行えないことである。

3 〇 嫉妬妄想とは，配偶者や恋人などのパートナーに対して，強い嫉妬や不安を抱いてしまう妄想のことである。

4 ✕ 視覚失認とは，視力に問題はないが，目の前にある対象物が何であるのか答えられないことである。

5 ✕ 幻視とは，実際に存在しないものを見たり聞いたり感じたりする症状である。

問題45　　　　　　　　　　　　　　　　　　　　　　　　　　　　　　　正答　3

1 ✕ 遂行機能障害とは，物事や行動の計画を立て，計画通りに行動することができないことである。自宅がわからないことは見当識障害によるものである。

2 ✕ 認知機能障害による記憶障害では，もの忘れが病的に悪化し，最近の日常生活に関する出来事の記憶が障害され，次に古い記憶にまで及ぶ。出された食事を食べないことは，失認の症状によるものである。

3 〇 相貌失認とは，人の顔が覚えられない，わからないことである。

4 ✕ 視空間認知障害とは，目から入った情報のうち，ものの位置や向きを認識することができないことである。今日の日付がわからないことは見当識障害によるものである。

5 ✕ 自分の障害を自覚して，その程度を正しく把握することを病識といい，病識が低下し，自覚に乏しい状態を病識低下という。病識低下がうつ状態の原因になることはない。

問題46　　　　　　　　　　　　　　　　　　　　　　　正答　4及び5※

※「問題文からは選択肢4と選択肢5のいずれも正答となるため、選択肢4及び選択肢5に得点する」と発表された。

1 ✕ センタリングとは，相手を傾聴・共感するために精神を集中させることである。

2 ✕ リフレージングとは，会話の中で重要だと感じた言葉を，感情も反映させながら繰り返す技法である。

3 ✕ レミニシングとは，過去のことについて質問することで，懐かしい昔話を引き出す技法である。

4 〇 ミラーリングとは，認知症の人の真正面に向き合って，動作や感情を映し出す「鏡になる」技法である。相手の動作や表情，姿勢，話し方を同じようにまねし，感情を受容することである。

5 〇 カリブレーションとは，認知症の人の感情を観察し，自分の表情，姿勢，呼吸を相手に合わせ，感情を一致させ共感する技法である。

問題47　　　　　　　　　　　　　　　　　　　　　　　　　　　　　　　正答　1

1 〇 介護の主体は利用者であり，利用者本人の訴えを優先させる必要がある。

2 ✕ Mさんは，夕食後に落ち着きがなくなっている。日中の過ごし方を観察し，落ちつくための支援を考えるこ

とも必要ではあるが，最も優先すべきことではない。

3 ✕ Mさんの介護を検討するにあたっては，他の利用者ではなく，Mさんが主体でなければならない。

4 ✕ 対応に困ったのはMさん本人ではなく介護福祉職である。このような考え方は介護者が主体の考え方であり誤りである。

5 ✕ 薬の効き目については介護福祉職が判断することではなく，優先すべきことではない。

問題48　　正答 2

1 ✕ 認知症対応型通所介護は，認知症の人が日中の時間に利用することができ，家族は自分の時間をつくることができる。しかし，妻が入院すれば夜間も介護サービスが必要となるため適切とはいえない。

2 〇 短期入所生活介護は，短期間施設に宿泊し，24時間介護を受けることができるサービスであり，妻が入院している間のAさんへの介護サービスとして，最も適切である。

3 ✕ 認知症対応型共同生活介護は，認知症の人が家庭的な環境で自立した日常生活を送ることを目的とした施設である。Aさんの妻は，在宅介護を続けたいと考えているため，適切ではない。

4 ✕ 特定施設入居者生活介護は，利用者が可能な限り自立した日常生活を送ることができるよう，指定を受けた有料老人ホームや軽費老人ホームなどが，日常生活上の支援や，機能訓練などを提供する施設である。Aさんの妻は，在宅介護を続けたいと考えているため，適切ではない。

5 ✕ 介護老人福祉施設は，要介護3以上で常時介護が必要な人が入所し，日常生活上の支援や，機能訓練，療養上の世話などを提供する施設である。Aさんは要介護1であり入所の対象ではない。また，Aさんの妻は，在宅介護を続けたいと考えているため，適切ではない。

障害の理解

問題49　　正答 1

1 〇 ノーマライゼーションとは，障害者や高齢者等の「支援が必要な人」を特別視せずに，誰もが同じ社会の一員であると捉え，その人たちに変化を求めるのではなく，それぞれが自分らしい生活を送り，社会の一員として，役割を担っていけるように社会の側のあり方を変える，という理念であり，1950年代に生まれた。この理念を具体化した最初の法律がデンマークの知的障害者福祉法であり，通称1959年法と呼ばれている。この法律を起草したバンク＝ミケルセンは，ノーマライゼーションの理念を確立し，以後のノーマライゼーションの理念の世界的普及に大きな影響を与えた。

2 ✕ イギリスは「ゆりかごから墓場まで」という言葉で知られるように，社会保障制度を国として体系的に整備し，多くの国の社会保障制度の整備に影響を与えた。

3 ✕ アメリカは，ノーマライゼーションに関連することとしては，1960年代の障害者による自立生活運動や1990（平成2）年に障害者差別を禁止する法律を制定したことなどの実績がある。

4 ✕ スウェーデンのニィリエは，1960年代以降，講演や論文を通じてノーマライゼーションの理念を世界に広めた。そのためニィリエは「ノーマライゼーションの育ての親」とも呼ばれている。

5 ✕ ノルウェーは（日本でいう）特別支援学校が原則廃止され，障害があっても健常児と一緒に学ぶインクルーシブ教育が徹底しているなど，ノーマライゼーションの先進国の一つと言うことができる。

問題50　　正答 2

1 ✕ 法務局は，法務省の地方組織の一つとして，国民の財産や身分関係を保護する，登記，戸籍，国籍，供託の民事行政事務，国の利害に関係のある訴訟活動を行う訟務事務，国民の基本的人権を守る人権擁護事務を行っている。

2 〇 認知症，知的障害，精神障害などの理由で判断能力の不十分な人を保護し，財産の管理や契約の代行，遺産分割の協議など権利擁護の支援を行うのが成年後見制度である。成年後見制度には，法定後見制度と任意後見制度の2つがあり，このうち法定後見制度で後見人等を選任するのは家庭裁判所である。

3 ✕ 成年後見制度利用促進法第15条（都道府県の講ずる措置）では，「都道府県は，市町村が講ずる措置を推進するため，各市町村の区域を超えた広域的な見地から，成年後見人等となる人材の育成，必要な助言その他の援助を行うよう努めるものとする。」とされている。

4 ✕ 　市町村は地域生活支援事業として，障害者総合支援法第77条第1項第4号に規定する成年後見制度に関する費用の補助や同第5号に規定する成年後見人等の養成事業を行う。なお，老人福祉法にも同様の規定がある。

5 ✕ 　福祉事務所は，法定後見制度に関して情報提供などを行うが，成年後見人等の選任に関わることはない。

問題51 正答 **5**

1 ✕ 　障害があるという自覚がないのは，受障直後から自らの障害を認識し始めるまでの時期である。

2 ✕ 　周囲に不満をぶつけるのは，障害を受け止めることができず「なぜ自分がこんな目に遭うのか」という思いを持つ時期である。

3 ✕ 　自分が悪いと悲観するのは，自分の状態を理解したうえで，無力感や自虐的思考に陥ってしまう時期である。

4 ✕ 　価値観が転換し始めるのは，解決に向けて努力する時期である。解決できない可能性から逃れようとする逃避行動の場合もある。

5 ◯ 　障害受容の段階を定義した上田敏によると「障害の受容とはあきらめでも居直りでもなく，障害に対する価値観（感）の転換であり，障害をもつことが自己の全体としての人間的価値を低下させるものではないことの認識と体得を通じて，恥の意識や劣等感を克服し，積極的な生活感覚に転ずることである」（「障害の受容―その本質と諸段階について《1980年》」）。とされている。自分の状態を受け止めたうえで，できることに目を向けて行動するのは，受容の段階であるといえる。

問題52 正答 **2**

1 ✕ 　振戦せん妄は，アルコールからの離脱症状として見られるものである。主な症状は，悪夢・興奮・広範な混乱・見当識障害，視覚や聴覚の幻覚・発熱・発汗などである。

2 ◯ 　統合失調症の代表的な症状には，妄想や幻聴といった「本来ないものがある」と認識する陽性症状と，感覚鈍麻や快感消失，非社交といった「本来あったものがなくなる」陰性症状がある。

3 ✕ 　強迫性障害（強迫症）とは，強い不安やこだわりによって日常生活に支障が出る状態である。認知行動療法や投薬によって治療が可能とされている。

4 ✕ 　統合失調症でも抑うつ状態になることがあるが，うつ病や双極症の症状としても現れることがあるため，特徴的な症状とはいえない。

5 ✕ 　健忘は，過去の経験を部分的または完全に想起できなくなったり，原因となる出来事以降に新しい記憶を保持できなくなったりすることである。外傷性脳損傷，変性，代謝性疾患，てんかん発作，心理的障害などによって発生する。

問題53 正答 **4**

1 ✕ 　水晶体の白濁は，白内障によって起きる症状である。

2 ✕ 　口腔粘膜や外陰部の潰瘍は，ベーチェット病にみられる症状である。

3 ✕ 　振戦や筋固縮は，パーキンソン病にみられる症状である。

4 ◯ 　糖尿病が進行すると，足の血管が細くなることや神経の機能が弱くなることにより，潰瘍ができたり細菌や真菌の感染を起こしたりしやすくなり，結果として末梢の組織が壊疽する。そのため予防として，傷の有無や赤み，腫れなどの確認が重要となる。

5 ✕ 　感音性の難聴は，突発性難聴や老人性難聴や騒音性難聴，メニエール病などの内耳の病気や，聴神経腫瘍などの中枢の病気にみられる症状である。

問題54 正答 **3**

1 ✕ 　筋萎縮性側索硬化症では，水や食べ物の飲み込みが難しくなる嚥下障害が起きる。

2 ✕ 　のどの筋肉に力が入らなくなるため，発音しにくくなり構音障害が起きる。

3 ◯ 　筋萎縮性側索硬化症では，脳から体を動かす命令が伝わらなくなることにより，力が弱くなり，筋肉が衰えていく。その一方で，体の感覚，視力や聴力，内臓機能などは保たれることが多いことから，身体の痛みがわかる。

4 ✕ 　唾液や痰の量の増加がみられ，自力で吐き出す力が弱まる。そのため喀痰吸引を必要とする。

5 ✕ 発症して早い段階で，手指や肘から先の筋肉がやせ，機能が低下することが多い。

問題55　

1 ✕ 障害者相談支援事業は，障害福祉に関する諸問題について，相談，情報の提供，障害福祉サービスの利用支援等を行うほか，権利擁護のために必要な援助を行う事業である。市町村または市町村から委託された相談支援事業者が行う。

2 ✕ 自立生活援助事業は，地域生活支援員が利用者の居宅を訪問し，利用者の心身の状況や環境，日常生活全般の状況について把握し，必要な情報提供や助言・相談，障害福祉サービス事業者や医療機関等との連絡調整を行う事業である。

3 ◯ 日常生活自立支援事業は，認知症高齢者，知的障害者，精神障害者等のうち判断能力が不十分な人が地域で自立した生活が送れるよう，利用者との契約に基づき，福祉サービスの利用援助や金銭管理の支援等を行う事業である。実施主体は都道府県または指定都市の社会福祉協議会であり，窓口は各市区町村社会福祉協議会である。Dさんが活用した事業と考えられる。

4 ✕ 成年後見制度利用支援事業は，成年後見制度を利用することが有用であると認められる対象者のうち，必要な費用について補助を受けなければ制度利用が困難であると認められる人に対し，成年後見制度の申し立て経費及び成年後見人等の報酬の全部または一部を助成する事業である。事業の実施主体は市町村である。

5 ✕ 日常生活用具給付等事業は，障害者，障害児，指定難病患者等に対し，日常生活がより円滑に行われるための用具を給付または貸与することにより，福祉の増進に資することを目的とした事業である。市町村が行う地域生活支援事業のうち必須事業の1つとして規定されている。

問題56　

1 ✕ 全人間的復権とは，広義でのリハビリテーションを指す言葉である。日本障害者リハビリテーション協会によると，「社会の偏見や政策の誤り等のために，奪われ・傷つけられた尊厳・権利・人権が本来あるべき姿に回復すること」と示されている。

2 ◯ 障害を理由とする差別の解消の推進に関する法律では，行政や事業者は，障害者の意思の表明に応じて，その実施に伴う負担が過重でないときは，社会的障壁の除去の実施について必要かつ合理的な配慮を行わなければならないとしており，合理的配慮が義務づけられている。柔軟に対応することで障害者の権利を確保する考え方を示しており最も適切である。

3 ✕ 自立生活運動とは，「自立とは自己決定をすることである」という理念のもと，障害当事者自身によって障害者が地域で生活をするために必要なサービスの整備を求めたり，社会の意識を変えていく取り組みである。介助を制度で保障することや，環境をバリアフリー化すること，さらに障害者への差別や偏見をなくすことなど様々な取り組みが含まれる。

4 ✕ 意思決定支援とは，本人の判断能力に課題のある局面で必要な情報を提供して本人の意思や考えを引き出すなど，本人が自らの価値観や選好に基づいて意思決定できるように支援者らが行う支援をいう。

5 ✕ 共同生活援助とは，障害福祉サービスの訓練等給付の1つで，障害のある人が地域住民との交流が確保される地域の中で，家庭的な雰囲気の下，共同生活を営む入居型サービスである。入居者への支援体制により，介護サービス包括型・外部サービス利用型・日中サービス支援型の3種に分類される。

問題57　

1 ✕ 介護支援専門員は介護保険法に根拠を持ち，要介護者や要支援者からの相談に応じるとともに，介護保険サービスを有効に利用できるようにケアプラン（介護サービス計画書）の作成や市町村・サービス事業者・施設等との連絡調整を行う。

2 ✕ 社会福祉士は，社会福祉士及び介護福祉士法に根拠を持つ国家資格である。福祉の相談援助に関する専門知識・技術を有し，福祉や医療の相談援助の場において重要な役割を担っている。相談支援事業所に配置が定められているわけではないが，障害分野を含めた福祉のさまざまな分野の相談業務を担っている。

3 ✕ 介護福祉士は，社会福祉士及び介護福祉士法に根拠を持つ国家資格である。障害分野を含めた，介護を必要とする人のさまざまな生活行為・生活動作を支援し，専門的知識と技術を有する介護の専門職である。

4 ✕ 民生委員は，民生委員法に基づいて厚生労働大臣から委嘱された非常勤の地方公務員である。社会福祉の増進のために，地域住民の立場から生活や福祉全般に関する相談・援助活動を行っており，支援を必要とする住民と行政や専門機関をつなぐ役割を担っている。無報酬で活動し，任期は3年を1期として委嘱を受け

るが再任される場合もある。

5 ○ 相談支援専門員は，障害のある人が自立した生活を営むことができるよう，障害福祉サービスなどの利用計画の作成や地域生活への移行・定着に向けた支援，住宅入居等支援事業や成年後見制度利用支援事業の利用に関する支援など，全般的な相談支援を行う。相談支援事業所に必ず置かなければならない専門職である。

問題58　　正答　4

1 × 障害者個人のニーズは，アセスメントするうえで必ず重視される事柄であるが，それ自体で家族の介護力をアセスメントできるわけではないため最も適切とはいえない。

2 × 家族のニーズも，本人のニーズと並んで重要な要素であるが，介護力をアセスメントするうえで最も適切とはいえない。

3 × 家族構成員の主観は，共通する部分も独立している部分も重要であり，可能な限りアセスメントしておくことが望ましい。しかし介護力そのものとは分けて考える必要があり，最も適切とはいえない。

4 ○ 家族の介護力をアセスメントする際は，家族構成員それぞれと家族全体の生活に着目し，要介護者に対して，適切な介護を提供できる能力がどの程度あるかを確認することが重要であり，最も適切である。具体的には年齢，健康状態，要介護者との関係性，介護意欲や負担感，時間的余裕などである。また住環境や経済状況も把握しておくことで，隠れたニーズが見えてくることもある。

5 × 支援者の視点や価値観で，家族の介護力を客観的に推し量ることはできないことから，適切ではない。

領　域　：　医　療　的　ケ　ア

医療的ケア

問題59　　正答　5

1 × 登録喀痰吸引等事業者（登録特定行為事業者）として都道府県知事の登録を受ける必要があるが，登録研修機関になる必要はない。

2 × 管理者，利用者の主治医等，提携する訪問看護事業所の看護師，介護職員等をメンバーとする「安全委員会」を事業者が設置する（社会福祉士及び介護福祉士法施行規則第26条の3第2項第3号）。

3 × 喀痰吸引等計画書の作成に関して事業所が行うべきことは，医師又は看護職員との連携のもとに作成することであり，作成を看護師に依頼する必要はない（社会福祉士及び介護福祉士法施行規則第26条の3第1項第3号）。

4 × 介護職員による喀痰吸引等の実施に関する指示は，医師（主治医）が書面で発行する（社会福祉士及び介護福祉士法施行規則第26条の3第1項第1号）。

5 ○ 登録事業所の要件となっている（社会福祉士及び介護福祉士法第48条の5第1項第1号）。

問題60　　正答　4

1 × 鼻腔は，空気の通り道で鼻中隔によって左右に分かれている。

2 × 咽頭は，喉の奥にあり口・鼻からの空気や口からの食物が通る部分である。左右に分岐していない。

3 × 喉頭は，空気が気管へ流れていく空気の通り道である。

4 ○ 気管は，喉頭から続き左右の気管支へと分かれる細長い管で空気の通り道である。

5 × 肺は，胸腔内にある。

問題61　　正答　1

1 ○ 吸引器の電源を入れ，陰圧になることを確認する。

2 × 吸引びんは，吸引した痰などの排液をためるものであるため滅菌のものでなくてよい。洗剤で洗浄し流水でよく洗い流した清潔なものを準備する。

3 × 吸引チューブは，医師や看護職が選定したサイズのものを使用する。

4 ✕ 洗浄水は，口腔・鼻腔内の吸引は水道水を，気管カニューレ内部の吸引は滅菌精製水を使用する。

5 ✕ 清浄綿は，皮膚，口腔などの清浄，清拭などに用いられる。次亜塩素酸ナトリウムは人体に刺激が強いため清浄綿としては用いない。

問題62　　　正答　2

1 ✕ チューブの誤挿入に気付かずに栄養剤等を注入すると人体に大きな影響を及ぼす可能性がある。経鼻経管栄養チューブの場合は肺炎や窒息等，胃ろう・腸ろうチューブの場合は腹膜炎等を起こす可能性がある。

2 ◯ 栄養剤の注入速度が速いと，食道への逆流や嘔吐，下痢を起こす可能性がある。

3 ✕ 注入物の温度が体温より低すぎると下痢を起こす可能性がある。

4 ✕ 注入物の濃度が高すぎると，高浸透圧性の下痢症を起こす可能性がある。

5 ✕ 注入中の姿勢不良は，胃内容物の逆流による嘔吐や誤嚥等を起こす可能性がある。

問題63　　　正答　3

1 ✕ お腹の張り（腹部膨満感）は便秘によるガスの貯留の可能性があるため，胃内容物の嘔吐や腹痛，横隔膜圧迫による呼吸困難の有無など，全身状態を注意深く観察する。

2 ✕ 仰臥位（背臥位）は胃内容物の逆流や嘔吐の原因となる。また注入中に大きく体を動かすことも嘔吐の原因となるため，仰臥位（背臥位）への体位変換は適切ではない。

3 ◯ 身体の向きや腹部が圧迫されていないか姿勢の確認をする必要があり，最も適切である。

4 ✕ 定められた注入速度であるか確認する。速度を速めると腹痛や嘔吐等の原因になる。

5 ✕ いつもと違う状況がないか観察し，異常があった場合は，注入をやめて様子を見る。栄養剤の注入を再開するか本人の意思の確認をする。ただし，問題文のような時点ですぐに終了する必要はなく，最も適切とはいえない。

領　域　：　介　護

介護の基本

問題64　　　正答　5

1 ✕ ダブルケアについて正式な定義があるわけではないが，国が既存の調査をもとに該当人数を推計した際の考え方は，一人の人が「介護と育児を同時に行っている状態」を指しており，通常ダブルケアという場合はこの考え方を基本としている。選択肢の文は介護者が二人いる（夫婦が助け合って）としており，明らかに間違いである。

2 ✕ 要介護・要支援の認定者数は，介護保険導入時（2000（平成12）年4月末）は約218万人であったが，2023（令和5）年10月末現在で約706万人であり，この間一貫して増加している。

3 ✕ 家制度は「家」を単位として1つの戸籍を作り，戸主である家長が絶対的な権限を持つ仕組みであった。1898（明治31）年に施行された民法に規定されていたが，現行の日本国憲法の制定に合わせて行われた民法改正により家制度は廃止された。地域包括ケアシステムとの関係はない。

4 ✕ 厚生労働省が実施している国民生活基礎調査によると，要介護・要支援認定者のいる世帯の中で三世代世帯の占める割合は，2001（平成13）年32.5%，2010（平成22）年22.5%，2022（令和4）年10.9%と年々減り続けている。

5 ◯ 記述の通りである。一世帯あたりの人数の減少や女性の労働率の高まりなどによって家族の介護機能が低下したことから，その機能を社会が代替する「介護の社会化」が進められている。

問題65　　　正答　5

1 ✕ 問題文の「傷病者に対する療養上の世話又は診療の補助を業とする」のは看護師である。このような主旨が保健師助産師看護師法第5条に規定されている。

2 ✕ 介護福祉士が喀痰の吸引を行う場合，定められた研修を受講した後に都道府県の登録を受け，所属する事

業者も登録事業者である場合に，医師の指示のもとで行うことができる。この一連の手続きに市町村は関与しない。

3 ✕ 介護福祉士は名称独占の資格であり，「介護福祉士でない者は，介護福祉士という名称を使用してはならない」（社会福祉士及び介護福祉士法第48条第2項）と定められている。業務独占ではない。

4 ✕ 介護福祉士資格は更新制ではない。いったん資格を取得すれば生涯有効である。

5 ◯ 問題文の通り，信用失墜行為は禁止されており，「社会福祉士又は介護福祉士は，社会福祉士又は介護福祉士の信用を傷つけるような行為をしてはならない。」（社会福祉士及び介護福祉士法第45条）と定められている。

問題66　　　　　　　　　　　　　　　　　　　　　　　　　　　　　正答　**3**

1 ✕ 施設利用者の個人情報は，それを必要とする職員が，必要とする情報に限って定められた手続きによって閲覧できるようにしておく必要がある。パスワードは個別に割り当てるべきであり，共有することは不適切である。

2 ✕ 個人情報を記載した書類を，新聞紙等の紙ゴミと同様の扱いで捨てることは不適切である。通常はシュレッダーを使って裁断処分する。また，焼却や溶解する方法もある。

3 ◯ 個人情報取扱事業者には，「当該個人データの安全管理が図られるよう，当該従業者に対する必要かつ適切な監督を行わなければならない」（個人情報の保護に関する法律第24条）義務があり，その具体策の一つとして「従業者に定期的な研修等を行う」ことが，個人情報の保護に関する法律についてのガイドラインで定められている。

4 ✕ 職員への守秘義務の提示は退職時ではなく採用時に書面で行う。なお，守秘義務は職員が退職した後も継続して課される。

5 ✕ 音声情報も個人情報に該当する（個人情報の保護に関する法律第2条第1項第1号に規定）ので，緊急時等の例外を除き，本人の同意を得ずに使用することはできない。

問題67　　　　　　　　　　　　　　　　　　　　　　　　　　　　　正答　**2**

1 ✕ 障害特性はその人を理解する上で役立つことはあるが，そこから個別性や多様性を知ることはできない。

2 ◯ 人は自分が生活してきた環境に影響を受けながら生活習慣が形成されることから，適切である。

3 ✕ 生活歴を知るということは，その人がこれまでどのような生活を送ってきたかを知ることである。成人期以降だけでなく，それ以前の情報も必要である。

4 ✕ 「同居する家族と同一にする」ことは，個別性や多様性を踏まえた介護とは逆の対応である。

5 ✕ 「施設の方針によって統一する」ことは，個別性や多様性を踏まえた介護とは逆の対応である。

問題68　　　　　　　　　　　　　　　　　　　　　　　　　　　　　正答　**3**

1 ✕ 長女は掃除や洗濯の方法を知りたいわけではないので適切とはいえない。

2 ✕ すでに頑張っている人（夫）を励ますことは役に立つことはなく，むしろ「まだ頑張る余地があるはず」というメッセージに受け取られ，相手を追い込んでしまう危険性があり，適切とはいえない。

3 ◯ これが最終的な解決方法ではないが，同じような体験をした人であれば，長女の現在の気持ちを理解したり寄り添うことができると思われるので，選択肢の中では最も適切である。

4 ✕ Aさんは「家族と過ごすことを希望」していることから，家族と離れて暮らすことになる介護老人福祉施設への入所申込みを勧めることは適切とはいえない。

5 ✕ 今求められているのは長女に対する配慮や支援である。介護サービスの変更の提案はその点に対応していないことから適切とはいえない。

問題69　　　　　　　　　　　　　　　　　　　　　　　　　　　　　正答　**4**

1 ✕ 自立生活援助は，単身で暮らす障害者を対象に相談を受けたり情報提供したりすることで，円滑に暮らせるように支援するサービスであり，Bさんは対象にならない。

2 ✕ Bさんは入浴時の立ち上がりの方法について相談をしている。浴室を広くすることは問題解決につながらず

適切ではない。

3 ✕ 行動援護とは，行動に著しい障害がある知的障害者や精神障害者を対象に，行動に伴って生じる危険を回避するために必要な援護や介護等を行うサービスであり，Bさんは対象にならない。

4 ◯ 本人に合わせて高さの調整が可能な手すりを浴槽の縁に取り付けることができるサービス（給付）があるが，これは入浴補助用具として特定福祉用具販売の対象になっていることから最も適切である。

5 ✕ Bさんは「自宅での入浴が好き」であることから，自宅ではないところで入浴することになる通所介護の利用を勧めることは適切ではない。

問題70 正答 **1**

1 ◯ 民生委員は民生委員法第1条で「社会奉仕の精神をもつて，常に住民の立場に立って相談に応じ，及び必要な援助を行い，もつて社会福祉の増進に努めるものとする。」と定められており，適切である。なお民生委員に給与は支給されない。

2 ✕ 生活相談員は，老人福祉ホーム等に配置される有給の職員である。

3 ✕ 訪問介護員は，在宅の要介護高齢者や障害者等を訪問して介護等を行う有給の職員である。

4 ✕ 通所介護職員は，要介護高齢者や障害者などが通所してくる場において，介護等を行う有給の職員である。

5 ✕ 介護支援専門員は，介護保険制度においてケアプランを作成したり，事業者との連絡調整などを行ったりする有給の職員である。

問題71 正答 **3**

問題の図記号はJIS（日本工業規格）が制定し，行政が利用している図記号であり，洪水または内水氾濫を示す記号である。洪水は「堤防の決壊や河川の水が堤防を越えたりすることにより起こる氾濫」（気象庁ホームページ）であり，内水氾濫も水が氾濫する点は同じであるが，内水氾濫は本流の川に流れ込む中小の河川や水路が，本流の川の水位が高いために流れこめずに逆流してあふれ出す状態をさす。両者とも，水があふれた状態であることに変わりはない。

1 ✕ 玄関のドアを開けたままにすれば，それだけ水が入りやすくなり危険である。

2 ✕ 火事になっているわけではない。

3 ◯ 市区町村が出す避難情報（警戒レベル）は4段階あり，そのうち警戒レベル3は「危険な場所から高齢者等は避難」という段階である。この施設は3階建てであることから，避難の方法として垂直避難（上の階への避難）することが最も適切である。

4 ✕ この時点で安否情報を連絡する必要はない。

5 ✕ 地震ではないことから，この時点で取るべき行動ではない。これは日頃から行っておくべき備えである。

問題72 正答 **4**

1 ✕ 固形石鹸は細菌に汚染され付着する可能性があり，複数人が共用した場合に感染源になる可能性がある。厚生労働省のマニュアルにおいても，手洗いは「液体石けんを使用して洗う」ことが前提になっている。

2 ✕ くしゃみのときに口元を押さえた手にはウイルスや細菌などがついている可能性があることから，配膳をする前に必ずよく手を洗う必要がある。

3 ✕ 嘔吐物は感染源になる可能性があるので，必ず手袋を着用して処理をする。

4 ◯ 利用者ごとに手袋を交換することで感染症を媒介することを防ぐ効果がある。

5 ✕ コップは口に直接触れるものであり，共用してはいけない。

問題73 正答 **5**

1 ✕ 服薬時間には，食前，食後，食間等があり，薬により異なる。統一することは間違いである。

2 ✕ どの薬がどの程度残っていたかを看護師等の医療職が確認する必要があり，介護福祉士の判断で処分することは不適切である。

3 ✕ 一包化は，飲む時間が同じ複数の薬をまとめて1包にすることをいう。薬剤師が医師の指示や確認に基づい

て行うものであり，介護福祉士が行うことはできない。

4 ✕ その日の体調にかかわらず，決められた用量を服薬することが基本であり，体調を考慮するとしても介護福祉士が決めることではない。

5 ◯ 副作用の知識があれば，利用者の状態の変化にあらかじめ備えるなどの準備をしておくことができ，最も適切といえる。

コミュニケーション技術

1 ✕ 非言語コミュニケーションとは言葉によらないコミュニケーションの事であり，具体的にはジェスチャーや身振り手振りなどのことである。筆談は言語的コミュニケーションに分類されている。

2 ◯ 笑顔やうなずきは非言語コミュニケーションである。マスクをしたままの会話は聞き取りにくいことがあるので，笑顔やジェスチャー，身振り手振りなどを使うと介護福祉職の気持ちが伝わりやすくなる。

3 ✕ 感染症対策を実施している最中である。飛沫感染等を防ぐためにも可能な限り会話を控えるようにする。会話が必要な場合でも一定の距離を保つことが必要である。

4 ✕ 「私もうれしいです」と，ゆっくり話すことは言語的コミュニケーションである。

5 ✕ 五十音表も言葉を使っているので言語的コミュニケーションである。

1 ✕ 家族との信頼関係を構築していくためには，まずは家族の話を共感的に傾聴することが大切である。

2 ✕ 当事者の会への参加を家族が希望しているか確認する前に，提案するべきではない。

3 ◯ 介護体験を共感的に聴くことは，信頼関係の構築には必要である。

4 ✕ 強い気持ちを質問するよりも，介護に対する家族の思いを理解する方が先である。

5 ✕ 介護保険に関する情報提供の前に，家族の介護体験や介護に対する思いを理解していく。

1 ✕ Eさんは話したいことをうまく言葉に言い表せないという困難さがあるので，説明を求めるのではなく情報は介護福祉職から簡潔に伝えたほうがよい。

2 ◯ Eさんは単語がつながる文章になるとうまく理解できないので，簡単な単語で伝えたほうが理解してもらいやすい。

3 ✕ Eさんは希望を伝えてきているのではなく，介護福祉職の言葉が理解できなかったので，もう一度簡潔に伝えてみる。

4 ✕ Eさんは長い言葉が理解できないので，短く簡潔に伝える方がよい。

5 ✕ Eさんは1音ずつ言葉を区切って伝えると単語の意味が理解しにくくなるので，単語ごとに区切って伝える。

1 ✕ 抑うつ状態にあるFさんに対して受容的に接する。「だめ」という言い方は，否定されている，わかってもらえないと受け取られてしまう可能性がある。

2 ◯ 死にたいほどつらいというFさんの気持ちを，受け止めていくことは大切である。

3 ✕ 「どうしてそんなに寝てばかりいるのですか」という質問も，本人にとっては寝ていることを責められていると感じてしまう質問である。

4 ✕ Fさんの気持ちを受け止め，理解することが大切である。この時点ではFさんが気分転換に誰かとおしゃべりをしたいかどうかわからない。もし希望していないとすれば介護福祉職のこのような言葉かけは負担になってしまう。

5 ✕ 「頑張って」という言葉かけも，抑うつ状態にある人にとっては負担になってしまうことがあるので注意する。

問題78 　　　　　　　　　　　　　　　　　正答 1

1 ○ まずは驚かせてしまったことを詫び，そのうえで必要な援助を申し出ているので，Gさんにとっては安心できる対応である。

2 × 網膜色素変性症の症状は，夜盲や視野狭窄である。光をまぶしく感じることもあるので電気の明るさは負担になってしまうことがある。

3 × 症状の進行はとても遅く，視力を失う人もいる反面，高齢期まで実用的な視力を保持している人もいる。失明した時の対応を考えるよりも，残っている視力を効率的に利用し，本人にとって日常生活を可能な限り快適に過ごしていけるような工夫を優先する。

4 × 白杖は全盲をはじめとした視覚障害者以外の人も使うことができるが，Gさんの場合は白杖をすすめる前に，本人の日常生活の不自由さの程度や希望等を確認することが必要である。

5 × 励ましよりも，本人の気持ちに寄り添うような対応が必要である。

問題79 　　　　　　　　　　　　　　　　　正答 4

1 × 家族に介護計画を説明し同意を得ることは必要であるが，事例検討の目的はスタッフが課題を共有し解決策を検討していくことである。

2 × 事例検討は利用者への対応を検討することが目的であり，結果の報告ではない。

3 × 事例検討は実際に行ってきた支援をケースとして，よりよい対応策を検討していくために行われる。

4 ○ 実際におこなった支援を振り返り，利用者や家族への理解をさらに深めていくということも事例検討の目的である。

5 × 日々の実践に活かすことのできる支援方法や対象者理解が事例検討の目的である。

生活支援技術

問題80 　　　　　　　　　　　　　　　　　正答 3

1 × 全員が参加することを重視すると強制感が出てしまい適切ではない。

2 × 利用者の意向，反応を踏まえてプログラムを決めるべきであり毎回異なるプログラムである必要はない。

3 ○ プログラムに買い物や調理も取り入れることは，誰にもなじみがあり参加しやすく，適切といえる。

4 × 利用者の過去の趣味をプログラムに取り入れることを避ける必要はなく，むしろ取り入れることを積極的に検討すべきである。

5 × 感染症の予防や個人情報管理に気をつけながら，なるべく地域のボランティアの参加に前向きに取り組む方がよい。

問題81 　　　　　　　　　　　　　　　　　正答 1

1 ○ 関節リウマチになると物をつかむ・ひねるという動作に痛みを感じやすくなるので，平手すりは適切である。

2 × 座面の高さを高くすることで，下肢筋や膝及び足関節の負担を減らすことができる。低いものは適さない。

3 × ベッドを使う，いすやソファに座るといった西洋の生活様式のほうが関節への負担が少なく，布団を敷いて寝たり，床に座ったりする日本式の生活様式にすると負担が増える。

4 × 開き戸は，ドアノブ等を握る・回す・引くといった動作において関節に痛みを感じやすくなる。

5 × 居室が2階になると階段移動が必要になると考えられ，下肢筋や膝及び足関節の負担が増える。

問題82 　　　　　　　　　　　　　　　　　正答 4

1 × 砂利敷きでは，心身機能が低下した高齢者の歩行の際，転倒のリスクが高まってしまう。

2 × レバーハンドルであれば，握らずに操作できる。丸いドアノブでは握る・回す等の力が必要となり不適切である。

3 × 階段の足が乗る板と板の先端部分が同系色だと，踏み外しのリスクが高まってしまう。

4 ○ 車いすを使用する居室の床は，畳よりフローリングのほうが抵抗が少なく移動しやすくなることから，適切である。

5 × 洋式浴槽にすると，入浴姿勢の安定性などの問題が生じる。

問題83 正答 2

1 × 圧抜きは背上げをした後で行う。これにより褥瘡の原因となる「ずれ」を解消する。

2 ○ 背上げを行う前に，利用者の臀部をベッド中央部の曲がる部分に合わせることで姿勢が安定し，安全に背上げが行える。

3 × ベッドの高さは利用者の転落リスクや不安を考慮するとともに，介助者の腰の負担なども踏まえて決めるものであり，最も低くするという原則はない。

4 × 臀部をベッド中央部に合わせることが基本であり，利用者の足をフットボードにつける必要はない。

5 × 利用者のからだをベッドに対して斜めにすると色々な部分を圧迫するなど危険である。

問題84 正答 5

1 × 利用者が左片麻痺であるため，利用者の左側に立って介助する。

2 × 利用者がベッドに深く座ってしまうと，立位動作に移りにくくなる。

3 × 真上に立ち上がるというより，前に倒れるように立ち上がりを促す。

4 × 利用者に左片麻痺があるため，右側に荷重がかかるように支える。

5 ○ 利用者に左片麻痺があるため，左足の膝頭に手を当てるなどして膝折れを防ぐことは適切である。

問題85 正答 4

1 × 急な上り坂では，慎重に，手を離さずに進む。転倒などの危険がますため，すばやく進む必要はない。

2 × 急な下り坂を前向きで進むと手が離れた場合危険であり，また利用者が前に転落する危険がある。

3 × 踏切を渡るときは，キャスター（前輪）がレールの隙間に挟まらないように上げ，駆動輪（後輪）を使って踏切に対して直角に進む。

4 ○ エレベーターに乗るときは，前輪が入り口の隙間に落ちないよう，斜めからではなく正面からまっすぐに進む。

5 × 段差を降りるときは，後輪から下りることで転落を防ぐ。

問題86 正答 5

1 × 入浴後，あるいは足浴後，爪がやわらかくなっているときに切ることが適切である。

2 × 爪の先の白い部分を1～2mm残して切ることが適切である。

3 × 一度に切ろうとすると爪にひびが入りやすいため，少しずつ切ることが適切である。

4 × 高齢者の爪は巻き爪になりやすいため，爪の先端は一直線に切り，両端を軽くななめに切るスクエアオフカットが適切である。

5 ○ ある程度の長さまで切ったら，やすりをかけて仕上げをする。

問題87 正答 3

1 × 最初は健側である右側からはじめることが適切である。

2 × 右膝を高く上げて脱ごうとすると，姿勢を保持することが困難になりやすい。

3 ○ 健側である右足の大腿部の上に，患側である左足をのせれば，ズボンを容易に通しやすくなる。

4 × 立ち上がる前に，ズボンをできるだけ上げることが適切である。

5 × 麻痺がある左側に立つことが適切である。

問題88　　　　　　　　　　　　　　　　　　　　　　　　　　　　　　　　正答　5

1 ✕　クッキーは水分が少ないため飲み込みがむずかしく，おやつとして適切とはいえない。

2 ✕　カステラは水分が少ないため飲み込みがむずかしく，おやつとして適切とはいえない。

3 ✕　もなかは口の中に付着しやすいため不適切である。

4 ✕　餅は喉に詰まりやすいため不適切である。

5 〇　プリンであれば飲み込みしやすく嚥下機能の低下がみられる利用者も摂取しやすいことから，おやつとして適切である。

問題89　　　　　　　　　　　　　　　　　　　　　　　　　　　　　　　　正答　1

1 〇　利用者に食べ残しが目立った場合，管理栄養士と連携してメニューの内容や調理方法，味付けなどを検討する必要がある。

2 ✕　経管栄養をしている利用者が嘔吐している場合，連携すべき相手は看護職である。

3 ✕　利用者の食事中の姿勢が不安定な場合，連携すべき相手は介護福祉職間や理学療法士等である。

4 ✕　利用者の義歯にぐらつきが見られる場合，連携すべき相手は歯科医師や看護職等である。

5 ✕　利用者の摂食，嚥下の機能訓練が必要な場合，連携すべき相手は言語聴覚士や看護職等である。

問題90　　　　　　　　　　　　　　　　　　　　　　　　　　　　　　　　正答　2

1 ✕　血液透析を受けている利用者が塩分を多く摂取すると，喉の渇きから過剰な水分摂取につながり，その結果，体内に余分な水分がたまって血液透析の除水量が増加することになる。また，透析中の血圧が下がり，体調不良をまねくこともある。

2 〇　ゆでこぼしによって，水に溶けやすいカリウムを減らすことができる。

3 ✕　乳製品にはリンやカリウムが多く含まれているので，適切ではない。

4 ✕　選択肢1の解説と同様，過剰な水分摂取は血液透析の除水量増加につながったり，体調不良をまねきやすくなる。

5 ✕　魚や肉にはカリウムが多く含まれているので，適切ではない。

問題91　　　　　　　　　　　　　　　　　　　　　　　　　　　　　　　　正答　3

1 ✕　健側の左足から入るほうが，適切である。

2 ✕　左膝ではなく，手すりや浴槽の縁に手をやるほうが適切である。

3 〇　足で浴槽内の壁を押すようにすると，姿勢は安定しやすい。

4 ✕　浴槽内の後ろの壁に寄りかかると，姿勢が不安定になりやすい。

5 ✕　真上方向ではなく，前かがみになって立ち上がる方が適切である。

問題92　　　　　　　　　　　　　　　　　　　　　　　　　　　　　　　　正答　3

1 ✕　椅座位の場合，靴下を脱いで裾を上げれば（まくれば）足浴が可能であるため，必ずしもズボンを脱ぐ必要はない。

2 ✕　適切な湯温確認は，介護福祉職が行う。

3 〇　足浴用容器の底面に足底を付けると，椅座位が安定する。

4 ✕　洗い流さず拭き取ると，石鹸のカスが皮膚に残り，刺激やかぶれの原因になる可能性がある。

5 ✕　自然乾燥ではなく，バスタオル等で押し拭きする。

問題93　　　　　　　　　　　　　　　　　　　　　　　　　　　　　　　　正答　2

1 ✕　洗髪と洗身を同時に行うと，高齢者の目や耳にお湯がはいってしまうなどのリスクが高まる。

2 〇　背部を洗う場合は，いったんベルトを外して，利用者に側臥位になってもらう必要がある。

3 ✕ 固定ベルトは体が浮かないように安定させるためのものであり，両腕の上から固定ベルトをして腕の自由を抑制するべきではない。

4 ✕ ストレッチャータイプで首まで浴槽につかると，心臓や肺への負担が増したり，耳にお湯が入るなどのリスクが高まる。

5 ✕ 浴槽につかる時間は個人の状態に応じて異なるが，20分は明らかに長すぎる。長時間の入浴は疲労やのぼせ，めまいの原因となる。

問題94　正答 **4**

1 ✕ 尿の性状観察は大切だが，尿路感染症予防のために，もっと優先すべき介護がある。

2 ✕ 体温変化の把握は大切だが，尿路感染症予防のために，もっと優先すべき介護がある。

3 ✕ 陰部を清潔に保つことは重要ではあるが，尿路感染症予防のために，もっと優先すべき介護がある。

4 ◯ Jさんに尿意があるため，おむつ使用ではなくその都度のトイレ誘導が適切である。

5 ✕ Jさんに尿意があるため，膀胱留置カテーテルの使用は適切とはいえない。

問題95　正答 **5**

1 ✕ 排泄失敗への対応として水分摂取量を減らすことは，脱水などの危険があり適切ではない。

2 ✕ 昼間は問題ないことから，終日リハビリパンツを使用する必要はない。

3 ✕ 睡眠薬の服用を介護職として提案してはいけない。

4 ✕ 昼間は問題ないことから，この段階で受診を勧める必要性は低い。

5 ◯ 夜間のトイレへの移動を省略することができるポータブルトイレの使用は，現実的な対応策として適切といえる。

問題96　正答 **1**

1 ◯ 浣腸液は，直腸内温度と同等程度の39〜40℃程度に温める必要がある。

2 ✕ 浣腸液を注入するときは，基本的に臥位である。成人の場合は左側臥位が最も適切である。立位での浣腸液注入は直腸の壁に傷をつけたり，ストッパーの直腸内残留が起こる可能性がある。

3 ✕ 浣腸液は，ゆっくりと注入することが原則である。

4 ✕ 浣腸液を注入後，肛門部を押さえ，3〜10分程度経過して便意が強まってから排便することが効果的である。

5 ✕ 排便がない場合は新たな浣腸液を注入せずに様子を見て，医療職に報告することが求められる。

問題97　正答 **1**

1 ◯ ゴミの分別がわからない利用者と一緒に分別をしたり，ゴミ出しのルールをチラシを一緒に見ながら覚えたりすることは，見守り的援助に該当する。

2 ✕ 見守り的援助であれば，利用者の洗濯物を一緒に干すことが考えられる。

3 ✕ 見守り的援助であれば，着られなくなった服をどのように活用するか一緒に考えたり，作り直すときに手伝ったりすることなどが考えられる。

4 ✕ 見守り的援助であれば，一緒にメニューを考えたり，調理や盛り付けを手伝ったりすることなどが考えられる。

5 ✕ 見守り的援助であれば，一緒に冷蔵庫の中を整理したり，これから食品管理をどのようにしていくのかを一緒に検討したりすることなどが考えられる。

問題98　正答 **5**

1 ✕ 靴下は，指つきのきついものを勧めると血流を遮り，浮腫の原因になるため不適切である。

2 ✕ すり足歩行で歩く高齢者は，靴下のすべりが悪くなると躓きやすくなる可能性もあることから，全ての高齢者に適応するとは限らないため、適切とはいえない。

3 ✕ 靴は，床面からつま先までの高さが小さいものは，少しの段差などに躓く可能性があるため適切とはいえない。

4 ✕ 靴は，踵のないものは歩きにくいため適切とはいえない。

5 〇 靴は，先端部に0.5〜1cmの余裕があるものを勧める。靴メーカーのホームページではつま先の説明で「5〜10mm程度余裕があるか」をポイントとしている。「靴」だけで見ると正答である。

問題99　　　　　　　　　　　　　　　　　　　　　　　　正答　4

1 ✕ Kさん自身が，自分の意思で購入した可能性のある商品である。その商品を処分することはKさんの気持ちの否定につながる可能性があることから適切ではない。

2 ✕ 契約内容によって，クーリング・オフができるかどうかは異なるため，最初からクーリング・オフの利用を提案することは適切ではない。

3 ✕ 要支援2であれば，Kさん自身も買い物ができる可能性がある。買い物は自己決定を伴う行為であり，楽しみにもつながる行為である。その行為に制限をかけることは適切ではない。

4 〇 現段階では，契約内容を確認することが最も適切である。その内容に応じて対策は異なってくる。

5 ✕ 今後，テレビショッピングでの買物をやめたとしても，現在の高額な支払いという困りごとの解決にはならない。

問題100　　　　　　　　　　　　　　　　　　　　　　　　正答　2

1 ✕ 寝る前にストーマから出血がある場合は，損傷の有無と部位を観察して医療職に報告することが必要である。

2 〇 寝る前に，パウチに便がたまっていたら捨てることが最も適切である。

3 ✕ 寝る前に，ストーマ装具を新しいものに交換する必要性はない。

4 ✕ 便の漏れを心配してパウチの上からおむつを強く巻くことは，ストーマや腹部の圧迫につながるため適切ではない。

5 ✕ 睡眠を妨げないことは大切であるが，パウチの観察は睡眠を妨げないようにしながら定期的に実施する必要がある。

問題101　　　　　　　　　　　　　　　　　　　　　　　　正答　5

本問題においては，1〜5まで重要な情報であるが，現状は入所1か月後という「観察期間」である。この時に大きないびきが見られ，いびきの音が途切れたりしていること，日中の状態を考えると睡眠時無呼吸症候群の可能性もあることから，睡眠中の呼吸状態を確認することが最も優先度が高いといえる。

問題102　　　　　　　　　　　　　　　　　　　　　　　　正答　3

1 ✕ 主治医の今後の見通しは，全職種が共通で理解すべき内容であるが，介護福祉職が確認する優先度が最も高いとはいえない。

2 ✕ 入院先の検討は，医師やソーシャルワーカーの業務の範疇であるが，そもそも本状態の場合には入院するかどうかを検討すべきである。

3 〇 経口摂取に対する本人の意向を聞き，本人の気持ちを大切にすることが最も重要である。

4 ✕ 経口摂取に対する家族の意向を聞くことは間違いではないが本人の意向を聞くことの方が優先度が高い。

5 ✕ 延命治療に対する家族の希望については，通常は医療職が聞くことである。

問題103　　　　　　　　　　　　　　　　　　　　　　　　正答　4

1 ✕ 一般的な死の受容過程を学習するのは，終末期ケアに対応するための知識である。デスカンファレンスは基本的に「亡くなった後」に実施されるものである。

2 ✕ 終末期を迎えている利用者の介護について検討することは，ターミナルケアの検討である。デスカンファレンスの目的ではない。

3 ✕ 利用者の家族に対して，死が近づいたときの身体の変化を説明することは，インフォームドコンセントに近

く，デスカンファレンスには該当しない。

4 ○ 亡くなった利用者の事例を振り返り，今後の介護に活用することが，デスカンファレンスの目的である。なお，デスカンファレンスにはもう一つの目的として，職員のグリーフケアもある。

5 × 終末期の介護に必要な「死生観」は人それぞれであり，職種によっても捉え方が違う。死生観自体を統一する必要はない。

1 × 福祉用具を活用し，そこに住宅改修を組み合わせることで更なるQOL向上が見込まれる場合は検討するべきである。しかし，住宅改修は金額などに制限があるため，慎重に検討することが求められる。

2 ○ 複数の福祉用具を使用するときは，状況に合わせた組合せを考える必要がある。例えば「楽だから」という考えで複数の利用を重ねることは，現状のADL等の低下を招く可能性がある。

3 × 福祉用具の選択に迷うときは，基本的に福祉用具専門相談員に選択を依頼する。

4 × 家族介護者の負担軽減も福祉用具利用の判断基準に含まれるが，まずは利用者本人の生活状況やQOLが最優先されるべきである。

5 × 福祉用具の利用状況のモニタリングは必要である。福祉用具を使うだけで評価をしなければ，福祉用具が適切かどうかの検討ができない。

1 × 図は「T字杖」である。自力で歩けるが，体力に自信がなく歩行に不安がある人や膝などが痛くて長く歩けない人などに適している。

2 × 図は「L字型一本杖」である。「オフセット型」ともいう。グリップを握った時に，シャフト（支柱）が指の邪魔をしないのが特徴である。シャフトを挟まずにグリップを握る方がT字杖より安定して歩くことができる人に有効である。

3 ○ 図は「ロフストランドクラッチ」である。問題文の通り，握力の低下がある利用者が使用する杖として最も適切である。

4 × 図は「四点杖，多点杖」もしくは「四点支持杖」である。T字杖よりも安定性を求める人，関節リウマチ等の比較的痛みの強い人に適している。

5 × 図は「ウォーカーケイン」の一種で「サイドウォーカー」である。多点杖よりも安定性が高く，屋内での立ち上がり補助や歩行補助が必要な人に適している。

介護過程

1 × 初回の面談は，お互いの関係性を築く大切な時間である。利用者に安心してもらうためにも，次から次に質問をするのではなく，利用者のペースにあわせ寄り添いながら面談を進めていくことが大切である。

2 ○ 何のために，どのような情報が必要なのかを考え，目的を意識しながら話を聴くことが重要である。

3 × プライバシーへの配慮の点や個人情報の保護の視点から，他の利用者が同席することは適切ではない。

4 × 関係性ができていない相手に，自分の経済状態について話をすることは抵抗がある人が多いため，最初に経済状態に関する質問をすることは適切ではない。

5 × 家族の要望も聴く必要があるが，初回の面談ではまず本人のことを中心に話を聴く。

1 × 介護計画で設定した日に評価することが原則ではあるが，生活状況が変化したときにも速やかに評価をする必要がある。

2 × サービス担当者会議とは，介護支援専門員が作成したケアプランの内容・方向性を決定するときに，関係者を集めて開かれる話し合いのことである。利用者への支援は，複数の介護福祉職がかかわっているため，ケアカンファレンスの場などを活用しながら評価をすることが望ましい。

3 ✕ 利用者の担当介護福祉職が中心となり，介護過程の評価を行う。

4 ◯ 利用者にとってどのようなものであったか，利用者はどのような思いがあるかなど，介護計画の主体である利用者の受け止め方も把握することが重要である。

5 ✕ 介護計画を実施する前に評価基準を設定する。

問題108　　　　　　　　　　　　　　　　　　　　　　　　　　　　　　　　　正答　**1**

1 ◯ 介護福祉職は利用者の生活にもっとも近い存在であるため，利用者の生活状況の変化にいち早く気づくことができる。

2 ✕ 利用者を支援する際の総合的な方向性はケアプランに示されており，介護支援専門員が作成することが多い。

3 ✕ サービス担当者会議を開催するのは，介護支援専門員である。

4 ✕ 必要な検査を指示するのは，医師の役割である。

5 ✕ 貢献度は管理職である施設長等が考えることである。

問題109　　　　　　　　　　　　　　　　　　　　　　　　　　　　　　　　　正答　**3**

1 ✕ 介護職員の声かけのタイミングより前にAさんは目的をもって行動していることから，声かけのタイミングは優先すべき情報ではない。

2 ✕ 演奏した時間からAさんの行動が生まれたとは考えにくく，優先すべき情報ではない。

3 ◯ 強い口調であることから，Aさんの思いや感情が現れていると考えられ，行動を解釈するために最も優先すべき情報である。

4 ✕ クラブに参加した利用者の人数が行動に影響しているとは考えにくいため，優先すべき情報ではない。

5 ✕ エレベーター前で立ち止まっていたが，この行動は目的があっての行動だと考えられ，位置関係の影響とは考えにくいことから，優先すべき情報ではない。

問題110　　　　　　　　　　　　　　　　　　　　　　　　　　　　　　　　　正答　**5**

1 ✕ Aさんは声をかけた介護職員に対して強い口調で言ったが，職員との関係が悪くなったからとは考えにくいため，適切ではない。

2 ✕ Aさんは身体機能には問題がないため，適切ではない。

3 ✕ Aさんは大正琴クラブに参加し，演奏したり，他の利用者に笑顔で教えたりしていることから，演奏に対して自信がなくなっているとは考えにくいため，適切ではない。

4 ✕ エレベーター前で立ち止まっていたが，それは目的があってのことであり，わざわざ長時間待つような環境を整備する必要はない。

5 ◯ 地域の子どもたちに大正琴を教えていた経験をいかして，他の利用者に大正琴を教えるという役割をもつことで生きがいを感じたり，生活にメリハリがうまれたりする等，生活の質の向上につながると考えられる。

問題111　　　　　　　　　　　　　　　　　　　　　　　　　　　　　　　　　正答　**4**

1 ✕ 他の利用者との人間関係は良好であり，製品の組み立て作業は1人行っていた。Bさんが大声を出した理由を解釈する視点として，適切ではない。

2 ✕ 将来は手先を使う仕事に就きたいという希望を話していた。製品の組み立て作業はそのための提案であり，そのことに対してBさんも喜んでいた。Bさんが大声を出した理由を解釈する視点として，適切ではない。

3 ✕ 製品を箱に入れる作業は，毎日の作業目標を達成することができていた。Bさんが大声を出した理由を解釈する視点として，適切ではない。

4 ◯ 新しく始めた製品を組み立てる作業中に，何度も手が止まり，完成品に不備が見られ，Bさんから「こんなの，できない」との発言があった。Bさんが大声を出した理由を解釈する視点として最も適切である。

5 ✕ 製品を箱に入れる単純作業では，左片麻痺に合わせた作業台で問題なく作業を行うことができていた。Bさんが大声を出した理由を解釈する視点として，適切ではない。

問題112

1 × 高次脳機能障害の症状である注意障害によるミスであると考えられるため，反省を促すことは，適切ではない。

2 × Bさんは左片麻痺があり，左側に部品を置くと作業がしにくくなるため，適切ではない。

3 ○ 高次脳機能障害の症状である遂行機能障害があると，正しい手順で実施することが難しくなる。完成までの手順を理解しやすいように示し，短期目標の達成に向けて，Bさんがひとりで作業が行えるような工夫を行うことが必要である。

4 × 高次脳機能障害の症状である遂行機能障害があると，自分で計画して実行することが難しいため，人に指示をうけることで実行することができる。しかしBさんの短期目標は，作業を自分ひとりで行えることであり，Bさんもひとりで作業をしたいという思いがあるため，最も適切な支援とはいえない。

5 × 高次脳機能障害の症状である遂行機能障害があると，同時に二つの作業を行うことが難しいため，適切ではない。

問題113

1 ○ 研究の協力をお願いしたい人に研究内容を説明し，同意を得るなど，研究における倫理的配慮が必要になる。

2 × 事例研究で用いる情報は，個人情報の保護の観点から，個人が特定されないように記載する必要がある。

3 × 得られたデータは，研究終了後一定期間，適切に保存する必要がある。

4 × 論文の一部であっても，参考・引用した文献の名称や著者，出版社等の引用元を明示する必要がある。

5 × 研究成果を得るために事実を拡大解釈することは，研究の信頼性に関わるため行ってはいけない。

総合問題

総合問題 1

問題114

1 ○ 前頭側頭型認知症の特徴として，感情や理性をコントロールする前頭葉が萎縮することで，理性を抑えられず本能のままに行動する（例えば，欲しいと思ったからお店でお金を払わずに商品を持ちかえる）脱抑制の状態が起こることがある。

2 × 記憶障害は，通常であれば覚えていられることを覚えていられない状態をいう。Cさんの場合，覚えていられないのではなく，悪いことをしたという認識がないことからCさんの状態ではない。

3 × 感情失禁は情動失禁とも呼ばれ，脳卒中等で脳の細胞が壊れたことで本来の機能が失われ，その結果として，感情の調節がうまくいかなくなり，泣いたり笑ったり怒ったりといった感情が過度に出てしまう状態をいう。Cさんの状態ではない。

4 × 見当識障害は時間や場所や季節などの感覚がなくなり，夜中に電話をかける，トイレや自分の部屋の場所が分からなくなる，夏に厚着をしたり冬に薄着をしたりする等の行動が現れる状態をいう。Cさんの状態ではない。

5 × 遂行機能障害は，目標を達成するために必要な行動を順序立てて取り組むことが困難になる状態をいう。Cさんの状態ではない。

問題115

1 ○ 第1号被保険者の場合，所得が多いと2割または3割負担になる場合があるが，第2号被保険者は所得に関係なく一律に1割負担である。59歳のCさんは第2号被保険者であることから負担割合は1割である。

2 × 特別徴収とは年金受給者が介護保険料を年金からの天引きによって支払う方法をいう。Cさんは59歳であり年金の対象ではないことから特別徴収ではなく，普通徴収（振込用紙を使って納入する等）の対象になる。

3 × 要介護認定の効力は決定した日ではなく申請した日に遡って有効となるので，要介護認定の結果が出る前でも介護保険サービスを利用することは可能である。ただし，要介護認定の結果が見込んだ介護度と違っていたり非該当（自立）になった場合は，差額分または全額を自己負担することになる。

4 ✕ 要介護認定には利用者負担はない。

5 ✕ 介護保険サービスの費用は利用回数に応じて決まることから定額ではない。

問題116 正答 **4**

1 ✕ 訪問介護員（ホームヘルパー）は，健康状態に働きかけているわけではない。

2 ✕ 訪問介護員は，心身機能に働きかけているわけではない。

3 ✕ 訪問介護員は，身体構造に働きかけているわけではない。

4 ◯ 買い物を個人的レベルで捉えて活動と位置づける場合もあるが，この事例では「散歩コースの途中にあり，昔からよく行く八百屋」とあることから社会的レベルで捉えることが妥当である。したがって八百屋はCさんにとって環境であることから，訪問介護員は参加への影響を意図して環境因子に働きかける，といえる。

5 ✕ 訪問介護員は，個人因子に働きかけているわけではない。

総合問題 2

問題117 正答 **4**

1 ✕ 養護老人ホームは，「環境上の理由及び経済的理由により居宅において養護を受けることが困難なもの」（老人福祉法第11条第1項第1号）を対象にした施設であり，在宅復帰を目的にした施設ではないことから適切ではない。

2 ✕ 軽費老人ホームは，「無料又は低額な料金で，老人を入所させ，食事の提供その他日常生活上必要な便宜を供与することを目的とする施設」（老人福祉法第20条の6）であり，在宅復帰を目的にした施設ではないことから適切ではない。

3 ✕ 介護老人福祉施設は，老人福祉法で規定する特別養護老人ホームのことをいい「入浴，排せつ，食事等の介護その他の日常生活上の世話，機能訓練，健康管理及び療養上の世話を行うことを目的とする施設」（介護保険法第8条第27項）であり，在宅復帰を目的にした施設ではないことから適切ではない。

4 ◯ 介護老人保健施設は「要介護者であって，主としてその心身の機能の維持回復を図り，居宅における生活を営むことができるようにするための支援が必要である者」（介護保険法第8条第28項）を対象にした施設であり，在宅復帰に向けて機能訓練等を行う施設であることから，提案を受けた施設として最も適切である。

5 ✕ 介護医療院は「要介護者であって，主として長期にわたり療養が必要である者」（介護保険法第8条第29項）を対象にした施設であり，在宅復帰を目的にした施設ではないことから適切ではない。

問題118 正答 **3**

介護保険には，手すりの取り付けや段差の解消等に要する費用として住宅改修費を支給する制度があり，その支給限度基準額は20万円である。そのうち自己負担が1割あることから，実際に支給される18万円が受け取る額の上限となる。なお原則は一人生涯20万円が限度であるが，転居した場合や要介護状態が重くなった場合（3段階以上）は，再度20万円までの支給限度基準額が設定され再度利用することができる。

問題119 正答 **5**

1 ✕ 自助具は，障害や病気などによる麻痺，加齢による身体機能の低下を原因とする動作の困難を補うための道具や装置のことである。胸髄損傷では上肢の障害はほぼ生じないため不必要であり，適切ではない。

2 ✕ リクライニング式車いすは，介助用車いすに姿勢変換機能がついた車いすのことである。胸髄損傷では上部体幹の安定性は残存し座位は保持できるものと想定されることから不必要であり，適切ではない。

3 ✕ エアーマットは，空気圧を調整することによって体圧分散ができるマットレスのことである。自力での体位変換が困難な場合に褥瘡の予防効果が期待できる。脊髄損傷では，運動麻痺により自力で体勢を変えられないことや感覚障害により褥瘡を起こしやすいことからDさんも褥瘡予防に配慮する必要性がある。ただし，Dさんの場合，上肢はおおよそ正常に動かせ，自力による体位変換（プッシュアップなど）は可能と考えられる。また，意識的に行う（コントロールする）ことも「自立」につながると考えられる。したがって最も適切とは言えない。

4 ✕ ボタンエイドは，手指に障害がある場合にボタンを留めるために，ボタン穴に差し込み，ボタンを引き出し

てボタンをかける道具のことである。胸髄損傷では上肢の障害はほぼ生じないため不必要であり，適切ではない。

5 ○ 胸椎損傷では「下肢や体幹の麻痺」「乳頭より下の感覚消失」があり，それに伴って排泄に障害をきたすことから，何らかの配慮を必要とする。排泄管理は本人や周囲の人間にとっても心理的ダメージが大きく，そのままでは外出や社会参加の機会を奪う可能性が高いため，この選択肢のように事前に多機能トイレの場所を確認するなどの丁寧な配慮が必要である。

総合問題 3

問題120　　　　　　正答 5

1 ✕ 変形性股関節症では，股関節を構成する骨の変形や関節軟骨の減少等により，関節に痛みが生じたり動きが制限されるが，その原因の多くは子どもの頃の股関節の発育不全や異常だとされている。Eさんの食事の様子からは，今後引き起こされる可能性が高いとは考えられない。

2 ✕ 廃用症候群は，病気やケガなどで安静状態を一定期間続けることによる活動性の低下によって身体能力の低下や精神状態に悪影響を及ぼす症状をいい，「生活不活発病」とも呼ばれる。Eさんは生活介護事業所に通い，食事も自分で摂る等しており，廃用症候群が生じるとは考えにくい。

3 ✕ 急に立ち上がったり起き上がったときに，血圧の低下によって起こる軽い意識障害や立ちくらみのうち，症状が強く出る場合を起立性低血圧という。Eさんの食事の様子からは，今後引き起こされる可能性が高いとは考えられない。

4 ✕ 脊柱側弯症は，正面から見たときに本来は真っ直ぐに並んでいる脊椎（背骨を構成する骨）がねじれて左右に湾曲している（曲がっている）状態をいう。Eさんの食事の様子からは，今後引き起こされる可能性が高いとは考えられない。

5 ○ 頸椎症性脊髄症は，加齢などによって椎間板や骨が変化し，そのために脊柱管の中にある脊髄が圧迫されることで手足に痛みやしびれや運動障害などが生じる。Eさんの食事の様子から，今後引き起こされる可能性が高いと考えられる。

問題121　　　　　　正答 2

1 ✕ 吸い飲みは寝たきり状態の人や治療中で安静が必要な人が，横になったままで使うものである。Eさんは寝たままで食事をしているわけではないので，適切ではない。

2 ○ ストローつきコップであれば，コップを傾ける必要はなくなり，腕の力が弱くなっても使いやすい。またストローつきコップは通常はふたが付いており，手が震えてもこぼれることがなくなるので，適切である。

3 ✕ 重いコップに変えるとそれだけ負担が増えることになり，適切ではない。

4 ✕ Eさんはコップを持ち上げたり傾けたりする動作自体が困難になっていると思われる。コップを両手で持っても，その困難さは変わらず，適切ではない。

5 ✕ Eさんは日頃から自分のことは自分でやりたいと考えており，現時点では工夫さえすれば自分でできることから，全介助をすることは適切ではない。

問題122　　　　　　正答 3

1 ✕ 自立生活援助は，施設やグループホーム等で生活していた障害者が居宅で単身生活を送るために必要とされる情報の提供や助言，相談対応等を定期的な巡回訪問や随時の通報をうけて対応するサービスである。

2 ✕ 療養介護は，医療と常時介護を必要とする障害者を対象に，病院等において医学的管理の下で介護や日常生活上の世話，機能訓練等を行うサービスである。

3 ○ 移動支援事業は，障害者等が円滑に外出することができるよう，障害者等の移動を支援するサービスであり，Eさんが利用するサービスとして適切である。

4 ✕ 自立訓練は，障害者が自立した日常生活又は社会生活を営むことができるよう，期間を定めて，身体機能や生活能力向上のための訓練等を行うサービスである。

5 ✕ 同行援護は，移動に著しい困難を有する視覚障害者の外出時に同行して移動に必要な情報提供や移動の援助を行うサービスである。

問題123

1 ✕ 学習障害は，基本的に知的発達に遅れはないが，読む，書く，話す，計算するなどの中の特定のことを習得したり活用することが著しく困難となる障害をいう。Fさんの状態は該当しない。

2 ✕ 注意欠陥多動性障害は，じっとしていられない，待っていられず他人のじゃまをしてしまうといった「多動性や衝動性」，何かに集中できない，気が散りやすい，物をなくしやすいなどの「不注意」を主な特徴とする。Fさんの状態は該当しない。

3 ✕ 高次脳機能障害は，脳卒中などの病気や事故などが原因で脳に損傷が生じ，その結果，脳の機能が著しく障害を受け，言葉がうまく出てこなくなったり，ものごとがうまく理解できなくなる，記憶力が衰える，注意力が散漫になるなどの症状が現れる。Fさんの状態は該当しない。

4 ○ 強度行動障害は，自傷，他傷，特定のものや行為へのこだわり，破壊，異食，多動など本人及び周囲に影響を及ぼす行動が高い頻度で起こるために，特別な支援が必要な状態をいう。Fさんの状態はこれに該当する。

5 ✕ 気分障害は，気分の過度の落ち込みが一定期間以上続いたり，逆に自分で制御できないほど気分がハイになる状態が一定期間以上続くことで，生活に何らかの影響が生じる病気をいい，落ち込みが続く「うつ病」と落ち込みとハイの状態の両方が交互に現れる「双極症」がある。Fさんの状態は該当しない。

問題124

1 ✕ 姉はこれまでFさんのために多くの時間をさいてきた。まずはそのことをねぎらったり敬意を表すべきであり，そのこと抜きに今後のことをいうのは適切ではない。

2 ✕ 自傷他害行為の現れ方は環境によっても変わると考えられる。そもそも自傷他害行為が話題になっていない中で言及することは適切とはいえない。

3 ○ 姉がこれまで行ってきたことを理解しねぎらう言葉であり適切である。

4 ✕ 姉は施設を訪問することを負担に感じているわけではないため，適切ではない。

5 ✕ 姉は心の迷いや葛藤を口にしたが，介護福祉職としてそれを後悔と決めつけたり，在宅ケアを提案することは適切ではない。

問題125

1 ✕ 地域定着支援は，施設や病院から退所・退院した精神障害者等が単身で生活できるように支援するサービスである。Fさんは当面退所予定はないことから誤りである。

2 ○ 計画相談支援には，「サービス利用支援」と「継続サービス利用支援」があるが，Fさんはすでにサービスを利用していることから，後者の「継続サービス利用支援」を利用することとなる。これによってこれまでの「サービス等利用計画」が適切であったかが評価され，必要であれば見直しなどが行われることから適切である。

3 ✕ 地域移行支援は，施設等の入所者や精神科病院の入院者等が地域生活への移行を希望している場合に，施設や病院にいる段階から支援を行い地域生活への円滑な移行を支援するサービスである。Fさんは退所を希望しているわけではないことから誤りである。

4 ✕ 基幹相談支援は，障害者や家族からの相談への対応や情報提供，助言などを行うとともに，障害者の権利擁護，地域の相談支援事業者間の連絡調整，関係機関の連携等の支援を行う。支援を修正するときに利用するサービスではないことから誤りである。

5 ✕ 基本相談支援は，障害者やその家族等からの相談に応じて，必要な情報の提供や助言などを行う。相談支援の入り口ともいえ，地域相談支援や計画相談支援につなぐ起点となるサービスである。Fさんはすでにサービスを利用していることから誤りである。

執筆者（敬称略・科目執筆順）

■ 小林　雅彦（こばやし　まさひこ）

【監修】【人間の尊厳と自立】【社会の理解】【介護の基本】【生活支援技術】【障害の理解】【総合問題】

国際医療福祉大学大学院医療福祉学研究科　教授

日本社会事業大学大学院社会福祉学研究科修士課程修了。川崎市社会福祉協議会，全国社会福祉協議会，厚生労働省社会・援護局地域福祉専門官，国際医療福祉大学医療福祉学部長等を経て現職。

■ 須藤　昌寛（すどう　あきひろ）

【人間関係とコミュニケーション】【コミュニケーション技術】【こころとからだのしくみ】

国際医療福祉大学医療福祉学部医療福祉・マネジメント学科　教授

東京成徳大学大学院心理学研究科博士課程修了。特養恒春ノ郷，湯島高齢者在宅サービスセンター介護支援専門員等を経て現職。介護福祉士，社会福祉士，精神保健福祉士，介護支援専門員，公認心理師。

■ 武田　真理子（たけだ　まりこ）

【介護の基本】【生活支援技術】【介護過程】【認知症の理解】

国際医療福祉大学医療福祉学部医療福祉・マネジメント学科　助教

国際医療福祉大学大学院医療福祉学研究科修士課程修了。邦友会特別養護老人ホームおおたわら風花苑の勤務を経て現職。介護福祉士，社会福祉士。

■ 小林　薫（こばやし　かおる）

【介護の基本（ICF）】【こころとからだのしくみ】

国際医療福祉大学保健医療学部理学療法学科　講師

国際医療福祉大学大学院医療福祉学研究科博士課程修了。埼玉医療福祉専門学校理学療法学科卒業。深谷中央病院リハビリテーション科を経て現職。理学療法士。

■ 渡辺　修宏（わたなべ　のぶひろ）

【生活支援技術】【介護過程】【こころとからだのしくみ】

国際医療福祉大学医療福祉学部医療福祉・マネジメント学科　講師

博士（人間科学）。精神保健福祉士，社会福祉士，介護福祉士，保育士，公認心理師。Facilitators for Peace and Reconciliation, World Conference on Religion and Peace.

■ 畠山　博之（はたけやま　ひろゆき）
【生活支援技術】【こころとからだのしくみ】【医療的ケア】
国際医療福祉大学医療福祉学部医療福祉・マネジメント学科　講師
東北大学大学院歯学研究科歯科学専攻修士課程修了。東北文化学園大学医療福祉学部助手，東北大学歯学部兼任講師を経て現職。

■ 森實　敏夫（もりざね　としお）
【発達と老化の理解】【こころとからだのしくみ】
元国際医療福祉大学塩谷病院内科　教授
慶應義塾大学医学部大学院（内科学専攻）修了。慶應義塾大学医学部講師，神奈川歯科大学内科教授等を経て現在，公益財団法人日本医療機能評価機構客員研究主幹，大船中央病院消化器・IDBセンター。

■ 上島　国利（かみじま　くにとし）
【認知症の理解】
昭和大学　名誉教授
慶應義塾大学医学部大学院医学研究科卒。杏林大学医学部教授，昭和大学医学部教授，国際医療福祉大学医療福祉学部教授を経て現職。

■ 新井　祥子（あらい　しょうこ）
【医療的ケア】
国際医療福祉大学医療福祉学部医療福祉・マネジメント学科　助教
栃木県県南高等看護専門学院看護学科卒。国際医療福祉大学介護老人保健施設マロニエ苑で看護師長兼介護支援専門員を経て現職。看護師，介護支援専門員。

【執筆協力】
■ 小林　和巳（こばやし　かずみ）
社会福祉法人ウィズ 生活介護・自立訓練（生活訓練）事業所じょい，生活支援員，社会福祉士，介護福祉士。

著者紹介

国際医療福祉大学
医療福祉学部 医療福祉・マネジメント学科

1995年,「共に生きる社会」の実現をめざして,医療,福祉の専門職を養成する総合大学として栃木県大田原市で開学。現在,千葉県成田市,東京都港区,神奈川県小田原市と福岡県大川市にもキャンパスをもち,10学部26学科で教育が行われている。大田原キャンパスにある医療福祉学部医療福祉・マネジメント学科は,1学年の定員140名で,介護福祉士,社会福祉士,精神保健福祉士,診療情報管理士,医療福祉マネジメントの5コースを有し,各分野のリーダーとなる人材養成を行っている。

Book Design	小口 翔平 ＋ 青山 風音（tobufune）
カバーイラスト	ハヤシ フミカ
本文イラスト	フクモト ミホ
本文図版	サワダサワコ
	メディカル愛
DTP	株式会社トップスタジオ

購入者特典

第33〜35回 介護福祉士国家試験 問題・解説データ

本書に掲載している第36回最新試験と合わせると,過去4年分の本試験データが揃います。現在の実力把握や試験前の総仕上げにご活用ください。

ダウンロードURL：https://www.shoeisha.co.jp/book/present/9784798185309

※SHOEISHA iD（翔泳社が運営する無料の会員制度）メンバーでない方は,ダウンロードの際,会員登録が必要です。

※特典データの試験問題・解説は,試験実施年度の法制度に基づいています。

福祉教科書

介護福祉士 完全合格過去＆模擬問題集 2025年版

2024年　4月25日　初版第1刷発行
2024年10月　5日　初版第2刷発行

著　　　者	国際医療福祉大学 医療福祉学部 医療福祉・マネジメント学科	
発　行　人	佐々木 幹夫	
発　行　所	株式会社 翔泳社（https://www.shoeisha.co.jp）	
印刷・製本	日経印刷 株式会社	

ISBN978-4-7981-8530-9　　　Printed in Japan